나는 경매보다 NPL이 좋다

◇ 당신은 언제나 옳습니다. 그대의 삶을 응원합니다. — 라의눈 출판그룹

나는 경매보다 NPL이 좋다

초판 1쇄 2013년 11월 15일
개정증보판 5쇄 2024년 11월 20일

지은이 성시근
펴낸이 설응도   편집주간 안은주
영업책임 민경업

펴낸곳 라의눈

출판등록 2014 년 1 월 13 일 (제 2019-000228 호)
주소 서울시 강남구 테헤란로78길 14-12(대치동) 동영빌딩 4층
전화 02-466-1283   팩스 02-466-1301

문의(e-mail)
편집 editor@eyeofra.co.kr
마케팅 marketing@eyeofra.co.kr
경영지원 management@eyeofra.co.kr

ISBN : 979-11-88726-46-2 13320

나는
경매보다
NPL이
좋다

성시근 지음

라의눈

그들도 처음엔
초보였다

투자 수익률 280%의 공인중개사 이야기

송파에서 공인중개사로 일한다는 K는 신중한 성격에 말수가 적었다.

필자는 2012년 10월 잠실교통회관에서 NPL 무료특강을 한 적이 있었는데, 그것을 인연으로 K는 필자의 'NPL 실전투자반' 및 'NPL 공략기법 심화반'까지 수강하게 되었다. 필자의 강의는 철저하게 실전 위주로 진행된다.

수강생들에게 실전 과제가 주어지면, 팀을 이루어 현장조사도 하고 분석보고서도 제출하게 되는데 K는 이른바 백두산팀의 팀장이었다. 왜 팀 이름을 백두산이라 지었을까? 물어보진 않았지만 수익률을 백두산만큼 올리고 싶다는 의미였을 것이다.

필자가 백두산팀에게 추천한 물건은 노원구 공릉동의 빌라였다.

팀원 11명은 이 물건이 배당투자로 수익을 올릴 수 있을 것이라 의견을 모았다. 처음엔 팀원이 공동투자를 하겠다고 하더니, 결국 팀장인 K가 단독투자하게 되었다. K는 3천만 원을 투자해 4개월 만에 세금 한 푼 없이 2천 8백만 원을 벌었다.

연 수익률로 환산하면 무려 280%에 달한다. K는 이 한 건의 투자로 부실채권의 처리 절차를 모두 이해했다고 한다.

부실채권을 이해하기 위해서는, 경험이 풍부하고 좋은 물건을 추천해줄 수 있는 강사로부터 실전교육을 받는 것이 중요하다.

K는 이제 다른 사람에게 부실채권 컨설팅을 해줄 정도의 전문가로 성장했다.

생초보 30대 주부의 성공 스토리

두 번째 주인공은 여군으로 근무한 경험이 있다는 주부 K였다.

광운대 제대군인 위탁교육 과정에서 처음 만난 그녀는 큰 키에 씩씩한 말투가 인상적이었다. 당시 보험회사 재무설계사로 활동하던 K는 필자의 'NPL 실전투자반'에 등록하게 되었다. 필자는 NPL 물건분석 시간에 K에게 원주시 아파트 경매 물건을 분석하는 과제를 내주었다. 마침 원주는 그녀의 친정집이 있는 곳이었다.

그녀는 자신이 직접 하고 싶긴 한데, 투자금이 많지 않다고 걱정이었다.

K는 결국 1억 원의 질권대출을 받아 부실채권을 매입했고, 첫 투자로 꿈같이 달콤한 수익을 달성할 수 있었다.

필자가 그 물건을 소개한 이유는 비교적 안전한 물건이었으며, 원주시에 개발호재가 많아 경매낙찰 예상가격이 높을 것이 예상되었기 때문이었다.

이 투자로 부실채권의 '부' 자도 몰랐던 주부 K는 4천 3백만 원을 투자해 2천 5백만 원의 수익을 올리게 되었다. 수익률 58%를 올린 것이다.

종잣돈 8천만 원을 확보한 50대 회장님

예전에 필자에게 공매교육을 받았던 50대 신사분이 필자를 다시 찾아왔다.

대기업 임원을 역임했던 분으로, 당시 클래스에서 회장을 맡았던 관계로 필자는 지금도 그분을 회장님이라 부른다. 그가 필자에게 부실채권 실전투자반 교육을 받겠다고 하는 것이다. 회장님은 젊은 사람들 이상으로 열정적으로 강의에 임했다. 더욱이 스스로 부실채권 물건을 찾아 분석하는 열의를 보였다.

그가 투자하기로 결정한 물건은 노원구 상계동 소재의 상가 근저당권이었다.

회장님은 이 한 건의 투자로 자기 돈 한 푼 없이 상가의 소유권을 취득하게 되었다. 더구나 NPL을 매입한 후 잉여 대출금을 활용할 수 있게 되었다. 앞으로 투자를 이어갈 수 있는 종잣돈 8천만 원을 마련한 것이다.

그 후에도 회장님의 승승장구 스토리는 계속되어 필자를 흐뭇하게 하고 있다.

당신도 성공 스토리의 주인공이 될 수 있다

필자는 강의를 시작하기 전에 수강생들에게 설문지를 작성하도록 한다.

그들이 원하는 것이 무엇인지 알기 위해서고, 가능하면 수강생들에게 맞춤 강의를 하기 위함이다. 10년 이상 강의를 하면서 느낀 것은 연령에 따라 원하는 것이 다르다는 것이다. 2030세대는 한 방에 인생역전을 꿈꾼다. 쪽박 나도 좋으니 대박 물건을 추천해 달라며 위험투자를 두려워하지 않는다.

4050세대는 안정적 투자를 원한다. 은퇴 후를 대비해 상가 등 월세 수익이 나오는 물건을 선호한다. 6070세대는 안전이 최고라고 한다. 무조건 원금 보장이 되어야 하고, 은행 금리보다 높은 수준이면 만족한다.

이런 수강생들의 최대 관심사는 '누구에게 NPL 교육을 받을 것인가'이다.

대답은 간단하다. 실전경험과 풍부한 사례를 통해 입체적으로 강의할 수 있는 분을 선택해야 한다. 물론 좋은 물건을 많이 추천해주는 사람이면 더 좋다.

필자는 부동산 실전투자 교육(NPL·경매·공매)과 함께 카페를 운영하고 있다.

2004년 다음에서 시작해, 현재는 네이버로 무대를 옮겨 활동하고 있다. 필자가 운영하는 네이버 카페 '3천만원 3억만들기(http://cafe.naver.com/krea/)'에서 NPL 특강 및 경매·공매 동영상을 무료로 즐길 수 있다. 여기엔 필자의 칼럼과 강의는 물론 각종 부동산 자료들이 수록되어 NPL을 공부함에 있어 많은 도움을 받을 수 있을 것이다. 또한 NPL 실전투자 과정의 커리큘럼을 실었으니 관심 있으신 분들은 참고하길 바란다. 아울러 이 책은 필자의 부실채권 실전투자 경험을 바탕으로 기술된 것임을 밝혀둔다. 다소 부족한 부분이 있더라도 독자 분들의 넓은 아량으로 이해해주시길 바랄 뿐이다.

그동안 NPL(부실채권) 입문자들을 대상으로 한 강의 내용을 중심으로 2013년에 책으로 탄생시켜준 라의눈 설응도 대표님과 언어의 마술사 안은주 편집주간, 그리고 어둠의 긴 터널을 지나는 동안 변치 않고 아름다운 동행을 함께 해준 사랑하는 아내와 친구 문기, 기호에게도 고마움을 표한다.

광운대학교에서 부동산학 석사와 박사 학위 취득까지 아낌없는 배려와 격려를 해주신 윤윤석 원장님과 박종구 원장님께도 머리 숙여 감사의 인사를 드린다. 필자가 NPL의 첫 작품을 세상에 내놓기 위해 산고를 겪는 동안, 지혜로운 조언과 배려를 해준 아내와 두 아들에게도 사랑한다는 말을 전한다. 밝음보다는 어둠이 많았던 고난의 시절 묵묵히 지원해준 부모님과 형님, 형수님, 가족 모두에게도 고맙다는 말을 전한다.

마지막으로 이 책을 읽고 계신 독자들에게 머리 숙여 깊은 감사를 드린다. '돈 버는 건 기술이고, 돈 잘 쓰는 건 예술'이란 말처럼 여러분 모두가 NPL을 통해 돈 버는 기술을 공유하고 행복한 부자가 된다면 더 바랄 것이 없겠다.

부실채권은 결코 엄두를 못 낼 정도로 어려운 분야가 아니다.
초보자에게 허락되지 않은 금단의 열매도 아니다.
부동산 투자에 필요한 덕목은 지식이 아니라 결단이다.

필자가 자주 쓰는 말이 있다. 사람은 아는 만큼 보고, 보고 싶은 것만 본다는 말이다. 또한 사막을 걷는 나그네의 물 한 통은 생명수와 다름없지만, 강가를 걷는 나그네에게는 어깨를 짓누르는 짐이 될 뿐이란 말도 있다. 부디 이 책이 독자들에게 생명수가 되기를 바라며, 여러분의 건강과 행복을 기원한다.

Part 2 ∗ NPL 초보 탈출을 위한 실전 정보

Part 3 ＊ 상위 1%만 아는 NPL 실전투자비법

7장 NPL 수익률을 올려라

8장 NPL 8가지 투자 기법을 마스터하라

1장

NPL이 뭐죠?

01

NPL에 대한 오해 풀기

❖ **NPL 강의에서 가장 많이 듣는 질문 3가지**

사람들은 NPL에 대해 2가지 오해를 하고 있다.

첫째는 NPL이 어렵다는 것,
둘째는 NPL이 어딘지 합법적이지 않은 검은 거래라는 것이다.
하지만 이 2가지는 진짜 오해다.

필자는 다양한 교육기관에서 부동산 재테크 교육을 하고 있는데, 많은 분들이
NPL에 관심은 있으면서 부담스러워 섣불리 뛰어들지 못하는 것을 지켜보았다.
이런 분들에 대한 안타까움이 이 책을 쓰게 된 결정적 계기가 되었다. 이제 여러
분들은 필자와 함께 지긋지긋한 NPL 공포증에서 벗어나 상상만 해왔던 '돈 벌
고 세금 없는 (업으로 하는 경우가 아니라면) 고수익 부실채권 투자'의 길에 접어들게

되었다. 이 책이 끝날 때쯤이면 NPL의 개념과 핵심전략은 물론, 실전 투자의 팁들을 숙지해 전문 투자자로 거듭나게 될 것이다.

자, 그럼 필자의 NPL 강의에서 학생들이 가장 많이 하는 3가지 질문으로 시작해 보자.

첫째, NPL이 뭔지 들어도 들어도 잘 모르겠어요.
둘째, 은행은 왜 돈 되는 NPL을 팔까요?
셋째, NPL은 어디서 사는 건가요?

개념이나 정의는 어려울지 몰라도 실전 사례를 얘기하면 아주 쉬워진다.

다음에 나오는 선영 씨와 행복은행의 사례를 살펴보자. 사례가 쉽게 이해된다면 NPL투자의 첫발을 훌륭하게 뗀 것이다.

선영 씨는 꿈에 그리던 내 집 마련을 위해 행복은행 문을 두드렸다.

은행은 근저당권을 설정한 후 1억 원을 대출해주었다.

선영 씨는 그동안 알뜰살뜰 모은 돈에 행복은행에서 대출받은 돈을 합해 상계동의 주공아파트를 구입했다. 행복에 겨운 나날도 잠깐, 남편의 사업이 잘 안되어 대출이자도 내기 어려워졌다. 지인들에게 돈을 빌리려 했지만 그것도 잘 안 됐다.

행복은행은 3개월 이상 대출이자가 연체되자, 선영 씨의 아파트를 경매 신청했다.

이제 행복은행은 2가지 갈림길에서 선택을 해야 한다.

경매가 진행되기를 기다렸다가 매각대금에서 배당금을 받을 것인가?

아니면, 지금 당장 선영 씨 아파트의 근저당권을 팔아 치울 것인가?

앞의 사례를 잘 살펴보면 경매와 부실채권의 개념을 통째로 이해할 수 있다.

'대출금을 제때 갚지 못한 근저당권이 바로 부실채권이다.'
'부실채권(갚지 못한 근저당권)을 회수하기 위한 방법이 경매이다.'
'부실채권(갚지 못한 근저당권)은 거래할 수 있다.'

이제 은행의 입장에서 생각해보자.

몇 달 있으면 경매를 통해 매각대금에서 배당금을 받을 수 있다. 기다렸다 배당금을 받는 게 이익이긴 한데, 아무래도 시간과 인건비가 소요되고 부실채권을 많이 가지고 있는 것이 부담스럽다. 일정 부분 손해를 보더라도 부실채권으로 매각해 빨리 손을 터는 것이 낫겠다는 판단을 한다.

자, 그런데 은행은 1억 원짜리 부실채권을 얼마에 팔 것인가가 고민이다.

1억 원짜리 부실채권이란 나중에 1억을 받을 수 있는 권리라 할 수 있다. 아무리 바보라도 그것을 1억에 살 사람은 없을 것이다. 깎아줘야 살 사람이 달려들 것이다.

바로 이 부분이 부실채권을 매입하는 사람이 거둬들이게 되는 과실이다.

위의 부실채권을 7천만 원에 샀다면, 나중에 1억을 받을 수 있는 권리를 7천만 원에 산 것이다. 3천만 원이라는 이익을 미리 확보하고 시작하는 것이다. 한마디로 먹고 들어가는 장사다.

특히 경매와는 달리 세금 혜택까지 주어지므로 부실채권의 과실은 더욱 달콤하다 하겠다.

❖NPL을 딱 한마디로 정리해보자

우리는 일상생활을 하면서 수많은 채권채무 관계를 맺는다. 채무자가 채권자에게 원금이나 이자를 갚지 못하는 사태는 심심찮게 발생할 수 있다.

원금이나 이자가 3개월 이상 연체되면 'NPL(Non Performing Loan, 무수익여신)' 혹은 '부실채권'이라고 한다.

아파트 대출금 이자를 3개월 연체해도, 카드 대금이나 휴대폰 요금, 외상값을 3개월 연체해도 모두 NPL이다. 이렇게 설명을 들으니 NPL이 친근해지지 않는가.

우리도 까딱 잘못하면 NPL의 채무자나 채권자가 될 수 있다.

이렇듯 대출 있는 곳에 NPL이 있고, NPL 있는 곳에 경매가 있는 것이다.

NPL을 부르는 다른 이름도 있다.

여러분이 모두 다 아는 '부실채권'을 포함해 '근저당권부 채권', '무수익 여신', '고정 이하 여신'이다. 앞으로 이런 이름들을 들으면 "아하, NPL~"이라고 이해하면 된다. NPL을 왜 이렇게 여러 가지 이름으로 부르는지는 곧 알게 될 것이다.

★ NPL의 다양한 명칭

NPL을 딱 부러지게 한마디로 정리하면 다음과 같다.

'3개월 이상 연체된 대출채권'으로 '고정' 이하 여신이다. 그런데 왜 '고정' 이하 여신이란 조건이 하나 더 붙었을까?

자산건전성 5단계 분류표를 살펴보자. NPL이라고 다 똑같은 NPL이 아니라는 것을 알 수 있다. 부실한 정도에 따라 다시 3가지로 나눠지는 것을 볼 수 있다. 또한 부실의 정도는 단순히 연체된 기간이 아니라, 채무를 갚을 능력 여하로도 판단된다는 것을 짐작할 수 있을 것이다.

★ **자산 건전성 5단계 분류표**

단계		내용
정상	정상	• 1월 미만의 연체대출채권
	요주의	• 1월 이상 3월 미만 연체 대출채권 • 세심한 주의나 사후 관리가 필요한 대출금
부실 채권	고정	• 3월 이상 연체대출채권 • 채권 회수에 상당한 위험이 발생한 것으로 판단되는 대출금과 회수 의문 또는 추정손실 대출금 중 회수 가능할 것으로 예상하는 금액
	회수 의문	• 3월 이상 12월 미만 연체 대출채권 • 채권 회수에 심각한 위험이 발생한 대출금 중 회수 예상금액을 초과하는 대출금
	추정 손실	• 12월 이상 연체 대출채권 • 손실처리가 불가피한 대출금 중 회수 예상금액 초과 대출금

NPL은 물적 담보가 있는 담보부 부실채권과 담보가 없는 무담보부 채권이 있다. 물적 담보에는 어떤 것들이 있을까? 부동산, 신용증서는 물론 유체의 동산, 건설 중기, 항공기, 선박 등등이 있을 수 있다.

무담보부 채권에는 카드 대금, 휴대폰 및 통신비 미납금은 물론 차용증, 외상값, 미납된 제품 대금 등이 있다.

이외에 개인회생 채권, 워크아웃 채권 등 특별 채권과 기업재무구조개선 채권 및 프로젝트파이낸싱(PF) 부실채권 등이 있는데, 이름만 알아두는 것만으로 충분하다.

우리가 관심을 가져야 하는 것은 담보부 부실채권, 그중에서도 부동산이 담보인 부실채권이다. 거래되는 부동산의 종류는 아파트, 다세대, 연립주택, 단독주택, 다가구주택, 오피스텔, 상가, 빌딩, 공장, 목욕탕, 병원, 주유소, 농지, 임야 등으로 아주 다양하다.

무담보부 채권은 왜 관심을 가지면 안 되냐고? 당연한 얘기지만 담보가 없이 채권 추심이 진행되므로 일반인들이 뛰어들기에는 위험성이 너무 크기 때문이다.

❖ NPL에는 출생의 비밀이 있다

1997년 이전에는 우리나라에 NPL이란 개념이 없었다.

그렇다면 IMF 외환 위기와 관련이 있다는 얘기가 된다. 그러면 시계를 거꾸로 돌려보자.

1997년 한보철강, 진로그룹, 한신공영, 기아그룹, 쌍방울, 해태그룹, 뉴코아 등 기라성 같은 기업들이 줄줄이 부도로 넘어지고, 부실 종금사의 영업정지를 시작으로 경기은행, 대동은행, 동남은행, 동화은행, 충청은행이 퇴출된다.

이 과정을 통해 금융기관이 보유하고 있던 부실채권은 기하급수적으로 증가하게 된다. 정부는 금융기관의 구조조정을 지원하기 위해 자산관리공사의 부실채권정리기금를 통해 금융기관의 부실채권을 매입하게 된다.

그리고 정부가 매입한 부실채권은 론스타, 골드만삭스, 모건스탠리 등 외국계 투자 펀드에 헐값으로 매각된다. 헐값이라면 얼마가 헐값일까?

담보가 있는 담보부 부실채권은 대출 원금의 45%, 무담보 부실채권은 3%란, 거의 공짜나 다름없는 가격에 매각되었던 것이다. 온 국민이 고통 받던 외환위기 속에서 부실채권은 IMF을 극복하기 위한 수단, 기둥뿌리를 뽑는 외화벌이 수단이었던 것이다. 외국계 펀드는 부실채권을 다시 국내투자자에게 재매각하거나, 법원 경매를 통하여 막대한, 그야말로 천문학적인 수익을 확보했다.

우리는 이렇게 비싼 수업료를 내고 부실채권에 대해 공부하게 되었다.

이런 태생 배경 때문에 부실채권은 외국계 펀드나 기관투자자들이 수백 억씩 투자하는 상품, 일반인은 범접할 수 없는 재테크란 선입견을 가지게 된 것이다. 하지만 단언컨대, 부실채권은 단돈 천만 원을 가지고도 투자할 수 있는 상품이다.

❖ NPL로 돈 버는 방법은 가지가지

은행들은 자산 건전성을 높이기 위해 부실채권을 정기적으로 매각한다. 이런 부실채권을 매입한다면 다양한 방법으로 수익을 낼 수 있다.

경매가 진행되는 것을 기다려 매각대금에서 채권금액을 회수할 수 있다.

직접 경매에 뛰어들어 낙찰받아 수익을 낼 수 있다.

채무자가 자진변제하여 수익을 달성할 수 있다.

부실채권을 되팔아 마진을 챙길 수 있다.

앞에서도 설명했듯이 은행들은 부실채권을 제값이 아닌, 할인된 가격에 팔기 때문에 아주 유리한 입장에서 투자할 수 있다.

최근 경매 시장이 일반인들에게 대중화되면서 "수익률이 하락했다, 재미가 없어졌다"는 말을 많이 듣는다. 솔직히 경매 수익률이 하락한 것은 사실이다. 부동산을 구입하기만 하면 오르던 시대가 종말을 맞으면서 단기간에 수익률을 극대화할 수 있는 부실채권 시장이 급부상하고 있는 것이다.

부실채권은 지금 시작 단계이며, 우리 앞에 펼쳐진 재테크의 블루오션이다. 어렵다는 이유로, 위험하다는 이유로 아직까지 '소수들의 시장', '그들만의 리그'로 남아 있기 때문이다. 우리가 부실채권을 공부해야 할 이유가 여기에 있다.

❖ 3개월 만에 2천만 원 번 사연

다시 말하지만 부실채권은 일반 투자자들이 소액으로 투자할 수 있는 상품이다.

겁내거나 움츠러든다면, 그것은 부실채권을 독점하려고 하는 자들이 원하는 바일 것이다. 이제 본격적으로 부실채권 투자가 어떻게 진행되는지 사례를 통해 알아보자.

2012년 12월 회사원 김 모 씨는 1억 2천만 원짜리 근저당권을 1억 원에 샀다.

경매가 진행 중인 서울 소재 아파트(감정가 2억 2,000만 원)의 1순위 근저당권이었다. 그런데 이 아파트는 2013년 3월 법원 경매에서 제3자에 의해 1억 7천 6백만 원에 낙찰되었다. 이게 어떤 의미일까?

김 모 씨는 배당기일까지 단 5개월 만에 2천만 원을 벌었다는 것이다. 근저당권을 매입할 때 매입비용의 90%에 해당하는 9천만 원을 근저당권부 질권 대출받았다면, 1천만 원 투자해서 2천만 원을 번 것이다(이자와 이전비 제외).

NPL채권은 매입금액의 90%를 은행에서 대출받을 수 있고, 부족하다면 P2P 업체를 통해 자금을 조달할 수도 있다. 소자본 투자가 가능해 더욱 매력적이다.

부실채권은 현재까지 존재하는 가장 완벽한 상품이자 창조적 아이디어를 발휘할 수 있는 다기능 파생상품이다. 즉 부동산 투자의 완결판, 재테크의 꽃이라 할 수 있다.

부실채권 투자에 있어 필자가 가장 강조하는 것이 2분석과 3원칙이다.

2분석이란 물건분석(부동산의 가치 분석)과 채권분석(부실채권 가치 분석)이다.

3원칙이란 경매낙찰 예상가격 알아맞히기, 배당기일 채권금액 계산하기, 부실채권 저가매입하기 원칙을 말한다. 필자의 이름을 따서 S.K NPL 2분석, 3원칙이라 이름을 붙여보았다.

무슨 소리인지 잘 모르겠다고? 지금은 모르는 게 당연하다. 강의가 진행되다 보면 저절로 귀에 쏙쏙 들어오게 될 테니까, 지금처럼 잘 따라오기만 하면 된다.

★ S.K 2분석 & 3원칙

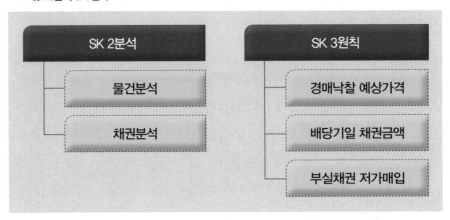

은행은 왜 돈 되는
NPL을 팔까?

필자에게 강의를 듣는 학생들이 가장 궁금해 하는 것이 바로 '은행이 NPL을 매각하는 이유'이다. 그렇게 알짜배기 부실채권이 있다면 자기들이 매각해서 수익을 내면 되지 왜 파냐는 거다.

장사하는 사람들이 '손해 보고 판다'고 하는 말은 거짓말이지만, 은행이 '손해 보고 판다'고 하는 말은 맞는 말이다. 왜 그럴 수밖에 없는지 필자가 설명해주면 학생들은 고개를 끄덕끄덕하곤 한다.

가상의 시나리오를 생각해 보자.

A은행은 거래하던 회사 몇 개가 동시에 부도나는 바람에 부실채권 양이 갑자기 증가하게 되었다. 그러나 워낙 담보가 확실한 부실채권들이라 걱정할 필요는 없다. 몇 달, 길어도 1~2년 내에는 회수할 수 있을 것이 확실하므로.

내부에서 부실채권을 빨리 매각해 털어버리자는 주장도 있지만, 남 주기엔 너무 아깝다.

그런데 A은행에 문제가 생겼다. 부실채권을 껴안고 있는 탓에 재무구조가 급격히 나빠지고, 대손충당금도 팍팍 적립해야 한다. BIS(국제결제은행의 자기자본비율) 저하로 인해 대외 신뢰도에 문제가 생겼다. 금융감독원이 정한 부실채권 비율도 달성해야 한다.

문제는 여기서 끝나지 않았다. 은행의 유동성이 안 좋아지고, 부실채권을 관리하느라 많은 인력이 투입돼 업무 능률이 떨어졌다. 설상가상 2011년부터 도입된 빡세디 빡센 국제회계기준(IFRS)에 맞추어야 한다. A은행은 백기를 들 수밖에 없었다.

특히 은행들의 부실채권 비율에 따른 대손충당금으로 수익률에 빨간 불이 켜졌다. 차라리 초장에 부실채권을 좋은 조건에 매각했더라면 심적, 물적 손해를 보지 않을 수 있었는데, 이익을 조금 더 보겠다고 욕심을 부리다가 호되게 당한 꼴이다. 이런 이유로 은행들은 알짜배기 부실채권을 매각하는 것이다. 한마디로 소탐대실하지 않기 위해서다.

자, 이제 이해가 되었는가?

이제 '은행이 그렇게 좋은 부실채권을 팔 리가 없어'라는 의심을 접어두고 마음껏 부실채권의 세계에 빠져들어도 좋을 것이다.

03

NPL은 어디서 사나?

우리가 사과 한 상자를 살 때도 과수원과 직거래로 사거나, 마트나 재래시장에서 살 수 있듯 부실채권을 구입하는 방법도 여러 경로가 있다.

일단 부실채권을 파는 쪽은 은행이니 은행에 가서 사면 될까?

그런데 주변을 아무리 둘러봐도 은행에서 부실채권을 샀다는 사람은 없다. 왜일까? 은행은 개인 투자자와 거래하는 것을 꺼리기 때문이다. 한마디로 직거래는 안 된다는 거다.

은행은 유동화회사, 또는 금감원에 등록된 대부법인에 부실채권을 넘긴다. 채권자 변경신청서가 접수되었다면 법원의 문건 송달내역에서 '은행'에서 '유동화회사, 대부업체, 개인' 등으로 변경된 것을 알 수 있다. 유동화법률의 특례조항 적용을 받는 회사가 아니라면 부동산 등기사항증명서(등기부등본)에서 채권자 변경 사실을 확인할 수 있다. 유동화회사는 다시 대부업체나 개인에서 매각하기도 하는데 단, 개인에게는 조건부로만 매각한다.

한국 부실채권 시장에서 부실채권 거래의 70% 이상을 독식하고 있는 두 마리

공룡은 유암코(www.uamco.co.kr)와 대신F&I(구 우리F&I)다. 이 밖에도 부실채권을 거래하는 수백 개의 중소 회사들이 있다. 예전에는 유동화회사의 홈페이지를 통해 누구나 부실채권을 매입할 수 있었지만, 개인 투자자의 경우 현재는 '입찰 조건부 사후정산' 등의 조건부 매입만 가능하다.

경매 물건에 관심이 있다면 경매가 진행되는 물건 중에서 고르면 된다. 즉 대출은행에서 유동화회사로 채권자가 변경된 물건을 콕 찍은 다음, 유동화회사로부터 조건부로 매입하거나 대위변제로 매입할 수 있다. 은행뿐 아니라 저축은행, 새마을금고 등 제2금융권의 부실채권도 대위변제를 통해 매입할 수 있다.

2016년 7월 25일 대부업법(소비자신용에 관한 법률) 개정으로 개인이 부실채권을 매입하는 데 제한이 생기자 대부 법인 설립이 유행처럼 번지고 있다. 아울러 대부법인 설립 없이도 대위변제 투자를 통해 성공을 거두는 개인 투자자들이 증가하고 있다. 정부 규제로 부실채권 매입에 제한이 있지만 개인 근저당권, 법인 근저당권 등은 개인이 계속 매입할 수 있기에 아는 자들의 시장이 될 것이다.

필자도 처음에는 개인 투자자로서 **저축은행, **신용협동조합, **새마을금고, **단위수협 등에서 다양한 부실채권을 직접 매입하고 관리하며 채권 회수에 이르기까지 많은 실전투자 경험을 쌓았다. 그러다가 NPL 자산관리 회사를 설립해 운영하며 수년간 금융기관의 부실채권 국제입찰(Pool)에 참가해 지속적으로 높은 투자 수익을 냈고, 그 핵심 노하우를 강의에서 공개하고 있다. 현재는 개인 자격으로 대위변제를 통해 부실채권에 투자하기도 하지만, 주로 대부법인을 운영, 관리하고 있다.

부실채권 투자의 경우, 권리 분석과 물건가치 분석, 경매낙찰 예상가격 분석, 금융기관 대출서류 및 법원경매서류 분석, 근저당권부 질권대출 금융기관 협상, 매입채권 관리 등 채권 회수 과정에 숨어 있는 많은 문제들을 단순히 이론만으로 접근하다가는 낭패를 볼 수 있다. 따라서 실제 사례별 스터디를 통해 실무 전략과 노하우, 그리고 이론을 적절히 혼합해 실력을 쌓는 것도 중요하다.

04

NPL은 진짜 안전할까?

NPL이 안전하다고 입에 침이 마르게 설명하는데, 강의 끝날 무렵이면 수강생들이 꼭 이런 질문을 한다. "교수님, 그런데 진짜 안전한가요?"

그러면 필자는 허탈한 마음을 누르고 이런 질문을 던진다.

"여러분이 집을 샀는데, 그게 자기 집이라는 걸 어떻게 증명하지요?"

수강생들은 대답한다. "그야 등기부(등기부사항증명서) 떼면 확실하잖아요."

부실채권도 마찬가지다. 집을 사면 등기부등본에 소유권이 이전되듯이, 부실채권을 매입하면 근저당권자의 채권자가 투자자의 이름으로 변경된다.

만약 필자가 국민은행으로부터 부실채권을 매입했다면 부동산 등기부등본의 '을구'에 '확정채권 양도를 원인으로 근저당권자가 국민은행에서 성시근으로 변경되었다'는 사실이 기재된다.

이렇듯 담보부 부실채권은 부동산 등기부등본상에서 확인이 가능한 명확한 권리이다. 믿어도 된다.

05

NPL은 40% 세일 상품이다

필자가 NPL의 수익성을 얘기하면서 꼭 예로 드는 것이 있는데, 구두 상품권이다. 우리가 백화점에 가서 10만 원짜리 구두를 산다고 가정해보자.

A는 현금 10만 원을 주고 구두를 샀고, B는 20% 세일 기간을 기다려 8만 원에 구입을 했다.

그런데 C는 인근의 상품권 할인판매점에서 10만 원 상품권을 8만 원에 구입한 후 세일 기간에 구두를 샀다. C의 구두 구입 가격은 결국 6만 원이 된다.

C는 A보다 4만 원이나 저렴하게 구두를 구입한 것이다.

'에이, 몇 만 원 가지고 쫀쫀하게'라고 생각하는 분들이 있을까봐 이 사례를 그대로 부동산에 옮겨와 설명해 보겠다.

A는 인근 부동산에 나와 있는 10억짜리 부동산을 10억에 샀다.

B는 법원 경매를 통해 20% 할인된 가격, 즉 10억짜리 부동산을 8억에 샀다.

C는 NPL을 구입해 10억짜리 부동산을 6억에 샀다.

NPL이란 세일 기간에 할인된 상품권으로 구입하는 구두와 같은 존재다.

'에이, 4억쯤이야'라고 말할 수 있는 사람이라면 NPL에 관심을 가지지 않아도 된다.

★ 구두와 부동산을 사는 3가지 방법

구분	구두	부동산
정상 기간	100,000원	일반 매매로 구입
세일 기간(20%)	80,000원	경매로 구입
세일 기간(20%)+상품권(20%)	60,000원	NPL로 구입

06

NPL과 경매는 무엇이 다를까?

필자에게 부실채권 강의를 듣는 사람들은 매우 다양하다.

은퇴하고 재테크에 관심을 갖는 분, 은행이자에 만족하지 못하는 분, 직장생활하면서 부수입을 찾는 젊은 분, 자녀 학원비를 벌고 싶은 주부, 고객 관리를 원하는 공인중개사, 경매 컨설팅을 하는 분 등등이다. 특히 경매 유경험자들이 많다.

수강생들이 강의 첫날부터 하는 질문이 있으니, 부실채권과 경매의 차이가 뭐냐는 것이다. 다시 말해 경매에 비해 부실채권이 얼마나 더 위험하고, 얼마나 더 수익이 나는지 궁금한 것이다. 여러분들의 궁금증을 해결해주기 위해 지금부터 경매와 부실채권의 차이를 철저하게 비교 분석해 보겠다.

비교 분석은 4가지 항목에 의해 진행된다.

즉 낙찰 가능성, 투자금 회수 기간, 매도 용이성, 세금이 그 기준이다.

자, 시작하자.

★ NPL과 경매의 차이

순서	구분	NPL	경매
1	낙찰 가능성	매우 높다	낮다
2	투자금 회수 기간	기간이 짧다	기간이 길다
3	매도 용이성	다양한 매도 방법	단순한 매도 방법
4	양도세 부담	양도세 절약	양도세 과다

❖ 낙찰 가능성은 어느 쪽이 더 높을까?

"1억 2천이냐, 1억 4천이냐, 그것이 문제로다."

햄릿의 고뇌 못지않게 경매 입찰자들은 깊은 갈등과 번민에 싸인다.

경매 입찰금액을 결정하는 일은 그야말로 피를 말리는 일이다. 필자 역시 수도 없이 경매와 공매에 참여했지만 입찰금액을 적어야 하는 순간의 고민과, 입찰봉투를 개봉하는 순간의 불안과 설렘의 이중주는 시간이 흘러도 면역이 되지 않는다.

2007년 필자는 유치권이 설정된 인천의 다가구 공매 물건에 입찰한 적이 있다. 결론적으로 최저매각금액 1억 4천 3백만 원보다 2천만 원 많은 금액으로 입찰해 단독으로 낙찰을 받았다.

만약 사전에 1억 6천 3백만 원에 단독 입찰인 것을 알았다면 고민도 없었을 것이고, 더 높은 수익을 확보할 수 있었을 것이다. 당시에 약간 약이 올랐던 기억이 난다. 나중 일이지만 당시 5억으로 신고된 유치권은 명도소송을 해 승소했고, 선순위 임차인 6가구는 별도의 방법으로 배당요구를 유도해 결국 5억 7천 5백만 원에 매각하여 큰 수익을 보기는 했다.

2010년 서울 관악구 봉천동의 오피스텔 물건은 8만 원이란 아슬아슬한 차이로 낙찰받기도 했다.

입찰가격을 조금 낮추면 떨어질 것 같고, 조금 더 쓰자니 2등과 금액 차이가 많이 날 것 같아 고민인 것이다. 입찰가격을 입찰함에 넣는 그 순간까지 고민이고, 집행관이 최고가매수신고인을 호명하는 순간까지 가슴이 벌렁거린다.

만약 10만 원 차이로 2등을 했다면 돌아오는 발걸음이 가벼울 수 있을까?

아마 그날 점심은 모래알을 씹는 기분일 것이다.

그런데 부실채권을 매입한 사람이라면 얘기가 달라진다.

입찰가격을 그리 크게 고민하지 않아도 된다. 자신이 산 근저당권으로 받을 수 있는 최고금액까지 고가 입찰할 수 있기 때문이다.

현재와 같은 불경기에는 특별한 변수가 없는 한, 부실채권 투자자가 낙찰받게 되어 있다. 부동산 경매에서 부실채권을 매입한 사람이 낙찰받을 가능성은 거의 99%다.

아마 낙찰가격이 발표되는 순간, 경매 법정은 술렁일 것이다. 시세보다 쎈 가격에 낙찰받은 투자자를 제정신이 아니라고 생각할지도 모른다.

그러나 부실채권 투자자는 속으로 웃으며 이렇게 말할 것이다.

"니들이 부실채권 맛을 알아?"

다른 사례 하나를 더 들어보겠다.

그 유명한 압구정동 현대아파트, 그 당시 급매물 시세가 15억으로 부실채권 매입이 가능한 물건이었다. 필자는 유동화회사 우리AMC와 13억대 초반에 협상을 했었다.

필자의 지인 중 단지 내에서 놀이방을 운영할 만한 아파트를 찾고 있던 분이 있어, 이 부실채권을 강력하게 추천했다.

부실채권을 매입해 경매에 참여하면 확실하게 낙찰받을 수 있다고 장담했지만, 지인은 부실채권이 싫다고 했다. 그리고 그 이유는 상당히 엉뚱했다.

"부실채권은 부실해서 싫어요."

지인은 필자의 말을 듣지 않고 직접 경매 입찰에 참여했다. 당연히 실패! 터무니없이 높은 가격에 낙찰되는 것을 지켜보더니 경매 시장이 미친 것 같다고 넋두리했다.

★ 법원경매서류(강남구 압구정동 현대아파트)

2011타경○○○ ○○		소 재 지	서울특별시 강남구 압구정동 ○○ ○ ○○○ 현대아파트 ○○ ○ '04호				
물건종별	아파트	감 정 가	2,000,000,000원 기일입찰		**[입찰진행내용]**		
대 지 권	55.131㎡(16.677평)	최 저 가	(51%) 1,024,000,000원	구분	입찰기일	최저매각가격	결과
				1차	2012-06-28	2,000,000,000원	유찰
건물면적	163.67㎡(49.51평)	보 증 금	(10%) 102,400,000원	2차	2012-08-02	1,600,000,000원	유찰
				3차	2012-09-06	1,280,000,000원	유찰
매각물건	토지·건물 일괄매각	소 유 자	○○○○		2012-10-11	1,024,0○○	
사건접수	2011-12-22	채 무 자	(주)○○○○ 외 1명	4차	2012-11-15	1,024,0○○	(1등)
사 건 명	임의경매	채 권 자	하나은행외 양수인 우리이프앤아이제24차유통화전문 유한회사	낙찰 : 1,750,000,000원 (87.5) (입찰19명, 낙찰:강남구청담동 2등입찰가 1,321,000,000원) 매각결정기일 : 2012.11.22		(2등)	

결국 현대아파트는 누가 낙찰받았을까?

부실채권을 매입한 누군가가 급매물 시세 15억보다 높은 17억 5천만 원에 낙찰받아 소유권을 취득했다.

이 물건의 일반 경매 입찰자 중 최고가액은 13억 2천만 원이었다.

일반 경매 입찰자는 일반 시세 또는 급매물 시세보다 저렴하게 낙찰받아야 한다. 반면, 부실채권을 매입한 사람이 직접 낙찰받는 경우에는 급매물 시세가 아닌, 나중에 자기가 매각대금에서 받을 채권금액으로 입찰가격을 결정할 수 있다. 부실채권을 매입한 사람은 일반 경매 입찰자가 상상할 수 없을 정도의 고가로 입찰이 가능하므로 낙찰받을 가능성은 99%에 가깝다.

지인은 이 일을 계기로 필자가 강의하는 'NPL(부실채권) 실전투자반'에 등록했다. 그는 이제 경매보다 부실채권을 선호하는 열혈 투자자로 변신했다.

❖ 투자금을 빨리 회수할 수 있는 쪽은?

경매 입찰로 부동산을 매입했다면 부동산 경기에 따라 투자금 회수에 상당한 시간이 필요하다. 이는 세금 문제와 연결되어 있다. 주택의 경우, 2021년 6월 1일 양도분부터 1년 이내 단기 매매에는 양도차익의 70%, 2년 미만 단기 매매에는 60%가 부과되기 때문에 대부분의 경매 투자자들은 2년이 경과하기를 기다린다. 그런데 2년 후 부동산의 가격 흐름은 족집게 무당이라도 예측하기가 어렵다. 또한 규제 지역의 다주택자는 기본세율에서 20%P(2주택자), 30%P(3주택자)의 양도세를 부담하게 된다(2021년 6월 1일 시행).

반면, 부실채권을 매입해 배당으로 수익을 올리려는 투자자라면 이런 면에서 상당히 행복하다. 불과 몇 달 후의 경매낙찰 예상가격은 충분히 예측할 수 있기에, 마음 편하게 배당기일만 기다리면 되기 때문이다. 기본적으로 단기투자 성격인 부실채권 투자는 투자 예측이 확실하고, 투자금 회수 기간도 짧다.

❖ 어느 쪽이 매도하기 더 쉬울까?

경매로 낙찰받은 사람은 나중에 부동산을 매각할 때 상당히 불리한 입장에 서게 된다. 낙찰가격이 만천하에 공개되어 있기 때문에 매수자는 자신에게 유리한 협상을 하려 할 것이고, 부동산 공인중개사들은 중개수수료를 넉넉하게 받으려고 난리다.

"싸게 낙찰받으셨는데, 조금 깎아 주시죠."

"중개수수료, 기대하고 있겠습니다."

낙찰받는 데 도와준 것 하나 없는 사람들이 밥상 위에 숟가락을 얹으려는 형국이다. 정상 매도를 방해하는 분위기가 형성되어 있는 것이다.

그런데 부실채권으로 낙찰받은 사람은 정반대의 상황이 펼쳐진다.

시세보다 높게 낙찰받았다는 것을 다 알기 때문에 "저, 이미 엄청나게 손해 봤습니다"라고 배수진을 칠 수 있다. 감히 깎아달라는 둥, 수수료를 더 챙겨달라는 둥 하지는 못할 것이다. 말만 잘하면 거꾸로 중개수수료를 할인받을 수도 있다.

또한 나중에 나올 내용이지만 부실채권 투자자는 배당투자, 유입투자, 자진변제 투자, 재매각, 방어입찰, 차순위 매수신고 유도, 전환 무담보 채권, 대위변제 갭투자 등의 다양한 방법으로 투자할 수 있는 반면 경매 입찰은 소유권 이전 이후 매각하는 방법뿐이다.

❖ 세금 폭탄을 피할 수 있는 쪽은?

경매 입찰로 낙찰받은 사람에게 인터뷰를 한다고 치자.

"지금 이 순간, 제일 걱정되는 것이 뭔가요?"

"양도세요."

물론 세금이 국민의 4대 의무라고는 하지만, 투자자라면 한 푼이라도 세금을 덜 내기 위해 동분서주하는 것이 사실이다. 필자 역시 경비 처리를 통해 자본적 지출을 증가시키고 세금을 절세하려는 노력을 기울여 왔다.

일부 매수자들은 불법이라는 것을 알면서도 다운 계약서를 작성해 양도소득세를 덜 내려고 한다.

그런데 이렇게 무서운 양도세 공포에서 벗어난 사람들이 있으니, 바로 부실채권을 매입해 경매에서 낙찰받은 투자자들이다. 왜 그럴까?

양도세란 양도를 통해 발생한 이익에 대해 과세하는 것인데, 매도가격보다 낙찰가격이 더 높으니 양도세가 과세될 근거가 없다. 양도를 통해 이익은커녕

손해가 난 셈이기 때문이다. 경매보다 부실채권이 좋은 여러 가지 이유 중에서 가장 확실하고 강력한 것이 바로 세금 문제이다. 우리가 부실채권 공부를 더 열심히 해야 할 이유이기도 하다. 양도세를 안 내도 된다는 것은 투자자에게 과연 어떤 의미일까? 사례를 하나 분석해보자.

지하철 1호선 녹천역 도보 5분 거리에 위치한 창동 주공아파트, 인기 있는 역세권 소형 아파트다. 감정가격은 170,000,000원, 3차 입찰기일에 136,796,000원에 낙찰되었다.

이 물건은 1순위 근저당 채권최고액이 178,000,000원이었다. 필자가 유동화회사와 협상한 결과 전차 가격인 136,000,000원에 매입이 가능했다.

이 사례에서 일반 경매로 참여한 사람과 부실채권을 매입해 경매에 참여한 사람의 수익률은 어떻게 달라질까?(경매낙찰가격 = NPL매입가격 = 136,000,000)

★ 경매와 NPL의 수익률 차이

전제 조건		구분	경매 투자	NPL 투자
감정가	170,000,000	채권매입가격	–	136,000,000
대출 원금	145,000,000	낙찰가격	136,000,000	155,000,000
채권최고액	174,000,000	대출금액	108,000,000	124,000,000
배당기일채권금액	155,000,000	대출금 월이자	450,000	517,000
경매잔금대출비율	낙찰가 80%	아파트 임대료	보증금 1000만 원, 월 60만 원	
잔금대출금리	연 5%	월 순수익	150,000	83,000
경매낙찰예상가격	136,000,000	실투자금	18,000,000	2,000,000
재매각 기간	1년 이내	재매각 가격	155,000,000	
양도소득세: 50% 취득세 별도 가정		양도소득세	9,500,000	0
		1년간 임대수익	1,800,000	996,000
		총 순수익	11,300,000	19,996,000
		실투자금 대비수익률	62.8%	999.8%

우선 일반 경매 투자자다.

136,000,000원에 낙찰받고 1년 이내에 155,000,000원에 매도한다면, 피 같은 수익금의 70%(위험 부담을 감수한 수익)를 고스란히 양도세로 헌납해야 할 것이다. 돈을 많이 벌긴 한 것 같은데, 결국 내 손에 남는 건 얼마 안 되는 셈이다.

다음은 부실채권 투자자다.

부실채권을 136,000,000원에 매입한 후, 경매 입찰을 통해 155,000,000원에 낙찰받았다고 하자. 앞의 사례와 똑같이 155,000,000원에 매각한다면 양도세를 한 푼도 낼 필요가 없다. 수익금이 온전히 다 수익금이다.

'수익 있는 곳에 세금 있다'는 격언이 있지만, 부실채권만은 예외라 할 수 있다 (단, 업으로 하는 개인은 세금을 내야 한다).

부실채권이 좋은 이유는 양도세가 없다는 것 외에, 고가로 입찰에 참여함으로써 낙찰 가능성이 높다는 점도 있다. 또한, 낙찰대금은 채권금액과 상계처리하면 투자금을 최소화할 수 있다는 장점이 있다. 부실채권이 오히려 소액투자에 좋다는 얘기다.

07

NPL은
수익을 확보하고 시작한다

일반 부동산 투자와 NPL 투자는 거래 절차와 세금 문제 등에 있어 많은 차이가 있다. 그러나 가장 큰 차이는 누가 뭐래도 수익률이다. 부동산 투자가 장기적으로 불확실한 수익에 기대를 걸고 있다면, NPL은 일정 부분 수익을 확보하고 들어간다는 것이 가장 큰 차이다. 그렇다면 일반 부동산 거래와 NPL의 차이에 대해 조목조목 짚고 넘어가자.

첫째, 부동산 매매는 매매계약서를 작성하고, NPL은 근저당권을 양수 양도하는 확정채권양수도계약서를 작성한다.

둘째, 부동산 매매는 소유권 이전등기를 하고, NPL 매매는 근저당권 이전등기를 한다.

셋째, 부동산 매매는 장기 투자의 성격상 수익 예측이 불가능하지만, NPL 매매는 단기투자 상품이라 수익 금액의 예측이 비교적 정확하다.

넷째, 부동산 거래 시에 취득세를 비롯하여, 재산세, 양도소득세, 종합소득세 등 다양한 세금을 내야 하지만, NPL은 매매를 업으로 하는 경우를 제외하고는 등록세만 내면 된다.

마지막 다섯째, 부동산 물건은 거의 무제한으로 존재하는 반면, NPL 물건은 한정되어 있다.

★ 일반 부동산 투자와 NPL의 5가지 차이

구분	부동산	NPL
거래 계약	매매 계약	채권양수도 계약
권리이전	소유권 이전등기	근저당권 이전등기
수익 예측/기간	불확실 / 장기투자	확실 / 단기투자
세금 부담	등록세, 재산세, 양도세	등록세
물건의 양	무제한	제한

08

NPL의 7가지 성공효과

부실채권 투자자들은 일반 경매에 참여하는 사람들보다 많은 특권을 누리게 된다. 위험에 대한 기회비용일 뿐이라고 폄하하는 사람들도 있지만, 제대로 알고 투자하면 경매보다 더 위험하다고 할 것이 전혀 없다.

다시 말하지만 부실채권은 소액으로 최대 수익을 얻을 수 있는 최적의 투자 방법이다.

지금부터 NPL 투자가 성공할 수밖에 없는 이유를 7가지 성공효과로 정리해보았다. 하나하나 공부하다 보면, NPL 투자에 대한 확신을 가지게 될 것이다.

자, 시작하자.

성공효과	세부 내용
배당금 수령 효과	• 경매로 제3자 낙찰 시 명도 없이 배당금 수령 • 투자 기간이 짧고 현금화가 편리
직접 낙찰 효과	• 채권 회수 금액으로 직접 낙찰 가능(채권최고액 범위) • 일반 경매보다 유리한 가격에 낙찰
소액투자 효과	• 3~5천만 원으로 투자 가능 • 매입가격의 80~90% 담보부 질권대출의 융자 효과
절세 효과	• 수익금에 대해 비과세
상계처리 효과	• 채권자의 경매낙찰로 매각대금 상계처리 • 고가 낙찰 후, 장부상 손실매각으로 다른 물건의 양도세 납부세액과 상계처리
합법적 UP 계약서의 효과	• 합법적으로 배당기일 채권금액으로 고가 낙찰
특수경매물건 매입 효과	• 법정지상권, 유치권 등 매입으로 고수익 발생

❖ 배당금 수령 효과

부실채권에서 배당금이란 무엇일까?

경매 물건이 매각된 후 매각대금에서 일정 기준에 따라 채권자가 받는 돈이다.

부실채권을 매입한 투자자가 완전 생초보라 해도 걱정할 필요가 없다. 법원에서 알아서 매각대금을 지급해 주기 때문이다. 물론, 투자자가 배당금 수령 효과를 극대화하기 위해서는 경매낙찰 예상가격을 확인한 후, 그 가격보다 가능하면 낮은 가격에 부실채권을 구입해야 할 것이다.

부실채권은 다른 상품보다 수익률이 높고, 투자 기간이 짧으며, 기간 예측이 가능하기 때문에 어떤 투자보다 유리하다는 사실!

❖ 직접 낙찰 효과

경매란 쉽게 말해 제일 높은 가격을 부르는 사람이 물건을 가져가는 입찰 방식이다. 제정신인 투자자라면 급매물 시세보다는 낮은 가격에 입찰할 것이다. 급매물 시세라는 입찰가격의 상한선을 가지고 있는 것이다.

그런데 부실채권을 매입한 사람에겐 시세가 그리 중요한 기준이 아니다.

그보다는 배당기일 채권금액이라는 범위 내에서 입찰가격을 쓰게 된다. 자기가 받을 수 있는 채권최고금액까지 배팅할 수 있다는 것이다. 다른 입찰자보다 상당히 유리한 위치에 서 있는 만큼 낙찰 가능성도 높다.

❖ 소액투자 효과(레버리지 효과)

부실채권 투자가 소액으로 가능한 이유는 간단하다.

은행에서 매입 자금의 최대 90%까지 대출해 주고, 채무인수 방식으로 구입하는 경우엔 매입금액의 20% 정도만 있으면 계약금과 중도금을 납입할 수 있기 때문이다. 환상적이지 않은가?

필자는 강의 중에 '과연 얼마부터가 소액투자일까?'란 질문을 던진다.

누구는 1천만 원, 누구는 1억이란다.

아마 자기가 굴릴 수 있는 투자자금이 그 기준일 것이다.

MB의 서울시장 재임 시절, 뉴타운(도시재생) 사업으로 서울을 포함한 수도권 부동산시장이 뜨거웠던 때를 떠올려보자. 필자 역시 수도권은 물론 천안 재개발 시장까지 투자 범위를 넓혔었다. 당시 천안 재개발 지역에서는 가구당 1천만 원으로 다세대주택의 갭투자가 가능했다.

안양, 안산, 의왕, 수원, 평택, 인천은 3~5천만 원이면 갭투자로 매입했던 기억이 생생하다. 사기만 하면 오르던 그 시절이 그립다.

2008년 강북 아파트가 한창 인기몰이를 하던 시절, 노원구 역세권의 소형아파트를 사려면 전세 보증금을 끼고 자기자본이 3~5천만 원만 있으면 되었다.

필자가 부동산 경매·공매 강의를 하고 있으니, 투자에 있어서도 통이 클 것이라는 오해를 하는 사람들이 많다. 그러나 필자는 잔금대출을 포함해 자기자본 3천만~5천만 원으로 투자하는 상품을 가장 선호했다.

쫀쫀하다고? 통 크게 놀다가 패가망신하는 사람을 지켜보면 그런 생각은 나지 않을 것이다.

소액투자의 팁은 은행 대출(레버리지)을 잘 이용하는 것이다.

근저당권을 담보로 대출받는 것을 '담보부 질권대출'이라 한다. 보통 금융기관들은 부실채권 매입 금액의 80~90%까지 대출을 해준다.

채권액 2억 원인 부실채권을 20% 할인해 1억 6천만 원에 매입할 경우, 은행에서 1억 2천 8백만 원까지 대출받을 수 있다. 결국 자기자본 3천 2백만 원만 있으면 된다는 결론이다. 이거야말로 레버리지 효과 최고다.

처음부터 큰돈으로 투자한다면 천하의 전문가라도 부담을 느끼게 된다.

소액투자로 점차 자신감과 경험을 쌓아가는 것이 중요하다. 부동산 재테크에서도 직접 경험이 무엇보다 큰 자산이다.

필자가 예언하건대, 대중화의 길을 걸은 경매와는 달리, 부실채권 투자는 블루오션을 아는 자들만의 세상이 될 것이다. 블루오션을 알아보는 사람들이 늘어나기 전에, 부실채권의 경험을 쌓고 고수익의 열매를 따게 되기를 바란다.

❖ 절세 효과

배당을 목적으로 경매 중인 부실채권에 투자했다면, 보통 6개월 정도에 투자 금을 회수할 수 있다. 직접 낙찰받는 것이 목적이라면 7개월이면 명도까지 깔끔 하게 정리해 매매할 수 있다.

1년 이내 단기 매매 시에 50%의 양도소득세를 부과하고 있는 현실 속에서 세 금을 절세할 수 있는 상품이라는 것은 투자자의 입장에서는 엄청나게 매력적이 다. 부실채권 투자를 주업으로 하는 사람이 아니라면 소득세를 납부하지 않아 도 된다는 판례들이 많이 나와 있다.

특히 배당수익은 비과세이므로 그 어떤 상품보다 높은 수익률을 기대할 수 있다.

❖ 상계처리 효과

_ 경매 물건과 상계처리 효과

경매 진행되는 부실채권을 매입한 투자자가 직접 낙찰받는 경우, 배당받을 금액의 범위 내에서 낙찰대금을 내지 않고 상계 신청으로 대신할 수 있다.

감정가격이 2억 5천만 원인 상가가 있다고 치자.

상가에 설정된 근저당권(2억)을 8천만 원에 매입했다면, 이 물건을 2억에 낙찰 받고 잔금을 내지 않고 상계처리할 수 있다는 것이다.

물론, 잔금대출을 이용한다면 매입금액보다 더 많은 금액을 활용할 수도 있다.

그러나 실무에서 조심해야 할 것이 하나 있다.

부실채권을 매입하고 융자를 받는 경우 법원에서 상계 신청을 받아주지 않는 사례가 늘고 있다는 것이다. 그 이유는 간단하다. 담보부 질권을 설정한 은행의 권리를 보호하기 위해서다. 상계신청서를 법원에 접수하면 담보부 질권이 설정된 은행의 동의서를 요구하기도 한다. 그런데 은행의 동의서를 받기는 현실적으로 어려운 경우가 많다.

또한, 경매 물건의 다른 이해관계인이 이의를 제기할 경우 상계 신청이 거부되기도 한다. 설사 이런 상황이 벌어진다 해도 걱정할 필요는 없다. 상계 신청 대신 잔금대출로 작전을 변경하면 그만이기 때문이다.

_ 다른 일반 물건과 상계처리 효과

부실채권 투자가 좋은 것은 절세 전략이 많다는 것이다.

다른 물건과 양도소득세를 연계하는 상계 신청으로 절세를 하는 방법이 있어 소개하려고 한다.

A씨가 현재 2가지 부동산 거래를 진행하고 있다고 가정해보자.

첫 번째 거래를 통해 매매차익이 5천만 원 발생해 그 50%인 2천 5백만 원을 양도세로 납부해야 할 상황이다.

두 번째 거래는 부실채권이다.

A씨는 감정가격 3억, 부실채권 2억 7천만 원인 물건을 2억 원에 매입했다.

그 후 2억 7천만 원에 직접 낙찰받고, 2억 2천만 원에 매도했다. 장부상으로는 분명 5천만 원의 손실이 발생했다.

세금 부분은 세무사와 상담 후에 진행하는 것을 추천하지만, 해당 연도에 양도세 손실 물건을 먼저 신고하고, 이익 발생 물건을 나중에 신고하는 것이 유리할 수도 있다는 것쯤은 알아두면 좋다. 즉, 상계처리하는 것이 절세 방법 중의 하나일 수 있다.

앞의 사례에서도 첫 번째 거래의 5천만 원 이익과 두 번째 거래의 5천만 원 손실을 해당 연도에 상계처리하면 절세 운영이 가능하다. 개인의 경우, 업으로 하는 자가 아니면 부실채권 투자수익은 절세 효과를 누릴 수 있다.

놀랍지 않은가? 소득이 있는 곳에 세금이 없는 개인의 부실채권 투자란!

❖ 합법적 UP 계약서의 효과

부실채권 매입자가 직접 낙찰받는 경우는 자신이 받을 수 있는 채권 최고금액 범위 내에서 입찰할 수 있기 때문에 낙찰 가능성이 높다는 것이다.

그런데 고가 낙찰을 받아 유리한 게 또 있다.

매각잔금대출을 많이 받을 수 있으며, 일반 시세로 매각 시 양도세에 있어 유리하다는 것이다. 고가 낙찰이라 해도 모든 절차가 합법적으로 진행되기 때문에 법적인 문제가 발생할 소지는 거의 없다.

❖ 특수경매물건 매입 효과

"위험한 장사가 많이 남는다."

일반 경매 물건이 아닌 특수물건에 대한 얘기를 해보려고 한다.

특수물건은 '권리적 하자 또는 흠결이 있는 물건'이다. 그래서 그만큼 저렴하게 구입할 수 있다는 것이 장점이다. 하자가 치유되는 순간, 일반 경매보다 높은 수익이 약속되는 것이다.

필자도 경매가 진행되는 단독주택에 선순위 가등기, 선순위 가처분이 있는 물건을 1억 5천만 원에 낙찰받은 경우가 있다. 선순위 가등기 있는 경매 물건을 직접 소송 방법을 통해 치유하고, 9개월 만에 3억 원에 매도했던 것이다.

특수물건은 소유권 취득 후 추가적인 매입비용이 발생하거나, 대출에 문제가 발생하거나, 사용권이 제한될 수 있는 물건이다. 유치권, 법정지상권, 선순위 가등기, 선순위 가처분, 지분경매, 토지별도등기, 가장임차인, 후순위 토지인도 및 건물철거 가처분, 분묘기지권 등등 특수물건도 아주 다양하다.

그런데 굳이 이런 특수물건에 손대고 싶지 않은 투자자도 있을 것이다. 물론 안전한 부실채권 물건만 골라 잘 투자해도 탁월한 절세 효과와 더불어 고수익을 기대할 수 있다.

2장

NPL
어떻게 시작해요?

'유동화회사' 이해하기

적을 알고 나를 알아야 백전백승이라고 했다.

투자자라면 좋은 부실채권을 최대한 저렴하게 구입해야 하는 것이 절대 과제
인데, 그 상대가 바로 유동화회사가 아닌가? 부실채권의 고객인 우리는 부실채
권의 판매자, 즉 유동화회사를 철저하게 이해하는 것이 급선무이다.

그럼 유동화회사 앞에 붙어 있는 '유동화'의 개념부터 짚어보자.

유동화란 말 그대로 물 흐르듯이 흐르게 한다는 것이다. 그렇다면 애초에 흐
르지 않던 것을 흐르게 한다는 의미가 될 것이다.

예를 들어보자. 만기가 도달하지 않은 대출채권은 그야말로 융통성이 없는
비유동성 자산이다. 은행 금고에서 잠자고 있는 자산인 것이다. 그런데 이런 대
출채권을 담보로 채권을 발행하거나, 대출채권 자체를 매각한다고 해보자. 비
유동성 자산이 유동화됨으로써 자금을 확보하는 효과를 얻게 된다. 금융기관들

이 이렇게 자산을 유동화하는 이유는 자금 조달뿐 아니라 위험자산을 매각함으로써 재무구조를 개선하기 위해서다.

부실채권의 흐름을 정리해보자.

은행에서 부실채권이 발생하면, 은행은 일부 부실채권을 매각한다.

유동화회사는 은행으로부터 부실채권을 매입해, 일부 부실채권을 재매각한다.

일반 투자자는 유동화회사로부터 부실채권을 매입해, 직접 수익을 창출할 수도 있고 다른 일반 투자자에게 재매각할 수도 있다.

'은행 → 유동화회사 → 일반 투자자 → 일반 투자자'의 순서이다.

❖ SPC(유동화전문유한회사)란?

앞에서도 살짝 언급했지만 은행들은 대부분 부실채권을 개인에게 팔지 않는다.

국제입찰(공개경쟁입찰) 방식을 통해 대규모 채권을 매입하는 주인공이 바로 유동화전문유한회사(SPC, Special Purpose Company)라고 이해하면 된다. SPC는 부실채권을 매입하기 위해 일시적으로 설립되는 특수목적 회사로 채권 매입과 회수, 원리금 상환 등 계획한 유동화 업무가 종료되면 자동적으로 해산되는 일종의 페이퍼 컴퍼니이다.

SPC의 개념은 그 이름만 봐도 확실히 알 수 있다.

유더블유제구차유동화전문유한회사, 우리에프앤아이제칠차유동화전문회사 등의 이름을 들어봤을 것이다. '제칠차, 제구차'라는 이름에서 알 수 있듯이 투자POOL을 위해 설립했다 투자가 마무리되면 자동 해산된다. 설립이나 업무 운영에서 금융감독원의 관리를 받기 때문에 주로 대규모 자본이 있거나 조직이 있는 금융기관이 자회사의 형태로 설립하는 경우가 대부분이다.

가끔 SPC와 AMC(자산관리회사)를 헷갈려 하는 투자자들이 있다. 한마디로 정리하자면 SPC는 부실채권 매입, AMC는 부실채권 관리 및 운용으로 역할 분담이 되어 있다. 구체적인 사례를 들어 설명해보겠다.

SPC 중 하나인 대신F&I는 대신AMC에 자산을 위탁관리한다.

'대신에프앤아이제5차유동화전문회사'처럼 SPC를 설립하고, 부실채권 처리가 끝나면 해산하는 것이다. 부실채권에 관심이 있다면 대신F&I가 아니라 대신AMC에 전화해서 매입협상을 해야 한다는 얘기다. 2014년 5월 우리F&I와 우리AMC가 대신F&I와 대신AMC로 사명을 변경했음을 참고로 알아두자. '유더블유'로 시작하는 유동화회사의 물건이라면 유암코 및 제이원, 마이에셋, MG신용정보(구 한신평) 등의 AMC에 문의하면 된다.

자, 그러면 SPC와 AMC의 자금 흐름에 대해서도 알아보자.

SPC는 부실채권의 경영과 관리를 AMC에 위탁하고, 자금관리는 AMC가 아닌 자금관리은행을 이용한다. SPC는 자산 매입을 위한 투자금을 확보하기 위해 전문투자사(유암코)와 합작투자사를 통해 유동화사채(ABS)를 발행한다. SPC와 투신, 증권, 은행신탁 등 투자회사들 공동으로 한시적 SPC를 설립한 후, 부실채권을 기초자산으로 발행한 유동화사채와 유동화출자지분에 투자해 수익을 창출하는 것이라 이해하면 된다.

★ 부실채권 매각구조

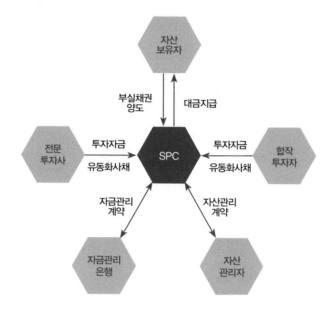

그러면 이제 조금 더 어려운 얘기를 해보자.

채권 양도의 대항요건에 대한 내용이다. 대항요건을 갖추기 위해서 양도인은 채무자에게 통지하거나 채무자의 승낙을 득해야 하는 것이 원칙이긴 하다. 또한 자산유동화에 관한 법률 제7조에 따라 담보부 채권 양도 시에는 채권양도등기를 해야 양수인으로 근저당권이 이전되고 채권자 명의를 변경할 수 있다. 하지만 자산유동화에 관한 법률 제8조의 특례에 따라 유동화계획 등록이 있을 때엔 SPC가 저당권을 취득한 것으로 간주하게 된다. 대항요건에 대해 그다지 신경 쓰지 않아도 된다는 의미로 해석할 수 있다.

SPC를 설립해 부실채권 시장에 투자하는 업체로는 UAMCO(연합자산관리), 대신F&I(구 우리F&I), KB자산운용, 한국개발금융, 증권사(메리츠, 미래에셋, 동부), 저축은행(SBI-구 현대스위스, OSB, 모아, 조은), 나이스F&I, 파인트리 파트너스, 신세이뱅크, 골드만삭스, 모건스탠리, 도이치뱅크, CSFB, AK 파트너스 등이 있다.

이쯤 되면 부실채권이란 것이 과연 돈 되는 장사일지 궁금할 것이다.

SPC의 대표 격인 유암코와 우리F&I(현 대신F&I)의 성적표를 살펴보자.

국민경제가 불황으로 저성장을 유지하던 2011년과 2012년, 두 회사 공히 영업이익과 당기순이익이 증가했다. 당시 다른 업종들이 죽을 쑤거나 제자리걸음을 했다는 사실을 상기해보면, 엄청난 수익을 올렸음을 알 수 있다.

부실채권 비즈니스는 소규모 조직으로도 황금알을 낳는 사업인 것이다.

★ 유암코와 우리F&I 영업실적

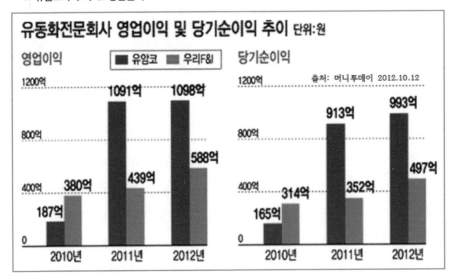

❖ 배드 뱅크(Bad Bank)란?

요즘 유행하는 '나쁜 남자'도 아니고 '나쁜 은행'이라니, 무슨 얘기냐고 의아해할 독자도 있을 것이다. 하지만 사실 배드 뱅크는 나쁘지도 않고, 은행도 아니다. 금융회사로부터 부실자산을 매입하여 전문적으로 처리하는 구조조정 전문 기관일 뿐이다. 즉 앞서 설명했던 SPC의 별칭 정도로 이해하면 된다.

그렇다면 왜 '나쁜 은행'이란 이름이 붙었는지 알아보자. '배드 뱅크'는 '굿 뱅크'와 쌍을 이루는 개념이다. 부실자산으로 재정상태가 건전하지 못한 금융회사가 있다고 치자. 이 금융회사의 부실자산을 SPC가 매입하면 SPC는 배드 뱅크가 되고, 부실자산을 털어버린 금융회사는 자산건전성을 확보해 정상적인 영업을 할 수 있는 굿 뱅크(Good Bank)로 전환되는 것이다.

배드 뱅크의 효시는 한국자산관리공사(KAMCO)로, 각 은행에 분산되어 있던 구조조정 채권을 매입해 기업의 정상화를 이끌었고, IMF 사태나 금융위기 국면에서 금융기관의 부실자산 처리에 큰 역할을 담당했다.

한국자산관리공사의 신용회복활성화 프로그램 '한마음금융'과 공동추심활성화 프로그램 '희망모아' 등이 모두 배드 뱅크의 역할을 담당했다. 그 후 기업은행, 국민은행, 하나은행, 우리은행, 신한은행, 농협중앙회 등으로 구성된 연합자산관리(UAMCO)가 만들어지면서 캠코가 독점하던 배드 뱅크 역할을 수행하게 된 것이다.

❖ AMC(자산관리회사)란?

자산관리회사(AMC, Asset Management Company)는 말 그대로 부실채권을 전문적으로 관리하는 회사로 SPC와 밀접하게 관련되어 있다. SPC는 당해 유동화자산의 관리, 운영, 처분을 AMC에 위탁하고, AMC는 담보부채권 관리대행, 담보부채권 매입, 유동화 자산관리, 자산관리컨설팅, 채권 추심(신용정보업체, 대부업체) 등 고객의 이익을 극대화하는 종합 서비스를 제공한다.

AMC가 투자자에게 위탁받은 부실채권을 회수하는 방법은 크게 2가지다. 법원 경매나 채무자 자진변제를 통해 직접 회수하는 방법, 개인 또는 법인 투자자에게 채권을 재매각하는 방법 모두 가능하다.

연합자산관리, 대신AMC(구 우리AMC), 제이원자산관리, MG신용정보(한신평신용정보), 마이에셋자산운용, 한국개발운용, KPMG, 파인트리 파트너스, KB자산운용, KB신용정보 등이 대표적 AMC이다. AMC는 일정한 자격 요건을 갖추면 설립할 수 있다. 자산유동화에 관한 법률(제10조제1항제3호)에 따라 대통령이 정한 자격요건을 갖춘 자라면 누구나 가능하다. 현재 다양한 종류의 회사들이 만든 AMC 수백 개가 활동하고 있다고 추산된다.

❖ AM(자산관리자)란?

자산관리자(AM, Asset Manager)는 부실채권을 관리하는 담당자로 자산관리회사(AMC)의 직원이다. 일반 투자자가 부실채권을 매입하려고 할 때, 가장 먼저 그리고 가장 많이 부딪쳐야 할 사람이 바로 AM이다. 우리가 AM에 대해 잘 알아야 할 이유이다. 그러면 지금부터 AM이 어떤 업무를 하는지 샅샅이 살펴보자.

AM(편의상 박 과장이라고 하자)은 일단 자신이 맡은 부실채권(편의상 물건X라고 하자)이 접수되면 담보가치 평가를 위해 실사를 나간다. 현장조사, 인근시세조사, 실거래가 조사를 시행하는 것이다. 박 과장이 다음에 하는 일은 경매 사례 분석, 수익가치 산정, 법사가(감정평가가격), 낙찰가율, 선순위 비용 및 권리, 인수대상 권리 또는 부담, 할인율에 대한 분석을 한다. 이 모두는 물건X의 ARP 가격을 산정하는 보고서를 만들기 위한 기초작업이다. ARP 가격이 뭐냐는 질문은 잠시 참아주기 바란다. 곧 이어서 설명이 들어갈 테니. 지금은 그저 부실채권의 적정가격이라고만 짐작해두자. 아무튼 ARP 가격이 결정되면 박 과장은 물건X의 경매를 진행하고 배당금회수, 채권 추심, 재매각, 자산유입 등 채권 회수 절차를 착착 진행한다.

　여러분이 물건X에 관심이 있다면 제일 먼저 할 일은, 물건X를 관리하는 AMC의 박 과장에게 전화를 하는 것이다. 그런데 세상일이 다 그렇지만 박 과장이 어떤 사람일지는 아무도 모른다. 아주 친절할 수도 있지만, 말 붙이기도 싫을 정도로 시건방진 사람일 수도 있다. 복불복이니 불평할 필요는 없다. 만약 여러 번의 전화 통화 끝에 친절한 AM을 만났다면, 친분을 쌓아두는 것이 중요하다. 그들을 통해 좋은 물건을 지속적으로 추천받을 수 있기 때문이다. 투자에서도 인맥은 금맥이다.

　만약 낯을 가리는 투자자라면 AMC 직원들과 자주 거래하는 NPL 강사에게 교육을 받는 것도 좋은 물건을 확보할 수 있는 방법이다. AM들도 사람인지라 생판 모르는 사람보다 평소에 거래가 많았던 사람에게 좋은 정보를 알려주기 때문이다.

　그리고 중요한 것 한 가지가 있다. 박 과장은 최종 결정권이 없다는 것!

　AM이 부실채권의 물건조사, 관리, 매각 대행 등을 맡아서 하긴 하지만 최종 승인은 유동화전문유한회사(SPC), 또는 투자한 주주들의 동의를 거쳐야 하기 때문이다.

❖ ARP 가격이란?

　조금 전에 인용했던 ARP(Asset Resolution Plan)에 대해 공부할 차례다. ARP는 영어 단어 그대로 '자산정리계획'을 말한다. 그리고 ARP 가격은 '채권 회수 목표가격', '자산관리가격', '채권매각 적정가격' 등으로 불린다. 쉽게 말해 AMC가 내부적으로 결정한 '부실채권 판매가'를 말한다.

모든 가격과 마찬가지로 ARP 가격도 '원가+이윤'으로 구성되어 있다. 유동화전문회사의 채권매입 원가에 회사의 이윤을 합한 금액이다. 유동화전문회사가 원하는 기대수익률, 자금조달 금리, 관리비용 등이 모두 감안해야 할 요소들이다. AM은 현장조사, 시장상황, 이해관계인 인터뷰, 관련 사이트 조사, 개별자산별 현황 파악 등 다각적 조사와 분석을 통해 가격을 결정하게 된다.

만약 부실채권을 매입하려는 입장에서 ARP 가격을 알 수만 있다면 적의 수를 읽고 싸움에 임할 수 있으니 가격협상에서 매우 유리한 입장에 설 수 있을 것이다. 하지만 ARP 가격은 회사 내부의 보안 사항으로 일반 투자자에게는 공개되지 않는다.

ARP 가격은 회사에 따라 AMP(Asset Management Price), TP(Target Price)로도 통용되니 알아두자.

02

물건 고르기 전 체크리스트

NPL이 무엇인지 이제 확실하게 감을 잡았을 테니, 본론으로 들어가자.

NPL로 돈을 벌려면 무엇을 제일 잘해야 할까?

부동산이든, 주식이든, 펀드든 좋은 물건을 골라야 한다는 것은 기본이다. 그래서 지금부터 하려는 얘기가 NPL 좋은 물건만 쏙쏙 고르는 노하우다.

앞서 설명했듯 대부분의 은행은 일반 투자자에게 부실채권을 팔지 않는다. 그러니 좋으나 싫으나 유동화회사를 통해 물건을 구입해야 한다.

유동화회사에 가서 "좋은 부실채권 있나요?"라고 물어보라. 십중팔구 우리 물건은 다 좋다는 대답이 돌아올 것이다. 투자자 입장에서는 자신이 좋아하는 아이템, 예를 들어 상가, 공장, 아파트, 오피스텔 등 구체적 목표를 가지고 접근해야 한다. 투자금액도 마찬가지다.

시장에서 물건을 고를 때와 똑같다. 5천 원짜리 고등어를 살지, 2만 원짜리 갈치를 살지 미리 결정하라는 것이다.

그런데 아마 사려고 하는 물건들 대부분이 경매가 진행 중일 것이다.

보다 신속한 판단과 결정이 필요하다는 얘기가 되겠다. 우물쭈물하다가는 좋은 물건을 다른 사람에게 빼앗기거나, 경매에 참여할 타이밍을 놓치게 된다.

일단 괜찮겠다는 촉이 오면 현장조사를 나가야 한다. 현장조사 결과 역시 수익성이 확실하다는 판단이 서면 유동화회사 측과 곧바로 가격협상에 들어가야 한다.

부실채권은 정찰제가 아니니, 얼마든지 가격 흥정을 할 수 있다.

내 돈 주고 내가 살 물건을 흥정하는 것은 절대 부끄러운 일이 아니고, 비난받을 일도 아니다. 협상을 하다 조건이 맞지 않으면 계약 안 하면 그만이다. 부지런히 발품을 팔고, 열심히 가격협상을 하는 사람이 결국 돈을 번다.

그럼 이제부터 어떤 기준으로 부실채권 물건을 골라야 할지 하나하나 체크해 보기로 하자.

❖ 나의 투자 자금은 얼마인가?

여러 가지 물건 중에 일단 자신의 자금 여력에 맞는 물건을 골라야 한다. 아무리 좋은 물건이라도 자금이 부족하면 헛일이기 때문이다.

부실채권을 매입한 후 대금을 지급하는 방식엔 2가지가 있다.

'론세일 방식'과 '채무인수 방식'이다. 투자자금에 여유가 있으면 론세일 방식, 자금이 조금 부족하다면 채무인수 방식을 추천한다.

부실채권 공부를 좀 했다는 사람들도 '론세일'이 뭔지 '채무인수'가 뭔지 헷갈려 하는 경우가 있는데, 확실히 이해되도록 설명해 주겠다. 론세일 방식은 한마디로 유동화회사로부터 근저당권에 대한 권리를 전부 인수하는 것이다.

홍길동이 론세일 방식으로 부실채권을 구입한 경우를 생각해 보자.

등기부등본상 채권자는 '유동화회사 → 홍길동'으로 변경된다. 이 대목에서 이런 질문이 나올 만하다. "그럼 부실채권이 1억 원짜리면 1억이 필요한가요?"

물론 그렇지는 않다. 금융권을 통해 매입가격의 70~90%까지 담보부 질권대출을 받을 수 있기 때문이다. 통상 2천만 원 정도만 있으면 1억 원짜리 부실채권을 살 수 있다.

그렇다면 채무인수 방식은 무엇일까?

낙찰을 조건으로 임시로 면책적 채무인수에 대한 권리를 인정해 주는 것이다. 론세일 방식이 완전한 채권 양도라면 채무인수 방식은 임시 조건부 양도라할 수 있다.

유동화회사에 부실채권 매입가격의 10%만 내면 채무인수 방식의 매매계약이 성립한다. 이후 경매에 참여해 낙찰을 받으면 잔금대출을 통해 소유권을 완전하게 이전하면 되고, 낙찰을 받지 못하면 계약은 무효가 된다.

❖ 나는 왜 부실채권을 사려고 하나?

"당신은 실수요자인가, 투자자인가?"

이 질문에 대한 답을 확실하게 한 다음 부실채권 물건을 공략하는 것이 좋다.

먼저 실수요자라면 해당 지역의 부실채권을 구입해 낙찰까지 가는 전략을 쓰는 것이 좋다. 부실채권을 저렴하게 구입하고, 직접 낙찰받을 수 있다면 꿩 먹고 알 먹고, 2마리 토끼를 한 번에 잡는 셈이다.

주거시설을 고르는 실수요자라면 일반 부동산을 고르는 기준과 똑같이 교통, 편의시설, 학군, 환경, 직장과의 거리 등등을 고려해야 한다.

상가, 오피스텔 등 수익형 부동산의 수요자라면 입지 및 상권을 철저히 분석해 공실률이 낮고 수익률이 높은 지역의 물건을 선정해야 한다.

투자가 목적이라면, 조금 더 멀리 봐야 한다.

즉, 현재보다는 미래가치에 투자하라는 것이다. 부동산의 가치를 올려줄 미래의 호재를 많이 갖고 있는 물건, 부동산의 환금성이 좋은 물건에 투자해야 한다.

예를 들어 역세권의 중소형 아파트, 교통이 편리한 오피스텔과 원룸, 유동인구가 많은 지역의 상가, 공장 수요가 풍부한 수도권 지역, 도로 여건이 양호한 개발용 토지 등이다. 특히 1~2인 가구의 증가, 베이비붐 세대의 은퇴, 생산가능인구의 감소라는 트렌드에 맞는 전략이 필요하다.

여기서 투자 팁 하나를 알려주겠다.

"아기 울음소리가 들리는 지역에 투자하라!"

기획재정부 자료에 따르면 저출산, 고령화 추세로 2016년 이후 경제성장의 원동력이라 할 수 있는 생산가능인구가 빠른 속도로 감소할 것이 예상된다고 한다. 인구성장률은 0.75%로 여전히 낮은 수준이다. 이런 추세라면 우리나라 인구는 2031년부터 감소로 돌아설 것이라 한다. 아기 울음소리란 미래가치의 척도라 할 수 있다.

★ 우리나라 인구 증가 추이 및 전망

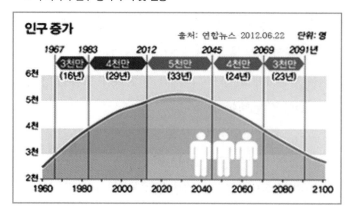

❖ 내가 감당할 수 있는 물건인가?

감당할 수 없다면 포기하는 것이 현명하다.

부실채권을 사기 전에 그 가치를 평가하는 과정이 필요하다. 기본적으로 물건의 가치 분석, 권리 분석, 임차인 분석, 선순위채권 분석을 해야 한다.

"경매 시 말소기준등기보다 앞선 대항력 있는 주택임차인, 최우선 변제에 해당되는 소액임차인, 당해세, 임금채권, 조세채권, 선순위 소유권이전청구권가등기, 선순위 지상권, 선순위 지역권, 선순위 가처분, 유치권……."

만약 내가 매입하려고 하는 부실채권에 이런 꼬리표들이 붙어 있다면 조심해야 한다. 이른바 권리 분석이 복잡하고, 채권 회수가 어렵다는 의미이다.

부실채권에서 '선순위'란 쉽게 말해 내가 짊어져야 할 '짐'이라고 해석하면 된다.

그래서 초보자라면 꼬리표가 많이 붙어 있는 물건은 피하는 것이 좋다. 감당할 능력이 안 되는 물건에 달려들어 골머리를 썩을 필요가 없다. 처음엔 수익률이 좀 떨어지더라도 확실하고 간단명료한 물건이 좋다. 권리 분석에 대한 경험과 지식이 쌓이면 조금 더 난도 높은 물건을 공략하면 된다.

부실채권 투자도 스텝 바이 스텝으로!

이런 내용의 강의를 하면, 그런 권리관계를 어떻게 다 파악하느냐고 미리 걱정하는 수강생들이 있다. 걱정은 잡아매도 좋다. 법원 경매 물건 서류 중 매각물건명세서에 다 기재되어 있기 때문이다.

만약 매각물건명세서의 비고란에 '유치권 성립여지 있음'이나 '법정지상권 성립여지 있음' 또는 '제시 외 건물 소재'라고 표기된 물건이라면 초보자에겐 맞지 않다.

경매낙찰 예상가격 예측하기

부실채권 투자자들에게 신이 나타나 어떤 능력 하나를 주겠다고 약속한다면, 아마 경매낙찰 예상가격을 미리 알 수 있게 해달라고 할 것이다.

그 누구도 낙찰가격을 정확하게 맞출 수는 없다.

하지만 감정가격, 감정시점, 인접 경매 물건 낙찰가율, 입찰 참가인원, 실거래 사례, 매물 현황, 급매물 가격, 개발 가능성, 온라인과 오프라인의 물건 분석, 선순위 권리, 법률적 하자 등의 권리 분석을 종합해 예측할 수 있다.

부실채권 투자를 하려면 시작부터 경매낙찰 예상가격을 예측해야 한다. 그래야 유동화회사와 가격협상을 쉽게 할 수 있기 때문이다. 만약 가격을 지나치게 높게 예측해 비싼 가격에 물건을 매입하면 곧바로 손실로 이어진다.

여기서 초보 투자자가 가슴에 새겨두어야 할 격언 하나를 알려주겠다.

"부동산 감정가격을 믿지 말라!"

감정가격이 부동산의 가치를 평가하는 기준 중의 하나인 것은 맞지만, 오차가 존재하기 때문이다. 경매 물건의 감정가격은 최소한 6개월 전에 산정된 것이라는 점, 채권자와 채무자들은 감정가격이 높게 책정되기를 바라므로 거품이 끼는 경우가 많다는 점을 명심하자.

❖1차 가격 예측

가장 먼저 해야 할 일은 부동산 감정가격과 감정시점을 확인하는 것이다.

부동산 가격 흐름을 파악하고, 인접지역의 낙찰가율(감정가 대비 낙찰가 비율)을 참고하면 해당 물건의 낙찰가격을 대략적으로 예측할 수 있다.

경매낙찰 예상가격이 나왔으면 선순위 비용(경매비용, 선순위 저당권, 소액임차인, 임금채권, 당해세, 법정기일이 선행인 국세 및 지방세)을 반영하고, 배당요구종기까지 배당요구하지 않은 대항력 있는 임차인, 유치권, 법정지상권, 분묘기지권 등을 감안하여 채권가격을 분석하면 된다.

여기에 배당기일까지의 비용에 할인율을 적용해 현재가치를 평가한 후 현장 임장조사를 한다. 이렇게 말로 설명하면 복잡하고 어려운 것 같지만, 한번 실습해보면 몸에 자연스럽게 익으므로 걱정할 필요가 없다.

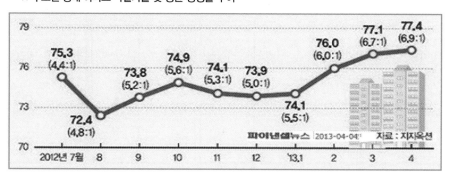

★ 수도권 경매 아파트 낙찰가율 및 평균 경쟁률 추이

* 낙찰가율이란 감정가 대비 낙찰가 비율을 말한다. 낙찰가율 73.3%란 감정가격은 1억인데, 7천 3백 3십만 원에 낙찰받았다는 의미이다.

❖ 인근지역 낙찰 사례 분석

다음으로 해야 할 것이 대법원 법원경매정보 사이트(http://www.courtauction.go.kr)에 들어가 매각통계를 검색하는 것이다. 소재지와 기간을 입력하면 관련 물건들이 나온다. '서울시 강남구, 2012년 1월부터 9월까지'를 조건으로 넣었다고 치자.

검색 결과 평균 낙찰가율(매각가율)이 78.4%임을 알 수 있다. 그런데 연립 및 다세대는 72.6%, 상가는 76.6%인데 반해 오피스텔은 101%로 아주 높다.

물건 종류별로 차등화되어 있음을 알 수 있다.

평균 낙찰가율보다 지역별, 용도별 낙찰률이 훨씬 중요하다는 사실을 명심하자.

유료경매정보 굿옥션(http://www.goodauction.co.kr), 지지옥션(http://www.ggi.co.kr), 다와옥션(http://www.dawaauction.co.kr), 스피드옥션(http://www.speedauction.co.kr), 태인 등에서도 동일 지역 비슷한 부동산의 낙찰 사례 정보를 얻을 수 있다.

경매낙찰 예상가격에 정답은 없고, 그것을 알 수 있는 왕도도 없다.

다만 많은 데이터를 활용하는 것이 조금 더 정확하게 접근할 수 있는 방법임은 확실하다. 온나라 부동산정보 통합포털(http://www.onnara.go.kr), 국토교통부(http://rt.mltm.go.kr) 아파트, 다세대/연립, 단독/다가구, 실거래가격을 참조하는 것도 좋은 방법이다.

★ 대법원 경매정보 매각통계 정보

● 2012/01 ~ 2012/09 사이의 용도별 매각 통계

물건용도		경매건수	매각건수	감정가(단위:원)	매각가(단위:원)	매각률	매각가율
아파트		431	143	167,380,000,000	131,268,809,027	33.2%	78.4%
연립주택,다세대		100	31	22,115,000,000	16,063,735,000	31%	72.6%
상가, 오피스텔, 근린시설	상가	28	7	5,301,745,496	4,061,696,000	25%	76.6%
	오피스텔	12	6	1,225,000,000	1,237,745,000	50%	101%
	근린시설	27	7	20,370,379,600	18,543,980,000	25.9%	91%
	겸용	51	24	23,877,291,170	21,448,610,899	47%	89.8%
	소계	118	44	50,774,416,266	45,292,031,899	37.3%	89.2%
기타		0	0	0	0	0%	0%
전체		708	230	279,543,906,656	232,972,405,926	32.5%	83.3%

❖ 현장 실사를 통한 분석

서류상 분석과 함께 직접 현장에 나가보는 절차는 필수다.

발품을 팔지 않으면 그만큼 실수할 가능성이 높아지기 때문이다.

현장조사를 통해 물건의 지리적 위치, 주변 환경, 도로의 접근 여부, 대중교통 용이성 등등을 조사해야 한다. 또한 집행관 현장조사서에 나온 임차인과 배당요구한 임차인이 동일한지, 현장과 공부상 내용이 일치하는지도 확인해야 한다.

이뿐만이 아니다. 건물 파손 여부, 기계나 기구 존재 여부, 유치권 여부 등 기

타 권리들이 존재하는지, 또한 관리비가 체납되었는지, 영업은 잘 되는지, 부실채권 매입 시에 공장, 빌딩 등 경비용역업체 선임이 필요한지 등등을 종합적으로 판단해야 실수를 줄일 수 있다.

❖ 부동산중개업소 방문을 통한 시세 조사

부동산 시세를 알아보는 가장 좋은 방법은 무엇일까?

해당 지역의 부동산 가격을 가장 잘 아는 사람은 부동산공인중개업소 근무자이다. 부동산중개업소에 가서 사려고 한다거나, 팔려고 한다면서 가격을 알아보는 방법이 최고일 것이다. 부실채권의 경우도 마찬가지다.

최근 거래 가격 현황과 급매물 시세, 수요공급 상황, 지역의 개발 가능성 등은 부동산 중개소를 통해 쉽게 알 수 있다. 여기서 급매물 시세가 중요한데, 최소한 해당 지역 동일 물건의 급매물 시세보다 저렴하게 낙찰되는 것이 상식이기 때문이다.

필자는 부동산을 최소한 3~5곳은 방문하라고 권한다. 매수자의 입장에서 조사하고, 다음엔 매도자의 입장에서 조사하는 것이다. 통상적으로 매도자 자격으로 방문하면 해당 부동산중개업소들은 부정적인 의견을 내놓으며 가격을 낮추는 경향이 있다. 반대로 매수자에게는 개발 호재 등 긍정적인 이야기를 많이 해주기 마련이다. 모든 경우를 대비해 정보를 수집하라는 의미이다.

❖ 물건 분석, 권리 분석

해당 물건의 가치를 분석하려면 입지와 개발 가능성 등은 물론 공사비용 및 불법건축물에 따른 이행강제금, 시설 노후도, 관리비 연체, 점유자의 성격 등 모든 하자를 파악해야 한다.

또한 부실채권보다 우선하는 선순위 권리들, 즉 소액임차인의 최우선 변제금, 당해세, 임금채권, 유치권 등 권리상 문제들도 반드시 확인해야 한다. 이런 하자들과 문제들을 공제해도 이익이 남을 경우에만 투자에 임해야 하는 것이다.

❖ 부동산 정책 등 대내외 변수 분석

투자자 입장에서는 이런 것까지도 알아야 하냐는 푸념이 나올 수 있으나, 부실채권이 나 홀로 가격을 형성하는 것이 아니므로 부동산 정책 등도 예의 주시해야 한다.

투자심리가 어떻게 변하고 있는지, 정부 정책은 어떤 흐름인지, 매매가 대비 전세가 비율은 얼마인지, 건설사들의 향후 주택공급 계획은 어떤지 등을 전반적으로 고려해야 할 것이다.

❖ 등기사항전부증명서(등기부등본) 분석

"부동산 등기부는 흔적을 남긴다."

여러분이 기억해야 할 또 하나의 격언이다. 부실채권의 모든 역사도 거기에 담겨 있기 때문이다.

등기사항전부증명서를 통해 소유권이 언제 변동되었는지, 변경되었다면 매매금액은 얼마였는지 알 수 있다. 경매가 진행된 사례가 있었고 낙찰되었다면 경매사건 번호를 확인하여 경매 입찰 인원과 낙찰가가 얼마였는지 파악해야 한다. 등기사항전부증명서에는 국민건강보험료를 미납해 압류된 상황까지 고스란히 기록되어 있다.

필자가 대학에서 부동산투자론을 강의할 때의 에피소드 하나를 소개해 보겠다.

학생들에게 자신이 사는 집의 등기사항전부증명서를 가져오게 해, 권리 분석하는 방법과 안전한 전셋집 구하는 방법 등을 교육하고 있을 때였다.

한 학생이 제출한 등기사항전부증명서에 중년 여자분의 이름으로 가처분이 되었다가 얼마 후 말소된 사례를 발견하고 학생을 불러 질문을 했다.

"혹시 ***씨가 어머님인가요?"
"네, 맞는데요."
"1995년에 어머님과 아버님이 크게 다투셨나 봅니다."
"네에??"

그 학생은 후에 어머님께 여쭤보고, 교수님이 그걸 어떻게 알았냐고 놀라워했다. 등기부등본에는 이렇게 가족의 비밀까지 기록되어 있다. 혹시 부부간에 다툼이 있을지라도 등기부등본에 흔적을 남기지 마시기 바란다.

04

NPL 자산관리자(AM)
공략 노하우

관심 있는 물건을 찾았다면, 그 물건을 보유하고 있는 자산관리회사의 담당자와 접촉해야 한다. 부실채권 자산관리자(AM)의 전화번호는 어떻게 알아낼 수 있는지, 협상은 어떻게 진행해야 할지 공부해보자.

❖DART로 AM 전화번호 찾기

금감원의 감독을 받는 대형 유동화회사들은 자신이 매입한 부실채권을 공시해야 한다. 모든 사람들이 볼 수 있도록 정보를 제공해야 한다는 뜻이다.

지금부터 실습해 보기로 하자.

일단 법원경매서류에서 채권자, 즉 유동화회사의 정확한 이름을 확인한 후, 금융감독원 전자공시시스템(http://dart.fss.or.kr/)에 접속하면 된다.

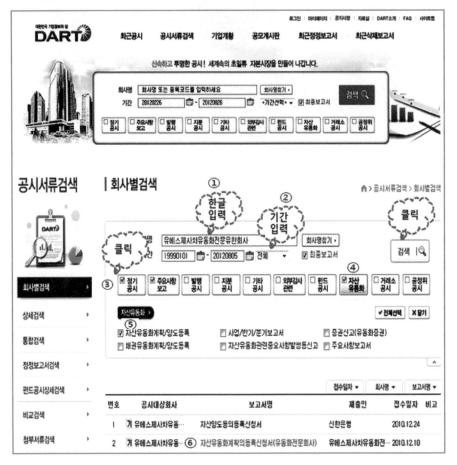

그 후엔 다음 순서대로 차근차근 따라 하기만 하면 아주 쉽게 정보를 얻을 수
있다.

① 공시서류 검색하고 회사별 검색, 회사명에 정확하게 한글로 '유에스제사차
　유동화전문유한회사'를 입력한다. '4차'가 아니라 '사차'란 점에 주의하기 바
　란다. 한 글자도 틀려서는 안 된다.
② 기간은 기본적으로 6개월로 표시되어 있으니, 기간 선택을 전체 또는 1년

으로 입력하는 것이 폭넓게 검색할 수 있다.

③ 정기 공시, 자산유동화 등 필요항목을 검색한다.

④ 자산유동화 내용을 검색한다.

⑤ 유동화회사에 대한 공시내용을 확인한다.

⑥ 유동화회사의 대표자, 주소, 실무책임자 성명, 전화번호 등 정보를 확인한다.

유동화전문회사

회사명 : 유에스제사차유동화전문유한회사
대표자 : 이 ** (인)
본점 소재지 : 서울 중구 서소문동 58-7 동화빌딩 13층
      (전화번호) 02-2168-2368
작성책임자 : 업무수탁기관 연합자산관리 주식회사 대표이사 이 OO (인)
      (실무책임자 직책 및 성명) 과장 강**
      (전화번호) 02-2168-2370

공시된 담당자 전화번호로 연락하면 해당 부실채권의 담당자가 전화를 받을 것이다. 만약 실무 책임자 전화번호가 없다면 회사로 전화해 교환을 통해 자산관리자(AM)에게 연결하면 된다.

필자는 전화 통화하면서 담당 AM의 이름을 세 번 이상 가볍게 불러주곤 한다. 친밀감이 생기기도 하거니와, 관공서일수록 상대방의 이름을 불러줄 때 책임감 있는 대화를 할 수 있기 때문이다.

이름을 부르는 건 돈 드는 일도 아니니 적극적으로 활용해 보기 바란다.

❖ 114를 이용해 AM 전화번호 찾기

모든 유동화회사와 자산관리회사가 금융감독원에 공시하지는 않는다. 의무 조항이 아니기 때문이다. 특히 중소형 업체들의 경우는 공시하는 경우가 드물다. 그러나 막막해할 필요는 없다. 콜럼버스의 달걀처럼 아주 쉬운 방법이 있기 때문 이다.

지금부터 114를 이용해 정보를 알아내는 팁을 알려주겠다.

등기부등본을 보면 최초로 근저당권이 설정되고 대출이 발생한 금융기관의 지점이 명시되어 있다. 114를 통해 해당 지점의 채권관리 담당자에게 전화를 걸 어 문의하면, 본사 여신관리팀 담당자 전화번호를 알려줄 것이다. 본사 담당자 에게 전화를 하면 해당 부실채권을 매입한 기관과 담당자 전화번호를 친절하게 알려준다.

그러면 간단하게 미션 해결이다.

❖ AM과 전화로 가격협상하기

이제 전화번호를 알아냈으니, 직접 AM과 통화를 시도해보자.

첫 통화에서 AM들은 십중팔구 이런 질문을 할 것이다.

"어떻게 제 전화번호를 아셨습니까?"

이럴 경우 곧이곧대로 금융감독원 전자공시시스템에서 알았다거나, 114로 알아냈다고 말할 필요는 없다. 100점짜리 대답은 "지인에게 소개받았습니다" 이다.

한국 사회에서 자기와 연관된 사람이 소개해 주었다면 함부로 할 수 없는 것 이 현실이다.

또한 "다 아는 방법이 있지요"나 "한두 번 하나요?"도 괜찮은 대답이다. 초짜 냄새를 풍기면 상대방이 정확한 답변을 피하는 경우가 있기 때문에 어느 정도 경험이 있는 듯한 느낌을 주는 것이 좋다.

이렇게 인사를 마무리하면, 가장 중요한 가격협상에 들어가게 된다.

AM이 먼저 "매입가격은 얼마 정도 생각하십니까?"라고 묻게 된다. 투자자 입장에서 가장 좋은 조건인 "경매 최저매각가격으로 가능할까요?"라고 대답하면 된다.

그러면 AM이 대답할 것이다.

"그건 곤란합니다. 전차 가격이면 모를까?"

이때를 놓치지 말고 타협점을 찾아가면 된다.

"그러면 전차 가격과 최저매각가격의 중간으로 하면 어떨까요?"

그러면 대부분의 AM이 "그 금액에는 매각이 불가능합니다" 또는 "내부 승인 후 연락드리겠습니다"와 같은 답변을 할 것이다.

담당 AM과의 협상을 겁낼 필요가 없다.

그들은 그냥 부실채권을 관리하는 회사직원이고, 나랑 얼굴 마주 보고 있지도 않다. 자신 있게 협상에 임하면 된다. 당황스럽거나 문제가 생기면 "나중에 다시 전화하겠습니다"라며 전화를 끊으면 그만이다.

단, 협상 전에 매입가격의 상한선과 하한선을 마음속에 결정하고 있어야 한다.

물론 물건의 물리적 하자, 법적 하자를 충분히 인지하고 있다면 협상에서 유리한 위치에 설 수 있음도 잊지 말자.

05

매각하는 NPL,
매각하지 않는 NPL

유동화회사가 매입한 부실채권을 모두 다 매각하는 것은 아니다.

대부분은 매각 처리를 하지만, 경매를 통해 자신들이 직접 배당을 받기도 한다. 직접 배당을 받는 것이 훨씬 수익률이 높기 때문이다. 유동화회사는 어떤 물건은 매각하고 어떤 물건은 끝까지 갖고 가는 걸까? 지금부터 공부해보기로 하자.

❖ 매각이 원칙이다

유동화회사는 자신들이 매각하기 아까운 물건을 제외하고는 모두 매각 처리를 한다. 경매로 배당금 전액 회수가 불가능하다고 판단될 때, 재매각이 채권 회수에 유리하다고 판단될 때는 매각에 더욱 적극적이다.

유동화회사의 규모에 따라서도 약간의 차이가 있다.

대형 업체는 특A급 물건을 매각하지 않지만, 중소형 업체의 경우 빨리 투자금을 회수하려고 대부분의 채권을 매각하게 된다.

배당투자를 노리는 투자자라면 대형 업체보다는 중소형 업체의 물건을 노리는 것이 좋다. 특히 제1금융권 물건보다는 제2금융권 물건 위주로 접근하는 것이 유리하다. 필자도 제2금융권을 중심으로 부실채권을 매입하여 일반 투자자에게 매각하고 있다.

만약 배당투자가 아니라 직접 경매에 참여할 생각이라면 대형 업체, 중소형 업체를 가릴 필요가 없다.

★ 법원경매서류(강동구 성내동 상가)

소재지	서울특별시 강동구 성내동					2012타경: 6		
물건종별	근린상가	감정가	220,000,000원	구분	입찰기일	최저매각가격	결과
				1차	2011-10-25	220,000,000원	유찰
대지권	192.267㎡(58.679평)	최저가	(17%) 36,975,000원	2차	2011-11-29	154,000,000원	유찰
				3차	2012-01-03	107,800,000원	유찰
건물면적	251.2㎡(75.988평)	보증금	(10%) 3,700,000원	4차	2012-02-07	75,460,000원	유찰
					2012-03-13	52,822,000원	변경
매각물건	토지건물 일괄매각	소유자	호	5차	2012-05-29	52,822,000원	유찰
				6차	2012-07-03	36,975,000원	
개시결정	2011-04-18	채무자	호	낙찰 : 130,000,000원 (59.09%)			
				(입찰 3명, 낙찰: 2등입찰가 37,510,000원)			
				매각결정기일 : 2012.07.10 - 매각허가결정			
사건명	임의경매	채권자	대상차유동화 전문유한회사	대금지급기한 : 2012.08.08			
				대금납부 2012.08.07 / 배당기일 2012.09.06			
				배당종결 2012.09.06			

강동구 성내동의 상가 건물을 예로 들어보겠다.

감정가격이 2억 2천만 원인데, 경매 입찰자의 낙찰 예상가격이 초저가인 3천7백만 원으로 분석된 물건이다. 결론적으로 이 물건의 낙찰가는 1억 3천만 원, 2등 입찰가는 3천 2백만 원이었다.

부실채권을 구입해 경매에 참여하는 사람과 일반 경매 입찰자는 게임이 되지 않는다. 고가에 낙찰받는 것이 유리하다고 판단되는 물건을 찾아 해당 부실채권을 매입하면, 많은 대출금을 활용할 수 있다는 장점도 있다.

❖ 매각하지 않는 물건의 공통점

유동화회사가 부실채권을 매각하지 않는 이유는 간단하다.

경매 배당금을 통해 채권의 전액 회수가 가능하기 때문에 굳이 미래의 기대 이익을 포기하면서까지 부실채권을 매각할 필요가 없다는 것이다.

그래서 유동화회사가 매각하지 않는 물건은 채권 회수금액보다 경매낙찰 예상가격이 높다는 공통점을 갖고 있다.

★ 법원경매서류(강남구 럭키아파트)

소재지	서울특별시 강남구 _ . 럭키아파트 901호				서울중앙지방법원 본원			
물건종별	① 아파트	감정가	780,000,000원		② **2012타경**			
대지권	41.25㎡(12.478평)	최저가	(64%) 499,200,000원	구분	입찰기일	최저매각가격		결과
건물면적	84.97㎡(25.703평)	보증금	(10%) 49,920,000원	1차	2013-06-11	780,000,000원		유찰
매각물건	토지·건물 일괄매각	소유자	박	2차	2013-07-16	624,000,000원		유찰
개시결정	2012-12-20	채무자	박	3차	2013-08-20	③ 499,200,000원		
사건명	임의경매	채권자	국민은행					

No	접수	권리종류	권리자	채권금액	비고	소멸여부
1	1999.08.27	소유권이전(매매)	박			
2	2011.10.20	근저당	국민은행 (금호동지점)	④ 240,000,000원	말소기준등기	소멸
3	2012.02.06	근저당	합자저축은행	130,000,000원		소멸
4	2012.04.02	근저당	합자저축은행	65,000,000원		소멸
7	2012.12.21	임의경매	국민은행	청구금액: ⑤ 200,673,001원		소멸

강남에 있는 럭키아파트 사례를 살펴보자. 본 물건에는 2011년 10월 20일 국민은행 1순위 근저당권(최고액 2억 4천만 원)이 설정되어 있다. 국민은행은 이 부실

채권을 2013년 4월19일 이에이케이유동화전문유한회사에 매각했다.

　이제부터 유동화회사의 입장에서 생각해보자. 1순위 근저당권 2억 4천만 원은 경매낙찰 예상가격 6억 2천만 원보다 훨씬 낮은 금액이다. 연체이자를 포함해 채권을 전액 회수할 가능성은 거의 100%라 할 수 있다. 유동화회사는 매각하지 않고 배당금을 받기로 결정한다.

　법원경매서류를 보면서 경매 흐름을 파악해보자.

　① 물건의 종류는 아파트이다.

　② 사건번호는 2012타경*****이다.

　③ 1, 2차 유찰된 후, 3차 매각가격 499,200,000원으로 매각 대기 중인 물건이다.

　④ 1순위 국민은행 채권최고액은 240,000,000원이다

　⑤ 임의경매 청구금액은 200,673,001원(2012년 12월 21일)이다. 채권최고액 240,000,000원까지는 기일이 많이 남아 있어 경매기일 연기 전략을 구사할 수도 있다.

　본 물건을 유동화회사가 매각하지 않기로 결정한 이유는 3가지이다.

　우선 채권최고액이 경매낙찰 예상가격보다 낮기 때문이다. 다음으로 경매기일을 연기하면 배당금은 물론 연체이자 16~18%까지 수익으로 확보할 수 있기 때문이다. 마지막으로 본 물건과 같은 단지의 같은 평형이 2013년 646,217,000원에 낙찰된 사례(2012타경41589)가 있기 때문이다. 국토교통부 아파트 실거래가격(http://rt.molit.go.kr/)에 의하면 2013년 6월 시세가 645,000,000~680,000,000원으로 형성되어 있어 경매 물건의 낙찰가격이 채권최고액 240,000,000원 이하로 하락할 확률 또한 없다.

　유동화회사 역시 수익을 추구하는 영리회사이다. 안전하게 돈 될 물건을 쉽게 팔지는 않는다는 생각을 해야 할 것이다.

06

실전 사례 : 배당투자 수익률 280% 성공 이야기

❖물건 분석

이 경매 물건은 노원구 공릉동에 위치한 역세권의 다세대주택이다.

현장조사 결과 지하철 7호선 태릉역과 6호선 태릉입구역에 인접하며 주변에 중랑천이 위치해 산책이나 운동을 즐길 수 있는 좋은 환경을 가지고 있다.

따라서 매매 및 전세 수요가 탄탄하다. 또한 매매금액이 크지 않아 소액으로 투자가 가능하며, 재매각이 용이하다고 판단된다.

즉, 팔기 쉽고 임대하기 쉬운 물건이란 의미다. 이런 부실채권에 투자하면 소액으로 손쉽게 수익을 달성할 수 있을 것이다.

이 경매 물건을 간단하게 정리해 보자면 다음과 같다.

① 경매사건번호(2012타경 XXXX)
② 주소: 서울시 노원구 공릉동

③ 부동산 종류: 다세대(방2, 주방, W/C, 발코니2, 5층 중 4층)

④ 감정가격: 170,000,000원

⑤ 낙찰가격: 170,110,000원

⑥ 채권최고액: 182,000,000원

⑦ 임의경매 청구금액: 140,271,178원(2012년 11월 13일 기준)

★ 법원경매서류(노원구 공릉동 다세대 주택)

No	접수	권리종류	권리자	채권금액	비고	소멸여부
1	2003.03.18	소유권이전(매매)				
⑥	2011.03.29	근저당	백두산팀장	182,000,000원	말소기준등기	소멸
⑦	2012.11.13	임의경매	백두산팀장	청구금액: 140,271,178원		소멸

❖ 권리 분석

그러면 경매 물건에서 가장 중요하다는 권리 분석 방법을 공부해보자.

권리 분석의 시작은 부동산 등기부등본의 '갑구'와 '을구'에서 말소기준등기를 찾는 것이다. 갑구는 소유권에 관한 사항이, 을구는 소유권 이외의 권리에 관한 사항으로 부채에 관한 내용이 기재되어 있다. 예를 들어 가압류는 갑구에, 근저당권은 을구에 표시되어 있다.

그러나 등기부등본에는 나타나지 않는 권리들이 존재한다는 사실을 알아야 한다. 임차인, 유치권, 법정지상권 등이 그 예이다. 특히, 선순위 임차인을 조심해야 한다. 가장 확실하게 하려면 법원경매서류 중에 매각물건명세서를 병행해 분석해야 한다. 매각물건명세서가 오류인 경우에는 국가의 배상 책임이 일부 있다는 대법원 판례도 있으니 가장 믿을 만한 것이다.

지금부터 등기부와 매각물건명세서를 병행해 분석하는 방법을 알려주겠다.

우선 등기부나 법원경매서류에서 말소기준등기를 찾아야 한다. 말소기준등기란 나중에 자세하게 배우겠지만, 경매의 매각 절차에서 말소와 인수를 결정짓는 등기를 말하며 그 이후에 설정된 권리들은 소멸된다고 이해하면 된다.

이는 앞서 보았던 법원경매서류로도 확인이 가능하다. 임의경매개시결정등기와 근저당권 중 더 빠른 근저당권이 말소기준등기임이 표시되어 있다.

이제 등기부등본상에 나타나지 않는 임차인 정보를 확인하기 위해 매각물건명세서를 살펴볼 차례이다.

★ 매각물건명세서

사건	2012타경	부동산임의경매	매각물건번호	1	담임법관(사법보좌관)	김 대
작성일자	2013.01.30	③	최선순위 설정일자	2011.09.29.근저당권		
부동산 및 감정평가액 최저매각가격의 표시	부동산표시목록 참조	④	배당요구종기	2013.01.23		

부동산의 점유자와 점유의 권원, 점유할 수 있는 기간, 차임 또는 보증금에 관한 관계인의 진술 및 임차인이 있는 경우 배당요구 여부와 그 일자, 전입신고일자 또는 사업자등록신청일자와 확정일자의 유무와 그 일자

점유자의 성명	점유부분	정보출처 구분	점유의 권원	임대차 기간 (점유기간)	보증금	차임	전입신고일자,사업자 등록신청일자	확정일자	배당요구 여부 (배당요구 일자)
				⑤ 조사된 임차내역 없음					

〈비고〉

매각물건명세서에서 가장 중요한 부분은 ③번 최선순위 설정일이다. 최선순위 설정일자가 2011.9.29로 근저당권이다. 필자는 대부분의 경매 매각물건명세서에서 최선순위 설정일자가 말소기준등기가 되는 확률은 99.9%라고 말한다.

다음으로 봐야 할 것이 임차인 등 채권자의 ④ 배당요구종기일인데 2013.01.23이다. 아울러 이 경매 물건의 임차인은 ⑤ 없다고 확인된다.

결론적으로 본 물건은 임차인 없이 소유주가 점유하고 있었으며, 말소기준등기는 근저당권 등기일과 동일하다. 권리 분석 결과, 경매 낙찰자가 인수할 권리가 없는 깨끗한 물건이다.

❖ NPL 분석

본 물건의 감정가격은 170,000,000원, 채권최고액은 182,000,000원, 경매청구금액은 140,271,178원이다. 거기다 선순위 임차인 및 선순위 채권, 당해세 등이 없는 것으로 확인되었다.

필자의 NPL 실전투자반에서 교육을 받던 백두산팀장은 배당투자의 목적으로 본 물건을 매입하였다. 결국 제3자가 170,110,000원에 낙찰받아 백두산팀장은 원금, 연체이자, 경매집행비용 등 전액을 회수할 수 있었다.

처음으로 부실채권에 투자한 제자에게 큰 수익을 가져다준 물건으로, 기억에 오래 남는 사례이다. 백두산팀장은 이제 다른 사람들에게 부실채권 컨설팅을 할 정도가 되었다고 한다.

그런데 여기서 궁금증 하나를 해결하고 넘어가자.

K저축은행은 조금만 있으면 배당받을 수 있는 알토란같은 부실채권을 왜 팔아버렸을까? K저축은행의 속사정을 알면 이해가 될 것이다.

2012년 마감을 앞두고 재무건전성을 확인한 결과 대손충당금의 보전(부실채권의 경우 20% 이상), BIS비율과 수익률 하락, 부실채권 지도비율 등에 문제가 발생했기 때문이다. K저축은행으로서는 자산관리공사에 헐값으로 매각하는 것보다는 개별 매각하는 것이 이익이므로 서둘러 매각을 추진했다.

제2금융권의 물건을 수시로 확인하던 필자의 레이더에 그 물건이 걸려든 것이다. 필자는 앞에서도 밝혔듯이 부실채권을 매입, 관리, 매각하는 회사를 운영하고 있다. 은행들은 일반 투자자에게 직접 매도하지 않기 때문에 유동화회사를 잘 알고 있는 것이 큰 도움이 된다.

이 물건에 대한 히스토리는 경매법원의 문건처리내역 중 접수내역을 살펴보면 한눈에 알 수 있다. 접수내역의 해당 항이 어떤 의미인지 쉽게 풀어 보겠다.

★ 법원경매서류(문건처리내역)

접수일	문건처리내역	접수내역
2012.11.13	등기소 북부등기소 등기필증 제출	
2012.11.29	채무자겸소유자 이 ** 경매절차중지신청 제출	
① 2012.12.17	채권자 주식회사 저축은행 열람및복사신청 제출	
② 2013.01.09	채권자 양수인 주식회사 ** 채권자변경 제출	
③ 2013.01.09	채권자 양수인 주식회사 ** 경매속행신청 제출	
④ 2013.03.05	채권자 주식회사 **의 양수인 곽 ** 채권자변경신청서 제출	
2013.04.02	최고가매수신고인 등기촉탁신청 제출	
2013.04.02	최고가매수신고인 등기촉탁공동신청 및 지정서 제출	
2013.04.02	최고가매수신고인 매각대금완납증명	
⑤ 2013.04.05	저당권부질권자 주식회사 저축은행 채권계산서 제출	
2013.04.09	등기소 북부등기소 등기말소통지서 제출	
2013.04.09	최고가매수신고인 영수증 제출	
2013.04.12	저당권부질권자 주식회사저축은행 보정서 제출	
⑥ 2013.04.16	채권자 주식회사 **의 양수인 곽 ** 채권계산서 제출	

① 2012년 12월 17일, 채권자 K저축은행은 채무자가 이자를 3개월 이상 연체하자 법원에 경매 신청한 후 법원 서류를 열람했다.

② 2013년 1월 9일, K저축은행의 근저당권을 매입한 **회사는 채권자변경신

청서를 제출했다. 앞으로 경매 절차에서 발생하는 사항들을 **회사로 연락하기 바라며, 매각대금 중 K저축은행의 근저당권에 대한 배당금을 **회사가 받아가겠다는 것을 통지한 것이다.

③ 2013년 1월 9일, 필자는 채무자 겸 소유자 이**님이 신청한 경매중지요청에 대해 관련서류를 첨부하여 경매속행 신청을 하였다.

④ 2013년 3월 5일, 본 물건이 곽**(백두산팀장)에게 매각되었음을 경매법원에 통보한다.

⑤ 2013년 4월 5일, 본 물건이 낙찰되어 매각대금이 납부된 후, 질권자가 채권계산서를 제출한다.

잔금이 납부되면 경매법원은 1개월 이내에 채권자들에게 매각대금을 배당하기 위해 배당기일을 지정한다. 채권자들은 각각 매각대금에서 받을 채권금액을 계산하여 경매법원에 채권계산서를 제출한다.

본 물건의 경우, **회사가 부실채권을 매입하기 위해 H저축은행으로부터 담보부 질권을 설정하고 대출을 받았다. H저축은행은 담보부 질권대출금을 회수하기 위해 채권계산서를 경매법원에 제출하였다.

⑥ 2013년 4월 16일, 곽**(백두산팀장) 님은 채권을 회수하기 위해 채권계산서를 제출했다.

❖ 출구 전략

본 물건은 매입한 채권 금액보다 낙찰 예상가격이 높은 양질의 물건이다.

다시 말해 경매에 굳이 참여하지 않더라도 제3자가 낙찰받아 배당수익을 올릴 수 있는 최적의 물건이라는 의미이다.

부실채권 물건을 고를 때는 이처럼 목적을 분명히 해야 한다.

즉 배당투자를 노릴 것이냐, 유입투자(경매에 참여해 직접 낙찰을 받는 방법)를 노릴 것이냐, 아니면 재매각이냐 채무자 자진변제냐, 목적에 따라 거기에 최적화된 물건을 고르는 것이 현명하다는 얘기다.

그러면 초보 투자자 백두산팀장의 배당표를 통해 280% 대박투자의 과정을 자세히 분석해보자.

★ 배당표

서울북부지방법원
배 당 표

사 건	2012타경2 **	부동산임의경매			
배 당 할 금 액	금	①	170,216,079		
명세	매 각 대 금	금	②	170,110,000	
	지연이자 및 절차비용	금		0	
	전경매보증금	금		0	
	매각대금이자	금	③	106,079	
	항고보증금	금		0	
집 행 비 용	금	④	2,790,000		
실제배당할 금액	금	⑤	167,426,079		

매각부동산	별지와 같음		
	⑥	⑦	⑧
채 권 자	주식회사 ** 저축은행	주식회사 ** 저축은행의 양수인 **	이 **
채권금액 원 금	100,000,000	40,000,000	12,490,189
이 자	715,068	14,935,890	0
비 용	0	0	0
계	100,715,068	54,935,890	12,490,189
배 당 순 위	1	2	3
이 유	근저당권부질권자	신청채권자(근저당권자)	채무자겸소유자(잉여금)
채 권 최 고 액	100,000,000	182,000,000	0
배 당 액	100,000,000	54,935,890	12,490,189
잔 여 액	67,426,079	12,490,189	0
배 당 비 율	100.00%	100.00%	100.00%
공 탁 번 호 (공 탁 일)	금제 호 (. .)	금제 호 (. .)	금제 호 (. .)

2013. 4. 26.
사 법 보 좌 관 김 **

배당표를 잘 살펴보면 ④ 경매집행비용이 가장 먼저 배당되고, 이어서 ⑥ 담보부 질권자에게 배당되고 그 잔액이 ⑦ 근저당권자에게 배당된다. 근저당권보다 담보부 질권자가 우선 배당받는다는 것을 알 수 있다.

아울러 본 물건은 채권자들에게 배당금을 배분하고 남은 잉여금이 있어 ⑧ 채무자 겸 소유주에게 배당이 돌아갔다.

① 배당금액은 170,216,079원으로 낙찰자가 납부한 ② 매각대금 170,110,000원과 ③ 매각대금의 이자 106,079원을 합한 금액이다.

④ 집행비용은 2,790,000원으로 배당에서 가장 우선하여 배당한다.

보통 채권자가 선납하게 되는데, 이 경우엔 최초 대출은행이었던 **은행이 납부한 것이다. 이 배당금은 최종 근저당권 소유주인 곽**에게 돌아간다.

⑤ 실제 배당할 금액은 167,426,079원이다(①-④=⑤).

⑥ 담보부 질권자 **저축은행 1순위 배당금은 100,715,068원이다. 채권 원금 100,000,000원에 질권대출이자 715,068원을 합한 금액이다.

근저당권부 질권자는 근저당권에서 받을 금액 중 1순위 채권이다. 근저당권으로 인한 채권자보다 담보부 질권으로 인한 채권자가 먼저 배당받는다는 얘기다. 필자가 근저당권부 질권대출이 가장 안전한 대출채권이라 입이 마르게 얘기하는 이유가 바로 이것이다.

⑦ 근저당권자 곽**의 2순위 배당금은 54,935,890원이다.

근저당권 원금 140,000,000 중에서 질권자에게 1억 원을 우선 배당하고 남은 잔액 40,000,000원과 연체이자 14,935,890원을 합한 54,935,890원을 배당했다.

⑧ 잉여금은 12,490,189원이다. 본 물건은 채무 총액보다 높은 금액으로 매각되었기 때문에 채권자들에게 배당을 한 후 남은 금액을 채무자 겸 소유주에게 배당했다(⑤-⑥-⑦=⑧).

경매 절차에서 매각대금을 배당하고 잉여금이 있으면 소유자의 몫이다.

본 경매물건의 매각대금에서 이해관계인의 채권을 100% 환수한 후 남은 금액이다.

⑨ 본 배당투자에서 곽**가 지급받은 금액은 경매집행비용 2,790,000원과 근저당권으로 2순위 배당받은 54,935,890원의 합계 금액 57,725,890원이다 (④+⑦).

필자의 강의를 듣던 백두산팀장 곽** 님의 투자 성적표를 보자.

실투자금액 3천만 원으로 4개월 만에 약 2천 8백만 원의 수익을 올린 것이다. 연 수익률로 따지면 280%! 그야말로 대박 물건이다.

독자들도 열심히 공부해 이런 대박 물건을 만나기를 기원한다.

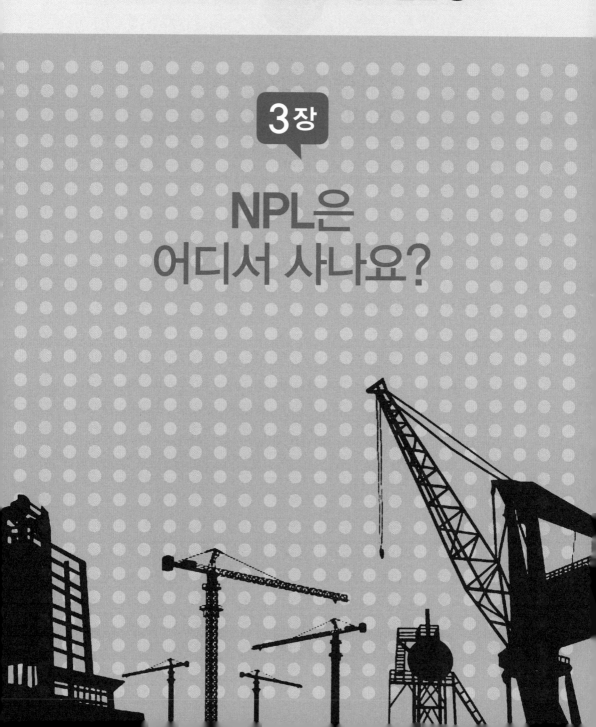

3장

NPL은
어디서 사나요?

01

유동화회사에서
NPL 물건 고르기

❖ 한국자산관리공사(KAMCO)

흔히들 캠코라고 부르는 한국자산관리공사는 유동화회사의 조상이라 할 만하다. 이름에 붙어 있는 '공사'란 말에서 유추할 수 있듯이, 준정부기관인 캠코는 1962년 '금융회사 부실자산 등의 효율적인 처리 및 한국자산공사의 설립에 관한 법률'에 따라 설립되었다. 금융사의 부실채권 인수뿐 아니라, 기업 구조조정, 금융소외자의 신용회복, 국유자산 관리, 체납조세 정리 등의 업무를 담당한다.

1997년 외환위기로 촉발된 우리 경제의 총체적 위기를 극복하는 중심축 역할을 했다는 긍정적 평가와 외국 기업들에게 헐값에 부실채권을 넘겨주었다는 일부 부정적 평가를 함께 받고 있다. IMF 이후 공적자금을 투입해 부실채권 해결을 주도해왔던 캠코는 2013년 2월 22일 부실채권정리기금을 청산하기까지 장장 15년간 우리나라 부실채권 처리에 가장 큰 역할을 해왔다. 아직도 저축은행,

새마을금고, 일부 은행의 부실채권을 처리하고 있다.

우리에게 캠코는 공매 물건을 매각 관리하는 회사로 친숙하다. 필자도 부실채권을 매입하기보다는 매수한 공매 물건 처리를 위해 종종 방문하고 있다. 캠코는 이해관계인이 아닌 제3자에게 부실채권 매각을 꺼리고 있어 일반 투자자들에게는 가까이하기엔 너무 먼 당신이라 할 수 있다.

❖ 연합자산관리회사(UAMCO)

캠코가 유동화회사의 조상이라면 유암코는 유동화회사의 공룡이다.

국민은행, 신한은행, 우리은행, 하나은행, 기업은행, 농협중앙회, 이렇게 우리나라를 대표하는 쟁쟁한 6개 금융사가 주축이 되어 설립한 회사이기 때문이다. 공사였던 캠코와는 달리, 유암코는 상법상 주식회사로 민간 중심의 부실채권 관리회사라고 할 수 있다.

현재 우리나라 부실채권 1위 업체는 단연 유암코다. 가장 많은 물건을 보유하고 관리하는 회사란 의미이다. 유암코는 2009년 10월 1일 자본금 1.5조 원으로 출범했는데, 이 시점을 주목해야 한다. 당시는 2008년 글로벌 금융위기 이후, 국내 부실채권 규모가 급격히 증가하고 국제회계기준(IFRS)이 도입되었던 시점이다. IMF 당시 부실채권 시장이 매수자 중심의 독과점 시장으로 형성되었던 뼈아픈 경험이 이렇게 발 빠른 대응을 하게 했던 것이다. 유암코는 캠코가 독점했던 국내 부실채권 시장 활성화에 기여했다는 평가를 받고 있다.

유암코는 매입한 부실채권을 스스로 관리하기도 하지만, 대부분 자산관리회사에 위탁 처리한다. 현재 제이원자산관리, 마이에셋자산운용, MG신용정보 등에 관리를 위탁하고 있다. 유암코 홈페이지(http://www.uamco.co.kr)를 통해 지역별,

물건별, AM(담당자)별 부실채권을 검색해 매입할 수 있다. 대표번호는 02)2179-2400이고, 서울시 중구 서소문동 75-95 유원빌딩 4~6층을 사용하고 있다.

보통 초보자들은 전화 상담을 겁내는 경향이 있는데, 전혀 그럴 필요가 없다. 전화하면 담당 AM이 아주 친절하게 상담해줄 것이다. 우리는 유동화회사의 하늘같은 고객임을 잊지 말자.

★ 유암코 주요 사업

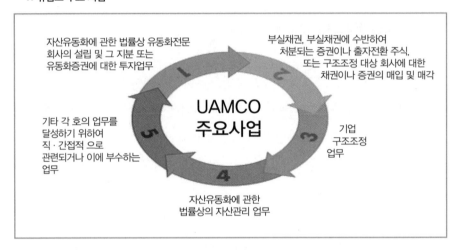

★ 유암코 홈페이지

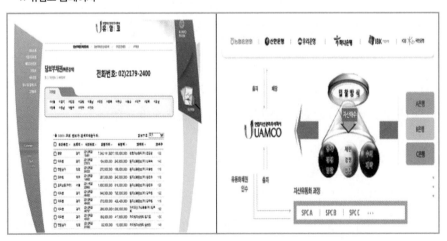

❖ 대신F&I(구 우리F&I)

부실채권 시장의 넘버2로 최근 4년간 20~30% 대의 시장점유율을 유지하고 있다. 대신F&I의 전신은 우리F&I이다. 2001년 11월 우리금융그룹의 부실채권 관리를 전담할 목적으로 '우리금융자산관리주식회사'가 설립되었고, 2002년 9월 '우리F&I'가 만들어졌다.

우리F&I의 장점은 실적과 경험이라 할 수 있다. 2013년 12월 말까지 102개 SPC, 약 16조 원에 달하는 국내 금융기관의 부실채권을 해외 유수 투자자와 합작투자 및 합작 자산관리 방식으로 처리한 경험을 갖고 있다. IMF 때부터 부실채권을 매각, 관리, 운영했던 경험이 풍부한 임직원과 해외 우수투자자와의 합작투자 등 업무 제휴 경험으로 체계적인 관리시스템을 갖추고 있다. 유동화회사 직원들 중 우리F&I 출신들이 많아 AM 사관학교란 별칭을 갖고 있다. 우리금융회사의 계열사 분리매각으로 2014년 5월 대신금융그룹 계열사로 편입되면서 사명을 대신F&I로 변경했다.

매입한 부실채권을 직접 관리하거나 여러 자산관리회사에 위탁하는 유암코와는 달리, 대부분의 물건을 대신AMC 직원들이 직접 관리하고 있다는 것이 특징이다. 대신AMC 직원들도 다른 자산관리회사와 같이 처음 통화하는 관리자가 바로 매각 여부를 결정할 수 있는 경우는 거의 없다. 상부의 매각 승인 결재가 있어야 매각할 수 있기 때문에 시간적 여유를 가지고 부실채권 매입에 임해야 한다. 마음에 드는 물건이 있다면 전화 상담 후 매입의향서를 전달하거나, 회사를 방문해 상담하면 된다. 현재는 경매정보지 굿옥션과 업무 제휴로 담당자의 전화번호가 공개되고 있다.

대신AMC의 홈페이지(http://www.daishinamc.com)에서도 지역별, AM별, 용도별 검색이 가능하고 빠른검색, 상세검색 등 다양한 방법으로 물건을 확인할 수 있다. 회사의 대표번호는 02)399-0100이고 서울시 종로구 서린동 33번지 영풍빌딩 22층에 위치하고 있다.

★ 대신AMC 홈페이지

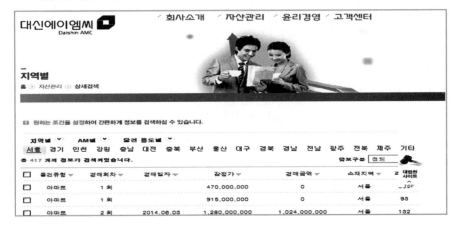

❖ 농협자산관리회사

농협자산관리회사는 유암코 및 대신F&I처럼 국제입찰을 통해 적극적으로 부실채권을 매입하기보다는 농협협동조합에서 발생하는 부실채권을 주로 처리하는 유동화회사다. 축협에서 발생한 부실채권도 관리하고 있다. 농협자산관리공사는 매각기준도 유입가격보다 높거나 전차 가격 이상인 경우가 많아 다분히 보수적이다.

농업협동조합의 구조개선에 관한법률(2001.9.12 제정)에 의하여 전국 지역농협 및 농협중앙회에서 출자하여 설립한 농협자산관리회사에서는 합병권고·요구·명령 등 적기시정조치 대상조합 및 사업정지명령에 따른 계약이전조합, 파산조합 등에 대한 부실채권을 매입하여 합병 후 인수조합의 동반부실을 예방하여 조기에 경영안정을 이룰 수 있도록 지원하고 있다. 구조조정조합뿐만 아니라

정상조합 및 중앙회의 부실채권 등도 매입하여 부실채권 정리를 통한 경영효율성 제고에 기여하고 있다.

회사의 대표번호는 02) 6256-8600으로 본사는 서울시 영등포구 국제금융로8길 2 농협재단B/D 3~4층, 서울지사는 서울특별시 강동구 성내로 19, 서경빌딩 4층, 서울지사 전화번호는 02) 6427-4124이다. 전국 각 지역의 지사는 홈페이지 (http://www.acamco.co.kr/)를 통해 확인 가능하다.

농협자산관리회사는 담보부 채권 채권별 실사가격으로 부실채권 매입가격을 아래와 같은 계산 방식을 적용하여 매입한다.

[감정평가액×지역별 · 용도별 평균낙찰가율-{선순위채권+경매비용+담보물관리비용+(미확인 우발성 선순위채권비율×감정평가액)}]×[1-(연간 인수 후 순수관리비용비율×0.5 또는 1.5)]/(1+현가할인율)

★ 농협자산관리회사 홈페이지

법원경매정보로
고수익 NPL 물건 고르기

경매는 대부분 부실채권에서 시작된다.

앞서 유동화회사에 나와 있는 부실채권 매물들은 대부분 경매 진행 중이라고 얘기했다. 이 말을 뒤집으면 이렇게 된다.

"경매 진행 중인 물건 중 유동화된 부실채권은 대부분 구입 가능하다."

부실채권 물건을 사려고 굳이 유동화회사에 갈 필요 없이 경매 물건을 검색하면 된다는 얘기다. 내가 선호하는 지역, 투자목적, 투자금 규모에 따라 경매 물건을 검색 후, 등기부등본 상 채권자인 유동화회사를 찾아가는 것이다.

대법원 사이트에서 문건접수내용을 검색하는 방법도 있다.

'채권자 변경신고' '채권자 K은행의 양수인의 열람 및 복사 신청' '채권자 양수인의 매각기일연기 신청' 등으로 검색하여 나오는 물건 중에서 마음에 드는 물건을 찾아 해당 유동화회사에 연락하면 된다.

전화 상담을 통해서도 매수금액과 조건을 타진해 볼 수 있으므로 굳이 방문하지 않아도 된다.

단, 채권자 양수인이 '한국자산관리공사'로 되어 있다면 시간 낭비할 필요가
없다. 한국자산관리공사는 대부분 재매각이 아닌 경매 절차를 통해 배당으로
채권을 회수하기 때문이다.

대법원 사이트의 법원경매정보를 보면 모든 경매 진행 상황을 알 수 있다.

검색조건에 소재지, 사건번호, 기간선택, 용도선택 등을 입력하면 원하는 물
건이 검색되어 나온다. 이 밖에도 배당요구종기내역, 문서 송달내역, 물건내역,
당사자내역(이해관계인), 현황조사서, 매각물건명세서, 감정평가서, 기일내역, 항
고내역 등을 자세하게 확인할 수 있다.

특히 매각물건명세서는 법원경매정보가 가장 정확하기 때문에 일반 경매에
서도 반드시 확인해야 할 서류다. 필자는 매각물건명세서를 이해하지 못하면
경매하지 말라고 강조한다. 부실채권도 마찬가지다.

그러면 지금부터 법원경매정보를 이용해 물건을 고르는 프로세스를 직접 체
험해 보기로 하자. 창동 주변의 역세권 소형 아파트에 관심이 있다면 아래와 같
이 검색조건을 입력하면 된다.

> 지역 : 서울 도봉구 창동
> 물건 종류 : 아파트
> 감정가격 : 2억 이하
> 최저매각가격 : 1억 5천만 원

이렇게 해서 검색되는 물건 중에 채권자 변경이 발생한 물건을 다시 추리면
된다. 그 과정을 다 거쳐 다음의 물건을 선택했다고 가정해 보자.

본 경매 물건은 감정가격이 170,000,000원, 3회차 최저 입찰가격이 108,800,000원으로 소액투자가 가능하다. 권리 분석에서도 2007년 5월 30일 국민은행의 근저당이 최선순위의 말소기준등기로서 선순위 권리와 인수하는 권리가 없는 손쉬운 경매 물건이다.

▶ 검색조건　법원 : 서울북부지방법원	사건번호 : 2011타경24531		
사건내역	기일내역	문건/송달내역	
◎ 사건기본내역			
사건번호	2011타경24531	사건명	부동산임의경매
접수일자	2011.12.28	개시결정일자	2011.12.29
담당계	경매6계　전화 : 910-3676(구내:3676)		
청구금액	130,000,000원	사건항고/정지여부	
종국결과	미종국	종국일자	

즉, 누구나 소액으로 투자할 수 있는 최고의 물건이란 얘기다.

그러면 이 좋은 물건이 과연 부실채권으로 나와 있는지 여부를 확인할 차례다.

★ 법원경매서류(문건처리내역)

문건/송달내역	⊕ 문건처리내역
접수일	접수내역
2011.12.29	등기소 도봉등기소 등기필증 제출
2012.01.09	가압류권자 신용보증기금 채권계산서 제출
2012.01.12	감정인 다원감정평가사사무소 감정평가서 제출
2012.01.13	채권자 주식회사 국민은행 야간송달신청 제출
2012.01.18	법원 북부 집행관 정운환 현황조사서 제출
2012.04.10	채권자 주식회사 국민은행 열람및복사신청 제출
2012.05.09	채권자 주식회사 국민은행 열람및복사신청 제출
2012.07.16	채권자 주식회사 국민은행의 양수인 케이알유동화전문 유한회사 채권자변경 제출 채권자 변경
2012.07.20	채권자 주식회사국민은행의 양수인 케이알유동화전문유한회사 매각기일연기신청서 제출 연기신청서
2012.07.25	채권자 주식회사국민은행의 양수인 케이알유동화전문유한회사 열람및복사신청 제출 열람 및 복사

법원경매정보 사이트의 문건/송달내역 중 문건처리내역을 확인해 보면, 2012년 7월 16일 채권자가 국민은행에서 케이알유동화전문회사로 변경되었음을 확인할 수 있다. 2012년 7월 20일 케이알유동화회사가 매각물건을 분석하고자 경매 매각기일연기신청서를 제출했으며, 2012년 7월 25일 법원경매서류를 분석하고자 법원에 열람 및 복사 신청을 제출했다는 것을 한눈에 알 수 있다.

확실하게 경매가 진행되고 있는 것이다.

이제 '부실채권 투자 가능'이란 결론을 내려도 된다.

유료정보지로
고수익 NPL 물건 고르기

스피드옥션, 굿옥션, 지지옥션, 다와옥션…….

어디서 한 번쯤은 들어본 이름일 것이다. 말 그대로 돈을 받고 경매에 대한 정보를 제공하는 것이 유료정보지다.

무료로 볼 수 있는 법원경매정보보다는 돈을 들인 만큼 다양한 물건에 대한 정보와 자세한 권리 분석 내용을 확인할 수 있다. 지금부터 각각의 정보지로부터 부실채권 정보를 얻는 방법에 대해 실습을 해보기로 한다.

❖ 스피드옥션(http://www.speedauction.co.kr/) 이용하기

가장 빠른 등기부등본 제공 서비스로 초기에 물건 분석하는 데 많은 도움을 주며, 별도의 부동산등기부등본 출력 비용을 절감할 수 있는 것이 특징이다. 특히 NPL 물건 및 경매 물건 권리 분석과 물건 분석에서 제공되는 정보는 타 유료정보지에 비해 가격이 저렴한 편이다. NPL 유동화회사별 검색기능 및 유동화회사 전화번호가 추가되어 NPL 투자자들에게 유용하게 활용되고 있다.

★ 스피드옥션

❖ **굿옥션**(http://www.goodauction.co.kr) **이용하기**

　전국 경매 물건의 정보를 비롯해 부실채권 물건을 별도로 검색할 수 있는 정보지 중의 하나가 굿옥션이다.

　권리 분석에 대한 친절한 1:1 무료상담과 수도권을 중심으로 경매 물건의 낙찰 즉시 낙찰가격 정보를 제공하고 있다. 감정평가서 사진이 아닌 직접 현장에서 찍은 생생한 사진이 많아 회원들에게 호평을 받고 있다.
　특히, 직원들이 직접 발로 뛰어 작성한 현장조사보고서는 부실채권투자 및 경매투자자에게 많은 도움이 된다. 경매진행 물건의 부동산등기부등본도 제공하여 권리 분석에 도움이 된다.

★ 굿옥션

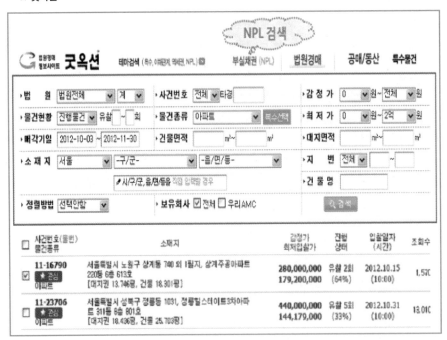

일단 위의 주소로 접속하면 메인 화면에 '경매물건 또는 부실채권 물건 정보' 메뉴가 보일 것이다. 클릭하면 검색조건을 입력하라는 창이 뜬다. 검색조건에 법원, 소재지, 입찰일자, 물건 종류 등을 입력하면 관련 물건이 좌르륵 뜨게 된다. 이때 중요한 것이 등기부 현황인데, 하단을 살펴보면 부실채권 관련 내용을 확인할 수 있다.

❖ 지지옥션(http://www.ggi.co.kr) 이용하기

전국 경매 물건의 정보 제공을 비롯해 부실채권 물건을 별도로 검색할 수 있는 유료정보지로서 지지옥션이 있다

부실채권에 대한 정보는 'NPL종합검색, NPL이란, NPL 제휴 코너' 등에서 찾아볼 수 있고, 권리 분석이 강한 편이다.

필자도 10년 전에 사용해 본 적이 있는데, 요즘도 가끔 연재만화를 보기 위해 찾는다. 전국의 부실채권 물건을 검색할 수 있고 다른 사이트보다 부동산 등기부등본이 신속하게 제공된다.

★ 지지옥션

	· 동부6계 2012-20158 / 주상복합(아파트) · 서울 송파구 신천동 7-18 롯데캐슬골드 19층 102-1903호 · 건물 167㎡ (50평) | 토지 31㎡ (9평) · 📌 1,650,000,000 📌 1,320,000,000 (80%)	11/11 진행 유찰1회 (36일전)	유암코 780,000,000 (1순위)
	· 남부4계 2012-32505 / 아파트 · 서울 금천구 시흥동 960-5 거상센스빌 301동 3층 302호 · 건물 84㎡ (25평) | 토지 46㎡ (14평) · 📌 250,000,000 📌 200,000,000 (80%)	10/29 진행 유찰1회 (23일전)	우리AMC
	· 동부7계 2013-5255 / 아파트 · 서울 강동구 둔촌동 174-1 ,176-1 둔촌주공 210동 2층 203호 · 건물 88㎡ (27평) | 토지 53㎡ (16평) · 📌 750,000,000 📌 600,000,000 (80%)	10/14 진행 유찰1회 (8일전)	농협자산관리 735,800,000 (1순위)

❖ 다와옥션(http://www.dawaauction.co.kr) 이용하기

법원 경매 입찰에서 실수하기 쉬운 입찰금액 등을 자동으로 작성할 수 있으며, 물건 분석을 위한 종합 시스템을 구축하고 있다. 경매정보지로서 경매에 관한 다량의 특허를 보유한 업체이다.

★ 다와옥션

저축은행, 새마을금고, 신협에서 물건 매입하기

아래 퀴즈의 정답은 뭘까?

다음 중 일반 투자자 입장에서 배당투자로 가장 큰 수익이 예측되는 부실채권은?
1. 국민은행 부실채권 2. 농협 부실채권 3. 저축은행 부실채권

정답은 3번, 저축은행 부실채권이다.

우리가 알고 있는 은행들, 즉 제1금융권의 부실채권들은 매각금액이 매우 크기 때문에 국제입찰 방식으로 매각되고 대형 유동화회사들이 독식을 하고 있다. 또한 대형 유동화회사들은 배당채권을 대부분 매각하지 않기 때문에 일반 투자자들이 구입하기 어렵다.

그러므로 제1금융권 물건은 배당투자보다는 유입투자(채권 매입 후 경매에 참여해 수익 창출)에 초점을 맞추어 진행해야 한다. 필자가 그동안 부실채권 배당투자

에서 가장 큰 수익을 얻은 물건들도 대부분 제2금융권 물건이었다.

저축은행, 새마을금고, 신협 등 제2금융권 물건은 보통 국제입찰 방식으로 매각하기에는 채권의 규모가 작아 개별 매각하는 사례가 자주 발생한다.

제2금융권의 부실채권 역시 유동화회사를 통해 매입할 수 있다.

필자는 제2금융권 부실채권 물건을 매입, 관리 및 중개하는 회사를 설립하여 국제입찰 방식으로 매입하거나, 개별 물건을 매입한 후 재매각하는 방법을 통해 수익을 창출하고 있다. 제2금융권의 부실채권을 매입하고 싶은 독자가 있다면 필자가 운영하는 유동화회사를 이용하는 방법도 있다.

★ KREA-NPL(부실채권) 매각 현황

번호	부동산 담보 현황		부실채권 명세						연체이자 (%)	채권 최고액
	종류	부동산 소재지	채무자	원금	연체이자	이자	경매예납금	합계		
1	아파트	경기 군포시 ···· ···········	홍**	16,000,000	23.0%	1,896,500	2,356,800	20,253,300	24.0%	①국민-90,②K은행-21
2	아파트	서울 중랑구 ··· ·············	심**	200,000,000	22.5%	12,890,680	3,386,000	216,276,680	22.0%	K은행-260
3	아파트	경기 광명시 ···· ··············	김**	260,000,000	21.0%	468,500	2,730,000	263,198,500	20.7%	K은-338
4	아파트	강원 원주시 · ③	성춘향	120,000,000	21.0%	6,738,950	2,830,000	129,568,950	23.0%	K은행-156
5	연립주택	서울 마포구 ··· ·············	이**	380,000,000	22.0%	25,368,750	3,760,080	409,128,830	21.8%	K은행-494
6	연립주택	인천 서구 ····· ····	배**	46,000,000	22.0%	2,876,890	1,935,100	50,811,990	21.7%	①전세-20, K은행-60
7	단독주택	경기 여주군 ······ ···········	김**	60,000,000	21.8%	3,016,560	2,678,500	65,695,060	21.7%	K은행-78
8	다가구	서울 동대문 ········	노**	270,000,000	21.0%	15,137,630	5,635,780	290,773,410	20.7%	①전세170,②K은행-351
9	근린시설	경기 수원시 ·········· ····· ···	변**	460,000,000	22.0%	57,630,280	7,568,300	525,198,580	21.9%	K은행-598
10	전	경기 용인시 ··············	방**	360,000,000	21.7%	78,469,780	2,986,500	441,456,280	22.0%	K은행-468
11	염야	충남 태안군 ········ ··	경**	430,000,000	22.8%	91,568,790	5,345,638	526,914,428	23.0%	K은행-559

현재 필자가 운영하는 강남에듀평생교육원과 네이버 카페 3천만원 3억 만들

기(http://cafe.naver.com/krea/)에서는 우리F&I, 유암코, 저축은행, 새마을금고, 신협 등의 부실채권 물건을 추천하고 있다.

네이버 카페 3천만원 3억 만들기에서 K저축은행의 부실채권 매각 물건 현황을 살펴보자.

"대출이 있는 곳에 부실채권은 존재한다"는 필자의 강의 내용처럼 아파트, 연립주택, 단독주택, 다가구, 근린시설, 전·임야 등 부동산의 종류도 각양각색이다.

또한 대출 원금도 1천 6백만 원부터 4억 3천만 원까지 다양하다. 반드시 많은 돈이 있어야 부실채권 투자를 할 수 있는 것은 아니라는 말이다.

대부분의 제2금융권들은 부실채권 관리가 적극적이지 않는 문제점을 알면서도 한국자산관리공사(캠코)에 매각하고 있다. 정부나 관리 감독하는 부서의 눈치를 보기 때문일까?

그런데 K저축은행은 용감하게 자체적으로 부실채권 매각을 모범적으로 실행하고 있다. 물론 금융감독원과 주위 타부서의 따가운 시선을 의식하면서 말이다. 다른 제2금융기관들도 은행의 수익을 높이고 BIS비율을 충족하기 위하여 다양한 부실채권 판매 방법을 적극 검토해야 할 것이다.

필자는 K저축은행의 물건 중 몇 건을 매입하여, 강의를 받는 수강생에게 소개했다.

부실채권 강의에 있어서 중요한 것 중 하나가 배당투자가 가능한 물건을 추천받을 수 있느냐이다. 부실채권을 이해하는 가장 좋은 방법은 누가 뭐래도 실전이다. 100권의 책을 읽는 것보다 1건의 거래를 직접 해보는 것이 중요하고, 초보자가 가장 쉽게 할 수 있는 투자가 배당투자이기 때문이다.

공개경쟁 시장인 경매와 다르게 부실채권은 인적 네트워크가 중요한 변수이다. 좋은 물건을 추천해 주고, 매입 협상에 도움을 주고, 사후 관리에 조언을 해주고, 질권대출을 주선해 주는 지인이 있다면 투자는 일사천리가 될 것이다.

다시 말하지만 인맥은 곧 돈이다.

부실채권에 대한 부동산 가치 분석에서 관심이 가는 부동산을 발견했다면 제일 먼저 해야 할 일이 등기부등본을 확인하는 것이다.

등기부등본의 '을구' 란을 보면 저당권자, 채무자, 채권최고액, 공동담보 여부 등등 중요한 사항들이 모두 표시되어 있다. 특히 여기엔 채권 원금이 아니라 채권최고액이 표시되어 있다는 것을 기억하자. 통상적으로 저축은행을 비롯한 제2금융권은 원금의 130%, 국민은행을 비롯한 제1금융권은 원금의 120%를 채권최고액으로 설정한다.

저축은행은 채권의 원금이 1억일 때, 부동산 등기부등본에 채권최고액으로 1억 3천만 원을 설정한다는 얘기다.

그럼 채권최고액이 2억 6천만 원이라면 채권 원금은 얼마일까?

수학에 특별히 약한 분들을 위해 공식을 알려주겠다. 채권최고액을 1.3으로 나누면 원금을 쉽게 추정할 수 있다.

정답은 2억 원이다.

05

개인 또는 법인 근저당권 매입하기

지금부터 귀가 솔깃해질 얘기를 하려고 한다.

현재 부실채권 중에서 가장 높은 수익을 올릴 수 있는 것이 있으니, 바로 개인 또는 법인 근저당권이다. 왜 그런지 살펴보자.

대부법인의 입장에서 금융기관의 부실채권은 현재 매각금액이 점차 상승하고 있다. 부실채권의 매입금액을 판단하는 기준으로 OPB라는 것이 있다. OPB(outstanding principal balance)는 채권잔존원금 또는 매각원금으로 현재까지 갚지 못하고 남아 있는 채권 원금을 말한다. 통상적으로 원금에 가지급금(경매예납금)을 합하여 매각한다. NPL 매각채권의 구성에 따라 다르지만 현재 금융기관의 부실채권은 OPB의 70~90% 선에서 매각되고 있으며, 수익률이 점차 하락하고 있다. 경우에 따라서는 연체이자만 할인받고, 원금과 가지급금(경매예납금)을 더한 금액에 매입하기도 한다.

은행은 1억짜리 근저당권을 7천만~9천만 원에 파는데, 개인이나 법인 소유의 부실채권은 5천만~7천만 원에 판다는 얘기다. 수익률은 저절로 올라간다.

그런데 개인 또는 법인들이 직접 부실채권을 파는 이유는 무얼까?

직접 경매를 진행하는 것이 부담스럽거나, 급하게 현금이 필요한 개인 또는 법인이 근저당권을 매각하는 것이다.

자금 동원력이 떨어질 수밖에 없는 개인 채권자들은 원금이나 이자의 일부를 손해 보면서 부실채권을 빨리 처리하고 싶어 한다. 부실채권을 급매물로 처리하려니 당연히 가격이 내려간다.

하지만 개인 간 채권 거래는 위험 요소가 많다. 원금이나 이자의 일부를 이미 회수했으면서도, 모른 체하고 매각하는 경우도 있기 때문이다. 채권의 진실성을 판단하기 위해 노력을 기울여야 한다는 단점이 있는 것이다. 개인 간에 문제가 발생하면 처리에도 상당한 기간이 소요되고, 금전 회수 절차도 복잡하다. 은행이나 유동화회사는 규정과 절차가 정해져 있어 채권의 신뢰도가 높지만, 개인의 경우는 다양한 사례가 발생할 수 있어 더욱 조심해야 한다.

개인에게서 채권을 샀는데 연락이 두절되는 경우도 종종 있다. 채권최고액을 채권 원금의 120~130%까지 설정하는 경우, 기존 변제금을 속이는 경우도 발생할 수 있다. 채무자에게 반드시 확인하고, 계약서 원본을 직접 확인하는 것은 필수 사항이다. 초보자가 쉽게 접근할 수 있는 아이템은 아니다. 개인 및 법인의 부실채권에 관심 있는 분들을 위해 팁을 하나 알려주겠다.

개인과 채권 계약을 할 경우, 그 즉시 채무자에게 내용증명으로 채권자의 변경 내용을 통지하고, 필요한 경우에는 직접 만나 사실관계를 확인해야 한다. 아울러, 개인이나 법인 근저당권자가 경매를 신청하고 경매법원에 채권계산서를 제출했다면 진성 채권으로 신뢰도가 높아진다. 법원을 상대로 거짓말할 확률이 낮기 때문이다(사문서 위조죄에 해당). 과한 욕심은 투자 실패로 이어진다. 투자의 기본은 수익이 아니라 원금을 지키는 일임을 잊지 말자. 매입 전 또는 잔금 납부 전에 채무자에게 대출채권의 중도금을 상환했는지 반드시 확인해야 한다. 이미 변제한 채권일 수도 있기 때문에 정확한 검증이 필요하다.

가격협상 전에 끝내야 할
7가지 미션

❖ 물건의 가치를 분석한다

어떤 물건의 가치를 평가할 때 현재가치만 보는 사람은 하수다.

땅에 나무가 심어져 있다고 하자. 현재 나무의 높이는 3m이고, 나무는 1년에 1m씩 자란다. 나무의 3년 후 가치는 6m라고 생각해야 하는 것이다.

부동산의 가치도 다르지 않다. 현재가치와 함께 미래에 성장할 부분의 가치까지 평가해야 된다. 현재가치는 부동산 시세나 수익률을 분석하면 쉽게 알 수 있다.

하지만 미래가치를 정확하게 예측하는 것은 쉬운 일이 아니다.

지역의 개발 가능성은 물론, 재건축과 리모델링 등 부동산에 내재된 미래 가치까지 파악해야 하기 때문이다. 정부 규제나 법률이 어떻게 변하는지 그 흐름을 캐치하는 것도 중요하다. 현재가치든 미래가치든 부동산의 물건 분석에 있어 가장 기초적이고 선행되어야 할 항목은 누가 뭐래도 현장조사다.

현장조사에서 필요한 것은 3품(손품, 눈품, 발품)임을 잊지 말아야 한다.

정확한 시세를 파악하려면 부동산중개업소 3곳 이상을 방문해 가격을 비교해야 한다. 매수자로서 중개업소를 방문하면 물건을 비교적 비싸게 부르므로 상한가가 어느 정도인지 알 수 있다. 반대로 매도자로 방문하면 가장 낮은 가격, 즉 급매물 시세를 알 수 있다. 양쪽 가격의 평균이 비교적 정확한 가격이 될 것이다.

현장조사를 한 번 나갔다고 일이 다 끝났다고 생각해서도 안 된다. 부동산 가격은 생명체처럼 항상 움직이고 있기 때문이다. 초보 투자자들이 가장 많이 하는 실수가 무엇인지 아는가? 법원경매서류에 적혀 있는 '감정가격'을 너무 많이 믿는다는 것이다. 하지만 이들은 대부분 5~6개월 전의 가치임을 잊지 말아야 한다. 입찰 시점에서 시세와 가치, 혹은 그간의 변화에 대한 재평가가 반드시 필요한 것이다.

_ 경매 S.K 3원칙

부동산의 현재가치 및 경매 입찰가격을 알아내는 가장 좋은 방법은 벤치마킹이다. 즉, 인접물건의 낙찰 사례를 확인하는 것이다. 비슷한 지역 경매 물건을 2~3건 선정해 응찰자수, 낙찰가격을 조사하면 된다.

필자는 부동산을 구입하기 전에 3가지 기준에 의해 가치를 평가하는데, 필자의 이름 이니셜을 따서 경매 S.K 3원칙이라고 이름 붙여 보았다.

★ 경매 S.K 3원칙

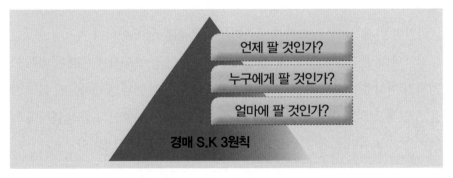

경매 S.K 3원칙

언제 팔 것인가?

누구에게 팔 것인가?

얼마에 팔 것인가?

얼핏 보면 단순해 보이지만, 투자하기 전에 생각해야 할 모든 것이 이 안에 다 들어 있다. 첫째는 투자 기간을, 둘째는 고객의 수요를, 셋째는 매도가격을 예측함으로써 매입금액의 적정성을 평가하는 것이다. 이 원칙은 일반 매매에서도 통용된다.

필자는 요즘에도 S.K 3원칙을 수십 번 고민한 후, 정답이 나오면 입찰에 참여한다.

_ 아파트 시세 파악하는 법

아파트 가격은 어디서 알아봐야 할까요?

필자의 질문이 끝나기도 전에 "국민은행 아파트 가격이요~"라고 대답하는 사람들이 있을 것이다. 금융권 관계자들이나 경매 투자자들이 국민은행의 아파트 가격을 맹신하는 경향이 있지만 현장에서는 분위기가 조금 다르다.

필자의 사례를 들어보면 이해가 될 것이다.

경매에서 낙찰받은 아파트로 은행 대출을 받기로 했다.

은행 직원이 국민은행에서 제공하는 아파트 가격을 기준으로 대출하는데, 그 가격은 너무 낮아 원하는 금액만큼 대출해줄 수 없다는 것이다.

필자는 여기에서 포기하지 않았다.

국민은행 아파트 가격을 입력하는 부동산중개업소를 찾아가 평균 거래가격을 올려달라고 정중하게 부탁하였다. 실 거래가격보다 낮게 입력하였던 것이다. 처음엔 안 된다고 했다가, 필자가 아파트 부녀회장과 같이 오겠다고 으름장을 놨더니 다음 날 평균 가격을 인상해주었다. 은행에서 원하는 만큼 대출을 받은 것은 물론이다.

국민은행 아파트 가격은 정부에서 정하는 것도 아니고 국민은행 직원이 정하는 것도 아니란 사실을 알아두자. 필자의 경우는 국민은행 자료보다는 정부가 운영하거나 발표하는 자료를 이용한다. 이 책의 독자들에게도 다음의 2가지를 추천한다.

온나라부동산정보종합포털(http://www.onnara.go.kr)
국토교통부 실거래가(http://rt.molit.go.kr/)

_ 온나라부동산정보통합포털

우선 온나라부동산정보통합포털 이용하는 방법을 알아보자.

온나라는 2006년 1분기부터 현재까지 분기별로 아파트, 다세대, 연립, 단독, 다가구 등 다양한 부동산의 정보를 정확하게 제공한다.

아파트의 경우는 평형별, 기간별, 층별 거래량과 실거래가격이 자세하게 기록되어 있으며 다세대 및 연립의 전월세 가격자료도 알 수 있다.

온나라에서 강남구 대치동 은마아파트를 검색하면 2006년 1분기부터 최근까지의 거래량과 매매가격을 정확하게 알 수 있다.

★ 온나라 아파트 실거래가 정보

다음 도표는 필자가 은마아파트에 대한 거래량과 아파트 가격과의 연간관계를 위한 조사에서 2006.01분기에서 2011.04분기까지 정리한 것이다. 거래량(막대그래프)과 매매가격(꺾은선 그래프)의 연관관계까지 알 수 있다. 도표를 보면 거래량이 증가하면서 가격이 올라가고, 거래량이 감소하면서 가격이 하락하는 현상을 볼 수 있다.

필자가 마치 온나라 홍보대사처럼 보일지는 모르겠지만, 이 자료를 잘 활용하면 아파트의 현재가치를 제대로 분석할 수 있어 독자들에게도 적극 추천하는 바다.

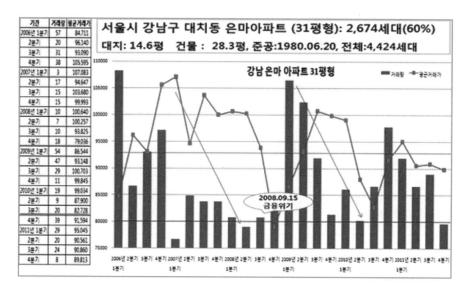

2006년부터 현재까지 매월 거래량과 거래가격 추이를 안다는 것은 어떤 의미일까? 해당 아파트의 하락 지지선과 상승 저항선을 예측할 수 있다는 것이니, 보물 중에서도 이런 보물 같은 자료가 없는 것이다.

_국토교통부 실거래가

국토교통부의 실거래가 활용하는 방법도 알아두면 유용하다.

다음은 2006년 6월부터 2013년 6월까지, 강남구 대치동 은마아파트 31평 거래가격의 일부이다. 도표로 보면 현재 시세는 최고점 대비 20% 이상 하락한 것이란 사실을 알 수 있다.

★ 국토교통부 실거래가 현황

❖부실채권의 가치를 분석하라

물건 가치 분석이 끝났다면, 부실채권 자체의 가치를 평가해야 한다.

부실채권 가치 분석은 앞에서도 누차 이야기했지만, 여기서 체크리스트 형태로 간단히 정리하고 넘어가기로 하자.

- 근저당권의 대출 원금은 얼마인가?
- 연체이율은 몇 퍼센트인가?
- 경매예납금(가지급금)은 얼마인가?
- 현재까지 채권행사 권리금액은 얼마인가?
- 당해세는 얼마인가?
- 선순위 담보채권은 있는가?
- 근저당권보다 빠른 조세채권(공과금인 4대 보험)은 있는가?
- 선순위 임차인은 있는가?
- 소액임차인의 최우선 변제금은 있는가?
- 대출 당시 국세완납증명서는 있는가?
- 대출 당시 지방세 완납증명서는 있는가?

위의 리스트 중 대출 원금이나 연체이율, 선순위 임차인 등은 투자자라면 누구나 신경 쓰는 항목일 것이다. 조세완납증명서 등은 자칫 소홀하기 쉬운 항목이다.

이런 항목들에 대한 답을 알기 위해서는 법원의 경매사건 기록에서 문건송달 내역을 꼼꼼하게 체크해야 한다. 아울러 매각 담당자(AM)에게도 조목조목 확인하는 절차를 거치고, 대출 은행의 대출원장도 확인하는 것이 안전하다.

법원 열람 서류를 통해 소액임차인, 임금채권, 당해세, 조세채권, 선순위 채권 등 가치 하락 요인들을 철저하게 찾아내야 한다.

매입계약이 끝나는 순간, 모든 권리적 하자는 고스란히 매수인의 몫이 된다.

❖ 투자 방법과 매입 방법을 결정하라

해당 물건의 종류 및 본인의 자금력을 바탕으로 가격협상 전에 배당투자를 할지 유입투자를 할지 결정해야 한다.

다음으로 론세일 방식으로 매입할지, 채무인수 방식으로 매입할지 고민해야 할 것이다. 협상이 시작되고 나서 우왕좌왕하면 절대 안 된다. 협상 시작 전에 자신의 역량과 각 방식의 장단점에 대한 판단이 끝나 있어야 한다는 것이다.

❖ 경매낙찰 예상가격을 결정하라

사전에 현장조사를 통해 해당 물건의 가치를 분석해야 한다.

특히 배당투자를 하려면 제3자가 낙찰받을 수 있는 예상가격을 분석해야 한다. 즉, 해당 물건의 거래 사례, 현재 시세, 급매물 시세, 전월세 시 보증금과 임대료 등 객관적인 데이터를 통해 예상가격을 산출하는 것이다.

❖ 배당기일 채권금액을 결정하라

'배당기일 채권금액'이란 필자가 만든 용어이다.

많은 사람들이 '채권행사 권리금액'이라 부르는 것이 그것이다. 쉽게 말하자면 배당기일에 경매 물건의 매각대금에서 받을 수 있는 채권최고액을 말한다.

배당기일 채권금액은 대출 원금, 정상이자, 연체이자, 경매예납금, 기타 비용으로 구성된다. 투자자는 경매법정에 해당 물건에 담보되는 채권최고액까지 권리를 주장할 수 있으며, 배당기일 채권금액을 초과하는 금액은 전환무담보채권이 되어 추가로 회수가 가능하다.

필자가 왜 '배당기일 채권금액'이란 말을 만들어냈는지, 배당기일 채권금액이 왜 그렇게 중요한지에 대한 자세한 내용은 5장에서 설명하겠다.

❖ 권리 분석을 철저히 하라

"유동화회사 직원들이 모두 알려주겠지"라고 생각했다가 큰코다친다.

답답한 쪽은 '파는 사람'이 아니라 '사는 사람'임을 명심하자.

해당 부동산과 근저당권에 대한 분석을 통해 추가로 인수해야 하는 권리는 없는지, 점유자에 대한 명도 문제는 없는지 파악하는 것은 모두 스스로 해야 한다. 시작부터 겁낼 필요는 없다.

일단 매각물건명세서를 중심으로 전입세대, 점유관계, 인수 채권금액 등을 확인하면 된다. 또한 유치권, 법정지상권, 분묘기지권, 토지별도등기 등 나중에 문제가 될 수 있는 꼬리표, 즉 '권리적 하자'가 있는지도 확인할 수 있다. 만약 권리적 하자가 있다면 하자를 치유할 비용을 공제하고 부실채권을 매입하면 된다.

❖ 매입 자금을 결정하라

아무리 좋은 물건이라도 자금이 없으면 물거품이다. 꼭 자기 돈을 100% 들여서 부실채권 투자를 할 필요는 없다. 대출이라는 것이 가능하기 때문이다.

론세일 방식으로 배당투자를 하려면 질권대출기관으로 가라!

부실채권 매입가격의 80%까지 담보부 질권대출을 받을 수 있다.

채무인수 방식으로 유입투자를 하려면 낙찰잔금대출은행으로 가라!

경매낙찰가의 80%까지 낙찰잔금을 대출받을 수 있다.

부실채권 매입 후, 낙찰잔금대출을 받으려 하지 말고 사전에 대출기관을 찾아 상담을 받아야 한다는 것이 보너스 팁이다.

07

가격협상 타이밍이 중요하다

대부업법 개정 이후 유동화회사는 개인에게 론세일 방식의 양도는 중단했지만, 낙찰조건부 사후정산(채무인수) 방식의 양도는 계속하고 있다.

부실채권 가격협상에 있어 유동화회사와 투자자는 줄다리기를 하게 된다. 그리고 그 기준점은 '경매낙찰 예상가격'이다.

유동화회사는 그 가격 이상으로 팔려고 하고, 투자자는 그 가격 이하로 사려고 하는 것이다. 그러니 지피지기면 백전백승이란 명언을 가슴에 새겨야 한다.

이제부터 유동화회사의 입장이 되어 생각해보자.

팔아야 되는 부실채권 물건이 경매에서 계속 유찰된다면 손실을 볼 수 있기 때문에 경매 절차를 정지하거나 변경하고 손님을 기다리게 된다. 즉 경매 물건에 2번 이상 변경사항이 발생했다면, 유동화회사도 막다른 골목에 있는 셈이므로 협상하기가 한결 쉬워진다. 마음에 꼭 드는 물건이 있더라도, 너무 일찍 협상에 나서서는 안 된다. 설익은 타이밍에 협상을 하게 되면 아무래도 비싼 가격에 매입할 확률이 높아진다. 협상 타이밍을 위해 경매 절차를 표로 만들어 보았다. ①은 최저입찰가, ②는 시장의 현재가치(시장가치), ③은 경매낙찰 예상가격이다.

보통의 경우 경매 최저입찰가는 시장의 현재가치 이상의 가격으로 설정되어, 유찰을 거듭하면서 떨어지게 되어 있다. 도표에서 4회차 최저 입찰가가 51.4% 까지 하락한 것으로 확인된다.

★ 가격협상 타이밍 도표

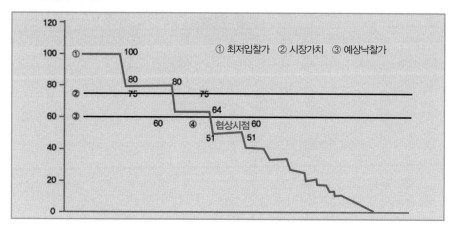

자, 이 도표상에서 가장 좋은 타이밍은 언제일까? 3회차(64%)에서 유찰되어, 4회차(51.4%)의 경매 입찰기일 15일 전쯤이다.

그 타이밍에 협상을 하게 되면 유동화회사는 3회차 가격 이상으로 매각하려고 하고, 투자자는 4회차 가격에 인접한 가격으로 매입하려고 할 것이다. 결국 가격은 3회차와 4회차 가격의 중간에서 결정되게 된다. 부실채권 가격협상에서도 기다림의 미학이 중요하다는 것을 이제 이해하게 되었을 것이다. 가격협상에 나서기 전에 물건의 가치를 파악하는 작업이 선행되어야 할 것이다. 현장조사는 기본이다. 급매물 가격, 경매낙찰 예상가격 등을 꼼꼼히 조사해야 한다. 또한 법원 서류를 확인해 선순위 조세채권, 소액임차인의 배당 여부, 선순위 채권 등 권리 분석을 끝내야 보다 유리한 위치에서 협상에 임할 수 있다.

체크리스트를 만들어 미리 파악해 두는 것이 수익률을 올리는 지름길이다.

08

채권매입의향서, 쓸까 말까?

채권을 매입하고 싶다는 내용을 문서로 만든 것이 '채권매입의향서'이다.

대부분은 유동화회사와 접촉해 구두로 상담을 하지만, 이렇게 문서로 상담을 하는 경우도 있다. 채권매입의향서는 정해진 서식이 있는 것이 아니므로, 투자자가 필요한 사항을 기재하면 된다. 기본적인 사항은 다음과 같다.

경매사건번호, 매각대상목적물, 매입희망가격, 매입방법, 대금지급조건, 매입의향자, 주민등록번호, 연락처, 주소 등

위의 사항을 기재해 우편이나 팩스로 유동화회사에 전송하면 끝이다.

사례1은 필자가 부실채권을 매입하고자 어느 자산관리회사로 보낸 채권매입의향서이다.

채권매입 의향서

한민족신용정보㈜ 귀중

본인은 아래의 부동산 경매사건과 관련하여 귀사에서 관리, 보유하고 있는 채무자 주식회사 한성모방에 대한 채권(주식회사 우리은행의 채권양수인 유에이치제육차유동화전문유한회사 보유채권)을 매입하고자 이 의향서를 제출합니다.

– 아 래 –

1. 경매 사건번호 : 서울북부지방법원 2012 타경 1368 부동산임의경매
2. 경매사건목적물: 서울특별시 노원구 중계동 515-2,건영아파트 77동 908호
3. 매입희망가격 : 금   원
4. 매입 방법: 론세일
5. 대금지급조건

　　　　　　계약금 : 금   원(계약체결희망시기 : 2012년   월 일)
　　　　　　잔 금 : 금   원(계약일로부터   일 이내)

매입의향자 :   (인)

연락처 :

주 소 :

주민등록번호 :

첨부 : 신분증 사본

채무인수 방식 채권매입 요청서

채무인수방식은 대부분 계약금은 매각금액의 10%, 중도금은 입찰보증금으로 10%, 나머지는 잔금으로 진행하는 경우가 대부분이지만, 본 물건은 유동화회사가 방어 입찰하여 잔금을 납부하지 않아 재경매된 물건으로 입찰 보증금이 20%인 물건입니다.

1. 채권매입의향서 제출

일단 저희 사내규정상 채권매입의향서를 먼저 수령해야 세부적인 채무인수계약 승인 절차가 이루어집니다. 따라서 계약을 원하시면 제가 보내드린 의향서를 출력하셔서 수

기로 금액 등을 적어주시고 팩스로 보내주시면 됩니다.(팩스번호 : 02-525-6388)

2. 계약관련
계약금은 통상 입찰보증금(이 건의 경우 재매각을 이유로 최저매각가격의 20%인 38,000,000원이 됩니다.)을 지급하는 것으로 합니다. 따라서 계약 시 입찰보증금 지급이 가능해야합니다. 또한, 계약체결 시 채무인수 승낙서를 발송하는 조건으로 합니다.

3. 입찰대리방식
입찰금액은 채무인수금액 한도 내에서 가능하며, 재매각기일 지정 시 저의 회사에서 위 계약금(입찰보증금)으로 입찰 대리하는 것으로 합니다. 즉, 채무인수인의 명의로 입찰에 참여하여 매각되는 것을 목적으로 합니다.(그래서 배당 시 상계방식으로 이루어집니다)

4. 선순위 부담 조건
배당 시 선순위 금액은 인수인이 부담하는 것으로 하며, 이 건의 경우 몰취보증금(23,000,000원) 및 그 이자상당액과 집행비용은 별도로 저희가 수령하는 것으로 합니다.

5. 배당기일 대금불납 시
배당기일(즉, 대금납부기한일)에 대금 불납 시 바로 근저당권 변경이 이루어지는 것으로 하며, 불납에 따른 이자지급을 청구합니다.(통상 배당기일로 부터 1개월까지)

6. 기타 발생하는 법 비용은 채무인수인의 부담으로 합니다.
나머지 궁금하신 점은 유선 상으로 알려드리겠습니다. 두서없으나, 계약 전에 자세한 내용을 보내드리기 어려운 점이 있어서 계약 전 꼭 아셔야 될 내용만 일단 알려드렸습니다. 대략 현금 동원이 필요한 내용은 제가 유선으로 알려드렸습니다.
협의금액은 선순위 임차인의 배당금액을 제외한 230,000,000원 + 기타금액(몰취보증금 및 집행비용)으로 아시면 되겠습니다.

사례2는 자산관리회사의 AM이 필자에게 보낸 채권매입의향서이다.

왜 자산관리회사가 매입의향서를 보냈는지 궁금할 것이다.

자산관리회사 중에는 매입의향서를 제출한 투자자를 대상으로만 협상을 진행하는 경우가 있다. 자신들이 보내준 매입의향서에 빈칸을 채워 제출하면, 가격협상에 임하겠다는 의미이다.

자산관리회사가 부실채권을 매각하려는 노력의 산물인 것이다.

이 밖에도 사전에 계약금 일부 납부를 요구하는 경우도 있다.

매입의향서를 제출해놓고 계약이 해지되는 경우가 많이 발생하자 일부 계약금을 납부하라는 내용이 추가되어 있다.

만약 이런 계약금 조항이 없다면, 사겠다고 해놓고 사지 않아도 그만이란 얘기다. 계약금이 입금되기 전까지, 계약은 계약이 아닌 것!

실전 사례: 배당투자 수익률 58% 성공 이야기

09

이번 사례의 주인공은 특이하게도 여군 경력을 가진 30대 주부이다.

보험회사에서 재무설계사로 일하던 강선미 님은 필자의 'NPL 실전투자반' 교육을 받던 중 해당 부실채권 물건을 매입하게 되었다.

본 부실채권은 필자가 운영하는 회사에서 보유하던 물건이었다.

필자가 강선미 님에게 이 물건을 추천한 이유는 간단하다.

경매예상 낙찰가격보다 채권최고액이 적어 안전하게 배당투자 목적을 달성할 수 있는 손쉬운 물건이었기 때문이다. 근저당권 이외에 대출이나 세금 체납, 가압류 등 기타 채무가 없는 깨끗한 물건이었음은 물론이다.

또한 원주시는 동계올림픽과 기업도시 개발 계획 등 호재가 살아 있는 지역으로 부동산 상승 기류가 흐르고 있었기 때문이다.

★ 법원경매서류(원주시 아파트)

소재지	강원도 원주시			
물건종별	아파트	감정가	200,000,000원	
대지권	50.792㎡(15.365평)	최저가	(70%) 140,000,000원	
건물면적	84.56㎡(25.579평)	보증금	(10%) 14,000,000원	
매각물건	토지·건물 일괄매각	소유자	이	
개시결정	2012-08-31	채무자	이	
사건명	임의경매	채권자	은행의 양수인 강선미	

구분	입찰기일	최저매각가격	결과
	2013-02-18	200,000,000원	변경
1차	2013-06-17	200,000,000원	유찰
2차	2013-07-22	140,000,000원	

낙찰 : 181,651,000원 (90.83%)

(입찰12명,낙찰:신)

매각결정기일 : 2013.07.29 - 매각허가결정

대금지급기한 : 2013.09.04

대금납부 2013.09.03 / 배당기일 2013.09.30

No	접수	권리종류	권리자	채권금액	비고	소멸여부
1	2011.03.11	소유권이전(매매)	이		거래가액 금151,172,000원	
2	2012.04.27	근저당	강선미	156,000,000원	말소기준등기	소멸
3	2012.08.31	임의경매	강선미	청구금액: 124,972,940원		소멸

본 물건의 법원경매서류를 살펴보면 근저당권 원금이 120,000,000원, 채권최고
액이 156,000,000원, 연체이자 23%, 경매예납금이 2,799,780원임을 알 수 있다.
경매법원의 문건처리내역을 살펴보면서 자세한 히스토리를 파악해보자.

① 2012년 10월 19일, 필자가 매입한 은행의 근저당권을 강선미 님에게 이전
한 후 경매법원에 채권자 변경신고서를 제출했다. 우편으로도 접수가 가
능하다.
② 2013년 2월 14일, 강선미 님은 원금 120,000,000원에 대한 23%의 연체이
자 월 2,300,000원을 최대한 확보하고자 경매기일 변경을 신청했다.

③ 2013년 4월 8일, 질권대출은행에서 권리신고 및 배당요구 신청서를 제출하였다.

④ 2013년 4월 17일, 경매법원에 매각기일변경신청서를 다시 제출하여 경매기일을 연기하였다.

⑤ 2013년 7월 22일, 본 경매 물건에 12명이 응찰하여 181,651,000원에 제3자가 낙찰받았다. 낙찰받은 제3자는 매각대금을 완납하고 소유권을 취득했다. 그 결과 배당기일이 2013년 9월 30일로 지정되었다.

★ 법원경매서류(문건처리내역)

접수일		접수내역
2012.08.31		등기소 춘천지방법원 원주지원 등기과 등기필증 제출
2012.10.19	①	채권자 주식회사 은행의 양수인 강선미 채권자 변경신고 제출
2013.02.14	②	채권자 주식회사·은행의 양수인 강선미 매각기일연기신청 제출
2013.04.08	③	근저당권부질권자 주식회사 저축은행 권리신고및배당요구신청 제출
2013.04.17	④	채권자 주식회사 은행의 양수인 강선미 매각기일연기신청서 제출
2013.09.03	⑤	최고가매수신고인 매각대금완납증명

본 경매 물건은 채권최고액 156,000,000원을 초과한 181,000,000원에 낙찰되었다. 강선미 님은 채권 전액을 회수했고, 잉여금은 채무자에게 돌아갔다.

결국 강선미 님은 4천 3백만 원을 투자해 2천 5백만 원의 수익을 올린 것이다. 배당투자는 이렇게 초보자도 성공할 수 있을 정도로 간단하고, 투자 기간도 짧다.

그러나 배당투자 물건은 귀해서 시장에 쉽게 나오지 않는다. 인적 네트워크를 통해 물건을 소개받는 것이 최선이다.

4장

NPL은
어떻게 분석하나요?

경매는 권리 분석의 게임이다

부실채권 투자는 경매가 있기 때문에 가능하다.

결국 부실채권 투자를 잘하기 위해서는 경매를 제대로 알아야 한다. 우리가 관심 있어 하는 부동산의 법원 경매는 채권자가 채무자 소유 또는 보증으로 제공된 부동산을 압류, 매각하여 그 매각대금으로 채권을 회수하는 절차이다.

경매의 매력이라면 부동산을 저렴하게 살 수 있다는 것이다.

일반 부동산 거래에서는 파는 사람이 칼자루를 잡지만, 경매는 사는 사람이 칼자루를 잡는다. 아울러 물건의 정보가 정확하고 거래도 안전하다. 정보지에 의하면 법원 경매를 통해 매매되는 주택이 전체 거래량의 무려 10% 이상을 차지한다고 한다. 경매는 이미 대중화되어 있으며, 그만큼 수익률이 떨어진 상태이다. 그러나 부실채권은 다르다. 필자는 앞으로 수년간은 경매보다 훨씬 높은 수익률을 보일 것이라 예측하고 있다.

채권자가 경매를 신청하는 순간, 경매는 시작된다.

법원에 경매를 신청하면 법원의 경매개시결정이 내려지고, 부동산 등기부등본에도 경매개시결정기입등기가 기재된다. 경매법원은 채무자에게 경매가 시작되었음을 알리고, 해당 물건을 조사해 최저매각가격을 정하게 된다. 또한 채권자들이 배당을 요구할 수 있는 시한(배당요구종기)을 결정하고, 매각이 진행된다. 낙찰받은 매수인이 매각대금을 지급하면, 채권자에게 배당이 실시된다.

★ 경매 프로세스

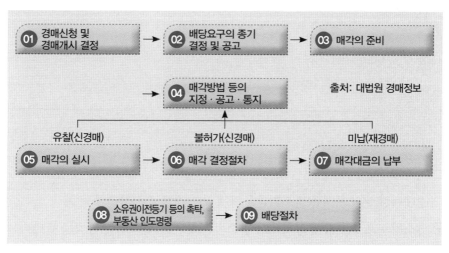

투자자가 부실채권을 안전하게 회수하기 위해서는 법원 경매에 대해 잘 알고 있어야 하고, 가장 먼저 해야 할 일이 권리 분석이다.

권리 분석이란 해당 부동산에 대한 진실성을 밝히고 하자를 가려내는 작업이다. 경매에 있어 모든 분석의 책임은 매수자에게 있기 때문에 철저한 검증이 필요하다. 낙찰을 받게 되면 소유권을 취득함과 동시에, 하자 부분들도 인수해야 하기 때문이다. 이 권리적 하자 부분들을 '인수권리 또는 말소되지 않은 권리'라고 한다.

투자자에게 '말소되지 않은 권리'란 소유권에 제한을 주고 추가로 자금이 부담될 수 있는 위험요소가 되므로 주의, 또 주의해야 한다.

말소기준등기를
따지고 또 따져라

❖ 권리 분석의 시작

경매에서 권리 분석은 말소기준등기를 찾는 것으로 시작된다.

말소기준등기란 경매 절차에서 말소되는 등기와 인수되는 등기를 판단하는 기준이 되기 때문이다.

이것을 부실채권 투자 상황으로 가져와 설명해보자.

말소기준등기를 기준으로 그전에 설정된 등기는 투자자가 인수해 끝까지 책임져야 하고, 그 후에 설정된 등기는 책임이 없다는 뜻이다.

말소기준등기가 될 수 있는 등기는 저당권, 근저당권, 압류, 가압류, 담보가등기, 경매개시결정기입등기이다. 이 중 시간상 가장 빠른 등기가 말소기준등기이다.

이제부터 말소기준등기를 찾는 방법과 그 의미, 효과까지 완벽하게 마스터하자.

❖ 말소기준등기를 찾는 간단한 방법

말소기준등기를 찾는 첫 번째 스텝은 등기부등본을 확인하는 것이다.

등기부의 갑구와 을구 전체에서 말소기준등기가 될 수 있는 항목들을 다 찾아낸다. 저당권등기, 근저당권등기, 압류등기, 가압류등기, 담보가등기, 경매개시결정기입등기를 찾아내면 된다. 물론 그중에는 내가 투자하려는 부실채권의 권리도 포함된다.

다음으로 찾아낸 모든 항목들을 시간 순으로 나열해 본다.

그중 가장 먼저 설정된 최선순위 등기가 바로 말소기준등기가 된다. 말소기준등기 이후의 권리들은 금액이 아무리 크더라도 말소 대상이다.

말소기준등기를 쉽게 설명하자면, 자신보다 늦은 모든 권리들을 모조리 죽여 땅에 파묻어 버리는 잔인한 킬러라 할 수 있다.

★ 말소기준등기의 개념

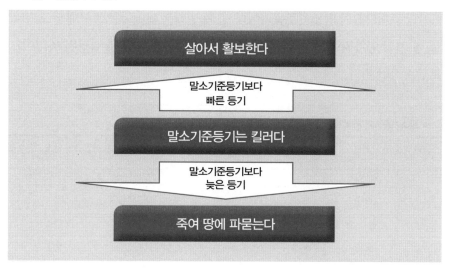

물론 몇 가지 예외가 있기는 하다는 사실만 알고 넘어가면 된다. 그런데 사실 부실채권 투자에 있어서는 대부분 1순위 근저당권을 매입하기 때문에 말소기 준등기를 찾기는 어렵지 않다.

❖ 말소기준등기의 사례를 통하여 확실하게 이해하기

지금부터 3가지 사례를 통해 말소기준등기를 확실하게 이해하고 넘어가자.

★ 말소기준등기 사례1

등기순위	권리	권리자	일자	권리 내용	권리의 말소·인수
1	근저당권	갑	2011. 02. 23	채권액 100,000,000	말소(최선순위)
2	임차권	을	2011. 04. 02	보증금 50,000,000	말소
3	가압류	병	2011. 09. 15	채권액 30,000,000	말소
4	임의경매	정	2012. 01. 16		말소

갑의 근저당권이 말소기준등기이다. 갑의 권리는 경매낙찰로 인해 말소되며, 을·병·정의 임차권·가압류·임의경매는 말소기준등기 이후에 설정된 권리이므로 모두 말소된다.

★ 말소기준등기 사례2

등기순위	권리	권리자	일자	권리 내용	권리의 말소·인수
1	가압류	갑	2012. 09. 15	채권액 50,000,000	말소(최선순위)
2	임차권	을	2012. 10. 15	보증금 200,000,000	말소
3	임의경매	병	2013. 08. 30		말소
4	매수인	정	2013. 09. 02		말소

갑의 가압류 권리가 말소기준등기이다. 가압류는 경매낙찰로 인해 말소되며, 임차권·임의경매·매수인은 말소기준등기 이후에 설정된 권리이므로 모두 말소된다. 따라서 경매의 매수인에게는 갑의 가압류가 기준이 되어 인수되는 권리는 없다.

★ 말소기준등기 사례3

등기순위	권리	권리자	일자	권리 내용	권리의 말소 · 인수
1	임차권	갑	2011. 02. 23	보증금 200,000,000	인수
2	근저당권	을	2011. 04. 02	채권액 100,000,000	말소(최선순위)
3	지역권	병	2011. 09. 15	20년(지료 무료)	말소
4	가압류	정	2012. 02. 15	채권액 150,000,000	말소
5	임의경매	을	2012. 07. 30		

을의 저당권이 말소기준등기이다. 을의 권리는 경매낙찰로 인해 말소되고, 말소기준등기 이후에 설정된 지역권·가압류·임의경매는 모두 말소된다. 그러나 말소기준등기보다 선순위인 임차권은 말소되지 않고 경매의 매수인에게 인수된다.

말소기준등기는 힘이 세다

경매에서 말소기준등기는 '칼'의 역할을 한다.

등기부등본상 권리들을 말소할 것인가, 인수할 것인가를 칼같이 정리해준다.

임차인의 보증금을 인수할 것인가, 말 것인가와 같은 어려운 문제도 말소기준등기로 판가름 난다. 그뿐만이 아니다.

명도 시에 인도명령 대상과 명도소송 대상을 나눠주는 역할도 한다. 이제부터 경매에서 말소기준등기가 어떤 활약을 하는지 자세히 살펴보기로 하자.

❖ 말소기준등기는 등기부상 권리를 죽이고 살린다

경매를 하려면 등기부등본을 살펴보는 자세부터 바뀌어야 한다.

일반 부동산 매매일 경우 등기부등본에 부동산 가치보다 훨씬 많은 채무가 설정되어 있다면 빨리 도망가는 것이 상책이지만, 경매는 다르다.

채무가 아무리 많더라도 경매 매각 후 권리들이 '대부분' 소멸하기 때문이다.

여기서 '대부분'이라는 전제 조건을 붙인 이유는 그렇지 않은 경우도 있기 때문이다. 그리고 이를 판별하는 기준이 바로 '말소기준등기'이다. 아래의 원칙을 다시 한 번 마음에 새겨두기 바란다.

> 말소기준등기일보다 늦은 권리들은 말소된다.
> 말소기준등기일보다 빠른 권리들은 인수된다.

말소기준등기 이후에 설정된 등기들이라면 매각 후 배당 유무와 상관없이 자동으로 말소되니 신경 쓸 필요가 없다. 예외적으로 매각 후에도 살아남아 매수자가 인수해야 되는 경우도 있다.

현재는 없어진 예고등기, 후순위 건물철거 및 토지인도에 따른 가처분이 그것이다. 그러나 걱정할 필요가 없다. 경매 초보자라면 이런 등기가 설정된 물건은 손대지 않으면 그만이다. 그런 꼬리표가 붙어 있지 않은 깨끗한 물건이 널려 있기 때문이다.

부실채권 투자는 말소기준등기의 대표주자 격인 근저당권을 매입하는 것이므로 권리 분석이 아주 쉽다. 대출을 해준 은행에서 먼저 권리 분석을 끝낸 상태이고, 채권 추심에 이상이 없는 물건에만 대부분 근저당권을 설정해주기 때문이다.

❖ 말소기준등기는 임차 보증금의 운명을 바꾼다

경매의 권리 분석에서 가장 많이 발생하는 실수가 '임차인 보증금' 부분이다. 이것을 잘못 판단하면 예측하지 못한 추가 비용이 발생하게 된다.

보증금이 매각금액에서 배당되는 줄 알았는데, 배당에서 제외되는 바람에 매수자가 변상하는 경우가 그 예이다.

　매수인이 임차인 보증금을 인수하느냐, 마느냐의 기준이 되는 것도 역시 말소기준등기이다. 원칙은 다음과 같다.

> 말소기준등기일보다 늦은 임차인의 보증금은 인수하지 않는다.
> 말소기준등기일보다 빠른 임차인의 보증금은 인수할 수도 있다.

　임차인 보증금은 주민등록등본상의 전입일자로 판단한다.

　즉, 경매에서는 말소기준등기일보다 임차인의 전입일자가 빠르면 매수자가 인수해야 하고, 늦으면 보증금의 액수와 상관없이 인수할 필요가 없다.

　단, 부실채권 투자에서는 소액임차인의 경우엔 말소기준등기보다 늦을 경우에도 배당금액에서 내가 받을 채권금액보다 최우선하여 먼저 가져간다.

　부실채권을 매수할 때 이런 부분을 염두에 두고 가격협상을 해야 한다. 특히 론세일 방식으로 매입할 경우 권리 분석을 더욱 신중하게 해야 한다. 채무인수 방식으로 매입할 경우에는 선순위 및 임차인의 권리를 미리 계산해 인수하지 않으면 그만이다. 사례를 통해 임차인 보증금 인수 여부에 대해 알아보기로 하자.

★ 임차권이 말소되는 경우

등기순위	권리	권리자	일자	권리 내용	권리의 말소 · 인수
1	근저당권	갑	2013. 01. 03	채권액 50,000,000	말소기준등기
2	임차권	을	2013. 05. 07	보증금 70,000,000	말소
3	임의경매	병	2013. 07. 13		말소

　가장 빠른 등기 설정일(2013.01.03)인 갑의 근저당권이 말소기준등기이다. 그 이후 전입한 임차인의 대항력은 없어지고, 보증금 70,000,000원은 전액 말소된다.

❖ 말소기준등기는 명도의 난이도를 결정한다

경매에서 낙찰을 받았다고 일이 다 끝난 것이 아니다.

낙찰자들이 부담스러워하는 절차가 남아 있는데, 바로 '명도'이다. 특히 초보자나 여성 투자자들은 더욱 난감해 한다. 부실채권 투자에서 명도를 비껴가려면 배당투자를 하는 방법밖에 없는데, 그러면 투자의 폭이 줄어든다.

피해갈 수 없는 절차라면, 부딪쳐서 해결하도록 하자.

같은 조건의 점유자라 할지라도 간단하게 인도명령으로 내보낼 수 있는가 하면, 지루한 명도소송 절차를 통해 판결문을 받아야 내보낼 수 있는 경우가 있다. 이 기준 역시 말소기준등기다.

아래 원칙이 실제 사례에서 어떻게 적용되는지 살펴보도록 하자.

> 말소기준등기일보다 늦은 임차인은 인도명령의 대상이다.
> 말소기준등기일보다 빠른 임차인은 명도소송 대상이다.

★ 인도명령 대상

등기순위	권리	권리자	일자	권리 내용	권리의 말소 · 인수
1	근저당권	갑	2013. 01. 03	채권액 50,000,000	말소기준등기
2	임차권	을	2013. 05. 07	보증금 70,000,000	말소
3	임의경매	병	2013. 07. 13		말소

등기 설정일(2013.01.03.)이 가장 빠른 갑의 근저당권이 말소기준등기이다. 그후 전입한 임차인은 대항력이 없으므로, 손쉽게 인도명령 대상으로 처리할 수 있다.

★ 명도소송 대상

등기순위	권리	권리자	일자	권리 내용	권리의 말소·인수
1	임차권	갑	2013. 01. 03	보증금 70,000,000	인수
2	근저당권	을	2013. 05. 07	채권액 50,000,000	말소기준등기
3	임의경매	병	2013. 07. 13		말소

을의 근저당권이 말소기준등기이나, 을의 근저당권보다 빠른 임차인 갑이 있다. 갑의 임차권은 대항력이 있으므로 인도명령이 아닌 명도소송을 통해 임차보증금 70,000,000원을 보상한 후 명도할 수 있다.

말소기준등기의 역할에 대해 일목요연하게 표로 정리해보았다.

말소기준등기와 관계없이 항상 인수하는 등기로는 예고등기, 유치권, 법정지상권, 분묘기지권, 건물철거 및 토지인도에 의한 가처분 등이 있다는 것을 기억해 두자. 특히 유치권과 법정지상권, 분묘기지권은 부동산 등기부등본에 나타나지 않는 지뢰이므로 각별히 조심해야 한다.

결국, 권리 분석이란 경매 절차가 종료된 후에도 살아남아 매수인이 인수해야 하는 권리를 선별하는 과정이라 할 수 있다.

★ 말소기준등기 정리

구분		등기의 종류		말소기준등기	말소기준등기		비고
					전	후	
등기부표시	갑구		압류	★	말소		
			가압류	★	말소		
			경매개시결정등기	★	말소		
		가등기	담보가등기	★	말소		
			소유권이전청구권		인수	말소	
			가처분		인수	말소	단, 건물철거가처분 인수(후순위)
			환매등기		인수	말소	
	을구		저당권	★	말소		
			근저당권	★	말소		
			전세권		인수/말소	말소	배당요구 및 배당금수령 여부에 따라 말소결정
			지역권		인수	말소	
			지상권		인수	말소	
			임차권등기		말소		경매 자동배당
등기부 미표시			유치권		항상 인수		성립 시에 한함
			법정지상권				
			분묘기지권				
			주택&상가건물 임대차 보호법상 임차인		인수/말소	말소	대항력 & 확정일자부 임차인의 배당 여부와 배당 충족 여부에 따라 결정

매각물건명세서를
보는 요령이 있다

필자가 강의를 할 때마다 꼭 하는 말이 있다.

"매각물건명세서를 판독할 능력이 없으면 절대 경매하지 말라."

매각물건명세서는 경매를 할 때 꼭 필요한 정보의 보물창고이다.

어떤 독자들은 그건 등기부등본이 아니냐고 반문하겠지만, 등기부등본에 나오지 않는 결정적 사항들이 매각물건명세서엔 기록되어 있다. 특히 등기부등본엔 임차인이 등재되지 않으므로, 선순위 임차인의 위험이 있을 수 있다. 다시 말하지만 매각물건명세서가 가장 확실한 권리 분석 방법이다.

매각물건명세서를 보면 말소기준등기, 배당요구종기일, 임차인의 배당 여부, 임차인 보증금, 전입일, 확정일자, 배당요구기한 및 여부, 추가 인수 여부, 특이 사항 등 권리 분석에서 중요한 사항들을 모두 확인할 수 있다.

❖ 매각물건명세서란?

그런데 매각물건명세서는 누가, 왜 만들었을까?

'누가'에 대한 답은 법원이다.

매각물건명세서는 경매로 부동산을 사려는 사람들에게 부동산에 관한 정확한 정보를 제공함으로써 적정 가격에 입찰할 수 있도록 하기 위해 만들어진다. 집행법원은 매각 대상인 부동산에 관한 이해관계인과 물건의 현황조사를 실시한 후, 이러한 자료를 기초로 매각물건명세서를 작성해, 매각기일 1주일 전까지 법원에 비치해 열람할 수 있도록 해야 한다. 여기엔 현황조사보고서와 감정평가서 사본도 함께 비치된다.

그런데 가끔은 법원으로서도 부동산의 현황이나 권리관계를 정확하게 파악하기 어려운 경우가 있다. 그럴 경우에는 권리관계가 불분명하다는 취지를 매각물건명세서에 그대로 기재하게 된다. 매수신청인 스스로의 판단과 책임 하에 경매에 참여해야 된다는 얘기다.

만약 집행법원이나 담당 공무원이 직무상의 의무를 위반해 매각물건명세서에 잘못된 정보를 제공할 수도 있다. 매각물건명세서의 잘못된 정보로 인해 매수인이 손해를 입게 되었다면, 국가는 매수인에게 손해를 배상할 책임이 있다는 대법원 판례도 있다.

민사집행법 제 121조는 매각물건명세서의 작성에 중대한 하자가 발생한 경우, 매각불허가 신청이나 매각허가에 대한 이의신청 및 매각허가결정에 대한 즉시항고의 사유가 된다고 밝히고 있다.

❖ 매각물건명세서에서 꼭 확인해야 할 것

경매가 진행 중인 부실채권을 매입하려면 매각물건명세서를 반드시 확인해야 한다. 만약 매각물건명세서에 선순위 권리가 있다면 경매낙찰 예상가격이 하락하고 투자 손실이 발생할 수 있기 때문이다.

매각물건명세서에서 꼭 확인해야 할 사항은 다음과 같다.

- 선순위 임차인의 대항력과 확정일자, 선순위 임차인의 배당요구 신청 여부
- 매입한 근저당권보다 후순위이고, 경매개시결정등기 이전의 소액임차인이 배당요구 종기 이내에 배당 신청을 했는지 여부
- 등기된 부동산에 관한 권리 또는 가처분으로 매각허가에 의해 그 효력이 소멸되지 않는 권리의 여부
- 매각허가에 의해 설정된 것으로 보는 지상권의 여부
- 비고란에 적혀 있는 매각에 따른 특별 조항

그러면 매각물건명세서 샘플을 통해 판독하는 요령을 공부하도록 하자.

★ 매각물건명세서

① 매각물건 명세서						
사건	② 2012타경	부동산임의경매	매각물건번호	1	담임법관(사법보좌관)	김ㅇ ㅣ
작성일자 ③	2013.01.30		④ 최선순위 설정일자		2011.09.29. 근저당권	
부동산 및 감정평가액 최저매각가격의 표시	부동산표시목록 참조		⑤ 배당요구종기		2013.01.23	

부동산의 점유자와 점유의 권원, 점유할 수 있는 기간, 차임 또는 보증금에 관한 관계인의 진술 및 임차인이 있는 경우 배당요구 여부와 그 일자, 전입신고일자 또는 사업자등록신청일자와 확정일자의 유무와 그 일자

점유자의 성명	점유부분	정보출처 구분	점유의 권원	임대차 기간 (점유기간)	보증금	차임	전입신고일 자·사업자 등록신청일 자	확정일자	배당요구 여부 (배당요구 일자)
⑥				조사된 임차내역 없음					

〈 비고 〉

※ 최선순위 설정일자보다 대항요건을 먼저 갖춘 주택·상가건물 임차인의 임차보증금은 매수인에게 인수되는 경우가 발생할 수 있고, 대항력과 우선 변제권이 있는 주택·상가건물 임차인이 배당요구를 하였으나 보증금 전액에 관하여 배당을 받지 아니한 경우에는 배당받지 못한 잔액이 매수인에게 인수되게 됨을 주의하시기 바랍니다.

※ 등기된 부동산에 관한 권리 또는 가처분으로 매각허가에 의하여 그 효력이 소멸되지 아니하는 것
　⑦　해당사항 없음

※ 매각허가에 의하여 설정된 것으로 보는 지상권의 개요
　⑧　해당사항 없음

※ 비고란
　⑨

① 본 서류의 명칭이 '매각물건명세서'임을 알 수 있다.

② 경매사건번호는 2012타경****이다.

③ 이 서류의 작성일자는 2013년 1월 30일이다.

④ 가장 중요한 최선순위 설정일자가 2011년 9월 29일 근저당권이라고 기재되어 있다. 이 물건의 말소기준등기는 근저당권으로 2011.09.29일이다.

최선순위 설정일자가 중요한 이유는 거의 대부분의 경우에 말소기준등기가 되기 때문이다. 즉, 이 날짜 이후에 설정된 등기는 인수할 필요가 없으므로 깨끗한 물건이라 할 수 있다.

⑤ 배당요구종기는 2013년 1월 23일이다. 본 물건은 임차인이 없으므로, 기타 인수하지 않는 권리들만 배당요구종기 이내에 신청하면 된다.

만약 경매개시결정등기이전의 소액임차인이 있는데 배당요구종기 이내에 배당 신청을 하지 않았다면 매각대금의 배당에서 땡전 한 푼 가져갈 수 없다.

⑥ 임차내역 난이 비어 있다. 법원 집행관은 해당부동산의 현장을 방문해 임차인 유무를 확인하고, 해당 동사무소에서 전입세대 열람을 통해 다시 한 번 확인하는 절차를 거친다.

본 물건은 현장조사 결과 임차인이 없는 것으로 확인되었다.

만약 동사무소의 전입세대 열람에서 주민등록 전입자가 있다면 매각물건명세서 ⑥란에 점유자성명, 정보출처, 전입신고일자 등을 기재한다.

또한 법원의 담당 직원은 전입자에게 배당요구통지서를 발송해 보증금 회수를 돕는다.

만약 임차인이 있다면 매각물건명세서상에 어떻게 기재될까?

사례를 통해 알아보자.

매각물건명세서의 ⑥ 임차내역란을 보면, 임차인 김주현은 보증금 30,000,000

원에 2011년 6월 30일부터 2년간 방 2칸을 점유하고 있음을 알 수 있다. 전입신고, 확정일자, 배당요구한 날짜도 확인된다.

해당 물건의 부실채권은 소액임차보증금 2,500만 원을 공제하고 매입해야 할 것이다.

점유자의 성명	점유부분	정보출처 구분	점유의 권원	임대차 기간 (점유기간)	보증금	차임	전입신고일자.사업자 등록신청일자	확정일자	배당요구 여부 (배당요구일자)
⑥ 김주현(주민등록등재자)	미상	현황조사	주거 임차인	미상	미상		2011.06.30	미상	
	4층 방2칸	권리신고	주거 임차인	2011.06.30. - 2013.06.30.	30,000,000		2011.06.30.	2012.01.25.	2012.01.25

다시 앞의 매각물건명세서로 돌아가 설명을 이어가겠다.

⑦ 매각 허가로 효력이 소멸되지 않는 권리란, 매수인이 인수해야 될 권리를 의미한다. 본 물건은 해당사항 없음으로 확인된다.

⑧ 매각허가에 의하여 설정된 것으로 보는 지상권의 개요는 해당사항이 없다.

⑨ 비고란까지 꼼꼼하게 봐야 한다. 만약 유치권이나 법정지상권, 분묘기지권 등 매수자가 인수해야 할 권리가 있다면 이 난에 기재된다. 또한, 농지취득자격증명원 등도 기재되므로 주의하자. 본 물건의 경우는 다행히 특별한 사항이 없는 것으로 확인된다.

05

NPL은 배당이 반이다

배당금이란 수익률에 직결되는 것이므로 당연히 중요하다.

그런데 경매보다 부실채권 투자에 있어 배당은 더, 더 중요하다. 왜 그럴까?

문제는 후순위 소액임차인이다.

경매는 말소기준등기를 중심으로 자신보다 늦은 권리들을 모조리 묵살할 수 있으므로, 후순위 소액임차인의 최우선 변제금은 인수금액이 아니기 때문이다. 그들이 배당을 받든지 말든지 자신의 소관이 아니다.

그런데 부실채권 투자에 있어서는 문제가 심각하다.

소액임차인의 최우선 변제금은 근저당권보다 우선해 배당받기 때문이다. 최대 3,200만 원이 배당되기 때문에 수익률에 치명적 영향을 미친다.

물론 이 밖에도 당해세, 임금채권, 선순위 조세채권, 경매집행비용 등이 우선 배당되기 때문에 자칫 배당표를 잘못 판단하면 투자자 손실이 발생할 수 있다.

그러니 부실채권 투자에 있어 선순위 배당채권을 확인하는 것은 중요하다는 말로는 부족할 정도로 중요하다.

선순위 배당채권을 확인하기 위한 비법이 따로 있을까? 비법은 없지만, 정석은 있다. 가장 먼저 등기부등본을 확인하는 것이다. 등기부등본만 봐도 압류, 가압류 여부를 쉽게 알 수 있다.

다음으로 중요한 것이 경매법원의 민사집행사건기록이다.

민사집행사건기록은 배당요구종기일까지 경매법원에 접수된 소액임차인과 임금채권, 그리고 조세채권의 여부 및 금액을 확인할 수 있다. 특히 배당종기 이후에 매각물건명세서를 꼼꼼하게 확인해야 한다.

이런 직접적인 방법 외에 간접적으로 확인하는 방법도 있다. 대법원의 경매정보에서 문건송달내역을 검색한 후 세무서, 구청 등 관공서에서 접수된 문서 내용을 살펴보는 것이다.

부실채권의 다양한 투자 형태 중에서 가장 대표적인 것이 배당투자이다.

필자가 주장하는 8가지 투자 기법 중 무려 6가지(배당, 유입, 재매각, 방어입찰, 차순위 매수, 전환 무담보채권 투자 기법)에서 배당이 아주 중요하다.

전환 무담보채권 기법의 경우에도, 회수할 수 있는 금액과 회수할 수 없는 금액의 비율이 달라지기 때문이다.

❖ 배당이란 무엇인가?

기본으로 돌아가서 '배당'의 개념에 대해서 정리하고 넘어가기로 하자.

배당이란 정해진 순서에 따라 채권자에게 매각대금을 나눠주는 행위이다. 한정된 '매각대금'을 정해진 '순서'에 따라 나눠준다는 것은 순서가 밀리게 되면 돈을 받을 수 없다는 의미이다. 그만큼 순서가 중요하다는 얘기다.

일반 경매에 참여한 입찰자들이라면 배당에 거의 관심이 없다. 채권자들이 얼마를 배당받든지 말든지 상관없다. 단지 자신이 낙찰가격 외에 추가로 부담할 것이 있는지 없는지만 초미의 관심사이다.

반면, 부실채권 투자자에게 있어서는 2가지 모두 아주 중요하다. 일반 경매 참여자보다 2배로 신경을 써야 한다는 의미이다. 물론 더 많은 시간과 비용을 지불한 만큼 수익률이 보장되는 것이므로 감수해야 할 부분이다.

_ 배당요구는 누가 언제 하나?

경매에서 배당을 받기 위해서, 채권자는 반드시 배당요구를 해야 한다. 그것도 아무 때나 하면 되는 것이 아니고, 꼭 배당요구종기일까지 해야 한다.

지금부터 배당요구가 무엇인지 자세히 알아보기로 하자.

그럼 누가 하는 것인가부터 알아보자.

경매 절차에서 배당요구를 할 수 있는 채권자는 근저당권자를 비롯한 담보권자, 집행력 있는 정본을 가진 채권자, 경매개시결정등기 이후에 가압류를 한 채권자가 있다. 또한 민법과 상법, 그 밖의 법률에 의해 우선변제청구권이 있는 채권자이다. 즉, 법률에 의해 보호받는 임차인과 소액임차인은 당연히 배당요구를 할 수 있다.

독자 중에는 부실채권 투자자들도 배당요구를 해야 되는 것으로 아는 분들도 있을 텐데, 그렇지는 않다. 임의경매를 신청한 근저당권자는 따로 배당요구 절차를 거치지 않아도 배당을 받을 수 있기 때문이다.

임차인이라면 집행법원에 서면으로 채권의 원인과 액수를 기재해 신청하면 된다. 만약 임차인이 배당요구종기까지 배당요구를 하지 않는 경우에는 배당금을 받을 수 없다. 또한 배당요구에 따라 매수인이 인수할 부담이 바뀌는 경우, 배당요구를 한 채권자는 배당요구종기가 지난 뒤에 이를 철회할 수 없다는 사실도 알아두자.

앞의 설명에서 '배당요구종기'란 용어가 계속 나온다. 배당요구 기간이란 것이 정해져 있고, 그 시작점과 종료점이 있다는 것을 알 수 있을 것이다. 배당요구 기간은 집행법원이 결정한다.

경매개시결정에 따른 압류의 효력이 생긴 때로부터 1주일 이내에 집행법원은 배당요구종기를 결정하게 된다. 이 시점은 당연히 첫 매각기일 이전이 될 것이다. 법원은 특별히 필요하다고 인정하는 경우, 배당요구종기를 연기할 수도 있다.

_ 배당요구는 어떤 힘을 가지나?

배당요구를 한 채권자는 일단 배당받을 권리가 생긴다.

아울러 매각결정기일에 출석해 매각허가에 대한 의견을 진술할 수 있고, 그 결정에 불복할 경우 즉시 항고할 수 있는 권리가 있다. 집행법원으로부터 배당기일통지를 받을 수 있음을 물론이다.

그런데 배당요구를 했다고 무조건 다 받아들여지는 것은 아니고 요건을 심사해 적합하지 않으면 각하된다. 실제적으로는 각하 결정을 따로 하는 것이 아니라, 배당기일에 배당에서 제외된다.

만약 어떤 채권자가 채권의 일부만 배당요구를 했다가, 나중에 추가하고자 한다면 어떻게 될까? 배당요구종기일 전까지는 가능하며 그 이후에는 새로운 채권을 추가할 수 없다는 것이 대법원 판결이다(2002.1.25. 2001다11055 판결).

여기서 부실채권의 배당요구에서 꼭 알아야 할 정보를 하나 알려주겠다.

근저당권을 매입한 채권자가 임의경매를 신청하는 경우, 경매신청서에 '변제기까지의 이자'가 반드시 청구되어야 한다는 것이다. 만일 이것을 기재하지 않았다면 배당기일까지의 이자 등 부대채권을 배당받을 수 없는 불상사가 생기게 된다.

임의경매를 신청한 채권자가 이자를 배당받을 기간을 확정했다가 나중에 채권계산서에 의해 부대채권을 증액시키고자 한다면 늦어도 배당요구종기일까지는 제출해야 한다. 그 이후에는 허용되지 않는다(2001.3.26.99다11526 판결).

배당요구가 필요한 채권자가 배당요구종기일까지 배당요구를 하지 않은 경

우 배당받을 길은 없다. 또한 배당요구종기일 이후 채권을 추가하거나 확장할
수 없는데, 이를 '실권효과'라고 한다. 권리를 상실했다는 뜻이다.

❖ 배당요구 안 해도 OK?

다음 문장은 참일까, 거짓일까?

"임금채권을 가진 채권자는 배당요구를 하지 않아도 된다."

결론부터 말하면 거짓이다. 임금채권, 주택임대차보증금 반환청구권 등 우선변
제권을 가졌다 하더라도, 배당요구종기일까지 배당요구를 하지 않으면 배당받을
수 없다. 또한 배당을 받은 순위자를 상대로 부당이득반환청구도 할 수 없다.

그런데 배당요구라는 절차를 거치지 않아도 배당을 받을 수 있는 채권자도
있다. 누구는 해야 하고, 누구는 하지 않아도 되는지 자세히 알아보자.

_ 배당요구 안 해도 되는 채권자

간단히 등기부등본을 들여다보면 알 수 있다.

경매개시결정등기 이전에 등기부에 올라가 있는 이해관계인이라면 굳이 배
당요구를 하지 않아도 되기 때문이다. 여기에 해당되는 채권자를 예시하면 다
음과 같다.

---

① 저당권, 전세권, 그 밖의 우선변제청구권 등 매각으로 소멸되는 채권을 가진 자
② 첫 경매개시결정등기 이전에 등기된 압류 및 가압류 채권자
③ 첫 경매개시결정등기 이전, 체납 처분에 의한 압류권자
④ 선행사건의 배당요구종기까지 이중경매 신청한 채권자
⑤ 종전 등기부 등의 권리자

_ 반드시 배당요구해야 되는 채권자

경매개시결정등기 이후에 등기부에 등재되었거나, 반드시 이해관계인 배당요구가 필요한 채권자는 다음과 같다.

---

① 집행력 있는 정본을 가진 채권자
② 경매개시결정등기 이후에 가압류를 한 채권자
③ 임대차보호법이 적용되는 임차권 중 등기 안 된 임차보증금채권, 임금채권
④ 첫 경매개시결정등기 이후의 저당권, 전세권, 등기된 임차권
⑤ 조세, 기타 공과금 채권

❖ 배당의 순서는 준엄하다

찬물에도 위아래가 있다는 말은 배당에도 통한다.

똑같이 배당을 받을 수 있는 채권자라 하더라도, 그 순서에 따라 희비가 엇갈리기 때문이다. 일단 배당받을 자격이 있는 채권자들을 모두 모이라고 해보자.

배당요구종기까지 경매 신청을 한 압류채권자, 배당요구종기까지 배당요구를 한 채권자, 첫 경매개시결정등기 이전에 등기된 가압류채권자, 저당권자와 전세권자, 첫 경매개시결정등기 전에 등기된 우선변제권자 등이 몰려들 것이다. 매각대금이 충분하다면 모두에게 다 배당해줄 수 있겠지만, 현실은 그렇지 않은 경우가 많다. 그러니 순서가 중요해진다. 매각대금이 소진되는 순간, 배당은 물 건너가는 것이다.

부실채권 투자자 입장에서 다행인 것은 경매집행비용, 당해세, 임금채권, 소액임차보증금 등을 제외하고는 대부분 가장 먼저 배당받는다는 것이다. 이는 애초에 근저당권을 설정한 은행에 감사해야 할 부분이다. 대출 전에 채무자에게 국세

및 지방세 완납증명서를 미리 받기 때문에 배당 순위에서 유리해진 것이다.

하지만 세상일은 어찌 될지 모르니까 만일의 사태를 대비해 배당 순서를 제대로 숙지해두어야 할 것이다.

★ 채권자 배당 순서

순위	내용	비고
1순위	경매집행비용(인지대, 신청서기료, 등록면허세, 송달료, 평가비용, 현황조사비용, 수수료, 공고비 등)	
2순위	제3의 취득자의 비용상환 청구권(필요비, 유익비)	
3순위	1. 주택 및 상가건물의 소액보증금 중 최우선 변제금 2. 근로기준법상 임금채권(최종 3개월분의 임금 및 최종 3년분의 퇴직금)	안분배당
4순위	당해세	순위배당
5순위	1. 담보채권(저당권, 전세권, 가등기담보) 2. 확정일자 있는 임차권 3. 임차권등기된 임차권 4. 당해세 이외의 국세, 지방세(조세채권의 법정기일)	순위배당
6순위	1. 각종 조세채권 2. 국세 및 지방세의 다음 순위로 징수하는 공과금(의료보험료, 고용보험료, 산재보험료)	순위배당
7순위	확정일자 없는 임차인, 가압류, 일반 채권	안분배당

배당 순서가 정리된 도표를 보면서 자세한 내용을 공부해보자.

도표의 비고란에 나오는 순위배당은 순서에 따라 배당한다는 것이고, 안분배당은 순서에 상관없이 동일하게 비율에 따라 배분한다는 의미이다.

• 1순위: 경매집행비용

배당금액에서 가장 먼저 공제되는 것이 집행비용으로, 1순위 배당금은 집행비용을 예납한 경매 신청 채권자에게 돌아간다.

• 2순위: 비용상환 청구권

제3취득자의 필요비와 유익비를 의미하는데 상업용부동산의 경우는 종종 있지만, 주거용부동산에서 해당되는 사례가 드물기 때문에 크게 신경 쓰지 않아도 된다.

• 3순위: 소액임차인 보증금 중 일정액, 임금채권

주택임대차보호법과 상가건물임대차보호법이 보호하는 소액임차인의 보증금이 그 다음 순위이다. 보증금 전체가 아니라 그중 일정액만 배당된다는 사실을 기억하자. 또한 근로기준법이 보호하는 임금채권이란 최종 3개월분의 임금과 3년간 퇴직금을 말한다.

• 4순위: 당해세

경매에서 당해세란 대부분 미납된 재산세일 경우가 많다. 해당 부동산의 취득세 및 등록세는 당해세가 아니라는 사실을 꼭 기억해 두자(헌재94.8.31 91헌가1 결정).

• 5순위: 담보물권, 임차보증금, 임차권등기, 조세채권

이들 권리는 빠른 순서로 배당된다. 부실채권 투자에 있어서는 근저당권이 가장 먼저 배당받는 경우가 대부분이다.

• 6순위: 공과금

공과금(의료보험료, 고용보험료, 산재보험료)과 근로기준법이 보호하지 않는 임금채권, 국세, 지방세, 각종 보험료 등이 여기에 해당된다.

• 7순위: 기타

확정일자 없는 임차인, 일반 채권, 가압류 등이 마지막으로 배당되며 배당이 끝난 후 잉여금이 있으면 소유자(채무자)에게 배당된다.

06

배당기일은 어떻게 확인할까?

부실채권 투자자는 배당기일을 정확하게 알고 있어야 한다.

배당을 받기 위해서는 채권계산서를 법원에 제출해야 하는데, 배당기일까지의 이자 등을 계산하려면 배당기일 확인은 필수적이다.

배당기일은 담당자에게 전화 한 통만 하면 정확하게 알 수 있다.

대법원 법원경매정보(http://www.courtauction.go.kr/)에 들어가 경매사건 검색에서도 확인 가능하다. 경매법원은 매각대금이 납부되면 배당기일을 확정하고, 이해관계인과 채권자들에게 이를 통지할 의무가 있다. 보통 매각대금 납부 후 4주 안에 정해진다.

배당기일을 알아야 할 이유는 하나 더 있다.

부실채권 투자자는 배당기일 3일 전까지는 배당표를 확인한 후, 이의신청을 할 것인지 말 것인지 사전에 결정해야 되기 때문이다.

배당표는 언제 확정되나?

배당기일의 법정 풍경을 스케치해보자.

보통 오후에 열리는 경매법정에는 각 사건별 이해관계인이 몰려들어 소란스럽다. 수십 건의 배당사건이 아주 빠르게 진행되므로, 초보 투자자는 정신을 차리기 힘들 정도이다. 정신없는 와중에 판사가 자신의 이름을 부른다.

"경매사건 00번 이해관계인 출석하셨습니까?"

"네."

"배당표에 이의 없습니까?"

"아, 네에~."

투자자의 입에서 "네"라는 말이 떨어지는 순간이 바로 배당표가 확정되는 순간이다. 부실채권투자에서 배당표는 배당기일에 확정되는 경우가 대부분이기 때문이다.

배당표가 확정된다는 것은 투자자가 받을 돈이 확정된다는 의미이므로, 만일 배당표에 문제가 있다면 반드시 배당기일에 출석해 이의를 제기해야 한다.

필자는 강의를 통해 배당표를 꼭 확인하라고 강조한다.

자신이 계산한 채권계산서와 차이가 있다면 반드시 이의제기를 하라고 했건만, 제자 중 한 명이 법정에서 그만 "이의 없습니다"라고 해버린 것이다. 그 제자는 4천만 원을 투자해 1천 5백만 원 이상의 수익을 올렸지만, 90만 원의 추가 수익을 포기한 셈이 되었다.

❖ 배당표의 확정

배당기일 통지를 받고도 출석하지 않으면, 이의가 없다는 얘기로 받아들여진다. 그 채권자에 대한 배당표는 그대로 확정된다. 경매법정은 배당기일에 출석한 이해관계인과 채권자들을 심문해 최종적으로 배당표를 확정하게 된다.

다시 말하지만 배당표를 확정하는 방법은 '심문'이다. 법정은 미리 작성된 배당표 원안을 바탕으로 이해관계인과 채권자를 심문해 추가 정정하거나, 원안대로 확정한다.

_ 이의가 있는 경우

채무자가 배당표 원안에 이의가 있다면 배당기일 전에 미리 서면으로 이의제기를 할 수 있다.

채무자 이외의 채권자는 배당기일에 출석해 큰 소리로 배당표에 이의 있다고 의사를 밝혀야 된다. 배당기일에 참석하지 않거나 이의가 없다고 대답하면, 되돌릴 방법이 없다.

이의를 제기한 채권자는 배당기일로부터 1주일 안에 집행법원에 소제기증명을 제출해야 된다. 매각대금에 대해 지급을 보류하고 공탁을 하게 만드는 절차이다. 그런데 이의제기를 해놓고 1주일 안에 소제기증명을 제출하지 않으면, 이의제기에도 불구하고 배당금이 지급된다.

만약, 출석한 이해관계인과 채권자 사이에 어떤 합의가 있을 때에는 이에 따라 배당표를 새로 작성해야 된다는 사실도 알아두자.

_ 이의가 없는 경우

이의가 없다면 배당표 원안은 그대로 확정되고, 당일부터 배당이 실시된다.

배당기일에 이의를 신청하지 않으면 다른 채권자들이 바로 배당금을 찾아가므로, 되돌릴 방법이 없다는 것이다. 배당금을 찾기 위해서는 채권자 명의의 통장 사본이 필요할 수 있으니, 꼭 준비하도록 하자.

❖ 이의제기는 누가 어떻게 하나?

이왕 시작한 김에 이의제기에 대해 좀 더 자세히 알고 넘어가기로 하자.

이의제기의 규정은 다음과 같은 한 문장으로 정리된다.

> 배당기일에 출석한 자는 자신의 이해에 관계되는 범위 안에서 다른 채권자를 상대로 그의 채권 또는 채권의 순위에 대해 이의를 제기할 수 있다.

지금부터 이의제기를 할 수 있는 사람은 누구인지, 어떤 절차를 거쳐야 하는지 공부해보기로 하자.

_ 이의제기, 누가 할 수 있나?

결론적으로 말하자면 채권자, 채무자, 대리인이다.

채권자는 다른 채권자의 권리에 대해 이의를 제기할 수 있지만, 반드시 자신의 이해에 관계되는 범위 안에서여야 한다. 채권자란 배당에 참여한 모든 채권자를 말한다. 따라서 가압류채권자나 강제집행의 일시정지 사유가 있는 채권자도 이의를 신청할 수 있다.

채무자(담보부동산의 소유자 포함) 역시 이의를 제기할 수 있다. 다른 점이라면 채권자는 배당기일에 참석해 구두로 이의신청을 해야 하지만, 채무자는 서면, 구두 이의제기 모두 가능하다는 것이다.

그런데 강의를 하다 보면 간혹 이런 질문을 하는 학생들이 있다.

"제3자는 이의제기를 못 하나요?"

대답은 '못 한다'이다. 단, 이해관계인에게 권한을 위임받은 자가 대리인 자격으로 배당기일에 출석하는 것은 허용된다.

_ 이의제기, 어떻게 하나?

채권자는 반드시 배당기일에 출석해 구두로 이의제기를 해야 한다.

채무자라면 배당기일 3일 전, 배당표 원안이 비치되면 그 후부터 배당기일이 끝날 때까지 서면으로 이의제기가 가능하다. 물론 배당기일에 출석해 구두로 이의제기를 할 수도 있다.

경매법원은 매각대금이 납부되면 30일 이내에 배당기일을 결정하게 된다. 그리고 배당기일 3일 전까지 배당표를 작성해 이해관계인이 열람할 수 있도록 한다. 그러나 현실은 조금 다르다.

대부분의 실무에서는 이해관계인들이 배당기일에 배당표를 처음 보게 된다. 배당표를 받자마자 이의제기를 해야 되므로, 초보자나 준비를 하지 않으면 까막눈이 된다. 배당표를 뻔히 보고도, 자신에게 불리한 내용을 발견하지 못하는 것이다.

시간적 여유도 없으므로 투자자 스스로 미리 배당표를 작성해보고, 현장에 가서 문제가 발견되면 곧바로 이의제기를 해야 한다. 또한 이의제기를 하고 1주일 안에 반드시 소제기증명을 제출해야 한다는 것도 잊지 말자.

배당금 간단 계산법

❖ 근저당과 가압류가 있는 경우

사례1은 2013년 1월 5일 근저당을 설정한 A가 임의경매를 신청한 경우이다.

A의 권리가 가장 빠르기 때문에 말소기준등기이다. 가압류는 채권이고, 근저당권은 물권이므로 물권우선주의 원칙에 따라 그 다음으로 가압류가 배당된다. 이 원칙에 의해 도표의 배당금 부분을 메워 보자.

★ 사례1: 배당액 5,000만 원 (단위: 만 원)

순위	권리 내역	채권자	구분	배당
1	2013/01/05 근저당 3,000	A	말소기준	?
2	2013/02/07 가압류 5,000	B	소멸	?
3	2013/03/09 임의경매신청	A의 근저당으로	소멸	?

배당액이 5,000만 원이라고 가정할 때 근저당권자 A는 3,000만 원을 전액 배

당받고, 가압류권자 B는 A가 배당받고 남은 2,000만 원을 배당받게 된다.

❖근저당, 가압류, 근저당이 있는 경우

사례2의 경우, 2013년 3월 7일인 근저당이 가장 빠르기 때문에 말소기준등기이다. 1순위로 근저당권자 A에게 3,000만 원이 배당된다.

★ 사례2: 배당액 6,000만 원 (단위: 만 원)

순위	권리 내역	채권자	구분	배당
1	2013/03/07 근저당3,000	A	말소기준	?
2	2013/04/13 가압류 2,000	B	소멸	?
3	2013/05/18 근저당2,000	C	소멸	?
4	2013/09/05 임의경매신청	C의 근저당으로	소멸	?

다음은 2순위 배당인데, 배당엔 물권우선주의 원칙이 적용된다고 한 사실을 기억해주기 바란다. 가압류권자 B와 근저당권자 C에게 동순위로 안분배당되는 것이다. 전체 배당금 6,000만 원에서 A에게 배당하고 남은 3,000만 원을 대상으로 B와 C에게 동일한 금액이 배분된다. 각각의 안분배당액을 수식으로 나타내보자.

> B의 배당액=3,000만 원×2,000만 원/(2,000만 원+2,000만 원)

즉 남은 배당액 3,000만 원에 2분의 1을 곱하면 1,500만 원이 나오는 것이다.

가압류권자 B의 배당액 1,500만 원은 법원에 공탁되고, 가압류권자는 법원의 확정판결 후 공탁금을 회수해야 한다. 가압류란 말 그대로 임시 상태의 압류이기 때문에, 압류 사실이 확인된 이후에 돈을 가져가라는 것이다.

C 역시 B와 동일한 수식에 의해 1,500만 원을 배당받을 수 있다.

❖ 가압류, 근저당, 근저당이 있는 경우

사례3의 말소기준등기는 2013년 1월 7일의 가압류이다.

그런데 가압류가 최선순위인 경우, 물권우선주의에 의해 가압류는 채권액에 비례해 안분배당하게 된다. 후순위 권리자들 간에는 순위에 따라 흡수배당을 한다.

★ 사례3: 배당액 5,000만 원 (단위: 만 원)

순위	권리 내역	채권자	구분	배당
1	2013/01/07 가압류 2,500	A	말소기준	?
2	2013/02/08 근저당 2,500	B	소멸	?
3	2013/04/09 근저당 5,000	C	소멸	?
4	2013/8/30 임의경매신청	B의 근저당으로	소멸	?

무슨 말인고 하니, 사례3에서 1순위 A와 2순위 B는 똑같은 순위로 취급된다는 것이다. 물론 B는 C보다는 우선권을 가지게 된다.

말은 어렵지만, 실제 계산에서는 아주 간단하다. 지금부터 사례3을 가지고 각자의 배당액 계산법을 실습해보자.

사례3의 배당액은 5천만 원이다. 그리고 채권자 A, B, C의 채권액을 모두 더하면 100백만 원이다. 이 중 채권자 A의 채권액은 2천 5백만 원이므로, A의 지분은 2,500/10,000이라 할 수 있다.

동일한 방법으로 B의 지분은 2,500/10,000, C의 지분은 5,000/10,000이다.

가압류권자 A의 배당액은 전체 배당액 5,000만 원에 2,500/10,000을 곱하면 되는 것이다.

A의 배당액=5,000만 원×2,500/10,000=1,250만 원

A의 실제 채권액은 2,500만 원이지만, 이 중 1,250만 원만 공탁된다. 가압류금액은 바로 배당을 받지 못하고, 소송을 제기해 공탁금을 회수해야 한다.

근저당권자 B의 배당액 역시 전체 배당액 5,000만 원에 2,500/10,000을 곱하면 된다.

> B의 배당액=5,000만 원×2,500/10,000=1,250만 원

저당권자 C의 배당액도 한 번 계산해보자.

> C의 배당액=5,000만 원×5,000/10,000=2,500만 원

여기서 정신을 바짝 차려야 한다. 이렇게 계산을 끝내면 절대 안 되기 때문이다.

근저당권자 B는 저당권자 C보다 우선변제권을 가지고 있으므로, B의 권리가 만족될 때까지 C의 안분배당금액을 흡수하게 된다. 이것이 바로 '흡수배당'의 개념이다.

그러면 흡수배당 원칙에 따라 B와 C의 배당액을 다시 계산해보자.

근저당권자 B는 채권액 2,500만 원이 만족될 때까지 C의 안분배당금액에 빨대를 꽂고 쫙 빨아들일 수 있다. 즉 C로부터 1,250만 원을 가져올 수 있다는 것이다. 결국, 근저당권자 B의 최종 배당액은 채권액 그대로 2,500만 원이다. 저당권자 C의 최종 배당액은 안분배당액에서 1,250만 원을 뺀 1,250만 원이 된다.

❖ 경매 물건 배당표 이해하기

부실채권 투자에서 '배당표'가 중요하다는 것은 두말하면 잔소리다.

배당표를 보고 권리관계를 이해할 수 있고, 스스로 배당표를 작성할 수 있어야 한다. 지금부터 사례를 통해 배당표에 대해 완벽하게 마스터하기로 하자.

_ 소액임차인이 있는 배당표

배당 순서는 앞서서 여러 차례 설명했듯이 경매비용, 소액임차인의 최우선 변제금, 당해세, 그리고 시간 순서에 따라 근저당권 배당이 이루어진다.

본 경매 물건의 사례를 배당표에 근거해 살펴보기로 하자.

★ 배당표(소액임차인)

지방법원 배당표

사　　건　2** 타경 **　부동산임의경매

배당할금액	금	① 94,379,510		
명 세	매각대금	금	② 86,100,000		
	지연이자	금	0		
	전경매보증금	금	③ 8,192,000		
	매각대금이자	금	④ 87,510		
	항고보증금	금	0		
집행비용	규	⑤ 2,250,520		
실제배당할 금액	금	⑥ 92,128,990		
매각부동산	서울시	아파트 제201동	1호	
채 권 자	박화 ⑦	서울시장 ⑧	⑨ 생명보험주식회사
채권금액	원 금	20,000,000	40,880	44,000,000
	이 자	0	0	9,168,157
	비 용	0	0	0
	계	20,000,000	40,880	53,168,157
배당순위	1	2	3
이 유	소액임차인	교부권자(당해세)	근저당권자
채권최고액	0	0	63,700,000
배당액	20,000,000	40,880	53,168,157
잔여액	72,128,990	72,088,110	18,919,953
배당비율	100.00%	100.00%	100.00%

① 배당금액은 94,379,510원이다.

　낙찰자 매각대금 ② 86,100,000원과 ③ 전 경매 입찰보증금 8,192,000원에 ④ 매각대금 이자 87,510원을 합한 금액이다.

③ 전 경매보증금이 무엇인지 설명하고 넘어가자. 전 경매에서 낙찰받은 최고가매수 신고인이 매각잔금을 납부하지 않아 계약이 이루어지지 않은 상태에서 그 보증금은 반환되지 않고 배당에 흡수되어 채권자들에게 배당되는 것이다.

⑤ 경매집행비용은 2,250,520원이다. 집행비용은 배당에서 가장 우선하여 배당하는 것으로 보통 채권자가 선납하게 된다.

⑥ 실제 배당할 금액: 92,128,990원이다. (①-⑤=⑥)

⑦ 소액임차인 배당금은 20,000,000원이다. 소액임차인은 최우선배당의 대상자로 당해세 및 근저당권자보다 우선하여 배당받는다. 부실채권 투자에서 소액임차인이란 가장 큰 위험 요소임을 알아두어야 한다.

⑧ 당해세는 40,880원이다. 당해세는 근저당권보다는 우선하여 배당받는다. 당해세는 자주 발생하는 데 비해, 그 비용이 크지 않아 위험요인이 아닌 경우가 대부분이다.

⑨ 근저당권자 배당금은 53,168,157원이다. 본 물건에서 근저당권의 배당 순서는 경매집행비용, 소액임차인, 당해세 다음의 순서임을 알아야 한다.

_담보부 질권자가 있는 배당표

본 물건의 배당은 경매비용, 담보부 질권자, 근저당권자 순서로 이루어진다.

사실 본 물건에는 웃지 못할 비하인드 스토리가 있다.

필자가 방어입찰로 경매에 참여하여 어이없게 낙찰을 받은 경우이다. 2등과의 차이가 30만 원이라 일반 경매라면 아주 기뻐할 일이지만, 배당투자를 노린 필자의 입장으로서는 욕심이 과했다고 평가하는 사례이다.

어쨌든 배당 내용을 살펴보자.

★ 배당표(담보부 질권자)

수원지방법원 안양지원 배 당 표			
사 건 2012타경 **** 부동산임의경매			
배 당 할 금 액	금	①	335,641,138
명세	매 각 대 금	금	②	305,700,000
	지연이자 및 절차비용	금		0
	전경매보증금	금	③	29,600,000
	매각대금이자	금	④	341,138
	항고보증금	금		0
집 행 비 용	금	⑤	13,238,600
실제배당할 금액	금	⑥	322,402,538
매각부동산	경기도 안양시 제** 6호.		
채 권 자	주식회사 ** 저축은행	주식회사 한국부동산아카데미	
채권금액	원 금	232,000,000	312,810,587
	이 자	1,086,904	56,028,688
	비 용	0	0
	계	⑦ 233,086,904	⑧ 368,839,275
배 당 순 위	1	2	
이 유	근저당권부질권자	신청채권자겸근저당권자	
채 권 최 고 액	390,000,000	390,000,000	
배 당 액	233,086,904	89,315,634	
잔 여 액	89,315,634	0	
배 당 비 율	100.00%	24.22%	
공 탁 번 호 (공 탁 일)	금제 호 (. .)	금제 호 (. .)	금제 호 (. .)
2012. 12. 17. 사 법 보 좌 관 권 ***			

① 배당 금액은 335,641,138원이다.

매각대금 ②차순위 매수신고인 305,700,000원과 ③전 경매 입찰보증금 29,600,000원, ④매각대금 이자 341,138원의 합계 금액이다.

③ 전 경매 입찰보증금은 29,600,000원은 방어입찰로 필자가 납부한 보증금인 셈이다. 어차피 포기한 입찰보증금은 배당금에 흡수되어 1순위 근저당권 매입자인 필자에게 배당된다.

⑤ 집행비용은 13,238,600원이다.

최초 대출은행이었던 **은행이 경매 예납금을 납부하고 경매 절차를 진행하는 부실채권을 필자가 매입하였으므로 근저당권의 소유주인 한국부동산아카데미 필자에게 배당금이 돌아간다.

⑥ 실제 배당금액은 322,402,538원이다. (①-⑤=⑥)

⑦ 담보부 질권자 **저축은행의 배당금은 233,086,904원이다.

⑧ 근저당권자 배당금은 ⑥에서 ⑦을 뺀 89,315,634원이다.

부실채권 원금 312,810,587원과 연체이자 56,028,688원 중에서 담보부 질권배당금액을 제외한 89,315,634원만 배당받았다.

결국 받지 못한 46,436,737원(⑧-⑥)은 전환 무담보부 채권으로 전환된다.

본 물건에서 배당 순서는 경매집행비용, 담보부 질권, 근저당의 순서이다.

부실채권 배당투자에서는 경매낙찰 예상가격을 평가하는 것이 가장 중요하다. 만약 필자가 30만 원만 적게 방어입찰을 했더라면 엉뚱하게 낙찰받는 일은 없었을 것이다. 또한 담보부 질권 이자를 조금이나마 절약할 수 있었을 것이다.

지금 생각해도 조금 아쉬움이 남는 투자이다.

09

실전 사례: 유입투자 NPL
고가낙찰 성공 이야기

이번 사례의 주인공은 대기업 임원으로 은퇴한 50대 신사분이다.

예전에 필자의 공매교육을 받았던 그분은 인품이 훌륭해 수강생들의 회장을 맡았었다. 한번 회장은 영원한 회장이니까, 지금부터 회장님으로 호칭하기로 하겠다.

필자가 강남역 부근에서 NPL 실전투자반 교육을 진행하고 있을 때, 회장님으로부터 전화가 왔다.

"교수님! 저도 NPL 교육을 수강해도 될까요?"

"예, 그럼요"라고 대답하긴 했지만, 강사로서는 재테크 강의를 많이 듣고 이미 실전투자 경험이 있는 분들은 사실 조금 부담스럽다.

여담이지만 강의를 하다 보면 에피소드가 많다.

'소득 있는 곳에 세금 없다'란 내용에 끈질기게 의문점을 표시한 여성분이 있었는데, 나중에 알고 보니 변호사님이어서 놀랐던 적이 있었다. 수사경력 21년의

베테랑 조사관 출신의 법무사님은 필자에게 검찰 앞에서 진술조사 잘 받는 비법 등을 알려주시기도 했다.

다시 본론으로 돌아와 회장님 얘기를 해보자.

이 경매 물건은 근린상가로 감정가격은 280,000,000원, 채권최고액은 198,000,000원이다. 현재 보증금 1천만 원에 월 임대료 50만 원의 임차인이 있는 우량 물건이다. 회장님은 이 상가의 부실채권을 매입해, 경매 입찰에서 고가로 낙찰받았다. 더욱이 NPL 실전투자반 교육을 받고 회장님 스스로 부실채권 물건을 찾아 분석하고 투자했다는 사실에 필자는 흐뭇하기 그지없었다.

★ 법원경매서류(노원구 상계동 상가)

법원경매서류의 문건처리내역을 보면서 투자 프로세스를 되짚어보자.

① 2012년 4월 12일, 우리이에이제15차유동화전문유한회사가 하나은행 근저당권을 매입하여 법원에 채권자변경신청서를 제출하였다.
② 2012년 8월 9일, 유동화회사는 유찰이 계속되자 경매기일연기신청서를 법원에 제출하고 매각기일을 변경하였다.
③ 채무인수 방식으로 부실채권을 매입한 회장님은 2012년 10월 24일 입찰에 참여해 최고가매수신고인이 되었다. 그리고 당일 경매법원에 차액지급신고서(상계 신청)를 제출하였다.
④ 2012년 11월 19일, 채권자(유동화회사)가 채권계산서를 경매법원에 제출하였다.
⑤ 2012년 12월 11일, 회장님은 법원 서류를 복사 신청하여 잔금 납부를 준비하고, 중소기업은행에서 대출받아 유동화회사에 부실채권 매입대금을 정산했다.

필자가 이 물건을 높이 평가하는 것은 기존 임차인을 명도할 필요 없이, 재임대를 통해 월세를 꼬박꼬박 받고 있기 때문이다. 나중에 상권이 활성화되면 고가에 매각해 양도소득세도 절세할 수 있다.

그런데 회장님은 왜 고가 낙찰 전략을 썼을까?

고가로 낙찰받으면 경락잔금대출(180,000,000원)도 많이 받을 수 있기 때문이다. 유동화회사에 매입대금을 지불하고도 남은 80,000,000원을 종잣돈으로 활용할 수 있게 된 것이다.

160,000,000원을 활용하는 이자는 고작 월 273,000원이다.

경락잔금대출(160,000,000원)에 대한 월 이자(5.8%)는 773,000원, 상가에 월 임대료 500,000원이 들어오니 실제 나가는 이자는 273,000원인 셈이다.

회장님은 한 건의 투자로, 자기 돈 한 푼 들이지 않고 저렴한 이자에 8천만 원을 활용할 수 있게 된 것이다. 그 후 회장님은 고가 낙찰 전략을 구사하면서 부실채권 투자 성공 사례를 이어가고 있다고 한다.

"회장님, 이제 종잣돈 10억쯤 만드셨나요?"

5장

NPL 이것만은
알고 덤비자

01

기본부터 이해하자

❖ 담보란?

부실채권 투자는 담보로 제공된 근저당권을 매입하는 것이다.

각 방법에 대한 공부에 들어가기 전에 담보부 부실채권의 기본 개념들과 용어들에 대해 기초를 다지고 가기로 하자.

일단 담보부 부실채권에 붙어 있는 '담보'란 용어부터 이해해야 한다.

담보란 쉽게 말해 일정 기한 안에 채무를 이행하지 않을 경우에 대비해 채권자에게 제공되는 '그 무엇'이다. 채권자는 그럴 경우 '그 무엇'을 현금화하여 대출금을 회수하게 된다.

담보에는 인적 담보와 물적 담보가 있다. 물적 담보에는 저당권, 유치권, 질권 등이 있는데 부동산 등이 담보로 제공된다고 이해하면 쉽다.

❖ 근저당권이란?

담보부 부실채권의 씨앗은 근저당권이다.

근저당권이 무엇이고, 어떤 권리를 갖는지 이해해야 부실채권도 이해할 수 있다. 그런데 왜 금융기관은 차용증이 아닌 근저당권을 받고 돈을 빌려줄까?

만약 어떤 은행이 차용증을 받고 돈을 빌려주었을 때 어떤 일이 벌어질지 생각해 보면 그 이유를 알 수 있다. 대출을 받아간 사람이 돈을 갚지 않는다면 일단 상대방의 부동산에 가압류를 해야 할 것이다. 그리고 판사에게 판결문을 받아 법원 경매를 진행해야 한다.

한마디로 대단히 번거롭다.

그런데 근저당권이 설정되어 있다면 법원의 소송 절차 없이 곧바로 경매를 진행시킬 수 있다. 근저당권은 이렇듯 경매를 청구할 수 있고, 경매가 진행되면 우선적으로 변제받을 수 있는 권리이다.

❖ 우선변제권이란?

채무자가 변제할 수 있는 돈은 제한되어 있는데, 채권자가 여러 명이라면 어떻게 될까? 그래서 모든 일에는 순서가 있는 것이다.

채권자 중 후순위 권리자나 그 밖의 채권자보다 자기 채권이 우선하여 배당을 받을 수 있는 권리를 우선변제권이라고 한다. 선순위자가 전액을 변제받은 후, 나머지가 있으면 후순위권자가 변제를 받게 된다.

다시 말해 순위가 뒤로 밀리면 한 푼도 못 받는 경우가 생기는 것이다.

우선변제권을 가진 채권에는 근저당권, 전세권, 확정일자부 임차인 등이 있다.

❖ 채권최고액이란?

은행에서 대출을 받은 후, 등기부등본을 보고 깜짝 놀라는 사람들이 있다.
분명히 1억 원을 빌렸는데, 근저당은 1억 2천만 원이 설정되어 있기 때문이다.
채권최고액이란 개념을 모르기 때문에 생기는 일이다.

채권최고액이란 말 그대로 채권자가 매각대금에서 우선변제받을 수 있는 금액의 상한선이다. 채무자가 돈을 갚지 않을 경우, 채무자의 부동산을 매각해 빌려준 돈을 회수하게 되는데, 이때 해당 부동산의 매각 대금에서 받을 수 있는 가장 높은 금액이라는 얘기다.

채권최고액은 1금융권의 경우 대출 원금의 120%, 제2금융권은 130%를 설정한다. 왜 은행은 대출 원금 이상의 근저당을 설정할까? 은행이 나쁜 놈들이어서 날강도 짓을 하는 것일까? 물론 아니다.

빌린 사람 입장에서는 빌린 돈 원금만 생각하지만, 빌려준 사람으로서는 갚지 못한 이자와 위약금, 채무 불이행에 따른 손해배상과 저당권을 행사하기 위한 비용, 즉 경매 비용 등을 다 생각하기 때문이다. 한마디로 은행은 한 푼도 손해 보지 않으려고 최대한의 장치를 해두는 것이다.

입찰가격,
신의 한 수를 찾아라

경매하는 사람에게 뭐가 제일 어렵냐고 물어보면 십중팔구는 입찰가격을 결정하는 일이라고 할 것이다. 그만큼 입찰가격 결정은 어렵기도 하고 중요하기도 하다.

부실채권 투자자도 똑같은 입장에 있다. 부실채권 투자 역시 경매낙찰 예상가격을 정확하게 예측한 사람이 돈을 따는 게임이기 때문이다. 이번 장에서는 이 게임에서 이기기 위한 팁들을 전수해 주려고 한다.

입찰가격을 정할 때 사람들이 기준으로 삼는 것이 있으니 '급매물 시세'이다.

일반 경매에 참여하는 사람들의 입장에서는 급매물 시세보다 비싸다면 낙찰을 받을 이유가 없기 때문이다. 그런데 부실채권의 유입투자는 급매물 시세는 중요하지가 않다. 경매 과정에 채권자, 혹은 이해관계인으로 참여하기 때문이다.

그렇다면 부실채권 유입투자에서 입찰가격을 결정하는 데 가장 중요한 기준은 무엇일까? 바로 '배당기일 채권금액'이다.

❖ '배당기일 채권금액'이 가이드라인이다

'배당기일 채권금액이 뭐지? 처음 들어보는 건데.'

아마 많은 독자들이 속으로 이런 생각을 하고 있을 것이다. 당연히 처음 들어보았을 것이다. 필자만이 유별나게 강조하기 때문이다.

부실채권 업계에서는 흔히 '채권행사 권리금액'이라고 한다.

그런데 굳이 필자가 새로운 용어를 만들어낸 이유는 채권행사 권리금액이란 개념이 오늘 다르고 내일 다르기 때문이다. 즉, 시점에 따라 계속 변한다는 얘기다. 그보다는 배당기일에 받을 수 있는 채권최고금액이라고 표현하는 것이 훨씬 정확하다.

배당기일 채권금액이란 채권자(근저당권자)가 배당기일에 경매 물건의 매각대금에서 받을 수 있는 채권금액이다. 거기에는 대출 원금과 정상이자, 연체이자, 기타 비용 등이 포함된다.

혹시 독자 중에 채권 원금이 중요하지, 이자가 몇 푼이나 된다고 배당기일 채권금액을 계산하느라 애쓰느냐고 하는 분들이 있을까봐 미리 말해둔다.

근저당권의 연체이율이 몇 프로인지 아는가?

1금융권은 16~18%, 2금융권은 20~25% 선이다.

저축은행에서 빌린 대출 원금 1억 원을 12개월 연체했다면, 연체이자만 2천 3백만 원이라는 의미이다. 연체이자란, 대출금을 갚지 못해 자신의 재산이 경매로 넘어간 사람에게는 눈물 나는 숫자지만, 부실채권의 투자자들에게는 수익의 원천이 되는 숫자임을 잊지 말자.

앞서 부실채권 매입자는 해당 물건의 '채권최고액' 한도까지 우선변제받을 수 있는 권리가 있다고 했다. 만약 연체이자가 많이 누적되면 배당기일 채권금액이 애초에 설정된 채권최고액을 넘어설 수도 있다. 그럴 경우엔 배당받지 못한 금액은 전환 무담보 채권으로 전환된다. 추가로 채권 추심을 통해 채권을 회수할 수 있는 것이다.

배당기일 채권금액이란 쉽게 말해 채권 원금에 배당기일까지의 연체이자를 더한 금액이다. 그러면 지금부터 배당기일 채권금액이 왜 그렇게 중요하고, 입찰가격에 어떻게 영향을 미치는지 알아보기로 하자.

❖ 배당기일 채권금액이 왜 중요할까?

필자가 왜 이렇게 배당기일 채권금액이 중요하다고 부르짖을까?
그 이유를 2명의 투자자 입장에서 살펴보기로 하자.

첫 번째, 론세일 방식으로 매입해 배당투자를 하려는 A의 경우다.
A에게 배당기일 채권금액이란, 배당기일에 받을 수 있는 채권대금의 상한선이 된다. 론세일 방식으로 채권을 매입할 때 수익률 분석을 할 수 있는 근거가 되는 것이다.

두 번째, 부실채권 구입 후 직접 낙찰받으려고 하는 B의 경우다.
B에게 배당기일 채권금액이란, 입찰가격의 상한선이 된다.
배당기일에 자신이 받을 수 있는 돈(채권최고액)을 초과해 입찰할 수는 없기 때문이다. 아무튼 배당기일 채권금액이 경매낙찰 예상가격보다 높다고 한다면, 경매에서의 승리 확률 100%다.

　B는 배당기일 채권금액만큼 높게 입찰할 수 있어 낙찰 성공률이 높을 뿐 아니라, 낙찰에 성공한 후 은행에 낙찰 잔금을 신청해 더 많은 금액을 대출받을 수도 있다.

　B의 행운은 여기서 끝나지 않는다.

　낙찰받은 물건을 일반 물건으로 재매각 시에 양도소득세에서 엄청난 이익을 볼 수 있기 때문이다. 양도세의 기준은 B가 매입한 부실채권의 가격이 아니라, 경매 낙찰가격이 기준이 되기 때문이다.

　대부분의 경우 높게 낙찰받고(배당기일 채권금액 범위), 싸게 매도하니까(낙찰금액보다 낮은 범위) 양도세가 부과되지 않는다. 앞의 사례에서 보았듯 배당기일 채권금액은 수익을 내는 가이드라인이 된다는 사실을 잊지 말자.

03

배당기일 채권금액
간단 계산법

배당기일 채권금액을 계산하는 방법은 의외로 간단하다.

법원경매서류에 초벌로 이미 계산이 되어 있기 때문이다. 바로 '경매청구금액' 항목을 얘기하는 것이다.

'경매청구금액'이란 근저당권이 설정된 은행이 경매개시결정등기 접수일까지 계산한 대출금 원금 잔액과 연체이자를 말한다. 그러니 배당기일 채권금액은 여기에다 배당기일까지 추가되는 연체이자만 더하면 간단히 계산된다.

물론 매입한 부실채권의 대출서류를 열람하여 대출 원금, 정상이자, 연체이자, 연체 기간을 산정하여 산출하는 것이 정석이지만, 위의 방법을 사용하는 것이 보다 간편하다.

그러면 지금부터 차근차근 배당기일 채권금액 계산하는 방법을 알아보기로 하자.

우선 등기부등본에서 채권최고액을, 법원경매서류에서 경매청구금액을 확인한다.

채권최고액이 확인되면 곧바로 대출 원금을 계산할 수 있다. 1금융권은 대출 원금의 120%, 2금융권은 130%로 채권최고액이 산정되기 때문이다.

시중은행의 채권최고액이 1억 2천만 원이라면 대출 원금은 1억 원이라는 의미이다.

이제 본격적으로 배당기일 채권금액을 계산해보자. 경매청구금액에다 추가로 발생한 경매개시부터 배당기일까지 연체이자를 더하면 된다고 했으니, 그것을 공식화하면 다음과 같다.

배당기일 채권금액=경매청구금액+(대출 원금×연체이율×연체일수/365)

연체이율은 각 금융기관마다 다르니, 경매법원의 민사집행사건기록에서 경매청구원인 내용을 열람하거나 부실채권의 여신거래약정서에서 확인하면 된다.

배당기일은 낙찰일로부터 2~3개월 경과하고, 잔금 납부일로부터 1개월 이내에 결정되므로 참고하면 된다.

★ 배당기일 채권금액 계산 순서

순서	구분	세부 내용
1	채권최고액	부동산 등기부등본에서 채권최고액 확인
2	청구금액	경매 신청 당시의 대출 원금 및 미수 연체이자금
3	채권 원금	1금융권: 채권최고액÷120% (근저당 설정비율) 2금융권: 채권최고액÷130% (근저당 설정비율)
4	연체이율	1금융권: 국민은행(연 16~18%) 2금융권: 저축은행, 새마을금고,신협(연 20~25%)
5	기간 계산	경매개시결정등기일부터 배당기일까지
6	배당기일 채권금액	경매청구금액+(대출 원금×연체이율×연체일수/365)

❖ 배당기일 채권금액 계산하기 실습

실제 사례를 통해 배당기일 채권금액 계산법을 숙지하도록 하자.

본 물건의 법원경매서류를 살펴보면 중요한 항목들이 다 나와 있다.

채권최고액은 390,000,000원, 청구금액은 312,810,587원이다.

★ 사례(강남구 대치동 주공아파트)

사건번호	2012타경1368		소재지	강남구 대치동 주공아파트 101동 703호			
물건종별	아파트	감정가격	370,000,000	입찰 진행 내용			
대지권	58.28㎡	최저매각금액	296,000,000	구분	입찰기일	최저매각금액	결과
건물면적	84.85㎡	입찰보증금	29,600,000	1차	2012.07.17	370,000,000	유찰
매각물건	일괄매각	채권최고액	390,000,000	2차	2012.08.21	296,000,000	
사건접수	2012.02.08	청구금액	312,810,587	낙찰금액: 325,000,000원(상계 신청)			
소유자	홍길동	연체이율	21.7%	잔금 납부 예상일 : 2012.09.08			
채무자	홍길동	채권자	유암코	배당기일 예상일 : 2012.10.08			

이것을 기준으로 채권 원금을 추정해보자.

연체이율 21.7%인 것을 보면 2금융권 물건임을 알 수 있다. 2금융권의 근저당 설정비율 130%로 채권최고액을 나누면 채권 원금은 300,000,000원임을 알 수 있다.

연체 기간은 경매사건 접수일부터 배당기일까지라고 했다.

본 물건의 경우는 2012.02.08~2012.10.08까지이므로 약 8개월, 242일이다. 그러면 추가 연체 금액을 계산해 보자.

채권 원금(300,000,000원)×21.7%×242/365≒43,162,000원

즉, 배당기일 채권금액은 채권청구금액(312,810,587)에 연체 금액(43,162,000원)을 더한 355,972,587원이다. 본 물건의 경우 배당기일 채권금액이 채권최고액보다 적으므로 배당기일 채권금액은 그대로 355,972,587원이다.

이 사례에서 입찰이 진행된다면, 일반 투자자는 325,000,000원 이하에 입찰에 참여할 것이다. 반면, 부실채권 투자자는 배당기일 채권금액인 355,972,587원에 입찰할 수 있으므로 낙찰받을 확률이 거의 100%가 되는 것이다.

❖ 입찰가격 결정하기 실습

이번 사례를 통해 배당기일 채권금액 구하는 방법을 다시 한 번 연습한 다음, 입찰가격 결정에 어떻게 이용되는지 공부하도록 하겠다.

★ 법원경매서류(근린상가)

물건종별	근린상가	감 정 가	220,000,000원	기일입찰 【 입찰진행내용 】			
				구분	입찰기일	최저매각가격	결과
대 지 권	197.267㎡(59,673평)	최 저 가	(17%) 36,975,000원	1차	2011-10-25	220,000,000원	유찰
				2차	2011-11-29	154,000,000원	유찰
건물면적	251.2㎡(75.988평)	보 증 금	(10%) 3,700,000원	3차	2012-01-03	107,800,000원	유찰
				4차	2012-02-07	75,460,000원	유찰
매각물건	토지·건물 일괄매각	소 유 자	조		2012-03-29	52,822,000원	변경
				5차	2012-05-03	52,822,000원	유찰
사건접수	2011-04-15	채 무 자	조	6차	2012- 7- 13	36,975,000원	
				낙찰 : 130,000,000원 (59.09%)			
사 건 명	임의경매	채 권 자	농협중앙회 양수인 유엔제상 자유통화전문유한회사	(입찰4명,낙찰: 2등입찰가 37,510,000원)			
				매각결정기일 : 2012.08.10 - 매각허가결정			

No	접수	권리종류	권리자	채권금액	비고	소멸여부
1	2002.07.22	소유권이전(매매)	조			소멸
2	2002.07.22	근저당	농협중앙회 (봉명지점)	141,180,000원	채권최고액	소멸
3	2005.03.29	근저당	미래상호저축은행	13,000,000원		소멸
4	2005.05.18	압류	천안세무서			소멸
5	2005.08.11	압류	천안시			소멸
6	2006.02.22	압류	국민건강보험공단		청구금액	소멸
7	2009.04.23	압류	천안시			소멸
10	2011.04.18	임의경매	농협중앙회	청구금액: 138,258,578원	2011타경	소멸

이제는 법원경매서류가 눈에 익었을 것이다.

채권최고액은 141,180,000원, 청구금액은 138,258,578원이다.

제2금융권 대출이므로 채권 원금은 108,600,000원(141,180,000원÷130%)이다.

연체이자를 20%로 추정하면 경매사건 접수일부터 배당기일까지 연체 기간이 17개월(2011.04.15~2012.09.18)이므로 추가 연체 금액은 대략 30,600,000원이 된다. 배당기일 채권금액은 결국 168,858,578원(138,258,578원+30,600,000원)인 것이다.

그런데 여기서 주목할 것이 있다.

배당기일 채권금액이 채권최고액을 초과한다는 사실이다.

이 물건을 매수한 투자자에게 허용된 최대 입찰가격은 배당기일 채권금액인 168,858,578원이 아니라 채권최고액인 141,180,000원이다.

이 사례의 비하인드 스토리를 소개해보겠다.

이 물건을 매입한 투자자는 채권최고액보다 적은 130,000,000원에 입찰해 결국 낙찰을 받게 되었다. 왜 그랬을까? 채무인수 방식으로 매입했기 때문이다. 채무인수 방식으로 투자하게 되면 입찰가격을 유동화회사의 담당 AM과 협의해서 결정해야 하기 때문이다. 그리고 배당받지 못한 잔액(27,678,578원)은 전환 무담보 채권이 되어, 채권자인 유동화회사는 추가 채권 추심을 통해 회수할 수 있는 길이 열려 있다.

배당투자로 갈까,
유입투자로 갈까?

❖ **배당기일 채권금액과 투자의 관계**

배당기일 채권금액은 연체 기간이 길어질수록 채권원금(A) 위치에서 채권최고액(E)의 위치로 옮겨간다. 만일 배당기일 채권금액을 계산했더니 채권최고액(E) 이상이라면 요주의 신호 발령이다. 내가 투자한 돈을 회수할 수 없게 될 수도 있기 때문이다.

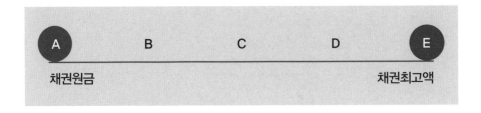

배당투자를 하려는 사람 입장에서 생각해보자.

배당기일 채권금액이 채권원금(A)에 가까운 것이 좋을까, 채권최고액(E)에 가까운 것이 좋을까? 정답은 (A)이다.

언뜻 생각하면 채권최고액에 가까운 물건이 수익이 좋을것 같지만 사실은 그렇지 않다. 부실채권의 매입가격을 기준으로 생각해야 하기 때문이다. 연체이자가 많이 붙은 채권의 경우 매입가격이 높을 수밖에 없다. 배당투자를 하려면, 배당기일 채권금액이 채권원금에 가까운 물건을 보다 저렴하게 구입하여 수익을 내는 전략을 구사해야 한다.

유입투자 하려는 사람, 즉 투자자가 경매에서 직접 낙찰을 받을 경우, 배당기일 채권금액이 (E)의 채권최고액에 가까이 있는 것이 유리하다.

특히 수차례 유찰을 통해 경매 입찰가격이 많이 하락한 물건들에 있어서는 더욱 그렇다. 배당기일 채권금액이 채권최고액(E)에 근접해야 입찰가격을 높게 산정하고 고가 낙찰에 성공할 수 있기 때문이다. 또한 더 많은 경락잔금대출도 받을 수 있다.

채권원금과 채권최고액의 관계만 가지고, 배당투자냐 유입투자냐를 결정하기는 어렵다. 경매낙찰 예상가격이라는 또 다른 변수가 있기 때문이다.

❖ 배당투자 성공 공식

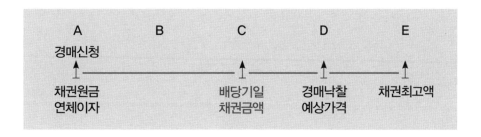

배당투자를 하려면 배당기일 채권금액은 경매낙찰 예상가격보다 적어야 유리하다. 배당기일 채권금액이 경매낙찰 예상가격을 초과하면 배당투자를 포기해야 할 수도 있다. 전액 배당이 불가능하고, 잔여 채권은 전환 무담보 채권으로 추가 채권 추심이라는 어려운 절차가 기다리기 때문이다. 경매낙찰 예상가격이 배당기일 채권금액은 물론 채권최고액보다 높다면 그야말로 배당투자 물건으로는 최고라 할 수 있다.

정리하자면 배당투자에 최적인 투자 부등식은 다음과 같다.

경매낙찰 예상가격 》 채권최고액 》 배당기일 채권금액

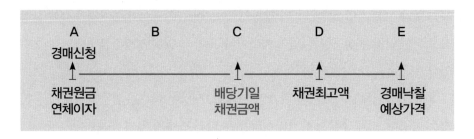

배당투자에 관심 있는 분들을 위해 보너스 정보 하나를 알려주겠다.

배당기일 채권금액이 경매낙찰 예상가격에 훨씬 못 미친다면, 경매 절차 연기/변경을 통해 연체이자를 늘려놓는 것이 유리하다는 사실!

❖ 유입투자 성공 공식

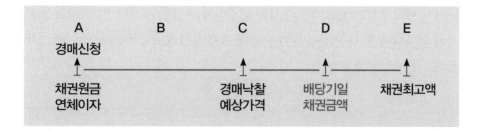

배당투자와 유입투자는 정반대라 할 수 있다.

배당기일 채권금액이 최대한 채권최고액(E)에 가까이 있는 물건을 골라야 한다. 필요에 의해서는 경매 절차 변경을 통해 연체이자를 확대시키는 기법도 활용해야 한다. 투자자는 채권최고액 한도 내에서 고가로 낙찰받아 금융기관으로부터 낙찰 잔금을 많이 대출받을 수 있고, 낙찰받은 물건 재매각 시 양도세 부담도 덜 수 있다.

유입투자에 있어서는 배당기일 채권금액이 경매낙찰 예상가격보다 높아야 유리하다는 사실을 기억해 두자.

유입투자 최적의 투자 부등식을 정리해 보면 다음과 같다.

> 채권최고액 》 배당기일 채권금액 》 경매낙찰 예상가격

유입투자로 성공한 사례 하나를 살펴보기로 하자.

채권최고액이 884,000,000원, 임의경매 청구금액이 741,372,886원으로 배당기일 채권금액이 채권최고액을 초과한 경매 물건이다.

6회차 최저매각금액이 258,828,000원인데, 투자자가 850,000,00원에 낙찰에 성공했다. 일반 경매 입찰자가 감히 쫓아올 수 없는 독보적인 고가로 낙찰받은

것이다.

투자자가 바보라서 무조건 높게 입찰하는 것이 아니다. 채권최고액의 범위 내에서 배당기일 채권금액을 계산해 영리하게 투자한 것이다. 이 사례의 투자 자가 얼마나 많은 낙찰 잔금을 대출받게 될지 상상해보기 바란다. 양도세 절세 효과는 두말할 필요도 없고…….

❖ 배당기일 채권금액과 경매낙찰 예상가격 이야기

일반 투자자가 가장 선호하는 부실채권 투자는 당연히 배당투자이다.

배당을 할 때는 배당기일 채권금액(B)과 경매낙찰 예상가격 중에서 금액이 적 은 쪽을 기준으로 하기 때문에 경매낙찰 예상가격(C)을 정확하게 예측하는 것 이 무엇보다 중요하다.

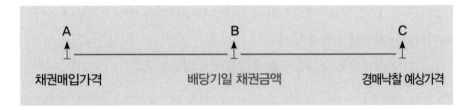

배당기일 채권금액이 제아무리 많아도 소용이 없다. 경매낙찰금액이 낮으면 그것을 기준으로 배당을 받게 되기 때문이다. 전환 무담보 채권으로 전환되어 채권 추심이 가능하다고 하지만, 별로 기대할 게 아니다.

배당투자를 위한 물건의 매입가격은 내가 나중에 받을 돈(배당기일 채권금액)보 다는 적어야 하고, 배당기일 채권금액은 경매낙찰 예상가격보다 적을수록 유리 하다. 이것이 배당투자 최상의 시나리오다.

일반 투자자 중에서 반드시 낙찰받고 싶은 실수요자, 고가 낙찰로 많은 대출을 활용하고 싶은 투자자, 양도소득세 절세를 위해 상계처리하고 싶은 투자자 등은 유입투자를 선호하게 된다.

대부분의 유동화회사들은 경매낙찰 예상가격과 비슷한 수준에서 부실채권을 매각하므로 점점 배당투자로 수익을 내기가 어려워지고 있다. 부실채권 투자자들의 대부분이 유입투자에 관심을 가지는 이유이다.

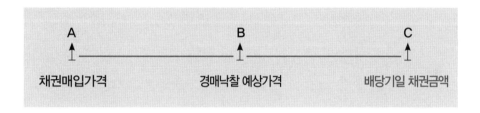

유입투자를 위한 채권매입가격(A)은 경매낙찰 예상가격(B)보다 조금 적거나 비슷한 수준에서 결정된다. 여기서 중요한 것이 경매낙찰 예상가격인데, 배당기일 채권금액(C)보다 반드시 적어야 한다는 사실을 기억해두자.

부실채권 매입 위한
핵심 분석 비법

모든 투자가 그렇듯 부실채권 투자의 핵심도 수익률을 높이는 것이다.

투자할 것이냐 말 것이냐는 경매가 진행되었을 때 예상되는 낙찰가격(부실채권의 추정 회수금액)을 기준으로 해야 한다. 단, 경매 매각대금에서 회수할 수 있는 금액은 '근저당권 설정최고액'이나 '채권 회수금액(원금과 미지급이자)'을 초과할 수 없다는 점을 염두에 두어야 한다.

'배당기일 채권금액'이 근저당권 설정최고액이나 채권 회수금액보다 큰 경우, 부실채권 회수금액은 근저당권 설정최고액이나 채권금액 중 적은 금액이 된다.

투자 여부를 좌지우지하는 부실채권 회수금액을 계산하려면 일단 감정평가액(담보자산의 기초가액)을 알아야 하고, 경매비용(가지급금), 선순위 채권금액, 근저당권 설정액 및 채권금액에 대한 기본적인 자료가 필요하다. 복잡하다고 생각할 필요는 없다. 이러한 자료들은 채권 보유자(근저당권자), 채권 매입자(유동화회사), 감정평가기관, 권리분석기관(법무법인), 자산실사기관(회계법인) 등을 통해 어렵지 않게 확보할 수 있다.

❖ 부실채권 회수금액

부동산 담보부 부실채권은 대부분 법원 경매를 통해 채권을 회수하기 때문에 감정평가가격, 경매낙찰 예상가율, 경매비용, 최우선 변제금액, 기타 선순위 권리금액 등을 판단하여 추정한다. 예상되는 경매낙찰가격을 기준으로 한 매각대금에서 경매비용을 공제한 후 최우선 변제금액과 기타 선순위 권리금액을 공제하는 것이다.

만약 부실채권을 매입하기 전, 자산 실사과정에서 밝혀내지 못한 선순위 권리가 발견된다면 회수금액은 그만큼 줄어들게 된다. 부실채권 투자자라면 경매의 배당 절차에 대한 사전 지식을 가져야 할 이유가 여기에 있다.

이외에도 정확한 회수금액을 분석하기 위해서는 경기 변동, 해당 물건의 소재지 및 용도, 최초 법사가 또는 감정평가가격, 선순위 근저당권 설정액과 선순위 권리금액, 경매관할법원, 경매개시일자, 최초 경매기일, 최종 경매 회차, 최종 경매 결과, 적용 낙찰률, 낙찰 금액, 경매비용, 예상 배당금, 예상 배당기일 등에 대한 자료를 다각도로 확인해야 한다.

부실채권 회수금액을 어떻게 계산하는지 한눈에 볼 수 있도록 도표로 만들었으니 참고하기 바란다.

★ 부실채권 회수금액 산정

❖ 감정평가가격

채권자의 신청에 의해 경매가 법원에 접수되면, 집행법원은 감정평가사에게 감정평가가격을 산출할 것을 명한다. 부동산과 동산의 가치를 나름의 기준에 의해 금액으로 환산한 것이라 할 수 있다. 이 가격은 최초 경매기일에 최저매각 가격의 기준이 되는 것으로 담보자산의 가치라 할 수 있다.

경매가 진행 중인 물건 중 법원의 최초 감정평가가격이 고시된 것은 고민할 필요도 없이, 그 고시액이 담보자산의 감정평가가격이다. 그런데 경매 신청이 되지 않았거나, 감정평가가격이 고시되지 않은 경우가 문제이다. 그런 부실채 권에 대해서는 감정평가기관이 자산유동화의 사전 작업으로 예비 산정한 금액을 적용하기도 하고, 아파트의 경우엔 실거래가를 적용하기도 한다.

❖ 경매낙찰 예상가율

경매낙찰 예상가율은 부실채권의 회수금액을 결정하는 변수인 동시에 회수 시기에도 영향을 미치기 때문에 부동산 담보부 부실채권의 회수금액 추정에서 가장 중요한 변수 중 하나이다. 가장 먼저, 국토교통부에 등록된 실거래 신고가 격에서 유사한 거래 사례를 분석한 후 인접물건들의 기존 경매 매각가격의 최근 6개월 또는 1년간의 유사한 물건들의 평균 낙찰가율 자료를 활용하여 추정 한다. NPL투자자가 해당 부동산에 대해 현장조사를 실시하여 물건의 상태, 관리상태 및 발전 가능성 등을 판단하고, 부동산공인중개업소를 방문하여 조사한 부동산 시장가격을 조사하여 판단한다.

아울러, 부동산 경기 변동에 따라 감정평가가격의 산출시점을 확인하고, 산출시점과 경매낙찰 예상시점과의 가격 변동에 대한 부동산정책, 투자심리, 미래가치, 기타 등을 고려하여 판단한다.

❖ 경매비용

매각대금에서 0순위로 배당되는 경매비용을 금융회사들은 '가지급금'이라고도 부른다.

경매를 신청한 채권자가 선지급한 비용이라는 의미이다. 이는 경매 물건의 매각대금에서 가장 먼저 공제되어 경매 신청자에게 배당된다. 그렇다면 어떤 항목이 경매비용에 들어갈까? 감정평가료, 신문공고료, 현황조사료, 경매수수료, 유찰수수료, 송달료 등과 같이 경매 진행을 위해 꼭 필요한 비용이라 할 수 있다. 채권자가 은행인 경우, 선지급한 경매비용은 가지급금이란 항목으로 매각자산에 포함되어 있는 경우가 대부분이다.

채권자가 사전에 경매를 신청하지 않은 부실채권의 경우엔 당연하게도 경매비용이 없다.

❖ 최우선 변제금액

경매비용이 0순위라면, 최우선 변제금액은 1순위라 할 수 있다.

매각금액에서 경매비용을 차감한 다음, 가장 먼저 배당받을 권리를 가진 항목이 '최우선 변제금액'이며, 이는 '우선변제권'에 우선해 배당받을 수 있는 권리를 가진다.

여기에는 소액임차보증금, 근로기준법에 의한 임금채권(최종 3개월 급료, 퇴직금, 재해보상금), 해당 물건에 부과된 당해세 등이 해당된다. 투자하기 전에 법원의 민사집행사건기록을 열람하거나 복사해 근로기준법에 의한 임금과 당해세가 발생했는지 꼭 확인해야 한다.

그런데 만약 경매사건이 배당요구종기가 경과되지 않았다면, 경매법원의 문건접수 및 송달내역, 전입세대 열람을 통해 소액임차보증금이 얼마쯤일지 추정해야 하는 경우도 있다. 법원의 임대차현황조사서가 있다면, 그 자료를 열람해 최우선 변제금액으로 적용해야 한다. 최우선 변제금액을 놓치면 그대로 수익의 손실로 이어지므로 꼼꼼히 확인할 필요가 있다.

❖ 기타 선순위 권리금액

투자자가 매입하려는 담보부 부실채권에 우선하는 기타 선순위 권리금액에 대해 알아볼 차례이다. 여기에는 선순위 근저당권·전세권 등의 담보된 채권, 확정일자 있는 임차권, 당해세 이외의 조세채권 등이 해당된다.

투자자라면 반드시 등기사항증명서의 권리관계나 법원 경매 관련 자료의 내용을 확인하여 어떤 권리가 얽혀 있는지 파악해야 한다. 매입하려는 부실채권에 우선하는 권리가 있다면, 해당 채권자의 실제 채권금액을 확인하는 것이 좋지만 현실적으로 불가능한 경우가 대부분이다. 해당 채권자의 채권 최고금액을 기준으로 하는 것이 마음 편한 일이다. 물론 해당 채권자가 배당요구를 한 경우라면, 배당요구서를 기준으로 추정하면 될 일이다.

06

부실채권 매입가격 결정 기법

일단 배당투자할 사람 입장에서 생각해 보자.

매입가격을 결정하는 데 가장 중요한 요인은 '경매낙찰 예상가격'일 것이다. 내가 아니라 제3자가 낙찰받을 것이므로, 그들의 마음을 읽는 노력이 필요하다. 경매낙찰 예상가격만 파악되면, 그 다음은 일사천리다.

근저당권에 우선하는 선순위 배당금액(소액임차인, 임금 채권, 당해세 등)을 공제하면 부실채권을 매입할 수 있는 최고 상한선, 즉 부실채권 배당금액이 나오기 때문이다.

> 부실채권 배당금액=경매낙찰 예상가격-선순위 배당금액

만약 위의 금액으로 매입한다면 남는 것이 하나도 없는 장사, 즉 수익률 0%가 될 것이다. 가능하면 그 금액보다 적은 금액으로 매입하려고 노력해야 한다.

유입투자를 할 사람은 어떨까?

그들에겐 경매낙찰 예상가격은 그렇게 중요하지 않다. 그것보다는 낙찰 후 재매각 가격이 훨씬 더 중요하다. 어차피 재매각 시점까지 길게 보고 투자할 것이기 때문이다. 이렇듯 배당투자와 유입투자는 계산기를 두드리는 시점이 다른 것이다.

배당투자자나 유입투자자 모두에게 중요한 요인은 '기대 수익률'이다. 이 투자를 통해 몇 퍼센트 수익을 올릴 것이냐에 따라 부실채권 매입가격은 달라지는 것이다. 많은 수익을 올리기 위해서는 그만큼 싼값에 부실채권을 매입해야 할 것이다.

❖ 전액 자기자본으로 투자할 경우

사례1을 통해 부실채권 매입가격을 어떻게 산정해야 할지 살펴보자.
일단 부실채권 배당금액을 계산해보자.

> 경매낙찰 예상가격 120,000,000원-선순위 배당액 2,800,000원=117,200,000원

이제 부실채권을 100,000,000원에 구입했을 경우의 기대수익을 계산해보자.

> 부실채권 배당금액 117,200,000원-매입가격 100,000,000원=17,200,000원

100,000,000원 투자로 17,200,000원의 수익을 냈으므로 기대 수익률은 17.2%이고, 투자 기간을 6개월로 잡으면 연간 수익률은 34.4%가 되는 것이다.

앞에서도 얘기했지만 배당투자를 할 때는 '경매낙찰 예상가격'을 아주 중요시

해야 한다. 만약 '배당기일 채권금액'이 '경매낙찰 예상가격'을 초과하면 초과하는 부분에 대해서는 배당을 받을 수 없기 때문이다. 전환 무담보 채권으로 채권 추심 절차라는 번거로운 과정을 거쳐야 한다.

★ 사례1(전액 자기자본)

구분		금액		세부 내용
부동산 감정가격		170,000,000		감정 평가서, 온나라, 공인중개사(매매,임대)
채권최고액		130,000,000		원금 1억 원–을구:채권최고액/1.2~1.3
경매낙찰 예상가격		120,000,000		인접물건 낙찰율, 급매물 시세
배당기일 채권금액		120,000,000		배당기일에 받을 수 있는 원금,연체이자,비용
선순위 배당금액	경매 비용	2,500,000	최우선 공제	경매집행 실 비용
	당해세	300,000	최우선 배당	해당 부동산에 부과된 세금
	임금 채권	0	최우선 배당	6개월 급여(3개월 임금, 3년 퇴직금)
	소액임차보증금	0	최우선 배당	
	선순위 담보권	0	우선 배당	배당기일까지 예상 채권금액
	선순위 국세	0	순위 배당	법정기일이 빠른 세금
	선순위 지방세	0	순위 배당	법정기일이 빠른 세금
	선순위임차보증금	0	순위 배당	매입근저당보다 빠른 임차인
	기타			
	선배당 합계	2,800,000		경매비용은 매입채권의 포함여부에 따라 다르다
부실채권 배당금액		117,200,000		경매낙찰 예상가격 –선순위 배당금액
기대수익 예상금액		17,200,000		투자 기간을 6개월로 가정한다.
기대 수익률		17.2%		기대수익금액/매입가격×100, 연간수익률: 34.4%
부실채권 매입가격		100,000,000		

유입투자를 할 때는 '경매낙찰 예상금액'보다 '배당기일 채권금액'을 중시해야 한다. 부실채권 투자자가 직접 낙찰받을 때는 '채권 최고액'보다는 적은 금액

으로 낙찰받아야 한다는 전제 조건이 있다. 배당기일 채권금액은 나중에 스스로 입찰가격을 결정할 가격 기준이 되기 때문이다.

부실채권 매입가격을 산정하는 가장 큰 요인은 기대수익률이다.

사례1의 경우를 뒤집어 생각해보자. 만약 기대수익률이 17.2%라면 부실채권을 100,000,000원에 구입하면 된다. 기대수익률을 올리고 싶으면 부실채권 매입가격을 낮추면 된다. 기대수익률에 따라 매입가격이 달라지고, 아울러 가격 협상에서 성공 확률이 달라진다는 사실을 명심하자.

❖ 대출을 활용할 경우

매입가격은 그대로 놔두고, 기대수익률을 높이려면 어떻게 하면 될까?

대답은 간단하다. 담보부 질권대출을 활용하는 것이다. 내가 투자한 자본금이 적으니까 투자 수익률은 드라마틱하게 올라가게 되는 것이다.

근저당권을 담보로 한 질권대출 한도는 매입금액의 80% 이상이며, 대출이자는 금융기관마다 조금씩 다르다. 몇 년 전까지만 해도 질권대출이자가 10% 이상이었지만, 최근 하락하는 추세로 7.0%에서 8.5% 정도로 예상하면 된다.

사례2는 담보부 질권대출을 받아 부실채권을 매입한 사례이다. 매입금액의 80%를 대출받았다고 가정하고, 수익률이 어떻게 변하는지 살펴보자.

★ 사례2(대출 활용)

구분		금액	배당 기준	세부 내용
부동산 감정가격		150,000,000		감정평가사
채권 최고액		130,000,000		부동산 등기부등본 기준
경매낙찰 예상가격		120,000,000		인근 낙찰 사례, 거래 사례
배당기일 채권금액		120,000,000		채권최고액 범위
선 순 위 배 당 액	경매 비용	2,500,000	최우선 공제	
	당해세	300,000	최우선 배당	
	임금 채권	0	최우선 배당	
	선순위 담보권	0	우선 배당	
	소액임차보증금	0		
	선순위 국세	0	법정기일	세금 발생일: 근저당설정일
	선순위 지방세	0	법정기일	
	선순위 임차보증금	0		
	기타	0		
	선순위 배당금액 합계	2,800,000		
부실채권 배당금액		117,200,000		경매낙찰 예상가격-선순위 배당금액
담보부 질권대출비용		4,515,000		이자+법무비용 (대출금액 80,000,000원)
기대수익 예상금액		12,685,000		부실채권 배당금액-(매입금액+질권대출비용)
기대수익률		52%		기대수익금액/실투자금×100,연간수익률: 104%
부실채권 매입가격		100,000,000		경매예납금 포함 여부, 투자 기간, 금융비용 고려
실투자금액(24,515,000원)+질권대출(80,000,000원)=총 매입비용(104,515,000)				
질권대출은 매입금액의 80%, 질권대출이자 7.5%, 예상 회수 기간은 6개월				

　　부실채권을 100,000,000원에 사고, 매입금액의 80%인 80,000,000원을 담보
부 질권대출받은 경우이다. 대출이자 7.5%(6개월 적용)에 취급수수료와 등기이

전비를 더하면 대출비용은 4,515,000원이다.

이 경우 기대수익 예상금액을 구해보자.

부실채권 배당금액 117,200,000원-(매입금액 100,000,000원+질권대출비용 4,515,000원)=기대 수익은 12,685,000원이다.

실제 투자금액이 얼마인지도 계산해보자.

매입비용 100,000,000원-질권대출 80,000,000원+대출비용 4,515,000원=실 투자금액은 24,515,000원이다.

결국 24,515,000원을 투자해 12,685,000원의 수익을 올렸으니 기대수익률은 52%이다. 투자 기간을 6개월이라 보았을 때 연간 수익률은 104%가 된다.

결국, 자기자본으로 전액 투자하는 것보다는 레버리지 효과를 이용한 담보부 질권대출을 통한 투자가 수익률이 매우 높다는 사실을 알 수 있다.

07

대금은 어떻게 결제하나?

❖ 론세일 매입 방식일 때

부실채권을 매입한 경우도 일반 부동산 거래와 다르지 않다.

계약금과 잔금으로 구분해 대금을 지급하게 되는 것이다. 계약금은 자기 돈으로 하는 경우가 많고, 잔금은 대부분 질권대출을 활용한다.

론세일 방식 거래는 채권자의 모든 권리를 양도, 양수하는 것이므로 매매금액의 10%가 계약금, 90%가 잔금인 경우가 많다.

계약 기간은 보통 보름에서 한 달 정도이나, 분기결산이나 연결산 시기가 되면 더 짧아질 수도 있다. 잔금 납부가 지연되면 연체이자를 내거나 계약이 해제되는 조항도 있으므로 계약서를 상세하게 검토해야 한다.

❖ 채무인수 매입 방식일 때

낙찰을 조건으로 진행되는 채무인수 방식에서도 매입대금은 계약금-중도금-잔금, 또는 계약금-잔금으로 나누어 지불된다. 채무인수로 매입한 투자자는 대금을 지불하는 2가지 선택지를 갖게 된다.

첫 번째 경우부터 소개해보겠다.

일단 매매금액의 10%를 계약금으로 지불한다.

매각기일에 법원에 경매 입찰보증금을 납부하는 것으로 중도금을 대체한다. 낙찰받은 후, 채무인수 승낙서를 법원에 제출해 소유권 이전된 다음에 잔액을 지불한다.

두 번째, 계약금 10%를 입찰보증금으로 대체하고 잔금을 지급하는 경우이다. 대출을 통해 잔금을 충당한다는 점이 다른 것이다. 이 방법은 자기자본이 20% 정도만 있어도 직접 낙찰을 받을 수 있어 소액투자에 최적이다. 최근에는 세금 문제로 인해 사후 정산을 선호하는 추세이다.

최근 채무인수 방식 계약에서 차액보전 조건이 자주 등장하고 있어 세심한 주의가 필요하다. 필요하다면 채무인수 계약 해지 조항을 삽입하는 것을 고려해봐야 한다.

계약서에 다음의 문구를 삽입한다면, 손실을 미연에 방지할 수 있을 것이다.

> 차액보전 약정조건으로 매수자가 추가로 지급해야 하는 금액이 현저하게 과다할 경우, 매수자의 판단에 따라 본 계약을 해지할 수 있다.

08

소득 있는 곳에 세금 없다?

어디서 단돈 만 원을 벌어도 세금이 부가되는데, 수천만 원의 수익을 올리면서 세금을 한 푼도 내지 않을 수 있다니 말이 안 된다고 생각할 수도 있다.

그런데 사실이다. 부실채권을 업으로 하는 투자자가 아니면 세금이 없다.

왜 소득이 있는 곳에 세금이 없을까?

부실채권은 매매차익에 대한 소득세가 없기 때문이다.

소득세법은 채권 또는 증권의 환매조건부 매매차익에 대해서만 이자소득으로 규정하고 있어 일반적인 채권의 매매차익은 이자소득으로 보지 않고 있다.

부실채권 가치가 상승하는 경우 가치 상승분은 부실채권의 양수인에게 귀속되며, 가치가 하락하는 경우 손해도 양수인이 책임지게 된다.

❖ 사업자 및 비사업자 과세 여부

부실채권을 매매업으로 영위하지 아니하는 개인이 채권양도의 방식으로 부실채권을 매수하였다가 매각함에 따라 발생한 처분이익은 과세 대상 소득이 아니다.

[사건번호] : 소득세과 - 1195(2010.11.29)

구분		세법상 처리
개인	사업자	채권의 매매차익에 대해 사업소득으로 과세
	비사업자	채권의 매매차익에 대해 비과세
법인		해당 채권의 장부가액과 시가처분액과의 차액에 대해 당기손익으로 계상함

❖ 경락차익의 과세 대상 소득 여부

[사건번호] 소득세과 - 815(2010. 07. 16)

[질의내용] 거주자가 부동산 담보물권이 설정된 채권을 매입한 후 해당 담보물권이 설정된 부동산의 경락 결과 발생한 차익이 소득세 과세 대상에 해당하는지 여부 및 그 소득 구분

[회신] 귀 질의의 경우, 부동산 담보물권(근저당)이 설정된 채권을 매입한 후 해당 담보물권이 설정된 부동산의 경락 결과 발생한 차익의 소득세 과세 대상 해당 여부에 대해서는 기존 해석 사례(기획재정부 소득세제과-271, 2006.04.11)를 참조하시기 바랍니다.

○ 기획재정부 소득세제과-271, 2006.04.11.

부실채권 매매를 업으로 하지 아니하는 개인이 민법상 채권양도의 방식으로 부실채권을 매수하였다가 매각함에 따라 발생한 처분이익은 과세 대상 소득에 해당되지 않는 것이나, 상기 개인이 민법상 채권양도의 방식으로 외형상으로 부실채권을 매수했으나 실질에 있어 당해 거래가 금전소비대차에 해당되는 것이면 동 금전소비대차로 인하여 발생한 이익은 이자소득에 해당됨. 다만, 귀 질의의 경우 소득구분은 부실채권의 매매방식이 민법상 채권양도에 해당하는지 여부, 부실채권 매수의 실질이 금전소비대차에 해당하는지 여부 등을 사실 판단하여 결정할 사항임.

[관련법령] 소득세법 제16조(이자소득)소득세법 제21조(기타소득)

1) 질의내용 요약

① 사실관계

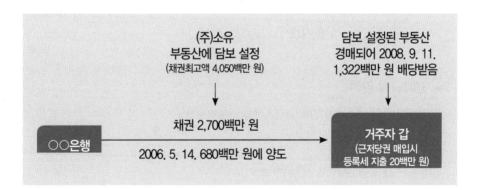

② 거주자 갑은 부동산 담보물권이 설정된 채권을 매입하였고, 이후 담보 설정된 부동산이 법원에 의해 임의경매되어 갑은 경락 결과 당초 채권 매입

액에 비해 차익을 얻었음

③ 갑은 개인으로서 부실채권을 매입하여 경락받은 경우는 처음이며 부실채권매매를 업으로 하고 있지 아니함

④ 부동산 담보물권이 설정된 채권 매입 및 경락과정은 아래와 같음

* **부동산 개황**

- 소유주 : ○○(주)

- 제3순위 채권자인 △△은행에 의해 경매 진행

- 감정평가액 : 2,183,564,160원

- 1차 경매일 : 2008. 04. 10. 유찰

- 2차 경매일 : 2008. 05. 15.

* **근저당권이 설정된 채권의 양도 · 양수**

- 갑은 2008.05.14.일 △△은행에 680,000,000원을 지급하고 동 은행이 보유한 채권을 양수함

- 채권최고액 : 4,050,000,000원(채권액 2,700,000,000원)

- 근저당권 등록세 지출액 : 20,000,000원

* **경매낙찰 관련**

- 경매일 : 2008.07.24.(배당계산일 : 2008.09.11.)

- 낙찰자 : 갑

- 낙찰금액 : 2,400,500,000원

★ 근저당 채권 매입 및 경락에 따른 차익 계산

갑에 대한 배당금액	1,322,983,917원
근저당권 채권 매입액	680,000,000원
근저당권 등록세 지출액	20,000,000원
차익	622,983,917원

2) 관련 예규(예규, 해석사례, 심사, 심판, 판례)

○ 서울고법2007누4256, 2007.08.28.

부실채권매매를 업으로 하지 아니하는 개인이 민법상 채권양도의 방식으로 부실채권을 매수하였다가 매각함에 따라 발생한 처분이익은 과세 대상 소득에 해당되지 아니함

○ 서면1팀-1130, 2005.09.27.(자체회신)

소득세법상 거주자가 일시적으로 매입한 부실채권을 매각하거나 경락으로 인하여 발생한 차익은 동법상 과세대상 소득에 해당하지 않는 것이나, 사업자가 사업의 일부로 채권을 매매하였거나 사업과 관련된 경우는 사업소득에 해당하는 것임

○ 재소득46073-132, 2002.09.27.

소득세법상의 거주자가 일시적으로 매입한 채권을 매각하거나 경락으로 인하여 발생한 차익은 동법상 과세대상 소득에 해당되지 않는 것임

[요지] 부실채권 매매를 업으로 하지 아니하는 개인이 부실채권을 매수하였다가 매각함에 따라 발생한 처분이익은 과세대상 소득에 해당되지 않는다(출처: 국세법령정보시스템).

❖ 부실채권 매매차익에 대한 이자소득세 여부

[소송쟁점] 부실채권(NPL)등을 매입하여 제3자에게 매각하거나 법원의 경락으로 인하여 매매차익이 발생하는 경우 매매차익에 대하여 소득세법 제16조의 이자소득에 해당되어 과세할 수 있는지 여부

[논의쟁점] 이자소득이란 일정소득의 확정적인 발생(채무자의 무재산 등으로 인한 경우 제외)을 전제로 하는 바, 부실채권 매입은 당해 소득의 발생이 원천적으로 불명확한 문제점이 있었다. 소득세법 및 같은 법 시행령이 채권 또는 증권의 환매조건부 매매차익에 대해서만 이자소득으로 규정하고 있어 일반적인 채권의 매매차익은 이자소득으로 보지 않고 있는 점(소득세법 제16조 제1항 제9호, 같은 법 시행령 제24조 참조)

제1심【서울행정법원2006구합32702 (2007.1.10)】

제목: 부실채권 담보부동산 경락대금에 포함된 이자에 대하여 과세할 수 있는지 여부

요지 : 부실채권매매를 업으로 하지 아니하는 개인이 민법상 채권양도의 방식으로 부실채권을 매수하였다가 매각함에 따라 발생한 처분이익은 과세 대상소득에 해당되지 아니함

제1심 결론은 국세청이 패소하여 과세하지 못했다.

제2심【서울고등법원2007누4256 (2007.08.28)】 국세청 패소

요건1 : 소득 구분은 부실채권의 매매방식이 민법상 채권양도에 해당하는지 여부, 부실채권 매수의 실질이 금전소비대차에 해당하는지 여부 등을 사실판단하여 결정할 사항임

요건2: 부실채권 매매를 업으로 하지 않을 것(사업자가 사업의 일부로 채권을 매매하였거나 사업과 관련된 경우는 사업소득에 해당)

결론

부실채권(NPL) 등을 매입하여 제3자에게 매각하거나, 법원의 매각으로 인해 매매차익이 발생하는 경우 매매차익에 대하여 소득세법 제16조의 이자소득에 해당되어 과세할 수 있는지 여부가 문제되었다.

일반투자자가 부실채권 매매를 업으로 하지 않는 경우는 채권양도 행위로 인하여 발생하는 수익에 대하여 이자소득세 과세대상이 되지 않는다.

6장

NPL을 사는 방법은 4가지

01

론세일 투자 성공비법

❖ 론세일이란 무엇일까?

일반 투자자가 부실채권을 매입하는 가장 정상적이고 대표적인 방법이 론세일이다.

론세일(Loan Sale)이란 대출(Loan)과 판매(Sale)의 합성어로, 쉽게 말해 부동산에 설정된 근저당권의 소유권을 통째로 매매하는 것이다. 론세일 방식으로 부실채권을 사는 순간, 근저당권의 모든 권리와 의무가 내 것이 된다는 의미에서 '확정적 채권양도'라고도 한다. 금융회사에서는 대출채권(고정 이하 여신)을 판다는 의미에서 '대출채권 판매'라고도 한다.

투자자 입장에서는 근저당권의 소유권을 샀으므로 채무자에게 돈을 갚으라고 할 수도 있고, 경매를 신청할 수도 있고, 근저당권을 다른 사람에게 되팔 수도 있다. 경매 절차를 통해 경매 물건의 매각대금에서 배당기일에 채권을 회수할 수 있고, 채권자의 지위로 경매 입찰에 참가해 소유권을 취득할 수도 있다.

부실채권을 매각하는 은행의 입장에서 살펴보자.

은행들이 부실채권을 론세일 방식으로 매각한다는 것은 은행 소유의 근저당권을 털어버린다는 의미이다. 재무구조와 BIS 비율 개선, 대손충당금 개선 등의 효과를 얻을 수 있는 것은 당연한 결과다. 이는 다음에 설명할 '채무인수 방식'과 가장 큰 차별점이다.

론세일 방식으로 부실채권을 매입하면 근저당권의 소유주가 변경되었다는 사실이 등기사항증명서상에 기재되므로 투자의 안정성을 확보할 수 있다. 이때 채무자는 변경되지 않는다.

❖ 론세일 계약 절차

부동산을 사면 계약서를 쓰듯, 부실채권을 살 때도 계약서를 쓴다.

부실채권 매매 시에 쓰는 계약서는 대부분 '채권양수도계약'의 형식을 취한다. 론세일 계약 절차를 예를 들어서 설명해보겠다.

A은행은 홍길동에 대한 근저당권이 설정된 대출채권을 가지고 있다.

채권최고액 2억 원, 대출 잔액 1억 5천만 원의 대출채권(원금+연체이자)이다.

A은행은 이 대출채권을 1억 원에 B에게 매각했다.

B는 A은행에게 양수도 대금 1억 원을 지급했다.

A은행은 채무자 홍길동에게 채권양도 사실을 통지하고, 근저당권의 명의를 'A은행에서 매수인B로' 이전등기한다. 이를 도표화하면 다음과 같다. 론세일 방식 계약에 의해 근저당권이 이전되면 양도인이 보유한 담보채권 관련 서류 일체를 양수인에게 전달하고, 채무자에게 채권자가 변경되었음을 내용증명으로 통지하게 된다.

★ 론세일 방식 채권양수도 계약

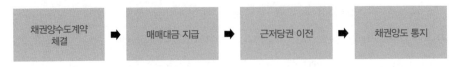

론세일 투자는 근저당권의 소유권 자체를 사는 것이므로 가치 평가에 신중해야 한다. 매입하기 전에 해당 부동산의 상태, 시세, 인접 물건 낙찰 사례 등을 충분히 분석함으로써 경매낙찰 예상가격을 가능한 정확하게 예측해야 하는 것이다.

론세일 투자 시 채권양수도계약서에 들어가는 항목은 다음과 같다.

양도대금, 계약금, 잔금 지급기일, 잔금일자에 대금이 지급되지 않았을 때의 유예기간, 계약 해지에 따른 손해배상 규정 등이다. 양도인은 계약 체결과 동시에 양도 대상 채권 및 담보권과 관련된 모든 조치, 소송, 채무, 청구, 약정, 손해배상 청구로부터 영구히 면책된다는 내용도 기재된다.

★ 론세일 방식으로 부실채권 매입 후 등기사항증명서 변동

순위번호	등기 목적	접수일자	등기원인	권리자 및 기타 사항
1	근저당권 설정	2011.9.23	2011. 9. 23 설정계약	채권최고금액 390,000,000원 채무자 A 채권자 B
1-1	1번 저당권 이전	2012.6.28	2012. 6. 28 확정채권양도	근저당권자 C
1-2	1번 저당권 이전	2012.7.03	2012. 7. 03 확정채권양도	근저당권자 D

❖ 론세일 방식의 장단점

론세일 방식으로 부실채권을 매입하게 되면 아래와 같은 다양한 방법으로 투자가 가능하다는 것이 큰 장점이다.

첫째는 느긋이 경매를 지켜보다가 매각대금에서 배당금을 받는 방법이다(배당 투자).

둘째는 스스로 경매에 참여해 '꿩 먹고 알 먹고'의 더블 찬스를 노리는 방법이다(유입 투자).

셋째는 채무자가 스스로 돈을 갚는 경우이다(자진변제 투자).

넷째는 제3자에게 수익을 남기고 다시 매각하는 것이다(재매각 투자).

다섯째는 담보부 채권으로 회수하지 못한 채권을 전환 무담보 채권으로 회수하는 방법이다(전환 무담보 투자).

여섯째는 2순위나 3순위 근저당권을 론세일 방식으로 매입하여, 선순위 근저당권을 대위변제함으로써 수익을 달성하는 것이다(대위변제 투자).

이뿐만 아니라, 론세일 방식으로 매입한 부실채권에 대해서는 근저당권부 질권대출이 가능해 레버리지 효과도 달성할 수 있다.

반면, 론세일 방식에도 단점이 있다. 채권 매입 시 초기 투자비용이 크고, 채무자 민원이 발생할 소지가 있고 근저당권 이전비용이 필요하다는 것이다. 법원에 채권자 변경, 근저당권 이전, 채권양도통지 등 번거로운 절차를 거쳐야 한다. 또한 부실채권 매입 후에라도 경매가 지연되거나, 생각지도 못했던 유치권이 신고되는 등 물건의 하자가 발생할 수도 있다. 권리 분석에 실패했다면, 투자자가 고스란히 손해를 감수해야 하는 것이다.

❖론세일 투자 실전 사례

이번에 소개할 내용은 필자의 투자 사례이다.

해당 물건은 필자가 직접 은행에서 매입한 것이 아니라, 다른 유동화회사에서 POOL 낙찰받아 보유하던 물건이었다. 필자가 이 물건을 선택한 이유는 간단하다.

경매예상 낙찰가격보다 채권최고액이 적어 안전하고, 배당투자로 큰 수익을 달성할 수 있는 손쉬운 물건이었기 때문이다. 근저당권 외에 대출이나 세금 체납, 가압류 등 기타 채무가 없는 깨끗한 물건이었음을 물론이다. 게다가 요즘 인기 있는 서울 역세권의 소형 아파트였기에 망설일 필요가 없었다. 다만, 채무자의 사망으로 대위상속 등의 절차는 필요했다.

★ 법원경매서류(서울시 도봉구 창동 아파트)

소재지	서울특별시 도봉구 창동 3 외 1필지, 아파트						
물건종별	아파트	감정가	215,000,000원	구분	입찰기일	최저매각가격	결과
대지권	46.86㎡(14.175평)	최저가	(100%) 215,000,000원		2014-11-04	215,000,000원	변경
건물면적	60.5㎡(18.301평)	보증금	(10%) 21,500,000원		2015-02-03	215,000,000원	변경
매각물건	토지 건물 일괄매각	소유자	망 의 상속인 외2	1차	2015-06-01	**215,000,000원**	
개시결정	2013-11-05	채무자	망 의 상속인 외2		낙찰 : 232,920,000원 (108.33%) (입찰21명, 낙찰:남양주시 / 2등입찰가 232,666,660원)		
사건명	임의경매	채권자	한국씨티은행의 채권양수인 성시근		매각결정기일 : 2015.06.08		

임차인	점유부분	전입/확정/배당	보증금/차임	대항력	배당예상금액	기타
이	주거용 전부 (방2칸)	전 입 일 : 2008.01.14 확 정 일 : 2010.03.05 배당요구일 : 2013.11.20	보115,000,000원	있음	배당순위있음	

No	접수	권리종류	권리자	채권금액	비고	소멸여부
1(갑1)	1989.06.10	소유권이전(매매)				
2(을1)	2011.07.28	근저당	성시근	78,000,000원	말소기준등기 양도전:주식회사한국씨티은행	소멸
3(갑2)	2013.11.05	임의경매	성시근 (소비자금융리스크관리부)	청구금액: 63,691,424원	2013타경	소멸
4(갑3)	2014.02.17	소유권이전(상속)	외2명		지분3/7, 각지분2/7	

물건에 대한 대부분의 정보가 집약된 법원경매서류를 살펴보자.

근저당권 원금이 60,000,000원, 채권최고액이 78,000,000원, 연체이자 18%, 경매예납금이 9,466,644원(대위상속 비용 포함)임을 알 수 있다.

본 경매 물건은 2015년 6월 1일, 채권최고액 78,000,000원과 확정일자부 선순위 임대차 보증금 115,000,000원을 초과한 232,920,000원에 낙찰되었다.

필자는 채권 전액(경매 예납금 포함)을 회수했고, 근저당권 채권최고액을 초과한 금액에 대한 전환 무담보 채권까지 배당으로 회수하고, 잉여금은 상속인들에게 돌아갔다.

결국 필자는 론세일 방식으로 부실채권을 매입하고 배당투자 기법을 적용해, 1천 3백만 원 투자에 2천 6백만 원의 수익을 낼 수 있었다. 배당투자는 경매낙찰 예상가격만 정확하게 예측한다면 초보자도 성공할 수 있을 정도로 간단하다.

그러나 아파트의 배당투자 물건은 귀해서 시장에 자주 나오지 않는다. 끊임없는 노력으로 좋은 물건을 찾거나, 인적 네트워크를 통해 추천받아야 한다.

그러면 경매법원의 문건송달내역을 살펴보면서 투자 히스토리를 파악해보자.

① 2014년 01월 22일, 투자자 성시근이 부실채권을 매입한 후 근저당권을 이전하고, 경매법원에 채권자변경신고서를 제출했다(채권자변경신고서는 직접 방문이나 우편으로 접수 가능하다).

② 2014년 2월 24일, 투자자 성시근은 채무자의 사망으로 대위상속한 후 법원 경매의 진행을 위한 소유자변경신청서를 제출했다.

③ 2014년 3월 10일, 투자자 성시근은 경매법원의 상속인들에 대한 송달 불능으로 주소보정신청을 경매법원에 제출했다(주소보정명령을 받은 날로부터 7일 이내에 주소보정을 해야 한다. 채권자변경 등으로 인한 주소보정 지연으로 경매가 기각될 수도 있다).

④ 2014년 10월 31일, 투자자 성시근은 원금 60,000,000원에 대한 18%의 연체이자 월 900,000원을 최대한 확보하고자 경매기일 변경을 신청했다.

⑤ 2015년 2월 2일, 투자자 성시근은 법원 서류를 복사한 후 경매낙찰 예상가격이 배당기일 채권금액을 초과할 것을 예측하고 두 번째 경매기일 변경을 신청했다.

★ 법원경매서류(문건처리내역)

접수일		접수내역
2013.11.06		등기소 도봉등기소 등기필증 제출
2013.11.19		감정인 삼일감정평가법인 주식회사 감정평가서 제출
2013.11.20		채권자 주식회사 한국씨티은행 보정서 제출
2013.11.20		임차인 이현승 권리신고및배당요구신청 제출
2014.01.22		채권승계인 성시근 열람및복사신청 제출
2014.01.22	①	채권자 주식회사 한국씨티은행의 채권양수인 성시근 채권자변경신청서 제출
2014.02.24	②	채권자 주식회사 한국씨티은행의 채권양수인 성시근 채무자 및 소유자 변경신청서 제출
2014.03.10	③	채권자 주식회사 한국씨티은행의 채권양수인 성시근 보정서 제출
2014.09.17		채권자 주식회사 한국씨티은행의 채권양수인 성시근 주소보정 제출
2014.10.31	④	채권자 주식회사 한국씨티은행의 채권양수인 성시근 매각기일연기신청 제출
2014.10.31		채권자 주식회사 한국씨티은행의 채권양수인 성시근 열람및복사신청 제출
2015.02.02		채권자 주식회사 한국씨티은행의 채권양수인 성시근 열람및복사신청 제출
2015.02.02	⑤	채권자 주식회사 한국씨티은행의 채권양수인 성시근 매각기일연기신청 제출

02

채무인수 투자 성공비법

❖ 채무인수 방식이란?

론세일처럼 정상적이고 깔끔한 매입 방식이 있는데, 왜 굳이 다른 방식이 필요했을까?

필요는 발명의 어머니라고 했다. 채무인수 방식이 등장하게 된 것은 보다 적은 투자금으로 부실채권에 투자하고 싶어 하는 사람들이 있었기 때문이다. 또한, 부실채권을 신속하게 매각하려는 유동화회사의 입장이 반영된 것이다.

채무인수란 대출을 안고 부동산을 매입하는 것과 흡사하다. 소액투자를 원하는 사람이라면 특별히 관심을 갖고 공부해야 한다.

채무인수 방식이란 경매에서 직접 낙찰받는다는 조건부 계약을 통해, 면책적 채무인수를 하는 것이다. 말로 하면 어렵지만 사례를 살펴보면 쉽게 이해될 것이다.

10년차 직장인 A씨는 유암코에서 채권최고액 1억 4천만 원짜리 저당권을 4,500만 원에 매입하려고 한다. 그런데 문제는 A씨에게 4,500만 원이란 큰돈이 없다는 것이다.

그런데 유암코가 A씨에게 솔깃한 제안을 한다. 계약금 및 경매 입찰보증금으로 820만 원만 내면 채무인수 계약을 해주겠다는 것이다. 이후 A씨는 경매에 참여해 고가 낙찰을 받았고, 낙찰 금액의 80%를 대출받아 채무인수 잔금을 지급하고 비로소 소유권을 취득했다.

결국, A씨는 단돈 820만 원에 부실채권을 매입할 수 있었다.

이 모든 것은 '채무인수' 방식이 있었기 때문이다. 그러면 유암코의 입장에서 채무인수 방식을 설명해보겠다.

"계약금만 받고 부실채권 매매계약을 해줄 테니, 반드시 A씨 당신이 낙찰받아야 합니다. 경매 입찰에 참가해 보증금을 납부하고, 낙찰되면 잔금은 대출받아서 갚으세요."

채무인수 방식이 조건부 인수 방식이라 하는 이유를 알았을 것이다.

투자자 본인이 직접 경매 입찰에 참여해 반드시 낙찰받는 조건으로 계약을 하는 것이다. 낙찰을 받은 후에는 채무인수승낙서를 경매법원에 제출하고, 소유권 이전 후에 은행에서 대출을 받아 잔금을 지급하면 된다. 마지막으로 근저당권을 말소하면 모든 절차가 끝나게 된다.

그런데 만약 낙찰을 받지 못하면 어떻게 될까? 계약 조건이 충족되지 않았으므로, 계약은 자동으로 해지되고 계약금은 투자자에게 환불된다.

❖ 채무인수 방식은 채무자 체인지

부실채권 강의를 듣는 학생들은 보통 채무인수 방식을 어렵게 생각한다.

'채무인수'란 말 자체가 헷갈리기 때문이다. 하지만 개념을 잘 이해하면 하나도 어려울 것이 없다.

유동화회사가 채무인수 방식이란 것을 도입한 본래 취지는 상환능력이 부족한 채무자를 상환능력이 있는 채무자로 교체하는 것이다. 채무인수 방식의 과정을 순서로 표시해보자.

> 1. 유동화회사(양도인)는 매매 계약금만 받고 1순위 근저당권부 대출 채무를 양수인에게 인수하는 채무인수 약정을 맺는다.
> 2. 양수인은 경매에서 해당 물건을 직접 낙찰받는다.
> 3. 양수인(낙찰자)은 낙찰대금에서 1순위 근저당권자가 배당받을 금액을 차감한 금액만 법원에 납부하고(매각잔금대출 이용), 소유권을 이전한다.
> 4. 유동화회사는 배당기일에 채권을 회수한다.

추후에 유동화회사는 부실채권 매매가격을 초과하는 배당금(경매낙찰금액 − 부실채권 매매금액)을 양수인에게 돌려준다. 채무인수 방식의 계약은 유동화회사와 투자자, 모두에게 이익이 될 때 성립된다. 유동화회사는 새로운 채무자로부터 채무를 쉽게 회수할 수 있고, 투자자는 소액으로 투자가 가능하다. 유동화회사는 기존 채무의 일부를 탕감해주는 조건으로, 채권자는 채권의 일부를 포기하는 조건으로 새로운 채무자에게 일시적으로 채권을 인수시킨 다음 단시일 내에 채무 관계를 해결하는 것이 채무인수 방식 투자의 핵심이다.

경매 신청으로 근저당권의 피담보채권이 확정된 후, 양수인이 그 피담보채무를 면책적으로 인수한 경우에는 채무인수로 인한 저당권 변경등기에 준하여, 채무자변경의 근저당권변경등기를 신청할 수 있다.

이 경우 등기원인은 '확정채무의 면책적 인수'로 기재한다.

채무 인수인은 당초 대출채무자가 부담하는 채무액 전액을 인수하나, 실제 변제할 채무액은 당초 인수 채무액보다 적은 금액으로 약정한다.

그러나 낙찰자가 법원에서 채무인수를 허용하지 않거나, 인수채무 배당금에 대해 이의를 제기하면 배당기일이 끝날 때까지 낙찰대금 전액을 납입하여야 한다.

❖ 채무인수 방식에 대한 오해

채무인수 방식에 의한 부실채권 매입에 대해서는 2가지 오해가 있다.

첫째는 채무자의 모든 채무를 인수해야 한다는 생각이다.

채무인수 방식에서 채무자의 지위를 인수받는다고 하더라도, 채무자가 가지고 있는 모든 채무를 인수하는 것이 아니다. 유동화회사와 채권 매매계약 시 약정에 의해 채무자의 채무를 일부 탕감해주는 조건으로 인수하게 된다.

둘째는 민법상 채무인수와 혼동하는 것이다.

채무인수 방식의 계약은 채무자의 의사와는 아무 상관없이 채권양도인과 양수인 간의 계약에 의해 성립된다는 점에서, 법률상 채무 인수 계약은 아닌 것이다.

❖ 채무인수 계약의 팁

채무인수계약서 역시 론세일이나 일반 계약과 마찬가지 조항들이 들어가 있다. 즉 계약금, 중도금, 잔금 납부 방식과 지급일, 계약 일자에 대금이 지급되지 않았을 때의 유예기간 및 계약해지에 따른 손해배상 규정이 그것이다. 여기에 채무인수 계약서에만 있는 조항들도 있다. 양수인의 경매 입찰 참여 조건, 낙찰을 받지 못했을 경우의 환급 규정, 채무인수승낙서, 계약 당사자의 변경 허용 여부, 양도대상채권 및 담보권과 관련된 조항들이다.

그런데 생각해봐야 할 것이 있다. 채무인수계약서는 누가 만들었을까?

유동화회사가 만든 계약서는 일방적으로 매도인에게 유리하게 되어 있을 가능성이 크다. 매수자 입장에서 꼼꼼하게 검토해야 할 필요가 있는 것이다. 채무인수 계약에 따르는 서류는 3가지다. 채무인수약정서, 채무인수에 관한 승낙서, 채무인수신고서가 그것이다.

그런데 채무인수약정서 조항 중 특히 조심해야 할 것이 있다.

유암코, 대신F&I 등 거대 유동화회사들이 차액보전의 방편으로 '차순위차액보전금액'이란 독소 조항을 삽입하고 있기 때문이다. 이는 다음과 같은 문구로 표시된다.

> 을은 본 건 경매사건의 매각기일에 차순위 제3자가 입찰신고 한 매수가격이 금 오천만 원(금50,000,000)을 초과하여 입찰시 4차 최저입찰금액의 금 오천 오백만원(금55,000,000원)의 범위 내에서 채무인수액과의 차액을 갑에게 보전하여야 한다.

이게 무슨 뜻일까?

위의 조항에서 오천만 원이란 유동화회사의 채권 매도가격이다.

경매에서 매도가격보다 높은 금액으로 입찰하는 제3자가 있다면, 그 차액을 유동화회사에 변상하라는 얘기다. 만약 54,000,000원에 입찰한 사람이 있다면, 매도가격과의 차액 4,000,000원을 유동화회사에 지불해야 한다.

이는 투자자에게 매우 불리한 내용이므로 협상을 잘해야 한다. 이런 조항은 모든 계약에 적용되는 것이 아니고, 그 세부 규정도 케이스 바이 케이스로 달라진다.

❖ 채무인수 방식의 장단점

채무인수 방식으로 부실채권을 매입하는 가장 큰 혜택은 소액투자가 가능하다는 것이다. 부실채권 매입대금 중 약 20%(계약금＋입찰보증금)만 있으면 투자가 가능하다. 또한 론세일 방식처럼 근저당권 이전비용, 법원에 하는 채권자변경신고, 채권양도통지, 질권대출 등이 불필요하기 때문에 간편하고 초기 투자비용을 대폭 줄일 수 있다.

또한, 경매에서 채권자가 받을 수 있는 채권금액까지 높여서 고가에 입찰할 수 있으므로 낙찰 가능성이 매우 높다. 여기에 채무인수승낙서를 받아 매각대금을 상계처리할 수 있다. 따라서 소유권 이전등기 후 금융회사로부터 부동산 담보대출을 받아 유동화회사에 채권양도 잔금을 납부하면 되므로 적은 돈으로도 투자가 가능한 것이다.

'채무인수' 방식 매입에 단점도 존재한다.

실제 부실채권 매입금액 훨씬 이상의 낙찰잔금대출을 받는 사례가 많아지면서, 채무인수승낙서를 통해 상계 신청한 물건에 대해 금융회사들이 대출을 기피하기 때문이다. 잔금대출을 받기가 갈수록 어려워지고 있다는 것은 채무인수 방식 투자에 가장 큰 걸림돌이 되고 있다.

유암코나 대신F&I 등 규모가 있는 유동화회사들은 부실채권을 매각하는 데 있어, 론세일과 채무인수 방식 모두를 사용한다. 하지만 금융회사 또는 규모가 작은 유동화회사들은 채무인수 방식을 회피하는 경향이 있다. 그 원인 중 하나는 지나친 대출금으로 인한 대출은행의 피해 사례가 빈번하게 발생하기 때문이다.

앞서도 설명했지만 채무인수 방식으로 부실채권을 매입한 투자자들은 일반 경매 참여자들보다 고가에 낙찰받고, 이를 근거로 많은 대출금을 요구한다. 은행들의 잔금대출 기피로, 경우에 따라서는 유동화회사가 부실채권 매입자에게 소유권을 이전한 후 다시 경매를 진행하는 일도 벌어진다. 유동화회사 입장에서는 제 발등을 제가 찍는 격이라 할 수 있다.

최근 들어 채무인수 방식은 실무에서는 거의 사용되지 않고 있다. 대신 유입 조건부 사후정산이라는 새로운 방식의 계약이 대두되었다. 이는 조금 뒤에서 설명하겠다.

또한 론세일 방식으로 부실채권을 매입하면 거의 모든 방법으로 수익을 낼 수 있지만, 채무인수 방식으로 매입하면 유입투자 하나만 가능하다. 물론 낙찰 받지 못하는 경우 계약이 무효가 되기 때문에 시간 낭비와 비용 낭비로 이어질 우려도 있다.

채무인수 후에 경매가 지연되거나 유치권이 신고되는 등 문제가 발생할 수 있고, 이해관계인의 이의신청이 있을 경우 채무인수승낙서가 승인되지 않아 낙찰 잔금을 모두 지급해야 하는 경우도 대비해야 한다.

❖ 론세일 vs. 채무인수 비교

투자자가 직접 낙찰을 받는다는 공통점 때문에 '론세일 방식으로 매입해 직접 경매에 참여하는 투자'와 '채무인수 매입 방식의 투자'를 혼동하는 수강생들이 있는데, 확실히 알고 넘어가자.

★ 론세일 vs. 채무인수 비교표

구분	론세일 투자		채무인수 투자
개념	확정채권양도(완전매입) 받아 매입하는 것으로 근저당권을 이전받는 것		직접 경매낙찰받는 조건부 낙찰 약정
채권자	매수인으로 채권자 변경		채권자 변경 없음
채무자	채무자 변경 없음		정상적인 경우는 채무자 변경 없으나 계약 불이행 시 변경
계약 형식	확정채권 양도		채무인수 (낙찰조건부 채권양수도 방식)
근저당권 이전	변경 등기		없음
거래 업체	1. 금융회사(은행권, 상호금융회사) 2. SPC, AMC		1. SPC, AMC 등 대형 업체 2. 기타
거래 물건	NPL 매각 물건 전체		NPL 매각 물건 중 일부
잔금 상계	상계 신청		채무인수승낙서
투자 목적	배당투자 (제3자 낙찰)	유입투자 (소유권 취득)	유입투자 (소유권 취득)
입찰	없음	직접 경매 참여	직접 경매 참여
매입 자금	질권대출	질권대출→담보대출	질권대출 없음
	매입금액: 25%	매입금액: 35% 이상	매입금액: 20% 이상
수익 방법	배당	실거주/재매각/임대	실거주/재매각/임대
과세 대상	해당 없음	양도세 절세	양도세 절세

론세일 방식은 채권 전체의 권리를 매입한 것이므로, 계약이 성사되는 순간 채권자의 지위를 갖는다. 반면 채무인수 방식은 부실채권의 매매대금 중 계약금 일부에 해당하는 권리를 조건부로 양도받은 상태이므로, 경매 절차가 종결될 때까지 채권자의 지위는 유동화회사가 갖는다. 즉, 채무인수 방식 투자자는 투자 수익금을 유동화회사로부터 받게 된다.

채무인수 방식 투자자가 매각잔금을 납부하면, 배당기일에 배당금을 수령한 유동화회사가 경매낙찰금액과 부실채권 매매금액에 대한 차익을 배당기일 종료 후 일정 기간 이내에 투자자에게 환급하는 것이다.

❖ 채무인수 방식 투자 절차

채무인수 방식의 절차를 제대로 이해하기 위해, 매매가 어떻게 진행되는지 특정 사례를 가지고 시뮬레이션 해보기로 하자.

A은행은 홍길동에 대한 근저당권이 설정된 대출채권을 가지고 있다.

채권최고액 2억 원, 대출 잔액 1억 5천만 원의 대출채권(원금+연체이자)이다.

A은행은 이 대출채권을 9천만 원에 B유동화회사에 론세일 방식으로 매각했다. 근저당권의 소유권은 A은행에서 B유동화회사로 이전된다.

여기까지는 쉽다. 지금부터 주의를 집중해야 한다.

투자자C는 B유동화회사가 가지고 있던 위의 대출채권을 1억 원에 매입하기로 한다. 그런데 매수인C는 양수도대금 중 계약금 10%(1천만 원)만 B유동화회사에 납부한다.

매수인C는 이후 경매 절차에서 특정 금액(예를 들어 대출 잔액인 1억 5천만 원)에 응찰하여 낙찰받는다. 그리고 낙찰대금을 법원에 납부하는 대신, B유동화회사의 동의를 받아 잔여 낙찰대금의 지급에 갈음하여 해당 근저당권부 채무를 인수한다.

경매 절차에서 해당 부동산의 소유권은 경매낙찰을 원인으로 C에게 이전된다.

C는 소유권을 담보로 금융기관에서 대출받아 법원에 잔금을 납부한다.

B유동화회사는 배당기일에 배당금에서 매각잔금을 회수하고, 남은 금액을 C에게 환급한다.

여기서 두 가지만 짚고 넘어가자.

B는 일반적인 경매 상식과는 달리 1억 5천만 원이라는 고가에 응찰해 낙찰받을 수 있었다. 소유권 취득 이후 금융기관으로부터 많은 담보대출을 받기 위한 전략인 것이다. 그리고 잔여 낙찰대금에 갈음해 해당 근저당권부 채무를 인수하는 것은 민사집행법 제143조 제1항에 근거한 것이다.

> **민사집행법 제143조 제1항 '특별한 대금 지급방법'**
>
> 매수인은 매각조건에 따라 부동산의 부담을 인수하는 외에, 배당표의 실시에 관하여 매각대금의 한도에서 관계채권자의 승낙이 있으면 대금의 지급에 갈음하여 채무를 인수할 수 있다.

★ 채무인수 방식의 계약절차도

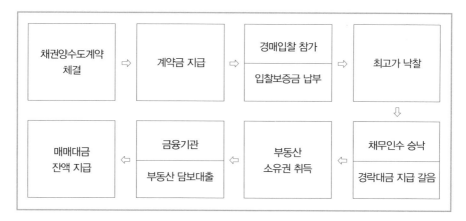

채무인수 방식은 전형적인 채권양수도계약이 아니라, 이를 변형한 형태이다. 그리고 이와 같은 변형을 통해 몇 가지 장점을 가지게 된다.

우선 근저당권부 채권자인 유동화회사에겐 저가 낙찰의 위험이 헷지 된다. 대출채권의 회수율을 채권 매매대금 수준으로 높일 수 있는 것이다. 양수인은 계약금과 입찰보증금 등 소액으로 부실채권 투자가 가능하다. 또한 고가 낙찰이 가능해 낙찰 가능성이 크고, 소액으로 고가의 부동산을 취득할 수 있다.

론세일 방식을 통한 취득	채무인수 방식을 통한 매입
채권 매매계약	채무계약 인수
↓ 계약금, 잔금 등 계약조건 결정 및 잔금 지급	↓ 계약금, 잔금 등 계약조건 결정
근저당권 이전	경매 참가
↓	↓ 입찰보증금 준비
경매 참가	채무인수 신청
↓ 입찰보증금 준비	↓ 채무인수승낙서 채무인수허가신청서
상계 신청(선택 가능)	소유권 이전
↓ 채권상계신청서	↓
소유권 이전	인수 잔금 납부(근저당권 말소)

❖ 채무인수 투자 실전 사례

이번 사례의 주인공은 필자가 강의하는 NPL 실전투자반 수강생이다.

채무인수 방식으로 부실채권을 매입했기 때문에 '배당기일 채권금액'과 '채권 최고액'을 비교하여 높은 가격에 낙찰받을 수 있었다. 고가 낙찰을 통해 매각잔금을 최대한 대출받아 종잣돈을 확보한 채무인수 성공 사례라 할 수 있다.

우선 법원경매서류를 통해 해당 물건을 분석해보자.

이 경매 물건은 근린상가로 감정가격은 300,000,000원, 채권최고액은 264,000,000원이다.

2013년 1월 3일에 최저매각금액 72,030,000원보다 무려 177,970,000원을 더 높여 250,000,000원에 낙찰받았다.

어느 누가 250,000,000원 이상으로 입찰할 수 있었을까?

채무인수 방식 투자자가 법원 경매에서 낙찰받을 확률은 거의 100%일 것이다.

★ 법원경매서류(인천광역시 상가)

소재지	인천광역시 □□□ □□동 106-17, 프라자 층 2호							
물건종별	근린상가	감정가	300,000,000원	구분	입찰기일	최저매각가격	결과	
대지권	61.602㎡(18.635평)	최저가	(24%) 72,030,000원	1차	2012-06-05	300,000,000원	유찰	
				2차	2012-07-04	210,000,000원	유찰	
				3차	2012-08-03	147,000,000원	낙찰	
건물면적	194.337㎡(58.787평)	보증금	(20%) 14,410,000원	4차	2012-10-05	147,000,000원	유찰	
				5차	2012-11-05	102,900,000원	유찰	
					2012-12-05	72,030,000원	변경	
매각물건	토지 건물 일괄매각	소유자	□□□	6차	2013- 1·06	72,030,000원		
				낙찰 : 250,000,000원 (83.33%)				
개시결정	2011-11-15	채무자	□□□	(입찰6명.낙찰: 선				
				매각결정기일 : 2013.01.14 - 매각허가결정				
사건명	임의경매	채권자	유아이제오차유동화전문 유한회사	대금지급기한 : 2013.02.21				
				배당기일 : 2013.02.21				
				배당종결 2013.02.21				

No	접수	권리종류	권리자	채권금액	비고	소멸여부
1	2007.07.16	소유권이전(매매)	□□□		거래가액 금110,000,000원	
2	2007.07.16	근저당	중소기업은행 (계양지점)	264,000,000원	말소기준등기	소멸
6	2011.11.15	임의경매	중소기업은행 (여신관리부)	청구금액: 228,600,000원		소멸

법원경매서류의 문건처리내역을 보면서 투자 프로세스를 되짚어보자.

① 2012년 1월 6일, 유아이제오차유동화전문회사가 중소기업은행 근저당권을 매입하여 법원에 채권자변경신고서를 제출하였다.

② 2012년 11월 29일, 유찰이 계속되자 유동화회사는 경매기일연기신청서를

법원에 제출하고 매각기일을 변경하였다(가격 하락을 방지하고, 임자를 찾기 위한 시간 벌기 전략이다).

③ 투자 종잣돈을 확보하기 위한 물건을 찾던 수강생 A는 해당 물건을 채무인수 방식으로 매입했다. 2013년 1월 5일 A는 경매 입찰에 참여해 250,000,000원에 낙찰받고 최고가매수신고인이 되었다. 그리고 경매법원에 차액지급신고서(상계 신청)를 제출하였다.

④ 2013년 2월 8일, 채권자(유동화회사)가 채권계산서를 경매법원에 제출하였다.

⑤ 2013년 2월 21일, A는 매각잔금대출이 원활했던 하나은행을 통해 고액의 대출을 받아 잔금을 납부했다.

★ 법원경매서류(문건처리내역)

접수일		접수내역
2011.11.16		등기소 남동등기소 등기필증 제출
2012.01.06	①	채권자 양수인 유아이제오차유동화전문유한회사 채권자변경신고 제출
2012.01.13		채권자 유아이제오차유동화전문 유한회사 열람및복사신청 제출
2012.04.10		채권자 유아이제오차유동화전문 유한회사 공시송달신청 제출
2012.11.29	②	채권자 유아이제오차유동화전문 유한회사 기일연기신청 제출
2013.01.08	③	최고가매수신고인 채무인수신청서 제출
2013.02.08	④	채권자 유아이제오차유동화전문 유한회사 채권계산서 제출
2013.02.21		최고가매수신고인 등기촉탁공동신청 및 지정서 제출
2013.02.21	⑤	최고가매수신고인 매각대금완납증명

유입조건부 사후정산
투자 성공비법

❖ 유입조건부 사후정산 vs. 채무인수 투자

앞서 론세일과 채무인수 방식에 대해 설명했다.

지금부터 설명할 '유입조건부 사후정산'과 '배당조건부 사후정산'은 앞서 설명한 2가지 방식의 변형이라 이해하면 된다.

우선 '유입조건부 사후정산'은 '론세일' 방식과 '채무인수' 방식의 진화된 형태이다.

이를 지칭하는 다른 이름도 있으니 알아두자.

필자의 경우 '정산조건부 론세일'을 포함해 '정산조건부사후정산' '근저당권 일부양수도' '입찰참가 및 채권일부양수도 계약서' '입찰이행계약서' '근저당권 일부 양수도' '정산조건 매각방식' 등 론세일을 제외하고 입찰 참가 이행을 조건으로 하는 모든 방식을 '유입조건부 사후정산'이라고 표현한다.

유동화회사 입장에서, 채무인수에 론세일 방식을 도입해 채무인수 방식의 문제점을 제거한 것이다. 그렇다면 '유입조건부 사후정산' 방식과 '채무인수' 방식은 뭐가 같고 뭐가 다른지 알아보자.

우선 같은 점이다.

투자자와 유동화회사 사이에 입찰 조건부 약정을 체결하는 점, 유동화회사는 부실채권 매매 계약금만 받고 추후 투자자가 경매 낙찰 후 잔금을 완납하면, 매매 약정금을 초과하는 배당금을 돌려준다는 점은 동일하다. 배당투자를 할 수 없고 근저당권부 질권이 필요 없다는 점도 공통이다. 이쯤 읽으면 거의 같은 것이 아닌가 하는 의심이 생길 정도이다.

그런데 명확하게 다른 점이 있다.

채무인수 방식인 경우 채무인수승낙서 및 채무인수신고서를 통해 상계 신청을 할 수 있지만, 유입조건부 사후정산은 낙찰대금 전액을 납부해야 한다.

당연히 채무인수 방식보다는 투자금이 많이 필요할 것이다. 그렇다고 하더라도, 론세일 방식으로 부실채권을 매입한 후 직접 경매에 참여하는 유입투자만큼은 아니다.

❖ 유입조건부 사후정산의 장단점

유입조건부 사후정산의 장점은 채무인수 방식의 장점이기도 하다.

매매 계약금의 10%만 있으면 초기 투자가 가능하다. 질권대출비용, 근저당권 이전비용이 필요 없고, 법원에 채권자변경신고 등을 할 번거로움도 없다. 또, 경매 절차에서 채권자가 받을 수 있는 채권금액까지 고가에 입찰할 수 있어 낙찰 가능성이 높다.

단점이라면 유입투자만 가능하다는 점, 낙찰받지 못하는 경우 시간과 노력이 물거품이 된다는 점 등이다. 그리고 채무인수 방식과는 달리 매각잔금을 전액 납부해야 된다는 것이 최대 단점이다.

유입조건부 사후정산 방식은 다음과 같은 절차를 거친다.

유동화전문회사(양도인)의 담당 AM과 가격협상을 한다.

계약일에 매입금액의 10%를 계약금으로 지급한다.

경매 입찰을 위해 반드시 입찰보증금(최저매각금액의 10%)을 납부한다.

입찰에 참가해 최고가매수인이 되어 매각잔금(대출 가능)을 납부한다.

배당기일에 유동화전문회사는 배당금을 전액 환수한다.

투자자(양수인)는 유동화전문회사(양도인)에게 정산대금반환요청서, 입찰자통지서1, 입찰자통지서2 등을 사전에 제출하여 차액 반환을 준비한다.

양도인은 차액 환급 약정에 따라 계약금과 배당금을 합산한 금액에서 부실채권 매입금액을 공제한 후 양수인에게 차액을 반환한다.

이해가 쉽도록 예를 들어 설명해보겠다.

경매 절차에서 유찰을 거듭한 4억 원짜리 물건이 있다.

투자자X는 사후정산 방식으로 이 물건을 2억 5천만 원에 매입했다.

그리고 법원 경매 입찰에서 4억 원에 낙찰받았다.

투자자X는 부실채권 매입계약 시 계약금액의 10%(2천 5백만 원)를 유동화회사에 지급했고, 입찰보증금(최저매각가격의 10%) 2천만 원을 준비해 경매 입찰에 참여했다.

그리고 잔금 납부 기일에 매각금액의 90%(4억 원-2천만 원)인 3억 8천만 원을 법원에 납부했다.

매각잔금 납부 후, 유동화회사는 배당기일에 4억 원을 배당받았다.

그리고 7일 이내에 유동화회사의 수입금 4억 2천 5백만 원에서 유입조건부 사후정산 계약금을 공제한 차액(425,000,000원- 250,000,000=175,000,000)을 투자자 X에게 환급해주었다.

★ 유입조건부 사후정산 계산표(유동화회사 입장)

구분	세부 내역	금액
수입	배당금액	400,000,000
	유입조건부 사후정산 계약금	250,000,000
	소계	425,000,000
지출	유입조건부 사후정산 매매금	250,000,000
차액	사후 정산금액	175,000,000

❖ 유입조건부 사후정산 투자 실전 사례

경기도 화성시에 위치한 대지 600여 평에 대한 투자 사례를 소개하겠다.

매각잔금대출 및 유동화회사의 문제로 인해 채무인수 방식으로 매입이 어렵게 되자, 포기하지 않고 '유입조건부 사후정산'이란 대안을 찾은 경우이다.

투자자가 직접 경매에 참여해 낙찰받는 조건으로 계약이 성사되고, 고가 낙찰을 통해 매각잔금을 최대한 대출받아 투자금을 확보한다는 점에서 채무인수 방식과 동일하다. 또한, 양도세를 절약할 수 있다는 점도 공통점이다.

단, 경매법원에 차액지급신고서(상계 신청)를 제출하지 않고 매각대금의 잔금을 전액 납부해야 한다는 점이 채무인수 방식과 다르다. 대부분의 투자자는 잔금대출을 활용한다.

유입조건부 사후정산 약정을 하기 전에, 유동화회사와 사전에 낙찰금액과 차액 지급조건, 기타 사항 등을 협의해야 한다.

특히 본 물건에서 주의해야 할 사항이 있다. 배당기일 채권금액보다 매각대금의 배당금으로 회수한 금액이 적기 때문에, 부기문을 신청하여 전환 무담보채권 회수를 위한 사전 준비를 해야 한다는 사실을 잊으면 안 된다.

★ 법원경매서류(경기도 화성시 대지)

소재지	경기도 화성시			3					
물건종별	대지		감정가	433,762,000원	구분	입찰기일	최저매각가격	결과	
토지면적	2060㎡(623.15평)		최저가	(51%) 222,086,000원	1차	2013-02-13	433,762,000원	유찰	
					2차	2013-03-15	347,010,000원	유찰	
					3차	2013-04-12	277,608,000원	유찰	
건물면적			보증금	(10%) 22,210,000원		2013-05-10	222,086,000원	변경	
					4차	2013-07-18	222,086,000원		
매각물건	토지 매각		소유자		낙찰 : 400,000,000원 (93.14%)				
					(입찰4명, 낙찰: /				
					2등입찰가 398,000,000원)				
개시결정	2012-10-09		채무자		매각결정기일 : 2013.07.25 - 매각허가결정				
					대금지급기한 : 2013.09.13				
사건명	임의경매		채권자	농협은행	대금납부 2013.08.14 / 배당기일 2013.09.26				
					배당종결 2013.09.26				

No	접수	권리종류	권리자	채권금액	비고	소멸여부
1	1997.03.26	소유권이전(증여)	?			
2	2008.05.22	근저당	농협은행	468,000,000원	말소기준등기 분할전:농협중앙회	소멸
3	2008.05.22	지상권(토지의전부)	농협은행		존속기간: 2008.05.22~2038.05.22 30년	소멸
4	2012.10.10	임의경매	농협은행	청구금액: 358,952,228원		소멸

이제 법원경매서류의 문건처리내역을 살펴보면서, 투자 프로세스를 점검해보자.

① 2013년 1월 18일, 유동화전문회사는 농협은행의 근저당권을 매입하여 법원에 채권자변경신고서를 제출했다.
② 2013년 5월 8일, 유찰이 계속되자 유동화전문회사는 경매기일연기신청서를 법원에 제출하고 매각기일을 변경하였다(가격 하락을 방지하고, 임자를 찾기

위한 시간 벌기 전략이다).

③ 투자 종잣돈을 확보하기 위한 물건을 찾던 수강생 K는 해당 물건을 유입
조건부 사후정산 방식으로 매입했다. 2013년 7월 18일, K는 경매 입찰에
참여해 400,000,000원에 낙찰받고 최고가매수신고인이 되었다. 동시에 K
는 경매법원에 농지취득자격증명원을 제출하였다(채무인수 방식과 다르게 차
액지급신고서(상계 신청)는 제출하지 않는다).

④ 2013년 8월 14일, 최고가매수신고인 K는 경매법원에 매각대금을 완납했다.

⑤ 2013년 8월 22일, 채권자(유동화회사)가 채권계산서를 경매법원에 제출하
였다. 투자자가 매각대금을 납부하면, 유동화회사는 배당기일에 받은 배
당금 중에서 약정한 금액을 투자자에게 환급한다. 유입조건부 사후정산의
약정이 어떻게 진행되는지 자세히 알고 싶다면 '부록4'를 참조하면 된다.

★ 법원경매서류(문건처리내역)

접수일	접수내역
2012-10-11	등기소 화성등기소 등기필증 제출
2012-10-18	채권자 농협은행주식회사 주소보정 제출
2012-11-12	채권자 농협은행주식회사 야간송달신청 제출
2012-12-21	채권자 농협은행주식회사 공시송달신청 제출
2013-01-18 ①	채권자 유동화전문유한회사 채권자변경신고 제출
2013-05-08 ②	채권자 유동화전문유한회사 기일연기신청 제출
2013-07-22 ③	최고가매수신고인 농지취득자격증명제출 제출
2013-08-14 ④	최고가매수신고인 매각대금완납증명
2013-08-14 ⑤	최고가매수인 등기촉탁공동신청 및 지정서 제출
2013-08-22	채권자 유동화전문유한회사 채권계산서 제출

배당조건부 사후정산
투자 성공비법

❖ 배당조건부 사후정산 vs. 론세일 투자

앞서 살펴본 유입조건부 사후정산은 채무인수 방식의 변형이다.

'배당조건부 사후정산'은 론세일 방식의 변형이라 할 수 있는데, 특정 유동화회사만 사용하고 있다.

론세일 방식과 '배당조건부 사후정산' 방식의 가장 큰 차이는 투자자의 지위이다. 론세일 방식은 투자자가 근저당권부 채권에 대한 권리 전체를 이전받아 소유권을 가지는 것이지만, 배당조건부 사후정산의 경우엔 유동화회사(양도인)가 근저당권을 소유한다.

이때 유동화회사(양도인)는 근저당권부 질권대출에 대해 채무자 지위를 갖지만, 실제 질권대출이자는 투자자가 부담한다는 약정을 한다. 무슨 내용인지 감을 잡기 힘들 것이다. 지금부터 설명해줄 테니 잘 따라오기 바란다.

'배당조건부 사후정산'이란 투자 기법은 왜 만들어졌을까?

금융회사가 근저당권부 질권대출을 해줄 때, 개별 물건이 아닌 POOL 전체를 대상으로 하나의 대출 약정을 진행하는 경우가 있다. 이때에는 개별 물건을 매각하고자 한다면 POOL 전체 질권대출금을 변제해야 하기에 개별 매각이 사실상 불가능하다 하겠다.

또한, 이런 물건은 약정상 재매각 금지 규정이 들어 있을 수도 있다. 아무튼 이렇게 매각이 어려운 물건을 '배당조건부 사후정산'이란 형식으로 판매하는 것이다.

그렇다면 론세일과 배당조건부 사후정산을 비교해보자.

우선 채권양수도 계약을 체결한 후, 배당투자 수익을 달성한다는 점에서는 2가지 방식이 공통적이다.

차이점은 다음과 같다.

부실채권 투자자는 근저당권의 소유자가 아니므로 채권자로서 경매 입찰에 참가할 때, 일반 경매 입찰자보다 유리한 조건이 아니다. 즉, 굳이 낙찰받을 필요가 없다는 것이다. 또한 근저당권 이전이 불가능하므로 법원에 채권자변경신고 등을 할 수 없고, 근저당권에 대한 권리행사를 직접 할 수 없어 유동화회사의 처분만 기다려야 한다.

특약사항을 통해 '배당조건부 사후정산'임에도 불구하고 경매 예납금 및 약정금액 이상으로 낙찰 시에는 양도인인 유동화회사가 이익을 챙겨가는 경우도 있다.

눈치챘겠지만 전적으로 유동화회사가 칼자루를 잡는 계약, 투자자가 자신의 권리를 지킬 장치는 전혀 없는 계약이라 할 수 있다. 그래서 이 대목에서 '질권'이 등장한다. 투자자에 대한 최소한의 권리 보장으로 해당 물건에 '근저당권부 질권'을 설정하는 것이다.

질권대출 비용과 이자는 유동화회사가 선납한 후, 배당기일 7일 이내에 약정한 금액을 투자자에게 환급하면서 사후정산한다. 질권이자의 경우, 부실채권 계약 시점이 아니라 계약 이전인 채권 POOL 매입 시점부터 납부해야 한다는 점을 알아두어야 한다.

배당기일 종료 후 사후에 환급되는 방식으로 이익을 실현한다는 점에서는, 낙찰조건부 약정인 '채무인수' 방식이나 '유입조건부 사후정산' 방식과 동일하다. 하지만 투자자가 경매에 참여해 낙찰받을 수 없다는 큰 차이가 있다.

❖ 배당조건부 사후정산 방식의 장단점

'배당조건부 사후정산'의 장점은 론세일과는 다르게 투자금액이 적다는 것이다.

부실채권 매입금액 전체가 아니라 일정 금액(매입금액의 20%)만 계약금으로 지불하면 되고, 근저당권 이전비용(채권최고액의 0.4%)도 절약할 수 있다.

그러나 아주 큰 단점이 있다. 유동화회사와 투자자 간의 약정계약서만 존재할 뿐이기 때문에 투자가 불안전하다는 것이다.

또한 '배당조건부 사후정산'이란 취지를 생각한다면, 배당금 전체에서 제반 비용을 공제한 차액을 수익금으로 산정해야 하지만, 일정 금액 이상으로 매각되면 투자자가 아니라 유동화회사가 수익금을 가져간다는 약정을 하는 경우도 있다.

★ 배당조건부 사후정산 약정 시 특약사항 예시

① 본건 계약은 위 경매 사건의 배당수익을 위한 사후정산 조건부계약으로서, 질권대출에 따른 이자는 제1조 제5항의 매매기준일(2014년 11월 20일)부터 양수인이 부담하기로 한다. 단 양도인의 사정으로 매각기일을 변경(또는 연기)하는 경우, 위 변경(또는 연기)된 기간의 질권대출 이자를 감액해 주기로 한다.
② 본건 계약일(2015년 2월 20일) 이후에 지급된 경매관련 가지급비용 및 대위등기(만일 대위등기가 필요한 경우라면) 비용을 포함하여 경매진행 관련 일체의 비용은 양수인이 부담하기로 한다. 단 기 지급된 가지급 금원은 양도인의 권리이다.
③ 각 채권별 추가 특약사항은 아래와 같다.
부자은행 B-33 : 본 계약 제1조 제1항의 배당금이 3억 원 이상일 경우, 3억 원을 초과하는 금원에 대해서는 양도인에게 귀속되는 것으로 한다.
④ "배당금정산기한"은 본건 경매사건의 배당일로부터 7영업일로 한다.
⑤ 본 계약 내용과 특약사항 내용이 다른 경우에는 특약사항 내용을 우선 적용한다.

❖ 배당조건부 사후정산 투자 실전 사례

이번 사례는 30대 초반 직장여성의 투자 사례로 필자가 운영하는 네이버 카페에 올라온 내용이다. 편의상 그녀를 W라 부르겠다.

소액투자가 가능한 물건을 물색하던 투자자W는 강북구 번동에 위치한 전용면적 8평에 방 2개짜리 다세대 빌라를 발견했다. 90년도에 지어진 건물이었다. 용감한 그녀는 유동화회사에 전화를 걸어 매입이 가능한지 문의했다. 사실 유동화회사에 전화를 했지만 무엇을 물어봐야 할지 막막했다고 한다.

필자에게 자문을 받고, 주말을 이용해 현장답사를 다녀온 그녀는 질문 리스트를 뽑은 다음 유동화회사에 다시 전화해 상담을 했다. 상담을 토대로 물건 내용을 정리하면 다음과 같다.

★ 법원경매서류(강북구 다세대주택)

소재지	서울특별시 강북구 번동			정동 4층 1호				
물건종별	다세대(빌라)	감정가		73,000,000원	구분	입찰기일	최저매각가격	결과
대지권	22.33㎡(6.755평)	최저가		(80%) 58,400,000원	1차	2014-07-21	73,000,000원	유찰
건물면적	26.99㎡(8.164평)	보증금		(10%) 5,840,000원		2014-08-25	58,400,000원	변경
					2차	2014.-11-03	**58,400,000원**	
매각물건	토지 건물 일괄매각	소유자			낙찰 : 60,115,950원 (82.35%)			
개시결정	2014-03-06	채무자			(입찰3명,낙찰:방 신)			
					매각결정기일 : 2014.11.14 - 매각허가결정			
사건명	임의경매	채권자		유동화전문유한회사	대금지급기한 : 2014.12.17			
					대금납부 2014.12.17 / 배당기일 2015.01.16			
					배당종결 2015.01.16			

No	접수	권리종류	권리자	채권금액	비고	소멸여부
1(갑1)	1991.05.03	소유권이전(매매)			각 지분1/2	
2(갑2)	2003.04.21	지분전부이전				
3(을5)	2011.01.11	근저당	주거은행	36,000,000원	말소기준등기	소멸
4(갑3)	2014.03.06	임의경매	주거은행 (여신관리부)	청구금액: 31,721,780원		소멸

서울시 강북구 번동의 다세대 빌라

감정가 73,000,000원, 경매낙찰 예상가격 50,000,000원(감정가의 약 68%)

채권최고액 36,000,000원, 원금 30,000,000원

부실채권 매입금액 32,500,000원

부실채권은 우리은행 저당권으로 연체이자 13.5%, 질권대출 이자 7%

임차인 있으나 대항력 없음

투자 방식은 배당을 위한 '사후정산' 방식

물건 내용의 맨 아랫줄을 눈여겨보기 바란다.

'배당조건부 사후정산' 방식의 물건임을 알 수 있다.

W는 32,500,000만 원에 부실채권을 매입했고, 매입금액의 20%인 6,500,000

원을 계약금으로 지불했다. 여기에 수수료 1%(325,000원)가 추가되었으니 W의 투자금 총액은 6,825,000인 셈이다. 천만 원도 안 되는 돈으로 부실채권 투자에 입성한 것이다.

W는 수익을 높이기 위해 부실채권을 매입하자마자 채권기일 변경신청을 했다. W는 투자 기간 7개월에 약 25%의 수익률을 달성할 수 있을 것이라고 예측한다.

"교수님, 종잣돈이 1천만 원뿐인데 부실채권에 투자할 수 있나요?"
필자가 책에서, 강의에서 아무리 가능하다고 얘기해도 새로운 수강생이 올 때마다 똑같이 반복하는 질문이다. 그런 수강생들에게 필자의 대답 대신, W의 사례를 얘기해주곤 한다.

7장

NPL 수익률을 올려라

소액임차인 배당배제로
대박을 노려라

일반 경매와 부실채권 투자에 있어 극과 극인 차이가 있는데, 바로 '소액임차인'을 바라보는 시선이다.

경매 낙찰자는 소액임차인이 배당을 받아가면 소리 없이 웃는다. 소액임차인이 진짜든 가짜든 상관이 없다. 소액임차인이 최우선 변제금을 신속하게 받기 위해서는 낙찰자로부터 명도확인서를 받아야 하기 때문이다. 한마디로 명도가 누워서 떡 먹기란 얘기다.

그런데 부실채권 투자자는 소액임차인을 고운 눈으로 바라볼 수가 없다.

소액임차인이 최우선 변제금을 받아가는 만큼 자신의 배당금이 줄어들게 되기 때문이다. 그러므로 부실채권을 매입하기 전에 소액임차인이 있다면, 유동화회사로부터 그 금액만큼 공제하고 매입해야 한다. 그 후에 소액임차인이 진짜인지 가짜인지 따져 볼 필요가 있다. 경매개시결정등기 임박해서 전입한 소액임차인이라면 가짜일 확률이 높다.

유동화회사로부터 소액임차인의 최우선 변제금을 공제하고 매입한 투자자라면 이런 가짜 임차인과 싸워볼 만하다. 싸움에서 진다면 본전, 만약 이긴다면 수익금이 최대 3천 2백만 원까지 치솟는 기쁨을 맛볼 수 있을 것이다.

❖ 누가 소액임차인인가?

소액임차인은 매각대금의 배당 순위에서 근저당권을 앞선다.

그들이 이렇게 엄청난 특권을 누리게 된 것은 주택임대차보호법과 상가건물임대차보호법 덕분이다.

소액임차인에서 가장 중요한 개념은 바로 '소액'이다.

그런데 얼마까지가 소액일까? 정답은 케이스 바이 케이스이다. 담보물건의 설정일에 따라, 지역에 따라 다르기 때문에 부실채권을 매입하기 전에 반드시 확인해야 할 사항이다.

주택 및 상가 건물의 소액임차인은 전입일자가 선순위 근저당권보다 늦더라도 상관이 없다. 경매개시결정등기 전에 대항력을 갖추고 배당요구종기 내에 배당신청만 하면 보증금 중 일정액을 최우선적으로 배당받을 권리가 있기 때문이다.

❖ 주택의 소액임차인

주택임대차보호법상의 소액임차인 요건을 알아보자.

경매개시결정등기 전에 주택의 인도와 주민등록의 대항요건을 구비해야 된다. 또한, 배당요구종기 전에 배당요구를 해야 한다. 담보 설정 기준일과 지역에 따라 설정된 보증금 상한액 이하여야 한다.

★ 주택 임대차보호법 적용기준: 소액임차인의 최우선 변제금 기준

담보물권 설정일	지역	소액임차인 기준	최우선 변제금 상한액
1984.06.14~	특별시, 직할시	300만 원 이하	300만 원
	기타 지역	200만 원 이하	200만 원
1987.12.01~	특별시, 직할시	500만 원 이하	500만 원
	기타 지역	400만 원 이하	400만 원
1990.02.19~	특별시, 직할시	2,000만 원 이하	700만 원
	기타 지역	1,500만 원 이하	500만 원
1995.10.19~	특별시, 직할시	3,000만 원 이하	1,200만 원
	기타 지역	2,000만 원 이하	800만 원
2001.09.15~	수도정비계획법 중 과밀억제권역	4,000만 원 이하	1,600만 원
	광역시(인천광역시 제외)	3,500만 원 이하	1,400만 원
	기타 지역	3,000만 원 이하	1,200만 원
2008.08.21~ 2010.07.25	수도정비계획법 중 과밀억제권역	6,000만 원 이하	2,000만 원
	광역시(인천광역시 제외)	5,000만 원 이하	1,700만 원
	기타 지역	4,000만 원 이하	1,400만 원
2010.07.26~ 2013.12.31	서울특별시	7,500만 원 이하	2,500만 원
	수도정비계획법 중 과밀억제권역	6,500만 원 이하	2,200만 원
	광역시(군 제외), 안산시, 용인시, 김포시, 광주시	5,500만 원 이하	1,900만 원
	기타 지역	4,000만 원 이하	1,400만 원
2014.01.01~ 2016.03.30	서울특별시	9,500만 원 이하	3,200만 원
	수도정비계획법 중 과밀억제권역	8,000만 원 이하	2,700만 원
	광역시(군 제외), 안산시, 용인시, 김포시, 광주시	6,000만 원 이하	2,000만 원
	기타 지역	4,500만 원 이하	1,500만 원
2016.03.31~ 2018.09.17	서울특별시	1억 이하	3,400만 원
	수도정비계획법 중 과밀억제권역	8,000만 원 이하	2,700만 원
	광역시(군 제외), 안산시, 용인시, 김포시, 광주시, 세종시	6,000만 원 이하	2,000만 원
	기타 지역	5,000만 원 이하	1,700만 원
2018.09.18.~	서울특별시	11,000만 원 이하	3,700만 원
	수도정비계획법 중 과밀억제권역, 세종시, 용인시, 화성시	10,000만 원 이하	3,400만 원
	광역시(군 제외), 안산시, 김포시, 광주시, 파주시	6,000만 원 이하	2,000만 원
	기타 지역	5,000만 원 이하	1,700만 원

1. 기준시점은 담보물권(저당권, 근저당권, 가등기담보권 등) 설정일자 기준임. 2. 배당요구의 종기까지 배당요구를 하여야 함. 3. 경매 개시 결정의 등기 전에 대항요건(주택 인도 및 주민등록)을 갖추어야 하고, 배당요구의 종기까지 대항력을 유지해야 함. 4. 주택가액(대지의 가액 포함)의 1/2에 해당하는 금액까지만 우선변제 받음.

자료를 보면 소액임차인에서 '소액'의 가이드라인을 한눈에 알 수 있다.

예를 들어, 2010년 8월 1일에 담보 설정된 서울 소재 아파트의 근저당권을 매입했다고 치자. 만약 이 아파트에 임차보증금 2,500만 원의 임차인이 있다면, 근저당권 매입자보다 우선해 2,500만 원이 배당되는 것이다.

다시 말해, 소액임차인의 최우선 변제금 2,500만 원만큼 수익이 줄어드는 것이다. 만약 2014년 1월 1일부터 2016년 3월 30일까지 담보 설정이 되었다면, 서울특별시의 경우 3,200만 원이 줄어들게 된다.

❖ 상가건물의 소액임차인

이번에는 상가건물 임차인의 경우를 알아보자.

상가건물임대차보호법이 규정하고 있는 소액임차인의 조건은 무엇일까? 우선 해당 건물의 경매개시결정등기 이전에 사업자등록과 인도의 대항요건을 구비해야 한다. 또한 배당요구종기 전에 배당요구를 해야 한다.

다음으로 담보설정일과 지역에 따라 차등 적용되는 보증금을 따져봐야 한다.

주택은 보증금의 액수만 중요하지만, 상가의 경우는 월세도 중요한 기준이다.

즉 보증금이 아닌 환산보증금〔보증금+(월세×100)〕으로 '소액'의 기준을 계산하는 것이다. 상가 소액임차인의 조건에 부합하면 1순위 근저당권보다 우선하여 최우선 변제금을 배당받을 수 있게 된다.

예를 들어보자. 2010년 10월에 담보가 설정된 서울의 한 상가에 환산보증금 5천만 원의 임차인이 있다면, 1,500만 원까지 최우선 변제금을 받을 수 있다. 결국 부실채권 투자자는 1,500만 원까지 수익이 줄어들게 되는 것이다.

★ 상가건물 임대차보호법 적용기준: 소액임차인의 최우선 변제금 기준

담보물권 설정일	지역	환산보증금 상한액	최우선 변제금 상한액
2002.11.1~ 2008.8.20	서울특별시	4,500만 원	1,350만 원
	과밀억제권역(서울특별시 제외)	3,900만 원	1,170만 원
	광역시(군지역/인천광역시 제외)	3,000만 원	900만 원
	기타 지역	2,500만 원	750만 원
2008.8.21~ 2010.7.25	서울특별시	4,500만 원	1,350만 원
	과밀억제권역(서울특별시 제외)	3,900만 원	1,170만 원
	광역시(군지역/인천광역시 제외)	3,000만 원	900만 원
	기타 지역	2,500만 원	750만 원
2010.7.26~ 2013.12.31	서울특별시	5,000만 원	1,500만 원
	과밀억제권역(서울특별시 제외)	4,500만 원	1,350만 원
	광역시(수도권정비계획법에 따른 과밀억제권역에 포함된 지역과 군지역은 제외), 안산시, 용인시, 김포시, 광주시	3,000만 원	900만 원
	기타 지역	2,500만 원	750만 원
2014.01.01~ 2018.01.25	서울특별시	6,500만 원	2,200만 원
	과밀억제권역(서울특별시 제외)	5,500만 원	1,900만 원
	광역시(수도권정비계획법에 따른 과밀억제권역에 포함된 지역과 군지역은 제외), 안산시, 용인시, 김포시, 광주시	3,800만 원	1,300만 원
	기타 지역	3,000만 원	1,000만 원
2018.01.26,~ 2019.04.01.	서울특별시	6,500만 원	2,200만 원
	과밀억제권역(서울특별시 제외)	5,500만 원	1,900만 원
	광역시(과밀억제권역과 군 제외), 안산시, 용인시, 김포시, 광주시, 세종시, 파주시, 화성시, 부산(기장군 제외)	3,800만 원	1,300만 원
	기타 지역	3,000만 원	1,000만 원
2019.04.02.~ 현재	서울특별시	6,500만 원	2,200만 원
	과밀억제권역(서울특별시 제외)	5,500만 원	1,900만 원
	광역시(과밀억제권역과 군 제외), 안산시, 용인시, 김포시, 광주시, 세종시, 파주시, 화성시, 부산(기장군 제외)	3,800만원	1,300만원
	기타 지역	3,000만원	1,000만원

1. 기준시점은 담보물권(저당권, 근저당권, 가등기담보권 등) 설정일자 기준임(대법원 2001다84824 판결 참조). 2. 배당요구의 종기까지 배당요구를 하여야 함. 3. 경매개시 결정의 등기 전에 대항요건(건물 인도 및 사업자등록)을 갖추어야 하고, 배당요구의 종기까지 대항력을 유지해야 함. 4. 임대건물가액(임대인 소유의 대지가액 포함)의 1/2에 해당하는 금액까지만 우선변제 받음(상가건물 임대차보호법 제14조).

★ 수도권정비계획법 중 과밀억제권역(주택 및 상가 소액임차인 공통 적용)

서울특별시	– 전지역
인천광역시 중 제외지역	– 강화군, 옹진군 – 서구 대곡동, 불로동, 마전동, 금곡동, 오류동, 왕길동, 당하동, 원당동 – 인천경제자유구역(경제자유구역에서 해제된 지역 포함), 남동국가산업단지
경기도 중 포함지역	– 의정부시, 구리시, 시흥시(반월특수지역[반월특수지역에서 해제된 지역 포함]) – 하남시, 고양시, 수원시, 성남시, 안양시, 부천시, 광명시, 과천시, 의왕시, 군포시 – 남양주시(호평동, 평내동, 금곡동, 일패동, 이패동, 삼패동, 가운동, 수석동, 지금동, 노동동에 한함)

※ 특기사항
· 임차인의 의무: 세무서에서 사업자등록 신청과 확정일자 받은 후 영업행위
· 임차인의 혜택: 후순위 권리자보다 우선하여 보증금을 변제 받음
· 환가방법: 보증금 + (월세x100) = 적용대상 판단 기준금액

※ 상가임대차보호법 부칙
제2조(적용범위)
①「상가건물 임대차보호법」(이하 "법"이라 한다) 제2조제1항 단서에서 "대통령령으로 정하는 보증금액"이란 다음 각 호의 구분에 의한 금액을 말한다. 〈개정 2008. 8. 21., 2010. 7. 21., 2013. 12. 30., 2018. 1. 26., 2019. 4. 2.〉
 1. 서울특별시: 9억 원
 2. 「수도권정비계획법」에 따른 과밀억제권역(서울특별시 제외) 및 부산광역시: 6억 9천만 원
 3. 광역시(「수도권정비계획법」에 따른 과밀억제권역에 포함된 지역과 군 지역, 부산광역시 제외), 세종특별자치시, 파주시, 화성시, 안산시, 용인시, 김포시 및 광주시: 5억 4천만 원
 4. 그 밖의 지역 : 3억 7천만 원
  ②법 제2조제2항의 규정에 의하여 보증금 외에 차임이 있는 경우의 차임액은 월 단위의 차임액으로 한다.
  ③법 제2조제2항에서 "대통령령으로 정하는 비율"이라 함은 1분의 100을 말한다. 〈개정 2010. 7. 21.〉

❖ 임차인 석명 준비명령

경매를 하다 보면 거짓이 난무하는 곳이 바로 소액임차인 부분이다.

경매를 당하는 채무자가 자신의 친척이나 지인을 임차인으로 위장 전입시켜 최우선 변제금을 받아내는 경우가 그 예이다.

소액임차인에 대한 진실성을 밝히기 위해서는 경매 절차가 진행되는 동안 임차인 석명 준비명령(보정명령)을 신청해야 한다. 법원에 진실을 가려달라고 요청하는 절차이다. 만약 소액임차인의 결격 사유가 밝혀져 배당배제가 된다면 막대한 추가 이익이 발생하게 되는 것이다.

그러면 임차인 석명 준비명령을 어떻게 신청하면 되는지 사례를 통해 공부해보자. 경매 물건 서류 중에서 매각물건명세서의 가운데 부분에서 임차인을 확인할 수 있다. 소액임차인 홍길동은 경매개시결정등기 전인 2011년 2월 1일 전입함으로써 대항력을 갖췄다. 또한 확정일자를 받았으며, 배당종기 내에 배당요구를 하였다.

이런 경우 누가 석명 준비명령 신청을 하게 될까?

신한은행의 근저당권을 인수한 우리이에이 유동화전문회사일까? 그렇지는 않다. 낙찰금액 217,732,000원에서 채권을 전액 회수할 수 있기 때문이다.

사정이 급한 사람은 3순위 근저당권자인 에이저축은행이다. 만약 임차인 홍길동이 최우선 변제금으로 2천만 원을 배당받게 된다면, 그것은 고스란히 손해로 돌아가기 때문이다.

★ 법원경매서류

소재지	서울특별시 5 47 1, 건영아파트 102동 10층 1003호							
물건종별	아파트	감정가	280,000,000원	**2011타경13620**				
				구분	입찰기일	최저매각가격	결과	
대지권	23.15㎡(7.003평)	최저가	(64%) 179,200,000원	1차	2011-11-28	280,000,000원	유찰	
				2차	2012-01-03	224,000,000원	유찰	
건물면적	84.73㎡(25.631평)	보증금	(20%) 35,840,000원	3차	2012-02-13	179,200,000원	낙찰	
				낙찰 271,212,000원(96.86%) / 11명 / 미납 (2등입찰가:211,111,000원)				
매각물건	토지·건물 일괄매각	소유자	최이저	4차	2012-04-23	179,200,000원		
				낙찰 : 217,732,000원 (77.76%)				
개시결정	2011-06-28	채무자	최이저	(입찰5명,낙찰:이 상 2등입찰가 215,590,000원)				
				매각결정기일 : 2012.04.30 - 매각허가결정				
사건명	임의경매	채권자	(주)신한은행의양수인 우리이에이저 유동화전문 유한회사	대금지급기한 : 2012.06.05				
				대금납부 2012.06.05 / 배당기일 2012.07.04				
				배당종결 2012.07.04				

임차인	점유부분	전입/확정/배당	보증금/차임	대항력	배당예상금액	기타
홍길동	주거용 전부	전 입 일: 2011.02.01 확 정 일: 2011.05.09 배당요구일: 2011.08.25	보40,000,000원 월400,000원	없음	소액임차인	

No	접수	권리종류	권리자	채권금액	비고	소멸여부
1	2002.08.30	소유권이전(매매)	한이자			
2	2002.08.30	근저당	신한은행	96,000,000원	말소기준등기	소멸
3	2009.06.26	근저당	신한은행	48,000,000원		소멸
4	2009.09.04	근저당	에이저축은행	117,000,000원		소멸
5	2011.06.28	임의경매	신한은행	청구금액: 127,068,693원	2011타경13620	소멸

에이저축은행은 홍길동을 상대로 석명요청서 및 배당배제를 신청하게 된다.

임차인 홍길동은 이에 대항해 자신이 진짜 임차인임을 증명하는 보정서를 제출하게 되는 것이다. 다음의 문건처리내역을 살펴보면 석명요청 및 배당배제 신청이 어떻게 진행되는지 짐작할 수 있다.

★ 법원경매서류(문건처리내역)

접수일		접수내역
2011.06.29		등기소 구로등기소 등기필증 제출
2011.07.08		근저당권자 주식회사에이저축은행 채권계산서 제출
2011.08.25	①	임차인 홍길동 권리신고및배당요구신청(주택임대차) 제출
2011.10.18		채권자 주식회사신한은행의 양수인 우리이에이제12차유동화전문 유한회사 채권자변경신고 제출
2012.02.09	②	근저당권자 주식회사에이저축은행 석명준비명령(보정명령) 신청 제출
2012.02.20	③	임차인 홍길동 보정서 제출
2012.06.13	④	근저당권자 주식회사에이저축은행 배당배제신청서 제출
2012.06.13		근저당권자 주식회사에이저축은행 채권계산서 제출
2012.06.14		채권자 (주)신한은행의양수인 우리이에이제12차유동화전문 유한회사 채권계산서 제출

① 2011년 8월 25일 임차인 홍길동은 4천만 원의 소액임차보증금으로 권리 신고 및 배당요구 신청서를 법원에 제출했다.

② 2012년 2월 9일 에이저축은행은 임차인에 대한 석명 준비명령을 법원에 제출하여 가상 임차인임을 소명하고자 한다.

③ 2012년 2월 20일 홍길동은 석명 준비명령에 대한 보정서를 법원에 제출하여 진짜 임차인임을 주장한다.

④ 2012년 6월 13일 에이저축은행은 낙찰자가 매각대금을 납부하고 배당기일이 지정되자 임차인 홍길동에 대한 배당배제신청서를 접수한다.

만약 경매법원에서 석명준비요청이 받아들여져 배당배제 판결이 난다면 에이저축은행은 2천만 원의 수익을 보장받게 되는 것이다.

석명 준비명령이란 당사자의 주장에 모순이나 불명확한 내용이 있으니 입증할 증거를 제출하라는 것이다. 해당 물건의 임차인이 가상 임대차임을 증명하기 위해, 다양한 증거와 증빙서류들을 요구하는 내용의 신청서를 법원에 제출한다. 또한, 채권자취소권(사해행위 취소권)을 행사한다.

★ 석명 준비명령 신청서

석명 준비명령(보정명령) 신청

사　　건 : 2011 타경 1**** 부동산임의경매
채 권 자 : 주식회사 에이치저축은행
채 무 자 : 한미자
소 유 자 : 채무자와 같음

위 당사자 간 사건에 관하여 신청채권자는 민사집행규칙 제2조(집행법원의 심문) 및 민사소송법 제137조(석명 준비명령)에 의거 임차인 홍길동에 대한 심문 및 임차인의 임대차계약 사실관계 확인을 위하여 석명 준비명령을 신청하오니 허가하여 주시기 바랍니다.

석 명 사 항

1. 이사건 부동산의 임대인(소유자) 한미자와 임차인 홍길동과의 친·인척관계 등에 대하여 밝히고, 친인척 관계가 아닐 경우 임차인의 가족관계 등록부를 제출하여 소명하라(문서제출명령 : 가족관계 등록부).

2. 임차인 홍길동이 임대인 한미자에게 임대차보증금 중 계약금 4백만 원 및 잔금 3천 6백만 원을 지급하였음을 확인할 수 있는 객관적인 증거자료(임차인이 임차보증금을 인출한 예금통장 사본 또는 무통장 입금증, 자동화기기를 이용하여 출금 시 출금영수증 또는 계좌이체 영수증, 수표로 지급한 경우에는 수표사본 또는 수표번호 등)를 제출하라. 만일 임대인이 작성하여 교부한 영수증을 제출할 경우에는 위 소명자료를 함께 첨부하여 제출할 것을 요구한다.

3. 임차인 홍길동은 부동산 중개인을 통하지 아니하고 당사자 간에 직접 계약을 체결하게 된 이유를 밝혀라.

4. 임차인은 전세계약을 체결할 당시(계약일 2011년 2월 01일)에 이미 이 사건 아파트의 시세(2억 5천만 원~2억 7천만 원)를 초과하는 3건의 근저당(채권최고액 261,000,000원)과 4건의 가압류(25,183,628원)가 등록되어 있어, 부동산시세를 감안할 때 자신의 임대보증금을 보호 받을 수 없게 될 수도 있으리라는 사실을 충분히 예측할 수 있었음에도 불구하고 월세계약을 체결한 이유는?

5. 임대차 계약을 맺을 당시 본건 부동산 등기부를 열람하였는지 여부, 등기부를 열람하지 않았다면 그 이유는?

6. 임차인의 모든 가족에 대한 주민등록등본을 제출하고, 가족과 별도로 거주하고 있다면 그 사유를 구체적으로 기술하고 소명자료(이전 주택과 직장소재지 또는 자녀의 학교 등과의 거리관계, 재직증명서 또는 자녀의 재학증명서 등)를 제출하라.

7. 이사건 부동산 임대차보증금은 주변보다 작은 소액인데, 그 이유는?

8. 임차인 홍길동은 본건 경매목적 부동산에 입주 후부터 현재까지 가스비, 전기세 등 각종 공과금 납입내역 등 실질적으로 거주하고 있음을 증명할 수 있는 자료를 제출하라.

9. 임대인과 채권 및 채무관계가 있는지 여부, 있다면 구체적인 내역서를 제출하라.

2012. 02. 09

주식회사 에이치저축은행
서울시 강남구 압구정동 1-17   대표이사 김**

서울남부지방법원 경매 7계 귀중

02

특수물건으로
따따블 수익을 노려라

'위험한 장사가 많이 남는다'는 속담이 있다.

위험 비용을 부담하는 만큼 높은 수익을 기대할 수 있기 때문이다. 부실채권 투자에서 위험한 물건이란 '특수물건'을 말한다. 한마디로 하자나 흠결이 있는 물건이다.

하자가 있기 때문에 정상 물건보다 싼 가격에 살 수 있으며, 그 하자가 치유되는 순간 따따블의 수익을 누릴 수 있게 되는 것이다. 경매낙찰을 받았는데도 소유권을 취득하기 힘든 물건, 추가적인 매입비용이 발생하는 물건, 대출을 받을 수 없는 물건, 사용권이 제한되는 물건 등이 그 예이다.

일반 부실채권은 비교적 안전하므로 많은 사람들이 참여하는 반면, 권리문제가 복잡하게 얽힌 특수물건은 소수의 사람들만 시장에 참여하게 된다. 고수들만의 투자판이 벌어지는 것이다.

❖ 최상의 고수익 상품

특수물건이란 용어는 어디서 나왔을까? 법원 경매에서 일반매각조건이 아닌 특별매각조건에 해당하는 물건으로 분류되기 때문이다.

유치권, 법정지상권, 선순위 가등기, 선순위 가처분, 지분경매, 토지별도등기, 가장 선순위 임차인, 후순위 토지인도 및 건물철거 가처분, 분묘기지권 등의 꼬리표가 붙어 있는 물건이 바로 특수물건이다.

특수물건으로 수익을 내려면 이렇게 복잡하게 얽혀 있는 권리들의 실타래를 풀어야 한다. 그 방법은 협상 또는 소송이다.

이렇게 문제 해결 과정이 복잡하다 보니 수익을 내기까지 오랜 시간이 걸릴 수 있고, 대출이 어려워 자금력이 있는 사람들만 입찰이 가능하다. 또한, 법적 지식과 경험이 어느 정도 있는 사람들만이 참여할 수 있다.

유동화회사 입장에서도 자칫하면 투자 손실을 볼 우려가 있는 물건이므로 적극적으로 매각에 나서게 된다. 손해를 감수하고라도 처리하고자 하는 것이다. 특수물건 투자자 입장에서는 최상의 투자 수익을 기대할 수 있다.

❖ 특수물건 투자 성공 사례

특수물건으로 대박 났던 사례를 살펴보자.

본 물건은 지하철 공릉역 인근의 연립주택으로 건물은 매각에서 제외되고, 전체 대지 708.5㎡(214.3평)만 매각 대상이다. 감정가격은 1,310,725,000원, 5차 입찰기일의 최저매각금액은 536,873,000원이다. 결국 3차 가격에 인접한 채권 최고액 820,000,000원에 대지만을 낙찰받은 물건이다.

본 물건은 법정지상권의 성립 여지가 있는 물건이다.

이 물건에 관심을 가진 A씨는 대지 가격조사와 법정지상권 여부를 파악한 후, P상호저축은행의 1순위 근저당권(채권최고액 820,000,000원)을 매입한다.

그 후 A씨는 경매에 참여해 1순위 근저당 채권최고액 820,000,000원으로 낙찰받고, 소유권을 취득하게 된다.

★ 법원경매서류(서울 공릉동 다세대)

20 타경 '88		소 재 지	서울특별시 _____ 14				
물건종별	대지	감 정 가	1,310,725,000원	구분	입찰기일	최저매각가격	결과
					2004-10-04	721,601,750원	변경
토지면적	708.5㎡(214.321평)	최 저 가	(41%) 536,873,000원	1차	2006-04-10	1,310,725,000원	유찰
				2차	2006-05-15	1,048,580,000원	유찰
건물면적		보 증 금	응찰금액의10%	3차	2006-06-12	838,864,000원	유찰
				4차	2006-07-10	671,091,000원	유찰
매각물건	토지 매각	소 유 자	조		2006-08-07	536,873,000원	미진행
				5차	2006-09-04	536,873,000원	
경매개시	2001-04-18(구법적용)	채 무 자	조	낙찰: 820,000,000원 (62.56%)			
				(입찰4명,낙찰:			
입찰방법	기일입찰	채 권 자	(주)프라임상호저축은행외 1	매각결정기일 : 2006.09.11 - 매각허가결정			
				배당기일 : 2006.11.28			

토지등기부 (채권액합계 : 1,295,450,190원)

No	접수	권리종류	권리자	채권금액	비고	소멸여부
1	1994.01.24	소유권이전	조한길		경락	
2	1994.02.07	근저당	(주)미주상호신용금고	820,000,000원	말소기준등기	소멸
11	2001.04.23	임의경매	(주)프라임상호저축은행	청구금액: 560,000,000원		소멸

이 사례의 결말이 궁금하지 않는가?

A씨는 법정지상권을 해결하기 위해 협상과 소송(토지인도 및 건물철거 소송)을 병행하면서 토지의 가격을 최대한 끌어올리기 위해 다방면으로 노력했다.

결국 본 연립주택을 분양받았던 각 세대의 소유자들에게 26억에 매각하게 된다. 부실채권 매입금액이 7억 초반인 점을 감안하면 20억에 가까운 세전 수익을 달성한 것이다.

이 사례의 성공 포인트를 짚어보자.

본 경매 물건에서 5차 536,873,000원이 최저매각금액임에도 불구하고 낙찰가격은 820,000,000원이다. 결국, 부실채권을 매입한 A씨가 채권최고액인 8억 2천만 원에 입찰할 수 있었다는 사실이다. 일반 경매 투자자는 상상도 할 수 없는 가격이다. 부실채권 투자자만이 할 수 있는 고가 낙찰 전략을 쓴 것이다. 또한 양도세를 절세할 수 있었음은 물론이다. 법정지상권, 유치권 등 특수물건 경매에서도 일반 경매 방식보다 부실채권 투자로 접근하는 것이 수익과 절세, 2마리 토끼를 잡는 최고의 방법이다.

03

질권대출로
레버리지 효과를 노려라

경매에서는 낯선 이름인 '질권'이란 단어가 부실채권 투자에서는 자주 등장한다. 담보부 질권대출이란 부실채권 투자에만 허락된 특권이기 때문이다.

질권의 개념은 어렵지 않다. 부동산을 담보로 돈을 빌려주면 '담보대출', 저당권을 담보로 돈을 빌려주면 '담보부 질권대출'이다.

그런데 은행은 왜 이런 대출을 하는 걸까?

자기들이 근저당권을 팔았으면서, 그것을 담보로 잡고 다시 돈을 빌려줄 때는 이유가 있을 것이다. 결론적으로 몇 단계 지나가면서, 안전성이 높아졌기 때문이다. 근저당권은 채권 회수 가능한 범위에서 이루어지고, 부실채권은 그보다 저렴한 가격에 매각된다. 질권대출금액은 부실채권 매입가격의 80% 정도이므로 채권 회수 가능성은 아주 높다.

또한 경매에서 근저당권보다 우선해 배당받을 수 있고, 근저당권등기에 부기등기를 할 수 있으며, 스스로 경매를 청구할 수 있다는 점에서 최고로 안전한 대출 상품이라 할 수 있다.

❖ 질권대출을 받아야 할 이유

첫째는 수익률을 높이기 위함이요.

둘째는 자금 부족을 극복하기 위함이다.

투자자 A가 5억 원 상당의 부실채권을 매입했다고 하자.

자기자본 5억 원을 투자해 배당투자로 1억의 수익을 달성한 것이다.

이 경우 A의 수익률은 20%이다.

투자자 B도 똑같이 5억 원짜리 부실채권을 매입하려고 한다.

그런데 B는 자기 돈 1억에 다른 사람에게 4억을 빌려서 투자금을 해결했다.

그 결과 배당투자로 1억 원의 수익을 달성하게 되었다.

결과적으로 B의 부실채권 수익률은 100%이다.

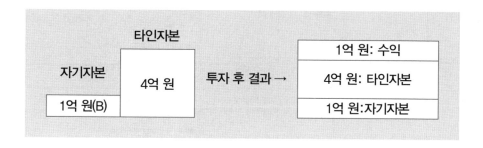

결국 남의 돈을 활용한 B가 수익률에 있어 압승이다. 이와 같이 차입금 등 타인 자본을 지렛대 삼아 자기자본 이익률을 높이는 것을 '레버리지 효과'라고 한다.

론세일 방식 투자자에겐 질권대출이 아주 중요한 수익률 증대 요인이다. 그런데 주의할 것이 있다. 아무 금융기관에서나 질권대출을 받을 수 없으며, 일부 제2금융권 위주로 대출이 이루어지고 있다는 것이다. 부실채권 매입 계약 후, 보통 한 달 이내에 잔금을 납부해야 하므로 어영부영하다가 잔금을 내지 못하는 경우가 생기게 된다. 사전 준비를 철저하게 하란 얘기다.

일단 부실채권을 매입하기 전에 미리 질권대출기관에 가능성을 확인해야 한다. 또한 대출을 신청한 기관에서 승인이 떨어지지 않을 경우를 대비해, 다른 대출기관과도 접촉할 필요가 있다. 대안을 가지고 있으란 얘기다.

질권대출 역시 해당 물건의 담보가치, 개인의 신용도, 회사의 재무상태, 거래 관계의 지속성, 담당자와의 친분 등에 따라 달라진다. 대부분의 경우 매입금액의 70~90% 선에서 이루어진다고 보면 된다.

다음의 사례는 필자가 저축은행에서 질권대출을 받은 물건이다.

등기부등본을 보면 저당권은 '주등기' 형식이고, 질권은 '부기등기'로 설정되는 것을 알 수 있다. 등기부등본상에서 아래 사항들을 차례로 확인해보자.

★ 부동산 등기부등본(질권대출)

6	근저당권설정	2011년9월23일 제66003호	2011년9월23일 설정계약	채권최고액 금300,000,000원 채무자 ··· 경기도 ··· ②. 대출은행 근저당권자 주식회사 ·저축은행 ···
6-1	6번근저당권이전	2012년6월28일	2012년6월28일 확정채권양도	근저당권자 주식회사한국부동산아카데미
6-2	6번근저당권부질권	2012년6월28일 제40280호	2012년6월28일 설정계약	채권액 금300,000,000원 변제기 2013년 6월 28· ④. 질권이자 9% 이 자 연9 프로 채무자 주식회사한국부동산아카데미 ··· 채권자 주식회사 ·저축은행 ···

②. 질권이전

③. 질권대출

① 2011.9.23. H저축은행은 3억 원을 대출하고, 채권최고액 3억 9천만 원을 설정했다.

② 2012.6.28. H저축은행의 확정채권양도로 근저당권이 한국부동산아카데미로 이전된다. 근저당권의 소유주가 H저축은행에서 한국부동산아카데미로 바뀐 것이다.

③ 2012.06.28. 한국부동산아카데미는 담보부 질권을 설정하고 대출금으로 부실채권의 매입자금을 지급했다.

(참고로 본 사례에서 필자는 연 9%로 대출을 받았다. 현재 질권대출이자는 계속 하락하는 추세로 6.5~8.5% 정도이다.)

❖ **질권대출 어떻게 받아야 하나?**

질권대출 신청은 의외로 간단하다.

특별한 양식도 필요 없다. 국제입찰의 경우나, 한꺼번에 여러 건의 질권대출을 받으려면 대출요청서가 필요하지만 개별 물건에 투자하는 개인 투자자에겐 해당 사항이 대부분 없다.

질권대출은 몇몇 특화된 제2금융권에서만 가능한데, 앞으로는 대출기관이 경쟁적으로 확대될 전망이다. 일반 담보부 대출보다 안전하게 채권을 회수할 수 있기 때문이다. 대부분 부실채권 매입금액의 80% 정도를 대출해 주며, 1%의 수수료를 부과한다. 금액이 커지거나 단골일 경우 수수료를 깎아주기도 한다.

★ 부동산 등기부등본(질권대출)

순위번호	등 기 목 적	접 수	등 기 원 인	권 리 자 및 기 타 사 항
12	근저당권설정	2008년9월25일 제115746호	2008년9월24일 설정계약	채권최고액 금192,000,000원 채무자 ○○○ 경기도 남양주시 진건읍 용정리 ○○○ : ○○○ ○○○ 근저당권자 대우캐피탈주식회사 160111-0098524 경기도 남양주시 진건읍 용정리 737-1 102-206
12-2	12번근저당권이전	2011년5월3일 제46121호	2011년4월28일 확정채권양도	근저당권자 ○○○○○○○○○○○그대부 110114-○○○○○○○ 서울특별시 ○○○ ○○○ ○○ ○○ ○○○ ○○ ○
12-3	12번근저당권부질권	2011년5월3일 제46122호	2011년4월28일 설정계약	채권액 금192,000,000원 채무자 ○○○○○○○○○○그대부 서울특별시 ○○○ ○○○ ○○ ○○ ○○○ ○○ 채권자 주식회사 저축은행 [○○○○ ○○○○○] 인천광역시 남구 주안동 ○○○ ○

(그림 내 메모: 근저당 이전 확정적 채권양도 / 질권 대출)

근저당권부 질권이 설정된 등기부등본을 보면, 근저당권이전, 질권대출, 부기등기가 하루에 다 이루어졌음을 알 수 있다.

대우캐피탈은 2008년 9월 25일 채권최고액 192,000,000원을 설정했다.
대우캐피탈은 2011년 5월 3일 근저당권을 **대부에게 매각했다.
같은 날 **대부는 **저축은행에서 질권대출을 받았다.
같은 날 **저축은행은 근저당권부 질권을 부기등기하였다.

❖ 질권대출에 필요한 것들

질권대출이 다른 대출과 다른 점은 단기 자금이라는 것이다. 최근에는 담보부 질권대출의 설정비를 은행에서 대부분 부담하고 있고, 대출 기간이 짧기 때문에 취급수수료는 1% 이내를 받는다. 질권대출은 6개월이 기본이고, 길어야 12개월 미만이다.

개인 투자자가 질권대출을 신청하면 일단 신용정보조회 동의서를 받는다. 기분 상할 필요는 없다. 대출기관으로서는 개인의 이자지급 능력과 신용등급을 조회하는 것이 필수적이다.

최근에는 연대보증인제도가 폐지되어 연간소득, 카드사용금액, 의료보험 지급내역 등을 요구하는 기관도 있다. 담보부 질권대출 신청 시 필요한 서류를 도표로 정리해보았다.

★ 질권대출 신청서류

순서	서류 종류	비고
1	개인 신용정보 조회동의서	본인 서명 후 대출기관이 조회
2	채권양수도계약서	매입가격, 잔금 지급 시점
3	주민등록초본	동사무소에서 발급
4	주민등록등본	동사무소에서 발급
5	신분증	신분증 사본을 복사하여 첨부
6	인감도장	신청 시 지참
7	인감증명서	3개월 이내 발급 된 것
8	국세 완납증명서	세무서에서 발급
9	지방세 완납증명서	동사무소에서 발급
10	소득증빙자료	연간소득, 카드사용내역, 통장사본 등
11	매입한 부실채권 물건 내용	해당 물건의 주소 등
12	경매사건교부 열람 자료	조세채권, 소액임차인, 기타 요구 시 제출

04

채무자에게
채권양도 사실을 알려라

투자자가 부실채권을 매입하면, 채권의 주인이 바뀌게 된다.

채권의 주인이 변경되는 것을 법률용어로 '채권양도'라고 한다.

채권양도의 통지가 왜 수익률을 높이는 방법이 되는지 의아한 독자도 있을 것이다. 채권양도가 제대로 통지되지 않으면, 채무자가 이의제기를 할 수 있고 채권 회수에 걸림돌이 될 수 있기 때문이다.

채권을 양도할 때, 채무자의 동의는 필요조건이 아니다.

채무자가 동의하지 않더라도 채권양도가 무효가 되는 것은 아니기 때문이다. 만약 채무자가 채권양도 통지를 받지 않아 문제가 발생하게 되면, 양도인이 채권 회수 금액을 대신 받아 양수인에게 주면 된다.

채무자는 채권양도 통지를 받은 날로부터 7일 이내에 이의신청을 해야 하고, 이 기간을 넘기면 승낙한 것으로 간주된다. 양도 통지를 어떻게 해야 할지 고민할 필요는 없다. 우체국 내용증명을 사용하면 간단하게 해결된다. 우체국에서 발송하는 내용증명 우편은 일정한 내용을 가진 문서를 발송했다는 증거가 되며, 그 문서에 확정일자를 부여하는 효력이 있다. 이렇게 확정일자가 있는 증서로 통지하면 되고, 채무자가 수령 시에 효력이 발생된다.

채권양도 통지는 매각잔금 완료 시 매수인이 하는 것이 보통이지만, 양도인이 할 수도 있다. 채권양도 통지서에는 당사자 등의 표시, 양도할 채권의 특정(대상 채권, 채권의 종류) 등의 내용이 들어간다.

채권자변경신청서를
법원에 제출하라

❖ **채권자 변경 신청은 왜 해야 하나?**

부실채권을 매입하면 채권자는 유동화회사에서 투자자로 변경된다.

'채권자 변경 신청'이란 말 그대로 부실채권의 주인이 바뀌었음을 법원에 통보하는 행위이다. 등기부등본에도 기재되었는데 왜 굳이 법원에 통보해야 할까?

법원에서 내가 채권자라는 것을 인지하지 못하면 법원에서 오는 연락들을 받지 못하고, 제대로 권리 행사를 하지 못해 불이익을 받을 수 있기 때문이다. 경매법원에 채권자 변경 신청만 하면 이후에 발생하는 모든 권리들에 대한 내용을 변경된 채권자에게 송달해준다.

채권자가 갖게 되는 권리란 어떤 것들이 있을까? 법원으로부터 해당 물건에 대한 우편물을 받을 권리로부터 경매 연기, 취하, 상계처리, 채권계산서 제출, 배당이의 등이 모두 해당된다.

채권자 변경 신청

사건: 2013타경 1368 부동산 임의경매
채권자: 강남에듀평생교육원
채무자 및 소유자: 이 몽 룡

위 당사자간 동 사건과 관련하여 다음과 같이 채권자 변경신고를 하오니 이후 절차상의
모든 송달 등은 변경된 채권자 송달장소로 송부하여 주시기 바랍니다.

다 음

1. 채권자 변경 내용:
위 사건의 채무자 이몽룡에 대한 채권(담보권 포함) 일체의 채권자가 2013.7.18. 확정
채권양도의 사유로 주식회사 K저축은행에서 강남에듀평생교육원으로 변경되었기에 소
명자료와 같이 채권자변경을 신청합니다.

2. 변경된 채권자 및 송달주소:
강남에듀평생교육원, 원장 성시근
주소: 서울시 강남구 역삼동 818-2 원담빌딩 302호
※ 송달 주소 : (우 150-368) 서울 강남구 역삼동 818-2 원담빌딩 302호

3. 소명자료
1) 채권 등 양도.양수 계약서 ──────1부,
2) 채권양도통지서 ──────────1부
3) 부동산등기부등본 ─────────2부,
4) 법인등기부 등본 ────────── 1부

2013년 09월 20일
채권자: 강남에듀평생교육원
서울시 강남구 역삼동 818-2 원담빌딩 302호
원장: 성시근   전화 : 010-0000-0000

서울중앙법원 본원 경매1계 귀중

❖ 채권자 변경 신청은 어떻게 하나?

법원에 가면 채권자변경신청서 양식이 있다.

신청서를 작성한 후 채권양수도계약서, 채권양도통지서, 부동산등기부등본 등 관련 서류를 첨부해 해당 법원에 접수하면 된다. 우편접수, 방문접수 모두 가능하다. 부실채권 투자자라면 채권자변경신청서의 접수 시기를 조절하는 지혜가 필요하다. 특별한 경우에는 매각대금 납부 후, 또는 배당표 작성 전까지 하면 된다.

06

채권계산서를
반드시 제출하라

채권계산서는 꼭 제출해야 하는 건가?

채권계산서는 언제 제출해야 되나?

채권계산서를 제출하라고 법원에서 통지가 오나?

지금부터 채권계산서에 대한 이러한 궁금증들을 풀어보기로 하자.

부실채권을 매입한 투자자가 법원을 상대로 경매 물건의 매각대금에서 받을 채권을 청구하는 것이 채권계산서이다. 채권의 원금뿐만이 아니라, 배당기일까지의 연체이자와 그 밖의 부대채권 및 집행비용 등을 모두 청구해야 한다.

채권계산서는 배당표 작성의 근거자료로 활용되므로 반드시 기일 내에 제출해야 한다. 만약 법원이 정한 제출 기간 내에 채권계산서를 내지 않으면 배당요구서와 관련 자료, 기타 증빙서류에 의해서 임의로 계산된다.

❖ 채권계산서는 왜 중요한가?

채권계산서를 제출한다는 것은 '나에게 얼마를 배당해 달라'고 법원에 당당히 주장하는 것이다. 이는 론세일 방식 투자자만의 특권이다.

채무인수 방식 투자라면 배당받을 권리를 유동화회사가 가지고 있기 때문에 채권계산서를 제출할 권리가 없다.

론세일 방식으로 부실채권을 매입했다면 경매 매각대금이 납부되고, 경매법원에서 배당기일이 결정되면 그날까지의 채권 원금과 연체이자, 부대비용 및 집행비용을 기록한 계산서를 제출하면 된다. 법원은 이 계산서를 바탕으로 하여 배당표를 작성하게 되는 것이다. 채권계산서의 제출 기한은 배당표 작성 전까지이다.

채권계산서 제출 시기를 놓칠까 봐 걱정할 필요는 없다. 법원은 채권자들에게 채권계산서를 제출하도록 통지를 해주므로, 그 스케줄에 따르면 된다.

❖ 채권계산서는 제출하라고 통지가 올까?

매각대금의 납부가 이루어지면 이해관계인들에게 배당기일통지서가 온다. 집행법원은 매각대금이 납부되고 배당기일이 정해지면 각 채권자에게 채권계산서를 1주일 안에 제출할 것을 통지해야 한다. 법원 통지문은 다음과 같다.

> 채권자는 채권의 원금과 배당기일까지의 이자, 그 밖의 부대채권 및 집행비용을 적은 계산서를 이 통지를 받은 날로부터 1주일 안에 법원에 제출해 주시기 바랍니다.
> 채권자가 채무자로부터 전부 변제 받는 경우에도 채권계산서를 제출하여 주시기 바랍니다. 계산서는 채권원인증서의 사본을 첨부하고, 채권원인증서의 원본은 배당요구서에 첨부한 경우가 아니면 배당 당일에 제출하셔야 합니다.

❖ 채권계산서는 어떻게 계산할까?

채권계산서에는 배당기일까지의 채권 원금과 연체이자를 합한 금액을 기재하게 되어 있다. 이 금액을 계산하는 방법에는 3가지가 있는데, 첫째 방법이 가장 쉽다.

첫째 방법은 경매법원에 접수된 경매 신청 당시 청구금액에 경매신청기일부터 배당기일까지의 연체이자를 합하는 것이다.

둘째 방법은 부실채권 매입 당시의 채권 합계 금액(원금+정산이자+연체이자+경매예납금)과 그 이후부터 배당기일까지의 연체이자를 합하는 것이다.

셋째 방법은 매각은행에서 발급한 원금/이자 상환조회표에 따라 배당기일까지 채권금액을 산출하는 것이다.

예를 들어 설명해보자.

2013년 3월 10일 부실채권 매입 당시의 채권금액이 150,584,800원(원금:140,000,000원, 연체이자: 7,736,000원, 경매예납금:2,848,800원, 연체이자:25%)이고 배당기일이 동년 7월10일이라면 추가 연체이자는 얼마일까?

연체 기간 2013년 3월 10일부터 7월 10일까지는 121일이다.

금 140,000,000원에 연체이율 25%와 기간을 곱하면 11,602,740원이 된다.

$$140,000,000원 \times 25\% \times 121/365 = 11,602,740원$$

매입 당시 채권금액에 배당기일까지의 추가 연체 금액을 더하면 총 배당금액이 나온다.

150,584,800원+11,602,740원=162,187,540원

다음은 지금까지 말한 사례를 채권계산서 양식으로 만들어본 것이다. 채권 원금과 연체이자, 기타 비용 등을 나누어서 기재해야 한다는 사실을 기억하자.

★ 채권계산서

채 권 계 산 서

사　　　건 : 2012타경 1369 부동산임의경매
채 권 자 : 홍 길 동
채 무 자 : 너 무 해
소 유 자 : 채무자와 같음
배 당 기 일 : 2012.10.15. 14:00 112호 법정

귀원 사건번호 2012타경1369 부동산임의경매 신청사건에 관하여 근저당권자인 (주)강남에듀평생교육원은 아래와 같이 채권계산서를 제출합니다.

－ 아　　　래 －

－ 기준일 : 2012년 10월 07일　　　　　　　　　　　　　　　　(단위:원)

채무자	채권원금	이자 배당기일까지	기타(비용, 부대채권)	합 계
너무해	220,000,000	61,833,718	2,640,830	284,474,548

2013년 09 월 23 일
위 채권자(근저당권자):서울시 강남구 역삼동 818-2 원담빌딩 302호
강남에듀평생교육원
원장 성시근
서울중앙지방법원 본원 경매5계 귀중

07

채권상계 신청은 기본이다

❖상계란 무엇인가?

상계(相計)는 쉽게 말해 받을 돈과 줄 돈을 상쇄시키는 것이다.

내가 채권자이기도 하고 채무자이기도 하다면, 굳이 주거니 받거니 할 필요가 없다는 얘기다. 상계 신청이란 채권자가 동시에 매수인인 경우에 해당된다. 내가 내야 할 돈 중에서 내가 받을 돈만큼을 빼달라고 신청하는 것이라 이해하면 된다.

법원 경매에서 상계란 해당 경매사건의 채권자가 낙찰을 받는 경우에 발생한다. 채권자가 경매 매각대금에서 받을 채권이 있고, 또 채권자가 경매 낙찰로 매각대금을 납부해야 할 대금이 있는 경우에 해당 금액을 상계하는 것이다.

상계 신청을 하는 이유는 간단하다. 가능한 자금 동원을 적게 하고, 그 결과 수익률을 높일 수 있기 때문이다.

❖ 채권상계 신청은 어떻게 하나?

채권상계 신청을 할 수 있는 기간은 정해져 있다.

채권상계 신청을 아무 때나 할 수 있는 것은 아니라는 점을 주의해야 한다. 상계 신청은 경매 낙찰 후 매각허가기일 이전에 신청해야 한다. 즉, 낙찰 후 7일 안에 신청해야 하니 타이밍을 놓치지 말아야 한다.

채권상계 신청의 법적 근거가 되는 민사집행법 제143조를 살펴보면 더욱 자세한 내용을 알 수 있다. 우선 2항에 나와 있는 '배당받아야 할 금액'이란 문구에 주목하자. 매수인이 배당요구한 채권의 금액이 아니라, 매수인이 배당 순위에 따라 배당기일에 실제로 받을 수 있는 금액을 의미한다.

3항의 '이의제기' 문항도 중요하니 꼭 기억해 두어야 한다.

이해관계인의 이의제기가 있으면 매수자(채권자)가 상계 신청을 할 수 없으며, 매각대금 전액을 납부해야 한다는 뜻이다.

실무에서는 이의신청이 접수되면 대부분의 경우 채권상계 신청이 받아들여지지 않고 있으므로 각별한 주의가 요구된다. 만약 채권자가 잔금을 납부하지 않아 매각허가 결정이 취소되면, 보증금이 몰수되지만 이 역시 나중에 채권자에 대한 배당금액에 포함되어 지불된다는 것도 알아두자.

민사집행법 제143조 (특별한 지급방법)

② 채권자가 매수인인 경우에는 매각결정기일이 끝날 때까지 법원에 신고하고 배당받아야 할 금액을 제외한 대금을 배당기일에 낼 수 있다.

③ 제1항 및 제2항의 경우에 매수인이 인수한 채무나 배당받아야 할 금액에 대하여 이의가 제기된 때에는 매수인은 배당기일이 끝날 때까지 이에 해당하는 대금을 내야 한다.

채권상계신청서와 차액지급신고서를 어떻게 작성할까 고민할 필요는 없다.

법원경매정보(http://www.courtauction.go.kr/) 사이트에 들어가 경매지식, 경매서식을 차례로 클릭하면 다양한 서식을 다운받을 수 있다.

❖ 채권상계 신청 사례

법원경매서류를 보면서 상계 신청이 어떻게 이루어졌는지, 공부해 보도록 하자.

본 경매 물건의 감정평가금액은 650,000,000원이다.

4차 332,800,000원까지 유찰된 물건을 510,000,000원에 낙찰받았다.

정상적인 경우라면 대금지급 기한은 2012년 10월 6일, 배당기일은 그로부터 한 달 뒤인 2012년 11월 6일이 될 것이다. 그런데 본 물건의 경우를 자세히 살펴보면 대금지급 기한과 배당기일, 배당종결이 모두 2012년 11월 6일로 동일하다는 것을 알 수 있다. 상계 신청을 했기 때문에 가능한 일이다.

★ 법원경매서류(노원구 상계동)

소재지	서울특별시 노원구 상계동 1???, ?????? ????층 ????호			*서울북부지방법원 본원			
물건종별	아파트	감정가	650,000,000원	**2012타경**			
				구분	입찰기일	최저매각가격	결과
대지권	57.487m²(17.39평)	최저가	(51%) 332,800,000원	1차	2012-06-04	650,000,000원	유찰
				2차	2012-07-02	520,000,000원	유찰
건물면적	114.82m²(34.733평)	보증금	(10%) 33,280,000원	3차	2012-08-07	416,000,000원	유찰
				4차	**2012-09-10**	**332,800,000원**	
매각물건	토지·건물 일괄매각	소유자	○○○	낙찰 : 510,000,000원 (78.46%)			
개시결정	2012-01-17	채무자	○○○	(입찰12명,낙찰:부산시 ○○○ ○/ 2등입찰가 489,000,000원)			
				매각결정기일 : 2012.09.17 - 매각허가결정			
사건명	임의경매	채권자	우리은행의채권양수인우리이에이제16차유동화전문유한회사외1	① 대금지급기한 : 2012.11.06			
				② 배당기일 : 2012.11.06			
				③ 배당종결 2012.11.06			

문건처리내역

	접수일	접수내역
	2012.01.17	등기소 북부등기소 등기필증 제출
	2012.05.14	채권자 주식회사 우리은행의 양수인 우리이에이제16차유동화전문유한회사 채권자변경 제출
4차	**2012-09-10** 332,800,000원 낙찰 : 510,000,000원 (78.46%)	!우리이에이제16차유동화전문유한회사 열람및복사신청 제출
	2012.09.10 ①	채권자 주식회사우리은행의채권양수인우리이에이제16차유동화전문유한회사 채무인수에 관한 승낙서 제출
	2012.09.27 ②	최고가매수인 매각허가결정등본
	2012.10.22	채권자 주식회사우리은행의채권양수인우리이에이제16차유동화전문유한회사 채권계산서 제출
	2012.11.06 ③	최고가매수인 매각대금완납증명

  법원경매서류 중 문건처리내역을 보면 가장 확실하게 상계 신청 사실을 알수 있다. 여기서 눈여겨봐야 할 것이 '채무인수승낙서'이다. 론세일 방식으로 투자하는 경우는 '채권상계' 신청을 하지만, 채무인수 방식으로 투자할 경우에는 '채무인수승낙서'를 법원에 제출하게 되는 것이다.

① 2012.09.10. 채권자 우리이에이제16차유동화전문유한회사가 낙찰이 되자, 같은 날 채무인수승낙서(상계신청)를 법원에 제출했다.

② 2012.09.27. 최고가매수인 매각허가결정등본이 발부되었다는 것은 법원으로부터 상계 신청이 받아들여졌다는 것을 의미한다.

③ 2012.11.06. 채권자의 상계 신청에 따라 최고가매수인 매각대금이 완납되었다.

마지막으로 론세일 방식으로 투자한 경우 문건처리내역을 살펴보기로 하자. 필자는 2013년 4월 4일 론세일 방식으로 근저당권을 매입한 후, 법원에 채권자 변경신고서를 제출했다. 2013년 5월 27일 경매에서 낙찰받자 곧바로 2013년 5월 30일 최고가매수신고인 채권상계신청서를 제출했음을 알 수 있다.

문건처리내역				
접수일	접수내역			
2013.04.04	채권자 주식회사 동흥 채권자변경신고서 제출			
2013.04.05	근저당권부질권자 주식회사　저축은행 권리신고및배당요구신청 제출			
2013.04.10	교부권자 국(송파세무서) 교부청구 제출			
2013.04.11	교부권자 국(삼성세무서) 교부청구 제출	2차	2013-05-27	612,800,000원
2013.04.12	채권자 주식회사 동흥 열람및복사신청 제출	낙찰 : 756,800,000원 (98.8%)		
2013.05.30	최고가매수신고인 채권상계신청서 제출			

08

실패를 방지하는 7가지 팁

❖ 매입 방법에 따른 가격 차이를 확인하라

유동화회사의 입장에서 생각해보자.

론세일 방식으로 매각하는 것이 채무인수 방식보다 훨씬 깔끔하다. 그래서 론세일 방식으로 매입할 경우, 더 저렴한 가격에 협상이 가능한 경우가 많다. 매입 방법에 따라 가격 차이가 얼마나 나는지 꼭 확인해봐야 하는 이유이다.

❖ 선순위 채권금액을 확인한다

앞서도 얘기했지만, 유동화회사가 선순위 채권금액을 알뜰히 알려줄 것이라고 생각하면 안 된다. 직접 확인하는 노력을 기울여야 한다.

부동산 등기부등본을 열람하면 선순위 근저당권 및 압류 등의 내용을 확인할 수 있다. 유동화회사가 열람 복사한 법원 서류를 보면 당해세, 소액임차인, 임금채권 및 선순위 채권에 대한 세부 내용이 파악된다. 선순위 채권을 하나도 놓치지 말고 다 확인한 후 매입가격에서 공제해야 한다.

❖ 매각 시점의 채권행사 권리금액을 확인한다

매각 시점에서 다시 한 번 채권행사 권리금액(또는 배당기일 채권금액)을 계산해야 한다. 유동화회사에 현재까지의 원금 및 이자 상환조회표를 요구하면 된다.

원금과 정상이자, 연체이자, 연체이율, 경매집행비용(가지급금) 등을 확인한 후 계산된 채권행사 권리금액이 채권최고액 범위 이내에 있는지 판단하면 된다. 물론, 예상되는 배당기일 채권금액도 사전에 계산한다.

❖ 차액지급조건 여부를 확인한다

이 항목은 채무인수 방식으로 매입하는 사람에게만 해당된다.

유동화회사는 경매 입찰에 참여하는 제3자가 부실채권 매각금액보다 높은 가격에 입찰하는 경우를 대비하여, 차액지급조건을 계약서에 포함시키는 경우가 늘고 있다. 물론 무조건 차액을 다 지급하라는 것은 아니고, 일정 한도 안에서 지급하도록 하고 있다.

유동화회사는 추가로 수익을 올려 좋겠지만, 투자자 입장에서는 이런 조건이 없는 것이 유리하다. 또한, 유동화회사가 입찰가격에 대해 조건을 다는 경우도 있으므로 계약서를 면밀히 살펴야 한다.

❖ 하자 치유 조건을 확인한다

부실채권에 있어 하자란 선순위 임차보증금, 유치권, 법정지상권, 체납관리비, 소송 등등이다. 유동화회사가 사전에 조사한 자료를 바탕으로 하자의 내용과 치유 방법을 고민해야 한다. 필자는 예전에 유치권 소송이 진행되는 호텔의 부실채권을 매입하려고 유동화회사와 협상한 적이 있었다. 그때 유동화회사 직원은 소송이 진행 중이므로 변호사를 교체하지 말고, 소송비용을 분담하자는 협상 조건을 제시해 왔다.

❖ 먼저 가격을 제시하지 않는다

부실채권 투자자들은 아파트와 다세대주택 등 주거용 부동산을 선호한다.

수요와 공급의 법칙에 따라 이런 물건은 유동화회사가 유리한 입장에 서기 마련이다. 유동화회사는 '투자자 너희들이 가격을 불러봐라'의 입장이 되어 먼저 매각가격을 제시하지 않으려고 한다.

토지나 공장, 상가 등 비주거용 부동산의 경우는 반대이다. 유동화회사가 매각가격을 먼저 제시하는 경우도 있다. 이런 가격협상의 시스템을 알고 협상에 임하는 것이 좋다. 부실채권을 구입하는 과정은 연애와 비슷하다. 너무 밀어도, 너무 당겨도 곤란하다. 자, 이제 적절히 협상을 하면서 최대한 가격을 낮춰보자.

❖ 계약서 내용을 꼼꼼하게 확인한다

부실채권을 매입하게 되면 채권양수도계약서를 작성하게 된다.

계약서는 여러 장이 한 세트이고, 조금 복잡해서 보고 싶지 않을 수도 있다. 누누이 강조하지만 '유동화회사가 어련히 알아서 했겠지'라는 생각은 절대 금물이다. 유동화회사는 나와 협상을 진행 중인 적이란 사실을 잊지 말아야 한다. 한 장 한 장 줄을 그어가면서 꼼꼼하게 확인해야 한다.

NPL 실전투자 강의는 어떻게 진행되나요?

		NPL 실전투자 주말심화반	
	모집 인원	선착순 **명	
강의일정	교육일정	2020. **. ** ~ 20. **. **까지	
	교육시간	토요일 오후1시부터 ~ 6시(300분)	
	교육기간	총 5주(1,500분)	
	교육문의	전화: 02-525-6388, 장소: 강남에듀평생교육원(강남역 11번 출구 인근)	
	강 사	성시근박사, 강은현교수, 변호사 ***, 유동화직원 ***명	
장소 및 회비		네이버 카페: 3천만원 3억만들기(http://cafe.naver.com/krea/) 공지	
강의계획서	1주차 (300분)	**개인도 NPL(대위변제, 론세일)을 매입할 수 있다!**	
		1. 개인도 NPL(부실채권)을 매입할 수 있다.	
		2. 대부업체 등록 후 NPL(부실채권)을 매입할 수 있다.	
		3. NPL(부실채권) 실전 성공사례 및 실패사례를 통한 핵심 노하우	
		4. NPL(부실채권) 개념 및 금융기관의 NPL 매각원인, 접근방법	
		5. 부동산 경기 침체기의 생존 전략	
	2주차 (300분)	**개인이 할 수 있는 NPL(부실채권) 매입과 대위변제 방법이 있다!**	
		1. NPL(부실채권) 대박물건 찾기 기법(유료 사이트 전국 이용권 증정)	
		2. NPL(부실채권) 물건 경매낙찰 예상가격 핵심 분석기법	
		3. 개인이 NPL(부실채권)을 직접 매입하는 방법 및 노하우	
		4. 개인의 임의 대위변제 방법 및 매입의 핵심 전략	
		5. 개인의 법정 대위변제 방법과 매입의 핵심 전략	
	3주차 (300분)	**나도 이제는 대부회사를 활용해 은행 NPL(부실채권)을 매입할 수 있다!**	
		1. 대부법인 설립과 금융감독원 신고방법	
		2. 금융기관의 NPL(부실채권) 채권 매입 핵심 기법	
		3. 론세일, 사후정산(매입조건부 입찰이행 계약)의 개념 및 처리절차	
		4. 유동화회사 NPL(부실채권) 채권 매입 핵심 기법	
		5. NPL(부실채권)매입자금 100% 조달 기법	
	4주차 (300분)	**나도 NPL(부실채권) 투자로 수익을 극대화 할 수 있다!**	
		1. NPL(부실채권) 금융기관 서류 분석기법(매입 전 리스크 완전격파)	
		2. NPL(부실채권) 법원서류 분석기법(매입 전 리스크 완전격파)	
		3. NPL(부실채권) 물건 연장, 취하, 재경매, 보정 등으로 기간 연장 전략	
		4. 금융감독원의 이자제한에 따른 출구 전략 핵심 비법	
		5. NPL 후순위 근저당권 할인 매입하여 수익률 극대화기법	
	5주차 (300분)	**나도 NPL(부실채권) 전문가로 컨설팅을 할 수 있다!**	
		1. NPL 수익률 극대화 기법(최우선 변제금 척결로 수익극대화 전략)	
		2. NPL 채권자 변경, 채권계산서 제출, 배당금 수령 절차 등 핵심 기법	
		3. 지분NPL투자 개념 및 수익률 극대화 기법	
		4. 법정지상권, 유치권, 등 특수물건 NPL 실전 투자 핵심기법	
		5. NPL 8가지 핵심 투자기법	

* 강의 계획은 강사의 사정에 따라 일부 변경될 수 있다.

NPL 황금시장을 잡아라!

▶ 대출이 있는 곳에 부실채권이 있다.
▶ 부실채권이 있는 곳에 경매가 있다
▶ 경매의 시작은 대부분 부실채권이다.

소득 있는 곳에 세금 없는 NPL 부실채권, 지금 시작하십시오.

"다른 NPL(부실채권) 강의와 비교해 보십시오."
"다른 NPL(부실채권) 교재와 비교해 보십시오."

◆ NPL실전투자 핵심노하우 공개!

▶ NPL 부실채권 고수가 되는 절호의 기회
▶ 초보도 단숨에 NPL 전문가로 키워주는 명 강의
▶ 소액투자 물건부터 고액투자 물건까지 우량물건 추천
▶ 타 교육기관보다 체계적이고 명쾌한 실전투자 중심 강의
▶ 권리분석, 이론보다는 추천물건 위주, 실전사례 중심 강의

명쾌한 전달을 위한 입체적 강의! 질의응답을 통한 토론식 강의!
매입 가능한 NPL 물건, 굿옥션 정보지를 이용한 스크린교육 및 분석

"나는 경매보다 NPL이 좋다"의 저자 성시근 교수와 함께하는
NPL 실전투자반, 경매 실전투자반에서 시작하고 싶으신 분은
지금 네이버 카페 3천만원 3억 만들기(http://cafe.naver.com/krea/)에서
신청하십시오.

8장

NPL 8가지 투자 기법을 마스터하라

배당투자 기법

부실채권 투자엔 몇 가지 방법이 있을까? 대부분의 사람들은 2가지를 대답하고 나면 말문이 막히게 된다. 배당금을 받는 배당투자, 경매에 직접 낙찰받는 유입투자는 기본일 뿐이다. 그 외에도 다양한 방법이 존재한다는 것을 알아두자.

지금부터 필자가 부실채권 실전투자경험을 중심으로 최초로 정리한 부실채권 8가지 투자비법을 공부하려고 한다. 이 8가지 기법만 마스터하면 어떤 상황, 어떤 물건으로도 수익을 낼 수 있다는 자신감을 가지게 될 것이다.

★ **부실채권 8대 투자 기법**

투자 기법	세부 내용
1. 배당투자 기법	제3자가 납부한 매각대금에서 채권 회수
2. 유입투자 기법	투자자가 직접 낙찰받은 후 수익 창출
3. 자진변제 투자 기법	부실채권 채무자의 자진변제, 임의변제 유도
4. 재매각 투자 기법	제3자에게 권리의 일부 또는 전부 양도
5. 방어입찰 투자 기법	손실을 막기 위해 방어적으로 입찰에 참여

6. 차순위 매수 투자 기법	차순위 입찰자들에게 차순위 신고 유도
7. 전환 무담보 채권 투자 기법	담보물건 매각대금에서 회수하지 못한 채권을 전환 무담보 채권으로 회수
8. 대위변제 투자 기법	2, 3순위 채권 매입 후 선순위 채권 대위변제로 수익 창출

8가지 투자 기법 중 부실채권 투자자들은 배당투자를 가장 좋아한다.

이 기법이 초보자들은 물론이고 고수들의 사랑을 듬뿍 받는 데는 확실한 이유가 있다. 투자 기간이 짧고, 간단하게 확실한 수익을 낼 수 있기 때문이다. 그러면 배당투자가 무엇인지 자세히 알아보자.

경매에서 배당이란 매각금액을 일정한 기준에 따라 분배하는 것이다. 배당투자 방식이란 부실채권 매입 후 경매 입찰에 직접 참여하지 않고, 제3자가 낙찰을 받으면 그 매각대금에서 배당금을 회수하는 투자를 말한다. 좋은 부실채권만 잘 사면, 누워서 떡 먹는 투자법이 바로 배당투자이다.

배당투자에 있어 수익금은 경매낙찰 예상가격(배당금액)에서 채권매입가격(매입원가+근저당권 이전비용+기타 대출비용)을 공제한 뒤의 금액이다. 경매낙찰 예상가격과 채권매입가격의 차이가 클수록 우량한 채권임은 두말하면 잔소리다. 그런데 매수자 입장에서 채권매입가격은 확정값이지만, 경매낙찰 예상가격은 추정치이다. 경매낙찰가격을 정확하게 예측하고, 선순위 채권금액을 꼼꼼히 체크하는 것은 배당투자의 수익 증대란 측면에서 아주 중요하다.

> 부실채권 예상수익=경매낙찰 예상가격 – 선순위 채권금액－(채권매입가격+질권대출 등 부대비용)－법원경매비용

그런데 지금부터 배울 8가지 투자 기법을 앞서 배운 채권 매입 방식과 연결지어 살펴보는 것은 매우 중요하다. 매입 방식에 따라 투자 기법이 달라지기 때문이다. 배당투자 방식은 부실채권을 '론세일' 방식과 '배당조건부 사후정산' 방

식으로 매입했을 때만 가능하다.

'채무인수' 방식과 '유입조건부 사후정산' 방식의 매입은, 매수자가 반드시 법원 경매에 직접 참여해야 하는 조건부 계약의 일종이므로 배당투자 기법이 아예 불가능한 것이다.

★ NPL 매입 방식과 투자 기법의 상관관계

매입 방식 투자 기법	론세일 방식	채무인수 방식	유입조건부 사후정산 방식	배당조건부 사후정산 방식
배당투자 기법	○	×	×	○
유입투자 기법	○	○	○	×
자진변제 투자 기법	○	×	×	△ (약정)
재매각 투자 기법	○	×	×	×
전환 무담보 채권 투자 기법	○	×	×	×
대위변제 투자 기법	○	×	×	×

배당투자 방식의 장점은 쉽고 간단하다는 것이다.

경매를 거쳐 명도를 해야 하는 부담이 없고, 부실채권의 수익금에는 세금이 부과되지 않으니 이익이 쏠쏠하다. 법원 판결문을 살펴보면, 부실채권 매매를 업으로 하지 않는 개인에게 발생한 처분이익은 과세 대상 소득에 해당되지 않는다고 한다.

그렇다고 배당투자 방식이 장점만 있는 것은 아니다.

부실채권 매입가격보다 경매낙찰가격이 낮아 손해 볼 위험은 상존한다. IMF 위기상황 전과 후를 떠올려보기 바란다. 그런 일이 벌어질 줄 누가 짐작이나 했을까? 갑작스러운 경기 변동이나 정책 변동에 대한 위험은 감안해야 한다. 또한 투자자의 수요에 비해 유동화회사의 공급물량 자체가 적어 배당 채권의 가치가 상승하고 있다는 점도 단점이라 할 수 있다.

❖ 수익률 106% 달성 사례

본 물건 역시 배당투자 기법으로 높은 수익률을 기록했다.

경기도 화성시의 주택으로 대출 원금 250,000,000원, 연체이자 28,000,000원, 경매비용 6,000,000원임을 유동화회사에서 확인할 수 있다.

이 물건의 투자자는 256,000,000원에 부실채권을 매입했다. 매입과 동시에 담보부 질권대출을 받아, 자기자본 47,000,000원으로 투자할 수 있었다.

★ 법원경매서류(경기도 화성시 주택)

2011타경1 22		지방법원 본원		소 재 지	경기도 화성시		13- 9 외 1필지	
물건종별	주택	감 정 가	548,741,000원	\[입찰진행내용 \]				
				기일입찰 구분	입찰기일	최저매각가격	결과	
토지면적	776㎡(234.74평)	최 저 가	(51%) 280,955,000원	1차	2011-04-21	548,741,000원	유찰	
					2011-05-27	438,993,000원	변경	
				2차	2011-06-29	438,993,000원	유찰	
건물면적	210.27㎡(63.607평)	보 증 금	(10%) 28,100,000원	3차	2011-08-09	351,194,000원	유찰	
				4차	**2011-09-20**	**280,955,000원**		
매각물건	토지·건물 일괄매각	소 유 자	김	낙찰 : 360,710,000원 (65.73%)				
				(입찰6명,낙찰:박 / 2등입찰가 326,915,000원)				
사건접수	2011-01-11	채 무 자	김	매각결정기일 : 2011.09.27 - 매각허가결정				
				대금지급기한 : 2011.11.04				
사 건 명	임의경매	채 권 자	저축은행	대금납부 2011.10.17 / 배당기일 2011.11.23				
				배당종결 2011.11.23				

No	접수	권리종류	권리자	채권금액	비고	소멸여부
1	2004.10.14	소유권이전(매매)	김			
2	2008.03.24	근저당	저축은행	322,000,000원	말소기준등기	소멸
3	2009.11.24	근저당	더축은행	28,000,000원	350백만원	소멸
4	2010.01.18	근저당	이	36,000,000원		소멸
5	2011.01.12	임의경매	저축은행	청구금액: 261,038,388원	2011타경1223	소멸

그 후 경매 입찰에서 제3자가 360,710,000원에 낙찰받아 채권최고액 350,000,000 원을 초과하였다. 결국 47,000,000원을 투자해 6개월 만에 25,000,000원의 수익을 올린 것이다. 연간 수익률 106%를 달성한 투자 성공 사례라 할 수 있다.

투자자 입장에서 배당투자는 아주 안전하고 편한 기법이긴 하지만, 배당투자를 할 수 있는 물건 자체가 많지 않다는 한계가 있다.

대형 유동화회사들은 배당투자가 가능한 물건을 매각하지 않고, 직접 경매 진행을 통해 채권을 회수하고 있기 때문이다. 일반 투자자들이 구입할 수 있는 물건은 대부분 중소형 유동화회사를 통해 유통되는 제2금융권(저축은행, 새마을금고, 신협 등) 물건이므로, 배당투자를 원한다면 이런 물건을 눈여겨봐야 한다.

배당투자 기법은 부실채권 투자에서 가장 보편적인 투자 방법이다.

유입투자 기법

경매 참여자들에게 가장 인기 있는 것은 유입투자 기법이다.

배당투자가 스스로는 경매에 참여하지 않고 제3자가 낙찰받을 때까지 느긋하게 기다리는 투자 기법이라면, 유입투자는 보다 적극적이다. 법원의 경매 입찰에 직접 참여해 낙찰받아 소유권을 취득하는 것이다. 그 후 재매각하거나 임대로 수익을 창출할 수 있다.

론세일 방식으로 부실채권을 매입했다면 배당투자와 유입투자의 두 갈래 길에서 고민을 해야겠지만, 채무인수 방식 투자자라면 유입투자가 정답이다.

앞서서도 말했지만 투자 기법은 부실채권 매입과 밀접한 관련이 있다.

론세일, 채무인수, 유입조건부 사후정산 방식으로 매입했다면, 모두 유입투자가 가능하다. 단 '배당조건부 사후정산' 방식으로 매입한 경우엔 예외다. 경매 입찰에서 제3자가 낙찰받아 매각대금을 납부해야 매각대금에서 채권을 회수할 수 있는 조건부 계약이기 때문이다.

경매법정에서 유입투자자는 굉장히 우월한 위치에 서게 된다.

일반 경매 참여자가 접근할 수 없을 정도의 높은 가격에 낙찰받아도 되기 때문이다. 급매물 가격이 얼마든, 입찰최저가격이 얼마든 상관없다. 유입투자자는 배당기일 채권금액으로 입찰이 가능하다. 오로지 채권최고액만 넘지 않으면 되는 것이다.

유입투자 방식의 채권은 보통 배당투자가 어려운 채권이다. 경매낙찰 예상가격과 채권매입가격의 차이가 거의 없다는 의미이다. 이때 채권매입금액과 배당기일 채권금액의 차액이 클수록 유리한 채권으로, 고가에 낙찰받을 수 있다.

고가 낙찰은 낙찰 가능성을 높여주는 것 외에도 2가지 장점을 더 가지고 있다. 매각잔금대출도 더 많이 받을 수 있다는 점, 또 유입한 부동산의 재매각 시 양도세 부담도 없다는 점이 그것이다. 유입투자 방식의 단점이라면 재매각 지연으로 자금 회수가 지연될 수 있고, 경기 변동이나 부동산 가격 하락 등 불확실성이 높다는 점이다.

❖ 채권최고액으로 낙찰받은 사례

이번엔 입찰 최저가격과 상관없이 배당기일에 받을 수 있는 채권최고액으로 낙찰받은 사례를 소개해보겠다. 이 사례의 투자자는 낙찰 후, 채무인수 신청으로 소유권을 취득하고 부동산담보대출을 이용해 근저당권을 말소했다.

유입투자 기법을 쓰면 부동산담보대출을 이용해 대출금액을 최대한 받을 수 있을뿐더러 다른 물건의 양도세와 상계처리를 통해 세금을 절약할 수 있다. 또한 부동산을 담보로 추가 대출도 가능하다는 장점이 있다.

다음은 감정가격을 무시하고 채권최고액 28억 원으로 당당하게 낙찰받은 유입투자 사례이다.

★ 법원경매서류(채권최고액으로 낙찰받은 주유소)

2008타경2 9		'지방법원 본원			소 재 지	'광역시	주례동 906 외 2필지	
물건종별	주유소	감 정 가		1,962,424,000원	기일입찰	[입찰진행내용]		
토지면적	1539㎡(465.548평)	최 저 가		(80%) 1,569,939,000원	구분	입찰기일	최저매각가격	결과
					1차	2010-05-27	1,962,424,000원	유찰
건물면적	247.53㎡(74.878평)	보 증 금		(10%) 157,000,000원		2010-07-01	1,569,939,000원	변경
						2010-09-09	1,569,939,000원	변경
매각물건	토지·건물 일괄매각	소 유 자		김	2차	2012-07-12	1,569,939,000원	
사건접수	2009-06-29	채 무 자		김	낙찰 : 2,800,000,000원 (142.68%)			
사 건 명	임의경매	채 권 자		우리은행	(입찰1명,낙찰 인)			
					매각결정기일 : 2012.07.19			

No	접수	권리종류	권리자	채권금액	비고	소멸여부
1	2008.12.02	소유권보존	김			
2	2008.12.02	근저당	우리은행	1,908,000,000원	말소기준등기	소멸
3	2008.12.02	근저당	우리은행	900,000,000원		소멸
4	2008.12.30	근저당	세계로(주)	470,000,000원		소멸
12	2009.06.30	임의경매	우리은행	청구금액: 2,342,608,943원		소멸

채권 최고액 : 28억 원

다른 사례를 하나 더 살펴보자.

★ 법원경매서류(상계동 아파트 유입투자)

소 재 지	서울특별시 노원구 상계동 202호							
물건종별	아파트	감 정 가		650,000,000원	2012-13680			
					구분	입찰기일	최저매각가격	결과
대 지 권	57.487㎡(17.39평)	최 저 가		(51%) 332,800,000원	1차	2012-06-04	650,000,000원	유찰
					2차	2012-07-02	520,000,000원	유찰
건물면적	114.82㎡(34.733평)	보 증 금		(10%) 33,280,000원	3차	2012-08-07	416,000,000원	유찰
					4차	2012-09-10	332,800,000원	
매각물건	토지·건물 일괄매각	소 유 자		지	낙찰 : 510,000,000원 (78.46%)			
개시결정	2012-01-17	채 무 자		지	(입찰12명,낙찰:경산시 양주역 / 2등입찰가 489,000,000원)			
					매각결정기일 : 2012.09.17 - 매각허가결정			
사 건 명	임의경매	채 권 자		은행의채권양수인우리이에 이제16차유동화전문유한회사외1	대금지급기한 : 2012.11.06			
					배당기일 : 2012.11.06			
					배당종결 2012.11.06			

No	접수	권리종류	권리자	채권금액	비고	소멸여부
1	2004.04.09	소유권이전(매매)	지근 하			
2	2004.04.09	근저당	우리은행	60,000,000원	말소기준등기	소멸
3	2004.12.22	근저당	우리은행	60,000,000원		
4	2005.12.05	근저당	우리은행	84,000,000원		소멸
5	2007.05.17	근저당	우리은행	285,600,000원		소멸
6	2010.04.22	근저당	우리은행	60,000,000원		소멸
8	2012.01.17	임의경매	우리은행	청구금액: 491,376,572원		

채권최고액: 549,600,000

청구액:491,376,572

채무인수에 관한 승낙서 제출을 통해 대금지급기한, 배당기일, 배당종결이 같은 날 이루어진 유입투자 기법을 이해할 수 있다.

03

자진변제 투자 기법

자진변제란 말 그대로 채무자가 스스로 채무를 갚는 것이다.

임의변제 투자 기법이라고도 한다. 채무자뿐 아니라 대위변제자(구상권이 있는 불가분채무자, 연대채무자, 보증인, 물상보증인, 담보물의 제3취득자, 후순위 담보권자 등)가 채무를 갚을 수도 있다. '대위변제자'란 말이 어렵게 느껴질 수 있으나, 개념은 간단하다. 해당 물건이 경매로 넘어가서 발생하는 손해보다, 다른 방법으로 채무를 갚는 것이 유리하다고 판단되는 사람들이 대신 빚을 갚아준다는 의미이기 때문이다.

그렇다면 채무자는 어떤 방법으로 자진변제를 할까?

다른 은행에서 대출을 받거나, 일반 매매로 부동산을 처분한 후 변제하는 것이다. 경매가 진행되는 중이라도 채권금액이 상환되면 근저당권은 곧바로 말소된다. 경매 절차에서 매각대금 납부 전까지는 자진변제가 가능하다.

부실채권 투자에서 '자진변제'가 흔한 상황은 아니다. 해당 부동산의 채무금액이 일반 매매 가격보다 낮은 경우에 주로 발생한다. 부실채권을 매입한 채권자가 채무자와 가격협상을 해서 변제를 유도하는 경우도 있다.

자진변제 투자 기법에 있어 수익은 자진변제금액에서 채권매입가격(매입원가+근저당권 이전비용+대출비용)을 공제한 후의 금액이다. 당연히 자진변제금액과 채권매입가격의 차이가 클수록 유리하다. 이 투자 기법은 부실채권을 '론세일' 방식과 '배당조건부 사후정산' 방식으로 매입한 경우에만 가능하다. 만약 '채무인수'와 '유입조건부 사후정산' 방식으로 매입했다면, 채권의 소유권은 유동화회사에 있으므로 자진변제금액은 유동화회사의 수익금으로 환수된다.

자진변제 투자 기법의 최대 장점은 초단기간에 수익을 달성한다는 것이다.

하지만 채권매입가격이 높은 경우, 신속한 자진변제는 오히려 비용 발생 등으로 손실의 위험이 크다는 단점도 있다. 한마디로 먹을 것이 없는 깡통 투자가 될 가능성을 염두에 두어야 한다.

❖ 수익률 32% 달성 사례

이번 사례 역시 필자에게 교육을 받은 수강생 이야기다. 소자본으로 실전투자 경험을 원했던 수강생에게 필자는 경기도 군포시의 아파트를 추천했다.

대부분의 투자자들이 1순위 근저당권을 고집하는 경향이 있는데, 필자는 순위보다 경매낙찰 예상가격이 더 중요하다고 강조한다.

소개하고자 하는 이 물건 역시 광명저축은행의 2순위 근저당권이었다. 해당 물건은 인근에 이마트, 초등학교 2곳, 중학교 1곳, 대학병원, 공원 등 쾌적한 생활환경을 갖춘 2,118세대의 역세권 대단지 아파트였다. 게다가 요즘 인기 있는 소형아파트이고, 층도 로얄층이라 그야말로 흠잡을 데가 없는 물건이었다.

필자는 수업시간에 해당 물건에 대한 현장조사 과제를 냈다. 다음은 수강생들의 조사 내용과 그에 따른 질문 내용이다.

소재지	경기도 군포시 산본동 1146-11, 우륵아파트							
물건종별	아파트	감정가	160,000,000원		2013타경11692			
대지권	29㎡(8.773평)	최저가	(100%) 160,000,000원	구분	입찰기일		최저매각가격	결과
건물면적	42.87㎡(12.968평)	보증금	(10%) 16,000,000원		2013-02-26		160,000,000원	취하
매각물건	토지·건물 일괄매각	소유자	정	본사건은 취하(으)로 경매절차가 종결되었습니다.				
개시결정	2012-08-29	채무자	정					
사건명	임의경매	채권자	광명저축은행					

No	접수	권리종류	권리자	채권금액	비고	소멸여부
1	2006.12.28	근저당	하나은행	94,800,000원	말소기준등기	소멸
2	2007.01.12	소유권이전(매매)	정		거래가액 금134,000,000원	
3	2008.05.21	근저당		21,000,000원		소멸
4	2012.08.30	임의경매	광명저축은행	청구금액: 16,794,507원		소멸
5	2012.09.18	임의경매	하나은행	청구금액: 80,047,172원		소멸

〈조사 내용〉

* 이 물건은 2순위 근저당권이다.
* 채권최고액이 시세보다 적어 배당을 통해 수익을 실현할 수 있다.
* 등기부상 권리는 문제될 것이 없고, 임차인과 소액임차인이 문제이다.
* 현장에 가보니 소유자의 우편물이 있었고, 경비실에 문의해 소유자가 살고 있음을 확인했다.

〈질문 내용〉

* 현재 소유자가 거주한다 하더라도 경매개시결정등기 전 소액임차인이 발생하면 어떻게 대응하나?

수강생들은 소액임차인 문제를 가장 궁금해 했고, 또한 가장 걱정했다.

물건의 가치를 철저하게 분석해 소액임차인 문제를 피해가는 세부방법은 NPL 실전투자반 강의시간에 실전 사례를 통하여 공부하자. 앞서 공부했듯이 아파트 시세는 국토교통부 아파트 실거래가를 조회하면 정확하게 알 수 있다.

★ 국토교통부 아파트 실거래가

2012.01		2012.02		2012.03		2012.04		2012.05		2012.06	
일자	거래금액(총)	일자	거래금액(총)	일자	거래금액(총)	일자	거래금액(총)	일자	거래금액(총)	일자	거래금액(총)
21~31	15,700 (19)	11~20	15,500 (15)	1~10	15,300 (4)	1~10	15,400 (24)	11~20	15,600 (21)		
	16,000 (13)				15,200 (20)	11~20	15,300 (12)		15,400 (25)		
	14,700 (2)						15,600 (20)	21~31	15,700 (15)		
						21~30	15,500 (19)				

2012.07		2012.08		2012.09		2012.10		2012.11		2012.12	
일자	거래금액(총)	일자	거래금액(총)	일자	거래금액(총)	일자	거래금액(총)	일자	거래금액(총)	일자	거래금액(총)
1~10	15,800 (16)							1~10	15,800 (8)	11~20	14,950 (17)
	16,280 (23)							11~20	15,300 (15)		
21~31	15,550 (13)										

이 물건의 평균 시세는 150,000,000원으로, 인접물건 평균 낙찰률 85%를 반영하면 경매낙찰 예상가격은 136,000,000원이다.

경매낙찰 예상가격에서 1순위 근저당 채권최고액 94,800,000원을 공제해보자.

여기에 소액임차인이 있을 경우를 대비해 최우선 변제금 16,000,000원을 다시 공제하자. 그러면 25,200,000원이 남는다. 경매예납금 2,500,000원을 빼도 최종적으로 22,700,000원이 남는다. 채권최고액 21,000,000원을 넘으니, 분명 남는 장사다.

이 물건은 매입한 지 141일 만에 채무자의 자진변제로 채권 전액을 회수할 수 있었다. 채무자는 경매 절차가 진행되자 일반 매매를 통해 해당 부동산을 150,000,000원에 매각한 것이다. 부실채권 투자는 이처럼 천만 원대 소액으로도 투자할 수 있다.

❖ 수익률 98% 달성 사례

이번엔 부실채권 교육을 다른 곳에서 여러 차례 받고 부동산 지식도 많은 필자의 수강생 사례를 얘기해보려고 한다. 해당 물건은 용산에 위치한 빌라로 소유주와 보증금 3천만 원의 선순위 임차인이 거주하고 있었다.

법원경매서류를 통해 대출 원금 210,000,000원, 채권최고액 294,000,000원, 경매청구금액 217,357,923원임을 확인할 수 있다.

★ 법원경매서류(용산구 다세대 주택)

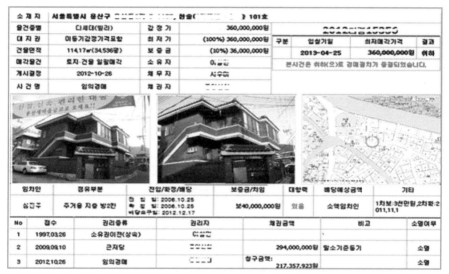

소 재 지	서울특별시 용산구 ○○○○○ ○○○, 하숙(○○○○ ○○) 101호							
물건종별	다세대(빌라)	감 정 가	360,000,000원		2012타경15356		
대 지 권	이동기감정가격포함	최 저 가	(100%) 360,000,000원	구분	입찰기일	최저매각가격	결과
건물면적	114.17㎡(34.536평)	보 증 금	(10%) 36,000,000원		2013-04-25	360,000,000원	취하
매각물건	토지·건물 일괄매각	소 유 자	이○○	본사건은 취하(으)로 경매절차가 종결되었습니다.			
개시결정	2012-10-26	채 무 자	서수○				
사 건 명	임의경매	채 권 자	○○○○○				

임차인	점유부분	전입/확정/배당	보증금/차임	대항력	배당예상금액	기타
심진주	주거용 지층 방2칸	전 입 일: 2006.10.25 확 정 일: 2006.10.25 배당요구일: 2012.12.17	보40,000,000원	있음	소액임차인	1차보:3천만원,2차확:2 011.11.1

No	접수	권리종류	권리자	채권금액	비고	소멸여부
1	1997.03.26	소유권이전(상속)	이○○			
2	2009.09.10	근저당	○○○○	294,000,000원	말소기준등기	소멸
3	2012.10.26	임의경매	○○○○	청구금액: 217,357,923원		소멸

❚ 문건처리내역

접수일	접수내역
2012.10.29	등기소 용산등기소 등기필증 제출
2012.12.04	채권자 한국부동산아카데미 채권자변경신청서 제출
2012.12.17	임차인 권리신고및배당요구신청 제출
2013.01.07	채권자 채권자변경신고 제출
2013.04.24	채권자 (각종)취하서(포기서포함) 제출

이 물건의 채무자는 경매 절차가 진행되자 다른 은행에서 대출을 받아 채무 전체를 자진변제했다. 문건처리내역을 보면 2013년 4월 24일 채권자가 취하서를 제출한 것을 알 수 있다. 부실채권을 매입한 지 160일 만에 자진변제를 통해 98%의 수익을 달성한 것이다.

04

재매각 투자 기법

재매각 투자 기법이란 매입한 부실채권에 마진을 붙여 다른 투자자에게 매각함으로써 수익을 창출하는 것이다. 유동화회사의 수익 모델이 바로 그것이다. 다들 알 듯이 유동화회사는 금융기관으로부터 부실채권을 매입해서 일반 투자자에게 매각한다.

일반 투자자의 경우도 이와 같은 투자 기법을 구사할 수 있다. 부실채권을 샀다고 해서 꼭 본인이 투자해야 되는 것은 아니다. 자신이 매입한 부실채권에 마진을 붙여 다른 투자자에게 얼마든지 양도할 수 있기 때문이다. 부동산 담보부 근저당권은 소유권과 마찬가지로 자유로운 거래가 가능하다는 점을 알아두자.

그렇다면 여기서 하나 궁금해지는 것이 있다.

유동화회사들은 과연 얼마만큼의 마진을 남기고 재매각할까?

AMC 직원들로부터 흘러나온 말로 추측해보건대 최소 10% 이상일 것이다. 정보이용료, 인건비, 사무실 임대료, 변호사 및 법무사의 자문료, 현장조사 경비 등 생각보다 많은 비용이 들어가기 때문이라고 한다.

필자는 이러한 유통마진을 줄이려고 국제입찰에 참여하거나 제2금융권과 접촉해 직접 매입하는 방법을 쓰고 있다. 필요한 경우, 이렇게 매입한 부실채권을 원하는 분들께 재매각하기도 한다.

그런데 사실 이러한 재매각 기법은 담보부 부실채권 시장보다 무담보부 시장에서 많이 사용되고 있다. 시장에서 유통되는 무담보부 부실채권 중에서 필자에게 7번째, 9번째 재매각 물건도 심심찮게 전달된다.

왜 그럴까? 무담보부 부실채권은 기본적으로 자금 회수 기간이 길고 채권 추심이 불확실하다. 채무자가 채무를 갚을 경제적 기반을 갖추어야 추심이 가능하기 때문이다. 또한, 채무자의 숨겨진 재산을 탐색해야 한다. 담보부 부실채권에 비해 채권 추심 방법이나 추심능력에 따라 투자 기간이 상당히 길기 때문에 여러 차례 재매각될 수 있는 것이다.

그러나 초보자라면 무담보부 부실채권은 부적절한 투자 아이템이다.

채권의 소멸시효, 회생채권 및 파산채권, 송달, 채권의 평균 회수율 등에 대한 전반적인 법률지식을 갖추기 전까진 절대로 손대지 않는 것이 정답이다.

신용정보회사나 대부업체 근무 경험이 있는 분이라면 고려해볼 만하다.

방어입찰 투자 기법

부실채권으로 배당투자를 원하는 투자자도 경매에 참여한다.

왜 제3자가 낙찰받아 배당해줄 때까지 기다리지 않고, 직접 경매에 참여할까?

만약 유찰이 거듭되거나, 부실채권 인수금액 이하로 낙찰이 된다면 곧바로 손해가 발생하기 때문에 함께 입찰에 참여하는 것이다. 이것이 바로 방어입찰 투자 기법으로 유동화회사가 즐겨 사용한다. 직접 낙찰받은 후에는 소유권 이전과 명도 등을 통해 권리관계를 깨끗하게 만든 후, 적당한 시기에 일반 매물로 팔아야 한다.

방어입찰에 참여한 투자자 입장에서 '낙찰'이란 사실상 날벼락 같은 것이다.

보험을 드는 심정으로 방어입찰에 참여했는데 덜커덕 낙찰되어 버린 상황이다. 투자자 입장에서 낙찰이 반갑지 않은 이유는 무엇일까? 예상보다 투자 회수 기간이 길어지고, 소유권 이전 등기 및 명도에 추가 비용이 들어가기 때문이다.

부실채권을 많이 보유하고 있는 대형 유동화회사에는 방어입찰로 유입한 물건 중에 제법 쓸 만한 것들도 있다.

유동화회사는 대부분 자신들의 낙찰가격을 기준으로 매각하기 때문이다. 투자자 입장에서는 명도 등 복잡한 문제를 깨끗이 해결한 부동산을 저렴하게 구입할 수 있고, 입주 시기를 예측할 수 있는 아주 좋은 물건이다.

투자자보다 실수요자의 입장에서 접근하는 것이 더 유리할 것이다.

'가장 많은 돌을 뒤집어 본 사람이 가장 좋은 수석을 건진다'는 격언은 여기서도 유효하다. 이런 좋은 물건 역시 열심히 찾는 투자자의 몫이기 때문이다.

❖ 채무인수로 재매각한 사례

이번 사례에 나오는 물건은 노른자 중의 노른자 땅이라고 할 수 있는 서울 서초동의 7층짜리 건물 '우림빌딩'이다. 지하철 교대역 출구에 위치한 우림빌딩에는 많은 경매학원과 중개업체가 몰려 있어 부동산 종사자들에게 뜨거운 이슈가 되었다.

부실채권을 소유한 우리에프앤아이는 400억대에 매각하기를 원했다.

감정가격이 460억 정도였기 때문이다. 부실채권이 매각되지 않은 상태에서 경매가 진행되었는데, 예기치 않은 일이 벌어졌다. 방어입찰에 참여했던 우리에프앤아이가 390억 원에 날벼락 같은 1등을 한 것이다. 우리에프앤아이는 유입투자를 포기하고, 결국 제3자에게 채무인수 방식으로 매각하게 된다.

★ 법원경매서류(서초구 서초동 근린상가)

소 재 지	서울특별시 서초구 서초동 ... 1 외 7계층					2012타경○○○○2		
물건종별	근린상가	감 정 가	46,050,000,000원	구분	입찰기일	최저매각가격		결과
대 지 권	1096.6㎡(331.721평)	최 저 가	(80%) 36,840,000,000원		2013-02-21	46,050,000,000원		변경
				1차	2013-03-○○	○0,000,000,000원	방어입찰	유찰
건물면적	4109.75㎡(1243.199평)	보 증 금	(20%) 7,368,000,000원	2차	2013-05-02	36,840,000,000원		낙찰
매각물건	토지·건물 일괄매각	소 유 자	○○○○○(주)		낙찰 39,000,000,000원(84.69%) / 1명 / 미납			
개시결정	2012-10-17	채 무 자	○○○○○(주)	3차	2013-08-21	36,840,000,000원		
				낙찰 : 40,500,000,000원 (87.95%)				
사 건 명	임의경매	채 권 자	국민은행	입찰2명, 낙찰:성남시 ○○○ ○○회2 / 2등입찰가 37,210,000,000원)				
				매각허가결정일 : 2013.08.28 - 매각허가결정				
				대금지급기한 : 2013.10.07				

No	접수	권리종류	권리자	채권최고액	비고	소멸여부
1	2007.06.22	소유권이전(매매)				
2	2007.06.22	근저당	국민은행	44,200,000,0○○	청구금액	소멸
8	2012.10.19	임의경매	국민은행	청구금액: 33,448,113,899원	2012타경:	소멸

◉ 문건처리내역

접수일		접수내역
2012.10.22		등기소 서울중앙지방법원 등기국 등기필증 제출
2012.10.30	①	채권자 주식회사국민은행 보정서 제출
2012.12.26	②	채권자 우리에프앤아이제30차유동화전문 유한회사 채권자변경신고 제출
2013.01.08		채권자 주식회사국민은행의양수인우리에프앤아이제30차유동화전문유한회사 열람및복사신청 제출
2013.02.18	③	채권자 주식회사국민은행의양수인우리에프앤아이제30차유동화전문유한회사 기일연기신청 제출
2013.05.09	④	최고가매수인 채권상계허가신청 제출 2013-05-02 36,840,000,000원 낙찰
2013.06.04	⑤	최고가매수인 채권상계허가취소신청 제출 ※ 낙찰 39,000,000,000원(84.69%) / 1명 / 미납

법원경매서류 문건처리내역을 보면서 이 물건의 방어입찰 과정과 그 결과를 되새겨보기로 하자.

① 2012년 10월 30일, 1순위 근저당권자인 국민은행이 보정서를 제출했다.
② 2012년 12월 26일, 우리에프앤아이제30차유동화전문유한회사가 국민은행의 근저당권을 매입했다. 일부 관심 있는 투자자들의 상담이 시작되었다.

③ 2013년 2월 18일, 원하는 가격을 제시하는 투자자가 없자 경매기일을 연기시켰다.

④ 우리에프앤아이는 일반 경매 입찰 예정자들을 상대로 탐색전을 벌인 끝에 390억 원에 방어입찰을 했다. 그런데 아무도 입찰에 참여하지 않아 날벼락같이 단독으로 낙찰받게 되었다.

우리에프앤아이의 고민이 시작되는 시점이다. 이미 엎질러진 물이니, 유입투자로 갈까? 어쨌든 채권상계 신청을 하기로 한다.

⑤ 2013년 6월 4일, 아니야, 재경매로 매각 기간을 지연할까? 결국, 유입 포기 결정에 따라 최고가매수신고인 채권상계허가취소신청서를 제출하고 재경매를 선택한다. 매각 희망가격을 낮추어 제3자에게 채무인수 방법으로 매각하기로 한 것이다.

⑥ 2013년 8월 21, 부실채권을 구입한 현**외 2인은 유동화회사와 협의한 입찰금액 40,500,000,000원으로 낙찰에 성공한다. 2등은 37,210,000,000원이었다. 아마 부실채권의 위력을 모르는 사람이었던 듯하다.

약간의 문제는 있었지만, 유동화회사는 방어입찰을 통해 건질 것이 많다.

새로운 매수자를 찾기 위한 시간의 여유를 벌었고, 재경매를 통해 유찰을 방지했다. 또한 부실채권의 적정가격은 39,000,000,000원이라는 강한 인상을 심어주어 고가 매각의 발판을 마련했다. 그런데 이 물건으로 우리에프앤아이가 얼마의 수익을 냈는지 궁금하지 않은가?

국민은행으로부터 해당 부실채권을 얼마에 매입했는지 짐작해보면 될 것이다.

만약 경매청구금액 33,448,113,899원의 80% 수준이라면?

진짜 26,800,000,000원쯤에 매입했을까?

부실채권의 재매각금액은 얼마였을까?

필자로서도 궁금한 점이 많이 남아 있는 물건이다. 우림빌딩 사례는 필자의 경험을 토대로 재구성한 것이라 사실과 다를 수 있으니 참고하기 바란다.

❖ 직접 낙찰받은 사례

이번 사례는 유암코가 채무인수 방식으로 매각하려고 했던 물건 얘기다.

지하에 슈퍼를 운영하다 부도가 발생한 상가 건물인데, 보증금 1억에 임대료가 6백만 원에 불과한 수익성이 저조한 물건이었다.

현장조사를 해보니 체납관리비가 8천만 원 있었고, 유치권도 존재했다. 임차인으로부터 304,980,000원, 공사대금채권으로 200,000,000원이 신고되었고, 경매법원에 유치권배제신청이 접수되어 있었다.

유동화회사는 방어입찰 차원에서 1,187,840,000원에 입찰에 참여했다. 경매가 진행되는 중이더라도 1,000,000,000원에 매입하겠다는 제3자가 나타나면, 낙찰 잔금을 납부하지 않고 재매각을 하겠다는 계획을 갖고 있었다. 필자의 지인이 950,000,000원에 매입하겠다는 의향을 밝혔으나, 거래가 성사되지 않았다.

★ 법원경매서류(관악구 근린상가)

소 재 지	서울특별시 관악구 □□□ □□□ □□□디프라자 □□□ □□01호							
				2011타경□□□□			
물건종별	근린상가	감 정 가	2,000,000,000원	구분	입찰기일	최저매각가격	결과
				1차	2011-11-24	2,000,000,000원	유찰
대 지 권	216.34㎡(65.443평)	최 저 가	(41%) 819,200,000원	2차	2011-12-29	1,600,000,000원	유찰
					2012-02-02	1,280,000,000원	변경
					2012-03-08	1,280,000,000원	변경
건물면적	505.37㎡(152.874평)	보 증 금	(20%) 163,840,000원	3차	2012-04-12	1,280,000,000원	유찰
				4차	2012-05-17	1,024,000,000원	낙찰
				낙찰 1,250,000,000원(62.5%) / 1명 / 미납			
매각물건	토지·건물 일괄매각	소 유 자	구○자		2012-07-26	방어낙찰	
				5차	2012-08-30		유찰
개시결정	2011-02-14	채 무 자	구○자	6차	2012-10-04	819,200,000원	
				낙찰 : 1,187,840,000원 (59.39%)			
				(입찰2명,낙찰:주□□□치 유동화전문 / 2등입찰가 913,000,000원)			
사 건 명	임의경매	채 권 자	하나은행의 양수인 유에이치 제일차유동화전문유한회사	매각결정기일 : 2012.10.11 - 매각허가결정			
				대금지급기한 : 2012.12.20			
				배당기일 : 2012.12.20			
				배당종결 2012.12.20			

임차인		점유부분	전입/확정/배당	보증금/차임	대항력	배당예상금액	기타
김		점포 전부 (럭키할인마트)	사업자등록 : 이상 전 입 일 : 2008.05.15 배당요구일 : 없음	보2200,000,000원 월9,000,000원 환산 110,000원		예상배당표참조	임차권설정등기자,현 ◎◎상세:2009.1.28

No	접수	권리종류	권리자	채권금액	소멸여부
1	2008.03.24	소유권이전(매매)	□□□		채권최고액 소멸
2	2008.03.24	근저당	하나은행	1,950,000,000원	말소기준등기 소멸
3	2008.05.15	임차권설정(전부)	□□□	200,000,000원	청구금액 소멸
10	2011.02.14	임의경매	하나은행	청구금액: 1,461,788,879원	2011타경 소멸

● 문건처리내역

접수일	접수내역
2011.02.16	등기소 관악등기소 등기필증 제출
2011.06.09 ①	근저당권자 주식회사하나은행 양수인 유에이치제일차유동화전문유한회사 채권자변경신고 제출
2012.05.08	채권자 유에이치제일차유동화전문유한회사 참고자료제출 제출
2012.07.16	채권자 주식회사하나은행의 양수인 유에이치제일차유동화전문유한회사 매각기일연기신청서 제출
2012.10.11 ②	최고가매수신고인 차액지급신고서 제출
2012.11.05	채권자 주식회사하나은행의 양수인 유에이치제일차유동화전문유한회사 채권계산서 제출
2012.12.20 ③	최고가매수신고인 매각대금완납증명

법원경매서류 문건처리내역을 보면서 그 이후의 상황을 시뮬레이션 해보자.

① 2011년 6월 9일, 하나은행 근저당권을 유에이치제일차유동화전문유한회 사가 매입했다.

② 2012년 10월 11일, 유에이치제일차유동화전문유한회사는 방어입찰 후 차

액지급신청서를 법원에 제출했다.

③ 2012년 12월 20일, 유에이치제일차유동화전문유한회사는 매각대금을
완납했다.

유에이치제일차유동화전문유한회사가 앞으로 처리해야 할 일은 무엇일지
생각해보자. 일단 소유권 이전에 따른 취득세를 내고, 연체관리비, 유치권을 처
리해야 할 것이다. 그리고 적당한 시점에 일반 매매로 매각해야 한다.

필자의 지인에게 9억 5천만 원에 매각했더라면 손실을 더 줄일 수 있지 않았
을까.

06

차순위 매수신고
유도 기법

앞선 우림빌딩 사례를 되돌려보자.

방어입찰에 참여했는데, 어이없게도 단독으로 1등을 한 경우이다. 그런데 만약 단독 입찰이 아니고 2등이나 3등이 있었다면 상황은 달라질 수 있었다. 차순위 입찰자에게 매수신고를 하도록 유도하는 방법이 있는 것이다.

물론 차순위 입찰자의 매각금액에서 자신의 배당금을 회수하기에 충분한 경우에 해당된다.

방어입찰을 했는데 의도치 않게 1등을 했다면, 다음 3가지 방법 중에 선택해야 한다.

첫 번째는 갈 때까지 가보는 유입투자다. 물론 소유권 이전에 따른 취득세, 명도비, 연체관리비, 중개수수료 등의 추가 비용이 발생하고 투자 기간이 길어진다는 단점을 감수해야 한다.

두 번째는 매각잔금을 납부하지 않고 재경매를 하는 방법이다. 이 역시 입찰보증금의 증가(재경매의 경우 20%), 질권대출이자의 부담, 시간 지연 등의 문제가 있다. 하지만 매각기일을 연장하는 효과가 있다.

세 번째 방법이 바로 차순위 매수신고를 유도하는 것이다. 첫 번째와 두 번째 방법에 비해 비교적 시간과 경비의 손실이 적다는 것이 장점이다.

❖차순위 매수신고 실패 사례

차순위 매수신고 기법을 시의적절하게 활용하지 못한 실패 사례를 공부해보자.

본 부실채권 물건은 서울시 노원구 공릉동 소재의 아파트이다.

★ 법원경매서류(노원구 공릉동 아파트)

소 재 지	서울특별시 노원구 공릉동 ○○○ ○○ ○○○○, ○○○○○아파트 ○○○ ○○ ○○2호							
물건종별	아파트	감 정 가	375,000,000원	**2011타경○○○○**			
				구분	입찰기일	최저매각가격	결과
				1차	2011-11-28	375,000,000원	유찰
대 지 권	69.9㎡(21.145평)	최 저 가	(64%) 240,000,000원	2차	2011-12-27	300,000,000원	유찰
				3차	2012-○○-○○	240,000,000원 방어입찰 / 차순위	
건물면적	62.27㎡(18.837평)	보 증 금	(20%) 48,000,000원		낙찰 270,000,000원(72%) / 6명 / 미납 (2등입찰가:263,909,000원)		
매각물건	토지·건물 일괄매각	소 유 자	김○○○		2012-06-18	240,000,000원	변경
				4차	2012-09-03	**240,000,000원**	
개시결정	2011-05-20	채 무 자	(주)○○○엔피		낙찰 : 258,990,000원 (69.06%)		
					(입찰2명,낙찰:하계동) / 2등입찰가 241,390,000원)		
				매각결정기일 : 2012.09.10 - 매각허가결정			
사 건 명	임의경매	채 권 자	하나은행의 채권양수인 유예 이치제일차유동화전문유한회사	대금지급기한 : 2012.10.18			
				대금납부 2012.10.16 / 배당기일 2012.11.12			
				배당종결 2012.11.12			
임차인	점유부분	전입/확정/배당	보증금/차임	대항력	배당예상금액	기타	
인○○	주거용 전부	전 입 일 : 2006.01.23 확 정 일 : 2006.01.23 배당요구일: 2011.07.29	보50,000,000원	있음	배당순위있음		

No	접수	권리종류	권리자	채권최고액	소멸여부
1	1983.02.25	소유권이전(매매)	김○○○		
2	2007.07.13	근저당	하나은행 (등지로지점)	390,000,000원 말소 청구금액	소멸
5	2011.05.20	임의경매	하나은행	청구금액: 255,933,102원	소멸

유에이치제일차유동화전문유한회사는 3차 입찰에서 270,000,000원에 방어 입찰을 하였으나 안타깝게도 1등을 하고 말았다.

이때 유동화회사가 가장 먼저 해야 할 일이 차순위 입찰자의 입찰금을 확인 하는 것이다. 이번 사례에서 차순위 입찰금액은 방어입찰 금액보다 6,091,000 원이 적은 263,909,000원이었다.

만약 필자가 유동화회사 직원이었다면, 경매법정에서 차순위 입찰자에게 다 가가 이렇게 말했을 것이다.

"우리 회사는 잔금 납부를 하지 않을 예정이예요. 차순위 신고 생각해보세 요."

그런데 위의 유동화회사는 그렇게 하지 않았다.

결국 이 물건은 낙찰 잔금 미납으로 재경매가 진행되었고, 258,990,000원에 낙찰되었다. 만약 차순위 신고가 되었다면 4,919,000원의 이익과 몇 달간의 대 출이자 및 시간 지연이라는 추가 손실을 방지할 수 있었을 것이다.

필자 역시 방어입찰에서 1위를 한 적이 있다. 그럴 때마다 차순위 입찰자에게 매수신고를 유도해 손실을 방지할 수 있었다. 배당투자를 할 때에도 입찰기일 에 반드시 입찰법정에 가야 한다.

방어입찰은 필수, 1위를 했을 경우 차순위 매수신고 유도는 선택이다.

❖차순위 매수신고 성공 사례

★ 법원경매서류(경기도 안양시 아파트)

소재지	경기도 ... 501호						
물건종별	아파트	감 정 가	370,000,000원	**2011타경12766**			
대 지 권	56.28㎡(17.025평)	최 저 가	(80%) 296,000,000원	구분	입찰기일	최저매각가격	결과
				1차	2012-07-17	370,000,000원	유찰
				2차	2012-08-21	296,000,000원	
건물면적	84.74㎡(25.634평)	보 증 금	(10%) 29,600,000원	낙찰: 306,000,000원 (82.7%)			
매각물건	토지·건물 일괄매각	소 유 자	최○○	(입찰3명, 낙찰: (주)한국부동산아카데미 2등입찰가 305,700,000원)			
개시결정	2012-02-09	채 무 자	최○○	매각결정기일 : 2012.08.28 - 매각허가결정			
				대금지급기한 : 2012.09.28			
사 건 명	임의경매	채 권 자	(주)한국부동산아카데미	배당기일 : 2012.12.17			
				배당종결 2012.12.17			

No	접수	권리종류	권리자	채권금액	비고	소멸여부
1	2011.09.23	근저당	(주)한국부동산아카데미	390,000,000원	말소기준등기	소멸
2	2011.12.23	근저당	대한생명보험(주)	100,000,000원		소멸
3	2012.02.09	임의경매	(주)한국부동산아카데미	청구금액: 312,810,587원		소멸
4	2012.02.27	가압류	우리파이낸셜(주)	15,182,661원		소멸
5	2012.04.02	소유권이전(상속)	이○○			
6	2012.04.18	가압류	신용보증재단	7,619,545원		소멸

이번엔 필자의 사례를 소개해보겠다.

필자는 대출 원금이 3억 원인 아파트의 부실채권을 배당투자 목적으로 매입했다.

이 물건은 재건축이 추진되고 있다는 것이 특징이었다. 매입자금의 대부분은 근저당권부 질권대출(연 이자 9%)로 충당했다. 1차 입찰기일에 유찰, 필자는 2차 입찰기일에 방어입찰을 하기로 마음먹고 입찰가격을 고민하기 시작했다.

그 지역 부동산중개업소에서 경매 입찰 상담, 재건축 승인에 대한 단지 내 현수막, 평균 낙찰가격 등을 고려하여 306,000,000원에 입찰하기로 결정했다.

결과는 1등, 2등의 입찰액은 305,700,000원으로 불과 300,000원 차이였다. 날벼락 같은 1등이란 말은 바로 이런 경우일 것이다.

방어입찰을 하면서 욕심을 부린 것이 화근이었다.

그러나 이미 엎질러진 물! 신속하게 수습하는 것이 상책이다. 필자는 입찰법정에서 차순위자에게 잔금 납부를 포기할 예정이니 차순위 신고를 하는 게 좋을 것이라고 권했다.

30만 원 차이로 떨어져 다른 의미로 안타까워하던 2등은 눈치 빠르게 내 말을 알아듣고 차순위 신고를 했다. 신속하게 차순위 매수신고를 유도한 것은 잘한 일이지만, 30만 원어치의 욕심이 한 달 이상의 질권이자 부담으로 돌아온 것이다.

만약, 차순위 신고를 유도하지 못했다면 어떤 일이 벌어졌을까?

잔금 내고, 취득세 내고, 명도비 주고, 다시 중개수수료 내면서 재매각을 했을 것이다. 혹은 재경매를 선택했다면, 한 달이 아닌 몇 달의 질권대출이자를 추가로 부담하는 불이익을 보았을 것이다.

★ 배당표

사 건 201 타경.... 부동산임의경매			
배 당 할 금 액	금	④	335,641,138
명세	매 각 대 금	금 ①	305,700,000
	지연이자 및 절차비용	금	0
	전경매보증금	금 ②	29,600,000
	매각대금이자	금 ③	341,138
	항고보증금	금	0
집 행 비 용	금		13,238,600
실제배당할 금액	금	⑤	322,402,538

이 물건의 실제 배당표를 보면서 차순위 신고의 손익계산을 해보자.

① 우선 차순위 매수신고인이 지급한 매각대금은 배당에 편입된다.

② 잔금 납부하지 않아 발생한 필자의 입찰보증금은 배당채권에 편입되어 부실채권을 매입한 필자가 받게 된다.

③ 매각대금과 전 경매보증금에 대한 배당기일까지 이자이다.

④ 배당금액은 매각대금, 전 경매보증금, 매각대금이자의 합계이다.

⑤ 실제 배당금액은 ④ 배당금액에서 집행비용을 공제한 금액이다.

방어입찰에서 경매낙찰 예상가격을 정확하게 계산하면 차순위 매수신고를 유도할 필요가 없다. 차순위 매수신고 유도 기법을 쓸 일이 없도록 하는 것이 최선이란 말씀!

07

전환 무담보 채권 투자 기법

담보가 있는 부실채권이 담보부 부실채권, 담보가 없는 부실채권이 무담보
부 부실채권이다. 우리가 지금 공부하려고 하는 것은 원래부터 담보가 없었
던 것이 아니라, 담보가 사라진 부실채권이다.

쉽게 설명하자면, 경매를 통해 담보를 매각했는데도 다 갚지 못하고 남아
있는 빚을 말한다. 원래는 담보부 부실채권이었는데, 무담보로 전환되었다고
'전환 무담보 채권'이라고 부른다.

전환 무담보 채권 투자 기법이란, 부실채권 투자자가 경매 매각대금에서 회
수하지 못한 미회수 잔여 채권을 활용해 추가로 투자 수익을 확보하는 것을 말
한다. 그렇다면 투자자는 이를 회수하기 위해 어떤 방법을 써야 할까?

일단 채무자의 다른 재산이나 소득, 채권을 가압류할 수 있겠다. 기가 센 투자
자라면 신용정보회사를 이용해 직접 채권 추심을 할 수도 있다. 혹은 무담보 채
권으로 재매각할 수도 있다.

전환 무담보 채권 투자를 염두에 두었다면, 배당기일에 채권증서 부기 및 환

부신청서를 법원에 제출해 관련 서류를 받아놓아야 한다.

또한 채권 추심을 위해서 채무자 재산조회, 재산명시명령, 채무불이행자 명부등재, 민사소송 제기, 가압류, 가처분, 지급명령 신청, 이행권고 신청, 중재 신청 등을 모두 활용할 수 있음도 알아두자.

부실채권 투자자들은 십중팔구 1순위 채권을 선호한다. 하지만 모두가 외면하는 2순위 채권에는 엄청난 매력이 숨어 있다. 무담보부 채권 투자 기법과 관련해 그 매력을 파헤쳐보자.

지금 소개하려고 하는 사례에서 해당 물건을 낙찰받은 사람은 2순위 부실채권을 매입한 투자자였다. 2순위 부실채권은 매입가격이 상당히 저렴하고, 전환 무담보부 채권 투자에 적합하다.

본 물건은 서울시 노원구 중계동에 위치한 아파트이다.

부동산 등기부등본을 통해 다수의 채권자가 설정되어 있는 것을 확인할 수 있다. 같은 물건의 채권자들이지만 그들의 입장은 하늘과 땅 차이다. 지금부터 경매 관련 서류를 통해 채권자들과 투자자의 생각을 읽어보도록 하자.

★법원경매서류(노원구 중계동 아파트)

소재지	서울특별시 노원구 중계동							
물건종별	아파트	감정가	500,000,000원		**2012**			
				구분	입찰기일	최저매각가격	결과	
대지권	44.89㎡(13.579평)	최저가	(51%) 256,000,000원	1차	2012-05-07	500,000,000원	유찰	
				2차	2012-06-11	400,000,000원	유찰	
건물면적	84.902㎡(25.683평)	보증금	(10%) 25,600,000원		2012-07-16	320,000,000원	변경	
				3차	2012-09-25	320,000,000원	유찰	
매각물건	토지·건물 일괄매각	소유자		4차	2012-10-29	256,000,000원		
				④ 낙찰 : 400,990,000원 (80.2%)				
개시결정	2011-04-26	채무자		(입찰29명,낙찰:도봉구 2등입찰가 361,299,999원)				
				매각결정기일 : 2012.11.05 - 매각허가결정				
사건명	임의경매	채권자	국민은행의 채권양수인 우리이에이제13차유동화전문유한회사	대금지급기한 : 2012.12.04				
				대금납부 2012.11.26 / 배당기일 2012.12.28				
				배당종결 2012.12.28				

No	접수	권리종류	권리자	채권금액	비고	소멸여부
1	2005.04.08	소유권보존				
2	2005.04.08	근저당	① 우리은행 (중계동지점)	194,400,000원	말소기준등기	소멸
3	2008.05.30	근저당	② 국민은행	390,000,000원		소멸
7	2011.04.26	임의경매	③ 국민은행	청구금액: 390,000,000원		소멸
8	2011.05.04	임의경매	우리은행	청구금액: 127,363,539원		소멸

① 1순위 근저당권자는 우리은행이고 유암코(유동화회사)가 관리하고 있다. 유암코의 채권최고액은 194,400,000원으로 전액 배당받을 것이 확실하므로 부실채권을 대부분 매각하지 않는다.

② 2순위 근저당권자는 국민은행이고 우리F&I(유동화회사)가 관리하고 있다. 채권최고액 390,000,000원인 우리F&I는 처음엔 매각에 소극적이다가, 4차 입찰가격이 256,000,000원까지 하락하자 적극적으로 매각에 나선다.

그렇다면 매각 가격은 얼마가 될지 예측해보자.

4차 입찰의 경매낙찰 예상가격에서 1순위 채권금액을 공제한 수준일 것이다. 인접물건 낙찰 사례를 참고하면 180,000,000원 정도라 추정할 수 있다.

2순위 채권 매각예상금액

경매낙찰 예상가격-(1순위 배당기일채권금액+최선순위 채권)=매각예상금액
인접물건 낙찰사례 참조(2012타경2293)
【380,100,000원-(194,400,000원+5,700,000원)=180,000,000원】

❖ 2순위 채권을 사는 2가지 방법

2순위 채권을 매입할 때 론세일 방식이 유리할까, 채무인수 방식이 유리할까?

앞의 중계동 아파트 사례를 다시 가져와서 설명해보자.

2순위 부실채권 매입자는 1순위 채권금액+2순위 채권금액+경매예납금의 합계인 584,400,000원까지 고가 입찰이 가능하다(1순위 채권금액은 채권최고액으로 가정). 하지만 실제로는 400,990,000원에 전략적으로 입찰해 183,410,000원의 무

담보 채권을 확보했다. 만약 채무자가 일시적으로 자금 압박을 받는 중이거나, 가족 중 일부가 금전적 여유가 있다면 잔여 채권에 대한 회수 가능성은 충분하고, 추가 수익을 확보할 수 있다. 이뿐만이 아니다. 질권대출을 받지 않았다면 1순위 채권을 제외한 금액에 대해 상계 신청이 가능하다.

낙찰가격의 90%까지(360,891,000원) 잔금대출을 받는다고 가정한다면, 초기 매입자금은 필요하겠지만, 자기자본 15,000,000원으로 아파트를 구입할 수도 있다. 아파트 명도 후엔 보증금 2천 5백만 원에 월세 1백 4십만 원을 받고 임대를 하면, 월세를 낙찰잔금대출이자로 활용할 수 있다.

결국, 자기 돈 한 푼 없이 5억짜리 아파트를 소유하는 기적이 일어나는 것이다.

이제 채무인수 방식으로 매입한 경우도 알아보자.

중계동 아파트의 2순위 부실채권을 채무인수 방식으로 매입했다면 184,400,000원에 이르는 전환 무담보 채권은 투자자의 몫이 아니라 우리F&I(유동화회사)의 수익이 될 것이다.

이렇게 어떤 투자 기법을 쓰느냐에 따라 부실채권의 매입 방식도 달라진다는 점을 꼭 알아두자.

매입 방식	입찰가격	잔여 채권	잔여 채권 소유권	투자 방법
론세일	400,000,000	184,400,000	투자자	유입투자, 배당투자
채무인수	400,000,000	184,400,000	우리F&I	유입투자

08

대위변제 갭투자 기법

❖ 대위변제란?

대위변제란 말 그대로 대신 갚아주는 것이다.

물론 공짜로 갚아주지는 않는다.

제3자 또는 이해관계자(보증인, 연대채무자, 기타 등)가 채무자를 대신해 채무를 갚아주고, 채권자가 가지고 있던 채권에 대한 권리(채권, 담보권 등)를 이전받는 것이다. 이런 '대위변제'는 생각보다 흔하게 관찰된다. 법원 경매에서 후순위 임차인이 선순위 근저당권 등을 대신 갚아주고 대항력을 확보하는 경우, 또는 보증인이 채무자를 대신해 변제하는 경우 등이다.

다음 상황이 대표적 사례이다.

1순위 근저당권으로 설정된 금액이 소액일 경우, 후순위 채권자가 선순위 근저당권을 대신 갚아주고 자기가 1순위를 확보한 경우이다.

2015.06.06 1순위 국민은행 근저당권, 1천만 원

2015.06.09 후순위 K의 임차보증금, 1억 원

2015.06.25 2순위 다모아저축은행 근저당권, 5천만 원

주택임차인 K는 2015년 6월 6일 말소기준등기 이후에 전입했기 때문에 명도 대상이었다. 이럴 경우 K의 선택지는 2가지이다.

첫째, 경매매각대금에서 일부를 변제받고 이사를 한다.

둘째, 1순위 근저당권 1천만 원을 대위변제하여 후순위 임차인에서 선순위 임차인으로 권리를 변경해 해당 부동산에 계속 거주한다.

K의 선택은 후자였다.

1순위 국민은행 근저당권 1천만 원을 대위변제한 다음, 채무자인 집주인에게 구상권을 행사해 채권을 회수할 수 있었다.

대위변제에 관해서는 다음 장에서 자세히 알아보도록 하겠다.

9장

떠오르는 대세,
대위변제 갭투자 기법

대위변제 투자의 종류

❖ 임의대위변제와 법정대위변제

앞 장에 이어서 대위변제에 대해 자세히 알아보기로 하자. 대위변제는 임의대위변제와 법정대위변제로 나뉜다.

임의대위변제는 채무자와 협의해 부실채권에 투자하는 방법이며, 법정대위변제는 후순위 담보권자나 주택 임차인, 보증인 자격으로 부실채권에 투자하는 방법이다.

임의대위변제는 채무자의 동의와 채권자의 승낙이 있으면 가능한데, 채무자의 대위변제 동의서 및 신청서, 경매사건기록열람 위임장 등의 서류가 필요하다. 반면, 법정대위변제에서 후순위 채권자는 정당한 이익이 있는 자로서 선순위 권리자의 지위를 대위하며 채무자 승낙 없이 투자가 가능하다.

대위변제 투자를 임의대위변제와 법정대위변제로 구분해 도표로 정리하면 다음과 같다.

구분	임의대위변제	법정대위변제
공통 사항	대위변제금액 전액 지급(원금+연체이자+경매비용)	
투자 주체	부실채권 투자 희망자라면 누구나 (이해관계 없는 제삼자)	부실채권 이해관계인으로 한정 (이해관계 있는 당사자)
	정당한 이익이 없는 자	변제할 정당한 이익이 있는 자
업무 협조	채무자 및 채권자 협조	채권자 협조
채무자 동의	채무자 동의가 전제조건	채무자 동의 필요 없음
대상 물건	채무금액이 과다한 물건 (일반매매 금액보다 채무금액이 초과하여 일반매매가 불가한 물건)	선순위 이해관계 있는 채권으로 물건 한정
관련 법령	민법 제480조(변제자의 임의대위) ① 채무자를 위하여 변제한 자는 변제와 동시에 채권자의 승낙을 얻어 채권자를 대위할 수 있다.	민법 제481조(변제자의 법정대위) 변제할 정당한 이익이 있는 자는 변제로 당연히 채권자를 대위한다.
기타	민법 제469조(제삼자의 변제) ① 채무의 변제는 제삼자도 할 수 있다. 그러나 채무의 성질 또는 당사자의 의사표시로 제삼자의 변제를 허용하지 아니하는 때에는 그러하지 아니하다. ② 이해관계 없는 제삼자는 채무자의 의사에 반하여 변제하지 못한다.	① 후순위 담보권자(후순위 근저당권자) ② 후순위 임차인 ③ 해당 물건 제3취득자 ④ 연대보증인, 채무자 ⑤ 물상보증인 ⑥ 불가분 채무자 ⑦ 약속어음 발생 및 배서인

❖ 대위변제 투자의 공통 사항은?

임의대위변제와 법정대위변제의 공통 사항은 부실채권을 할인된 가격에 매입할 수 없다는 것이다. 채권 금융기관의 대위변제채권을 잔금기일까지 전액(원금+연체이자+경매비용) 지불하고 매입한다.

그러면 필자에게 이렇게 묻는 사람도 있을지 모르겠다.

"채권금액을 전액 주고 매입하면 대위변제 투자는 손해 보는 것이 아닌가요?"

손해 보는 사업을 누가 할까. 다음의 설명을 보면 쉽게 이해될 것이다.

대위변제 갭투자 수익금: 부실채권 채권최고액 − 대위변제액		
채권최고액	3억 9천만 원	1순위 근저당 130% 설정
원금	3억 원	대위변제 매입금액
연체이자	9천만 원	갭투자 수익 가능금액

3억 9천만 원 이상 경매낙찰 예상가격 전제 조건
대위변제로 부실채권 매입: 3억 원
근저당권부 질권대출: 2억7천만 원(원금의 90% 대출)
투자금액: 3천만 원+질권대출이자+제비용 등 투자 후 최대 9천만 원 수익
대위변제 갭투자 기법은 연체이자가 수익금이다.

행복저축은행에서 채무자 성춘향에게 3억 원을 대출해주고, 성춘향의 아파트에 대출 원금의 130%만큼 근저당권을, 즉 3억 9천만 원의 채권최고액을 설정하였다. 대출은행의 연체이자는 최대 24%까지로, 여신거래약정서를 통하여 채무자 성춘향과 대출약정을 하였다. 성춘향의 제3채권자가 해당 목적 부동산에 경매 신청을 하였고, 행복저축은행은 성춘향의 채권을 고정이하여신으로 분류하여 관리하기 시작했다.

이 사실을 경매정보지를 통하여 검색한 부실채권 투자 희망자는 성춘향을 찾아가 해당 목적 부동산에 오랜 기간 거주(15개월)할 수 있다는 조건과 보상을 제시하여 성춘향의 대위변제동의서를 받았다. 그리고 행복저축은행을 방문하여 성춘향의 채무를 3억 원에 임의대위변제하고 부실채권을 매입했다. 이때 부실채권 투자 희망자는 전북은행에서 근저당권부 질권대출을 대위변제금액의 90%, 즉 2억 7천만 원 받았다.

부실채권 투자 희망자는 투자금 3천만 원을 가지고 3억 9천만 원의 채권최고액의 부실채권을 매입하는 데 성공하였다. 향후 전북은행의 질권대출액 2억 7천만 원에 대한 질권이자를 지급하다가, 해당 목적 부동산이 제3자에게 3억 9천만 원 이상 매각되자 배당기일에 채권최고금액 3억 9천만 원을 배당받았다.

부실채권 투자자는 최대 9천만 원의 연체이자에 대한 차익이 수익으로 발생하면서 수익금에 대한 세금도 절세하였다. 결국, 투자자는 부실채권 대위변제를 통하여 최대 9천만 원 한도에서 연체이자를 수익으로 하는 대위변제에 성공한 것이다.

대위변제 갭투자 기법이라고 부르는 이유는 이처럼 근저당권 채권최고액에서 대위변제액을 차감한 연체이자(부실채권 채권최고액-대위변제액)를 수입원으로 하는 갭투자이기 때문이다.

대위변제와 갭투자의 만남

❖ 대위변제 갭투자 기법이란 무엇인가?

대부분의 일반인에게 대위변제 투자는 친근하게 들리지는 않는다. 대위변제 투자를 아파트의 갭(gap)투자와 비교하여 쉽게 설명해보자.

★갭투자 비교: 아파트 vs. NPL 대위변제

공통점	• 아파트 갭투자: 매도차익 실현(매도가격−매입가격): 가격 변동 요인 분석 • NPL 갭투자: 배당차익 실현(배당금액−매입금액): 경매낙찰 예상가격 분석
전제 조건	• 아파트 갭투자: 무조건 부동산 매매가격이 상승해야 한다. • NPL 갭투자: 매입가격보다 경매낙찰 예상가격이 높아야 한다.
투자 기간	• 아파트 갭투자: 2년(2년 미만 시 양도세 중과세), 2년 후 가격 변동 예측 • NPL 갭투자: 10개월(비과세−업자 제외), 10개월 후 가격 변동 예측
안전성	• 아파트 갭투자: 시세 하락의 위험, 시세 100% 매입, 전세 물건 한정(아파트, 다세대) • NPL 갭투자: 시세 하락 시에도 안전, 부동산 시세의 70% 근저당권 매입, 경매 물건 전체가능
자금 조달	• 아파트 갭투자: 전세자금 활용하여 무이자 투자 방식(매입가격−전세가격), 대출이자 없음 • NPL 갭투자: 근저당권부 질권대출을 활용하여 유이자 투자 방식, 질권대출이자 있음.

❖ 아파트 갭투자와 NPL 갭투자의 공통점

아파트의 갭투자는 매도가격과 매입가격의 차이를 수익으로 실현한다. 아파트를 실거래 시세(100%)에 매입할 경우, 미래의 가격 변동 요인을 분석해야 한다.

NPL 갭투자는 법원 경매의 배당금액과 부실채권의 매입금액과의 차이를 수익으로 실현한다. 부실채권의 원금과 이자 등을 100%에 매입했을 때, 미래의 경매낙찰 예상가격을 분석해야 한다.

❖ 아파트 갭투자와 NPL 갭투자의 차이점

① 갭투자의 전제 조건

아파트의 갭투자는 매입한 아파트의 가격이 향후 무조건 상승해야 수익이 발생한다는 전제 조건이 있다.

NPL 갭투자는 부실채권의 매입가격보다 경매낙찰 예상가격이 높아야 수익이 발생한다는 전제 조건이 있다.

② 갭투자 시 투자 기간

아파트의 갭투자는 매입한 아파트를 2년 이상 보유한 후 매각해야만 양도세의 중과세를 피할 수 있기에, 2년 후의 부동산 매매가격 변동을 예측해야 한다. 2년 후 해당 갭투자 물건 지역의 주택 공급량, 경기 변동, 정책 변동, 금리 변동, 구매심리 변수, 다주택자의 조세정책 등 다양한 요인들을 예측해야만 보다 안전한 수익을 얻을 수 있다.

NPL 갭투자는 부실채권 매입 후 대략 10개월 정도면 해당 경매 물건이 제3자에게 낙찰되어 배당금으로 부실채권을 회수할 수 있다. 특히, 부실채권 투자를 업으로 하는 자가 아니면 세금이 없다는 장점이 있다.

③ 갭투자의 안전성

아파트의 갭투자는 일반 매매 시세의 100%에 매입하기 때문에 시세 하락 시에는 원금을 보장받지 못하고 손실이 발생할 위험을 안고 있다. 또, 주거용 부동산 중에서 매입금액과 전세가격의 차이가 적은 역세권의 소형 아파트, 다세대, 오피스텔 등 매입물건의 한계를 갖고 있다. 최근에는 다주택자의 양도세 중과 및 보유세 강화 움직임에 수익이 축소될 수 있어 안전성에 의구심이 들고 있다.

NPL 갭투자는 일반 매매 시세의 100%에 매입하는 것이 아니라 70% 수준에서 매입한다. 특히, 금융기관의 1순위 부실채권은 최초 근저당권을 설정하고, 주택담보 대출 시에 'LTV·DTI' 적용 및 소액임차인 최우선 변제금을 공제하고 대출해준다. 즉, 아파트의 일반 매매 시세의 70% 이하에서 이루어지고 있기 때문에 일부 시세 하락에도 손실이 발생하는 경우는 거의 없어 안전성이 매우 크다.

④ 갭투자 시 자금 조달

아파트의 갭투자는 아파트의 전세보증금을 활용한 무이자 투자 방식으로 대출이자가 없어 자금 조달을 할 필요가 없다는 장점이 있지만, 취득세의 부담은 있다. 즉, 아파트의 매입가격과 전세금액의 차이가 적을수록 자기자본 투자 부담이 줄어든다.

NPL 갭투자는 아파트에 설정된 부실채권을 매입할 때 매입금액의 90%까지 근저당권부 질권대출을 활용하여 자금 조달을 할 수 있다. 취득세의 부담은 없지만 등록세의 부담이 있다. 자기자본에 맞는 부실채권 물건을 찾아 투자하면 된다. 자기자본이 매입금액의 최소 15% 정도 필요하지만, 최근에는 P2P업체에서 2순위 질권을 설정하고 잔금대출을 해주는 경우가 많이 있다. 따라서 개인의 노력 여하에 따라 부실채권 투자 수익을 얻을 수 있다.

개인도 할 수 있는
대위변제 갭투자

❖ 대위변제 갭투자는 누가 하나요?

임의대위변제는 부실채권 투자 희망자라면 누구나 가능성이 있다. 즉, 변제할 정당한 이익이 없는 자, 이해관계가 없는 제삼자가 투자할 수 있다는 것은 매우 희망적이다.

법정대위변제는 변제할 정당한 이익이 있는 자로서, 다음과 같은 경우에 가능하다.

① 후순위 담보권자(후순위 근저당권자)
② 후순위 임차권자
③ 해당 물건 제3취득자
④ 연대보증인, 채무자
⑤ 물상보증인
⑥ 불가분 채무자
⑦ 약속어음 발생 및 배서인 등

이제부터 개인이 변제할 정당한 이익이 있는 자로 변신하는 다양한 방법에 대해 생각해보자.

❖ 법정대위변제의 절차 및 근거

대위변제의 시작은 2순위 또는 3순위 근저당권의 매입이다.

다음은 선순위 근저당권자에게 대위변제신청서를 제출하는 것이다. 그런데 이 모든 일에 선행해 수익을 정확히 판단하는 것이 가장 중요하다. 수익 판단이 잘못되면, 시간과 노력만 낭비한 채 오히려 골치 아픈 일에 휘말릴 수 있다. 또, 근저당권을 누가 보유하고 있느냐에 따라서도 투자의 쉽고 어려움이 결정된다. 만약 소유권이 이미 유동화회사에 넘어갔다면 업무 협조가 어려운 것이 사실이다.

부실채권 투자에서 대위변제의 시점은 경매 절차 초기가 좋다. 금융기관에서 부실채권을 보유하고 있을 때 업무 협조가 가장 쉽게 이루어지기 때문이다.

다만, 배당요구종기일 이후에 매입하지 않고 경매 절차 초기에 매입할 경우에는 불확실한 임차인의 유무(특히 소액임차인의 최우선 변제금), 임금채권, 조세채권 등, 자신이 매입하는 부실채권보다 우선하여 배당받는 최우선 변제 배당금에 주의를 기울여야 한다.

대위변제에 대한 협상이 끝나면 채권양수도 계약에 준하는 절차가 진행된다.

대위변제증서(대위변제확인서), 채권서류(근저당권설정계약서 및 여신거래약정서) 원본을 인수한 후 법무사를 통해 근저당권을 이전하면 된다. 경매법원에는 채권자변경신고서 제출과 경매예납금 환급계좌 변경신고를 하면 된다. 그러면 배당기일에 배당 순서에 따라 매각대금에서 채권을 회수하게 된다. 물론 대위변제한 채권에 대한 원금, 이자, 연체이자 등 기존 대출에 대한 채권자의 지위를 승계받는다는 것을 잊지 말아야 한다.

법정대위변제는 민법 제481조 등에서 그 근거를 찾을 수 있다. 경우에 따라서는 민법 제469조에 따른 제삼자의 변제 기법을 활용할 수도 있다. 2002년과 2004년의 대법원 판례도 함께 살펴보면서 대위변제에 대한 개념을 명확히 해두면 실제 투자할 때 큰 도움이 될 것이다.

〈대법원 판례1〉
채무자 소유의 부동산에 대한 후순위 저당권자에게는 자신의 담보권을 보전하기 위하여 채무자의 선순위 저당권자에 대한 채무를 변제할 정당한 이익이 인정된다. 한편 민법 제482조 제1항은 변제할 정당한 이익이 있는 자가 채무자를 위하여 채권을 대위변제한 경우에는 대위변제자는 자기의 권리에 기하여 구상할 수 있는 범위에서 채권자의 채권 및 담보에 관한 권리를 행사할 수 있다고 규정하고 있다.

따라서 갑을 주채무자로, 을을 연대보증인으로 한 채무를 담보하기 위하여 갑과 을의 공동소유인 부동산 전부에 관하여 선순위의 저당권이 설정된 후 갑 소유의 지분에 대하여서만 후순위 저당권을 취득한 자가 자신의 담보권을 보전하기 위하여 선순위 저당권자에게 당해 피담보채무를 변제한 경우에는 종전의 채권자인 선순위 저당권자의 채권 및 그 담보는 모두 대위변제를 한 후순위 저당권자에게 이전된다.

그러므로 선순위 저당권자는 대위변제자인 후순위 저당권자에게 갑과 을의 공동소유인 부동산 전체에 대하여 대위변제로 인한 저당권 이전의 부기등기를 해야 할 의무가 있다(출처: 대법원 2002.12.06. 선고 2001다2846 판결).

〈대법원 판례2〉
변제할 정당한 이익이 있는 자가 채무자를 위하여 근저당권의 피담보채무의 일부를 대위변제한 경우, 대위변제자는 피담보채무의 일부대위변제를 원인으로 한 근저당권 일부이전의 부기등기의 경료 여부와 관계없이 변제한 가액의 범위 내에서 종래 채권자가 가지고 있던 채권 및 담보에 관한 권리를 법률상 당연히 취득하게 되는 것이다.

하지만 이때에도 채권자는 대위변제자에 대하여 우선변제권을 가진다고 할 것인바, 이 경우에 채권자의 우선변제권은 피담보채권액을 한도로 특별한 사정이 없는 한 자기가 보유하고 있는 잔존 채권액 전액에 미친다고 할 것이다. 이러한 법리는 채권자와 후순위권리자 사이에서도 마찬가지라 할 것이므로 근저당권의 실행으로 인한 배당절차에서도 채권자는 특별한 사정이 없는 한 자기가 보유하고 있는 잔존 채권액 및 피담보채권액의 한도에서 후순위권리자에 우선해서 배당받을 수 있다(출처: 대법원 2004.6.25. 선고 2001다2426 판결).

❖ 대위변제 갭투자 시 업무 협조는?

임의대위변제의 근거인 민법 제480조(변제자의 임의대위) ①항에 따르면, 채무자를 위하여 변제한 자는 변제와 동시에 채권자의 승낙을 얻어 채권자를 대위할 수 있다. 결국 채무자의 임의대위변제 동의서(인감도장 날인+인감증명서)가 전제 조건으로, 어떻게 채무자와 채권자의 업무 협조를 받아내느냐가 핵심이다.

자, 채무자의 동의서를 받았다면 채권자의 승낙을 얻어 보자. 부실채권을 보유하고 있는 채권자의 승낙이 어려워 보이는가? 그러나 그리 어렵지 않다. 그 이유는 금융기관의 부실채권의 매각 원인에서 찾아볼 수 있다.

금융기관은 정상적으로 이자를 납부하는 정상 채권을 좋아할까? 연체이자를 납부하지 않는 부실채권을 좋아할까? 해당 대출채권이 이자를 납부하지 않아 경매를 진행하면 금융기관의 대출 담당자는 승진할까? 아니면, 부실채권 담당자로서 불이익을 받을까?

법정대위변제의 근거인 민법 제481조(변제자의 법정대위)에 따르면 변제할 정당한 이익이 있는 자는 변제로 당연히 채권자를 대위한다. 민법 조항에서 당연히 채권자를 대위한다고 하니, 당연히 대위변제를 해주는 것이 맞다.

하지만 필자가 부실채권을 매입, 관리하다 보니 아직도 법정대위변제에 대해 금융기관의 담당자들이 모르는 부분이 있었다.

예전에 필자가 **저축은행의 POOL 매각 채권 중 공개입찰에서 낙찰받았던 부실채권 물건에서 2순위 근저당권이 있는 채권을 매입한 적이 있었다. 기업은행의 1순위 근저당권을 법정대위변제하고자 기업은행의 홍길동 대리와 통화했다.

그런데 홍길동 대리가 대위변제는 가능한데, 채무자의 동의서를 받아오라는 뚱딴지같은 소리를 하는 것이 아닌가? 그래서 물었다.

"예, 왜 채무자의 동의서를 받아오라는 거죠?"

"저의 은행은 채무자의 동의서가 필요합니다."

"홍길동 대리님, 임의대위변제와 혼동하는 것은 아닌가요?"

"아닙니다. 대위변제는 채무자의 동의서가 필요합니다."

"홍길동 대리님, 임의대위변제와 법정대위변제의 민법조항은 알고 있나요?"

필자가 민법 480조문과 481조문을 설명하였지만, 채무자의 동의를 받아오라고 같은 말만 반복했다.

답답한 나머지 필자는 다른 번호로 과장과 통화했다.

"법정대위변제에 관련한 공문서를 발송할 예정이니, 법무팀의 자문을 받아 처리 부탁합니다."

결국, 관련 공문을 발송하고, 채무자의 동의 없이 법정대위변제를 통하여 부실채권을 매입하였다.

아직도 법정대위변제에 채무자의 동의를 요구하는 금융기관이 있기에 관련 조문과 관련 판례를 공부하여 적절하게 대처할 필요가 있다. 또한, 이처럼 아직도 대위변제에 대해 금융기관의 담당자도 모르는 생소한 부분이 있다.

결국, 대위변제 투자가 경매처럼 대중화되지 않았기에 개인들에게는 더 많은 기회가 뚜벅뚜벅 다가오고 있는 셈이다.

❖ 대위변제 갭투자의 대상 물건은?

임의대위변제는 제3자도 할 수 있지만 채무자의 동의가 필수적이다. 그 이유는 이해관계 없는 제삼자는 채무자의 의사에 반하여 변제하지 못하기 때문이다. 반면, 법정대위변제는 채무자의 동의 없이도 당연히 할 수 있다.

> **민법 제469조(제삼자의 변제)**
>
> ① 채무의 변제는 제삼자도 할 수 있다. 그러나 채무의 성질 또는 당사자의 의사표시로 제삼자의 변제를 허용하지 아니하는 때에는 그러하지 아니하다.
> ② 이해관계 없는 제삼자는 채무자의 의사에 반하여 변제하지 못한다.

❖ 대위변제 갭투자의 대상 물건은?

임의대위변제 투자의 대상으로는 원칙적으로 경매 절차가 진행되는 대부분의 물건이 가능하다. 하지만 현실적으로는 채무금액이 과다한 물건, 즉 채무금액이 일반 매매금액을 초과하여 일반 매매로 변제가 불가능한 물건이 좋다.

법정대위변제는 경매 절차가 진행되는 물건 중에서, 후순위의 정당한 이익이 있는 물건으로서 선순위 이해관계 있는 부실채권 물건으로 한정된다.

❖ 대위변제 갭투자의 관련 법령은?

임의대위변제의 경우 민법 제480조(변제자의 임의대위)에 따라 채무자를 위하여 변제한 자는 변제와 동시에 채권자의 승낙을 얻어 채권자를 대위할 수 있다.

법정대위변제의 경우 민법 제481조(변제자의 법정대위)에 따라 변제할 정당한 이익이 있는 자는 변제로 당연히 채권자를 대위한다.

임의대위변제 갭투자 노하우

❖ 임의대위변제 갭투자는 어떻게 하나요?

개인이 할 수 있는 부실채권 투자의 핵심으로 떠오르고 있는 임의대위변제는 수익성 있는 NPL 투자 물건 검색에서 시작된다.

이 경우, 먼저 대한민국 경매법원에서 진행되는 물건을 검색해야 한다. 그러나 수많은 경매 진행 물건을 일일이 검색하기란 사막에서 바늘 찾기와 같이 막막하다. 필자는 유료경매정보지에서 그 해답을 찾고 있다.

스피드옥션, 굿옥션, 지지옥션, 부동산 태인, 인포케어 등 많은 유료 정보지 중에서 등기사항전부증명서를 가장 먼저 제공하는 것이 좋다. 대부분의 정보지가 경매 절차의 배당요구종기 후에 등기사항전부증명서를 업데이트하지만, 스피드옥션은 다른 정보지보다 정보 업데이트가 빠르다. 유료정보지에서는 특히 경매정보지의 예정 물건을 검색한다.

필자가 자주 이용하는 스피드옥션 정보지를 살펴보자.

① 경매 예정 물건을 검색한다

'일찍 일어나는 새가 벌레를 잡는다'라는 말이 있다. 다른 개인보다 발 빠르게 좋은 물건을 고르는 방법은 이미 경매 절차가 상당 기간 경과한 것보다는 경매 예정 물건을 선택하는 것이다. 그래야 채무자와 대위변제 협상에서 유리하기 때문이다.

이미 다른 개인들이 협상한 이후라면 대위변제 협조에 따라 채무자에게 주는 인센티브가 올라가서 매입 원가가 오를 수 있다.

② 개인이 관심 있는 경매법원이나 지역을 선택한다

부실채권에 투자하여 안정적인 수익을 달성하고 싶다면 신속성이 요구된다. 채무자와의 협조, 해당 물건 현장조사 등을 위해서는 개인이 거주하고 있는 지역이나 평상시에 관심 있는 지역이 유리하다.

③ 경매개시결정일에 최근의 일자를 선택한다

④ 경매의 종류에 임의경매 물건을 선택한다

경매의 종류에는 임의경매와 강제경매가 있는데, 근저당권에 의한 경매는 임의경매로 진행된다. 때문에 경매 진행 절차의 속도 조절을 위해서도 경매신청권자의 근저당권부 채권을 매입하는 것이 유리하다.

⑤ 공고일에 검색하고 싶은 기간을 선택한다

자 그럼, 개인이 관심을 가질 만한 대위변제 투자 물건을 검색해보자. 아래와 같은 다양한 경매 진행 물건이 검색될 것이다.

선택	법원 담당계 사건번호	소재지	용도	배당요구종기일 청구금액	공고일 경매개시 결정일자	소유자 채무자	조회수 결과
☑	서울중앙 21계 2017- 임의	서울특별시 중구 신당동 113-5 하이아파트 제3 층 제 호	집합건물	2017-12-06	2017-09-19	이ㅣ	31
				238,961,427 원	2017-09-11	아	미종국
☑	서울중앙 3계 2017- 임의	서울특별시 강남구 삼성동 87 아이파크삼성동 제사우스윙동 호	집합건물	2017-11-28	2017-09-19	이 외1 명	0
				1,200,000,000 원	2017-09-18	이 외1	미종국
☑	서울중앙 8계 2017- 임의	서울특별시 강남구 세곡동 533 세곡푸르지오 제 209동 호	집합건물	2017-12-07	2017-09-18	백 외1 명	17
				582,242,293 원	2017-09-13	백 외1 명	미종국
☐	서울중앙 4계 2017- 임의	서울특별시 강남구 역삼동 763-16 래미안그레이 튼 제201동 호	집합건물	2017-11-22	2017-09-18	유	68
				729,797,260 원	2017-08-31	유	미종국
☐	서울중앙 10계 2017-9160 임의	서울특별시 동작구 상도동 279-265 제니스빌 제 호	집합건물	2017-12-07	2017-09-18	한	0
				155,115,274 원	2017-09-15	한	미종국

1번 임의경매 물건은 집합건물의 아파트로서 경매개시일자가 2017년 9월 11일, 청구금액이 238,961,427원이다. 본 부실채권 매입 시에는 청구금액의 90%는 근저당권부 질권은행에서 대출받고, 자기자본은 대략 3,700만 원 투자하여 1,700만 원 정도의 예상수익을 얻을 수 있다. 물론, 경매낙찰 예상금액이 채권최고액을 초과해야하고, 채무자에게 별도의 보상금을 지급하지 않는다고 가정한 것이다.

2017년 9월 11일을 기준으로 채권최고액이 304,200,000원이라면 대출 원금은 234,000,000원이고, 연체이자는 4,961,427원이다. 개인 투자자의 경우, 부실 채권 대위변제금액 238,961,427원과 경매예납급(가지급금), 잔금기일까지 연체 이자 등을 채권은행에 변제하고 대위변제하면 되는 물건이다. 대위변제 투자금 은 법원 경매의 배당금액으로 회수하면 간단하다.

매입 시에는 채무자의 대위변제동의서에 인감 날인과 인감증명서를 첨부하 여, 채권은행의 승낙을 받아야 한다. 아울러, 채무자로부터 경매사건기록열람 위임장 및 인감증명서 등의 서류를 받아 대위변제를 하는 개인이 법원경매기록 을 열람하여 채권의 권리적 하자를 파악해야 한다. 이와 동시에, 법원경매서류 를 복사하여 근저당권부 질권은행에 제출해야 질권대출이 용이하다는 것도 알 아두자.

2번 임의경매 물건은 집합건물의 아파트로서 경매개시일자가 2017년 9월 18 일로 청구금액이 1,200,000,000원이다. 해당 물건을 검색한 결과 4순위 근저당 권자가 경매를 신청한 사례였다.

서울중앙지방법원	대법원바로가기	법원안내		
2017 타경		배각공고배상기간 : 2018-01 ~ 2018-04	담당계 : 경매3계 530-1E 〈구내:18 〉	
소재지	(060-80) 서울특별시 강남구 삼성동 87 아이파크삼성동 [도로명주소] 서울특별시 강남구 영동대로 640 (삼성동)			
물건종별	집합건물목록1건	채권자	l로스	접수/개시 2017-09-01 / 2017-09-18
종국결과	미종국	채무자	벤즈	배당종기 2017-11-28
경매구분	부동산임의경매	소유자		청구금액 1,200,000,000원

당사자내역			
채무자	프렌즈	채권자	주식회사
저당권부질권자	주식회사	저당권부질권자	서
저당권부질권자	주식회사	소유자	이
소유자	박	배당요구권자	최
근저당권자	주식회사하나은행	근저당권자	주식회사 저축은행
근저당권자	주식회사	교부권자	삼성세무서
가처분권자	신용보증기금	가압류권자	주식회사 민카드
가압류권자	신용보증기금	가압류권자	기술보증기금

이 검색 물건은 강남구 삼성동에 위치하는 아이파크 아파트인데, 1순위 근저당권 **은행의 채권최고액 2,130,000,000원을 이미 대위변제한 것으로 가정해보자.

건물 등기부내역 ▶ 건물말람일 : 2017-09-26						등기부등본열람
순위	접수일자	권리종류	권리자	권리금액	소멸여부	비고
갑3	2009-12-23	소유권	윤		이전	협의분할에 의한 상속
갑4	2009-12-23	소유권	심	(거래가)4,200,000,000원	이전	매매
갑5	2015-12-02	소유권(지분)	박 외 1명	(거래가)4,500,000,000원	이전	매매
을15	2015-12-02	(근)저당		2,130,000,000원	소멸기준	
을15-2	2017-09-07	(근)저당질권	제이비우리캐피탈	2,130,0 **1순위 근저당권부 질권 대출-1**		
을15-3	2017-09-08	(근)저당질권	외	270,0 **2순위 근저당권부 질권 대출-2**		
을15-4	2017-09-08	(근)저당질권	서	250,0 **3순위 근저당권부 질권 대출-3**		
을16	2015-12-02	(근)저당	저축은행	1,300,000,000원	소멸	
을17	2016-03-31	(근)저당	은행	360,000,000원	소멸	
을18	2016-12-15	(근)저당	로스	1,200,000,000원	소멸	
을18-1	2017-07-14	가처분(근저당)	신용보증기금		소멸	근저당권가처분 [가처분등기보기]
갑10	2017-06-26	가압류(지분)	신용보증기금	709,400,000원	소멸	
갑12	2017-07-14	강제경매(지분)	최		소멸	**채무 과다**
갑13	2017-08-09	가압류(지분)	국민카드	11,860,656원	소멸	
갑14	2017-08-22	가압류(지분)	기술보증기금	682,505,840원	소멸	
갑15	2017-09-06	가압류(지분)	기술보증기금	159,800,000원	소멸	
갑16	2017-09-18	임의경매	스	청구: 1,200,000,000원	소멸	
갑17	2017-09-19	가압류(지분)	은행	89,760,876원	소멸	

전 체	156.86㎡	167.72㎡	175.05㎡	**195.39㎡**						(단위: 만원)	
	2017.01		2017.02		2017.03		2017.04		2017.05		2017.06
계약일	거래금액(층)	계약일	거래금액(층)	계약일	거래금액(층)	계약일	거래금액(층)	계약일	거래금액(층)	계약일	거래금액(층)
1~10	365,000 (5)									1~10	455,000 (21)
										21~30	490,000 (38)
	2017.07		2017.08		2017.09		2017.10		2017.11		2017.12
계약일	거래금액(층)	계약일	거래금액(층)	계약일	거래금액(층)	계약일	거래금액(층)	계약일	거래금액(층)	계약일	거래금액(층)
21~31	400,000 (6)										

상기의 경매 물건처럼 아파트의 일반 매매가격보다 채무자의 채무가 과다한 물건은 대위변제하기에 적합하다.

**은행의 1순위 근저당권의 채권최고액이 2,130,000,000원으로 국토교통부 아파트 실거래 사례가 4,000,000,000원을 초과하고, 동일평형의 과거 경매 낙찰

사례도 3,205,000,000원이다. 이를 감안할 때 경매낙찰 예상금액은 채권최고액을 크게 상향하여 대위변제 투자 수익을 안정적으로 달성할 수 있다.

본 채권이 안정적인 이유 중 하나는 후순위로 **저축은행의 1,200,000,000원의 채권최고액이 설정되어 있기 때문이다. 2순위 **저축은행도 엄격한 대출심사를 통하여 부동산 가치 평가를 거친 다음에 대출해준 것으로 파악된다.

순위번호	등 기 목 적	접 수	등 기 원 인	권 리 자 및 기 타 사 항
15	근저당권설정	2015년12월2일 제347306호	2015년12월2일 설정계약	채권최고액 금2,130,000,000원 채무자 서울특별시 강남구 영동대로 640, 근저당권자 주식회사 은행 110111-0072536 서울특별시 중구 을지로 66(을지로2가) (잠구경지점)
15-1	15번근저당권이전	2017년9월7일 제173145호	2017년9월7일 확정채권대위변제	근저당권자 주 서울특별시 영등포:
15-2	15번근저당권부근질권	2017년9월7일 제173146호	2017년9월7일 설정계약	채권최고액 금2,130,000,000원 채무자 주 서울특별시 영등포구 채권자 캐피탈주식회사
15-3	15번근저당권부질권	2017년9월8일 제174177호	2017년9월7일 설정계약	채권액 금270,000,000원 채무자 주 서울특별시 영등포구 채권자 대부주식회사 서울특별시 서초구 대부주식회사 서울특별시 서초구 방배천로
15-4	15번근저당권부질권	2017년9월8일 제174178호	2017년9월7일 설정계약	채권액 금260,000,000원 채무자 주 서울특별시

상기의 등기사항전부증명서를 살펴보면 2015년 12월 2일 **은행이 채권최고액 2,130,000,000원을 설정하고 채무자 ***에게 부동산 담보대출을 해준 것을 알 수 있다.

해당 경매 물건은 제3자의 임의경매 및 강제경매로 인해 채무자의 기한이익이 상실한 건으로, 2017년 9월 7일 확정채권대위변제가 등기 원인이 되어 근저당권이 이전되었다. 대위변제로 매입한 부실채권 투자자는 **캐피탈주식회사로부터 1순위 근저당권부 질권대출을 대략 90% 받고, 부족한 10%의 투자금은

P2P회사를 통해 조달한 것으로 추측된다.

금융산업이 많이 발전하여 부실채권 투자는 자기 자본이 거의 없이도 P2P회사를 통하여 자금을 조달할 수 있다. 대위변제 투자는 근저당권 이전비용과 질권대출이자, P2P업체의 플랫폼 비용, 채무자 보상 등만 있으면 가능한 시대이므로 돈이 없어 대위변제 못한다는 구실은 대지 말자. 돈이 없어도 노력 하나로 얼마든지 대위변제 투자 수익을 달성하는 사람들이 주변에 많다.

아울러, 2순위 질권대출을 실행한 P2P회사는 필자도 알고 있는 방배동의 대부업체로 추측된다.

금융기관의 원금 대비 120% 채권최고액을 감안할 때 원금은 1,775,000,000원으로 추측된다. 연체이자가 15% 정도라 가정하고 수익률을 계산해보자.

2017년 7월 14일 제3자의 강제경매 신청으로 **은행의 연체기간은 2017년 7월 14일부터 대위변제시점 2017년 9월 7일까지이다. 연체이자를 계산하면 40,119,963원으로 원금 1,775,000,000원을 합한 금액 1,815,119,863원을 지급하고, **은행에 *** 채무자의 채무를 대위변제했다고 가정하자.

대위변제 갭투자자는 매입금액 전액을 1~2순위 근저당권부 질권대출로 감당하고, 채무자의 회생 신청으로 경매가 14개월 정도 경과한다고 하자. 이 경우, 질권 이자비용과 근저당권의 이전비용 등, 실 투자비용은 대략 130,000,000원으로 130,000,000원의 대위변제 투자 수익이 예상되므로, 예상 수익률은 100% 이상이 될 것으로 추정된다(단, 채무자 보상금 및 P2P업체 플랫폼 비용, 법무사 경비 제외).

필자의 상상력을 동원하여 자의적으로 예상 수익을 추정했기에 실 수익률에는 차이가 있음을 양해 부탁드린다.

❖ 임의대위변제 갭투자 사례

아직도 개인 투자자는 부실채권을 매입할 수 없다고 생각하는가?

2016년 7월 25일 대부업법의 개정으로 개인이 부실채권을 매입하는 데 부정적인 입장을 보이는 사람들이 있다. 아래 사례는 2017년 5월 12일 개인이 하나은행과 **새마을금고의 부실채권을 매입한 사례이다.

이 물건은 임의대위변제 갭투자 기법의 자료를 찾기 위해 스피드 옥션정보지에서 검색한 것으로 필자와 관련이 없어 일정 및 호수 등 일부는 임의로 수정했다.

소재지	서울특별시 강남구 삼성동		삼성동		제3013호	
용도	아파트	채권자	황	감정가	3,750,000,000원	
대지권	71.34㎡ (21.58평)	채무자	임	최저가	(80%) 3,000,000,000원	
전용면적	241.83㎡ (73.15평)	소유자	임	보증금	(10%)300,000,000원	
사건접수	2017-04-07	매각대상	토지/건물일괄매각	청구금액	2,000,000,000원	
입찰방법	기일입찰	배당종기일	2017-06-28	개시결정	2017-04-10	

기일현황

회차	매각기일	최저매각금액	결과
신건	2017-	3,750,000,000원	유찰
	2017-	3,000,000,000원	변경

구분	성립일자	권리종류	권리자	권리금액	상태	비고
갑2	2008-04-04	소유권(지분)	박		이전	매매
을1	2008-04-04	(근)저당	하나은행	636,000,000원	소멸기준	(주택) 소액배당 4000 이하 1600 (상가) 소액배당 4500 이하 1350
을8	2011-01-03	(근)저당	동부새마을금고	39,000,000원	소멸	
을9	2011-06-08	(근)저당	동부새마을금고	611,000,000원	소멸	
을11	2013-02-27	전세권	황	2,000,000,000원	소멸	배당금: 1,706,655,400원 이배당: 293,344,600원 일부배당(미배당금 소멸예상)
을12	2013-02-28	(근)저당	에	700,000,000원	소멸	
갑3	2014-06-09	가압류(지분)	길 (금220,000,000원):	405,000,000원	소멸	
갑4	2016-01-27	가압류(지분)	이	143,000,000원	소멸	
갑5	2016-08-23	압류(지분)	삼성세무서		소멸	
을14	2016-09-26	(근)저당	대부	38,400,000원	소멸	
을15	2017-01-25	(근)저당(지분)	길	400,000,000원	소멸	
갑6	2017-03-17	압류(지분)	동안양세무서		소멸	
갑7	2017-04-10	임의경매	황	청구: 2,000,000,000원	소멸	
갑8	2017-04-20	압류(지분)	강남세무서		소멸	

본 임의경매 물건은 집합건물의 아파트로서 경매개시일자가 2017년 4월 10일이고, 청구금액이 2,000,000,000원으로 후순위 전세권에 의한 물건이다. 본 부실채권이 양호한 이유는 후순위 전세권에 의한 경매 물건으로 선순위 근저당권부 채권은 안정적이기 때문이다.

1순위 근저당권 채권최고액 하나은행 636,000,000원, 2순위 근저당권 채권최고액 **새마을금고 650,000,000원을 임의대위변제하면, 전세권자의 방어입찰로 인하여 안정적인 수익을 보장받을 수 있다.

경매 물건의 감정평가금액은 3,750,000,000원으로 채권최고액 1,286,000,000원의 경우에도 법원 경매의 배당금으로 채권 회수가 가능하다.

전 체	241.83㎡		
2017.01		2017.02	
계약일	거래금액(층)	계약일	거래금액(층)
		1~10	325,000 (4)

2017년 2월 국토교통부 아파트 실거래 사례에 의하면 4층이 3,250,000,000원임을 감안할 때 경매낙찰 예상가격은 최소 1~2순위 근저당권 채권최고액 1,286,000,000원을 초과한다. 절대적으로 안전한 부실채권으로 임의대위변제 갭투자에 있어 최상의 물건이다.

1순위 하나은행의 채권최고액은 636,000,000원으로 원금의 120%를 채권최고액으로 산정하는 것을 가정하면, 1순위 채권은 원금 530,000,000원이다. 2순위 **새마을금고의 채권최고액은 650,000,000원으로 원금의 130%를 채권최고액으로 산정하는 것을 가정하면, 2순위 채권은 원금 500,000,000원이다.

결국, 채권최고액 1,286,000,000원과 원금 1,030,000,000원의 차이 256,000,000원이 임의대위변제 갭투자의 최대 수익으로 예상된다.

임의대위변제 잔금일까지의 연체이자, 근저당권 이전비용, 근저당권부 질권대출이자를 감안해도 몇 억 이상의 수익이 발생할 수 있다. 물론, 매입하는 임의대위변제 물건의 경매신청권자가 아니기 때문에 경매 절차의 기간 조정은 어려울 것으로 판단된다. 만약, 개인이 업으로 하지 않는다면 절세 효과까지 누릴 수 있으니, 임의대위변제 1건으로 몇 년치 연봉을 확보할 수도 있다.

【 을 구 】			(소유권 이외의 권리에 관한 사항)	
순위번호	등 기 목 적	접 수	등 기 원 인	권 리 자 및 기 타 사 항
1	근저당권설정	2008년4월4일 제22221호	2008년4월4일 설정계약	채권최고액 금636,000,000원 채무자 임 서울특별시 강남구 청담동 근저당권자 주식회사하나은행 110111-0015071 서울특별시 중구 을지로1가 101-1
1-5	1번근저당권이전	2017년5월12일 제84055호	2017년5월12일 확정채권대위변제	근저당권자 박 81 -******* 경기도 하남시
1-6	1번근저당권부질권	2017년5월12일 제84058호	2017년5월12일 설정계약	채권액 금636,000,000원 채무자 박 경기도 하남시
1-7	1번근저당권부질권	2017년6월26일 제100868호	2017년6월26일 설정계약	채권액 금130,000,000원 채무자 박 경기도 하남시 채권자 대부 110111-(722 서울특별시 강남구 테헤란로26길 34.

임의대위변제 갭투자 기법으로 진행하면서, 1순위 하나은행의 채권최고액 636,000,000원의 대략 90%는 **은행에서 근저당 질권으로 충당하고, 나머지는 P2P회사를 통하여 조달한 것으로 추측된다.

순위번호	등 기 목 적	접 수	등 기 원 인	권 리 자 및 기 타 사 항
9	근저당권설정	2011년6월8일 제36987호	2011년6월8일 설정계약	채권최고액 금611,000,000원 채무자 임 서울특별시 강남구 삼)1 근저당권자 새마을금고 114144-0005100 서울특별시 동대 -2
9-2	9번근저당권이전	2017년5월12일 제84050호	2017년5월12일 확정채권대위변제	근저당권자 박 81 -******* 경기도 하남시
9-3	9번근저당권부질권	2017년5월12일 제84062호	2017년5월12일 설정계약	채권액 금611,000,000원 채무자 박 경기도 하남시 채권자 전북은행 2 -0000043 전라북도 전주시 덕진구 백제대로 566 (금암동)
9-4	9번근저당권부질권	2017년6월26일 제92671호	2017년6월26일 설정계약	채권액 금130,000,000원 채무자 박 경기도 하남시 채권자 대부 110111-(12 서울특별시 강남구

2순위 **새마을금고의 채권최고액 611,000,000원의 경우, **은행에서 근저당권부 질권으로 매입금액의 대략 90%를 받고, 부족한 투자금은 추가로 P2P회사를 활용하여 조달한 것으로 추측된다.

임의대위변제 갭투자는 질권대출이자, 근저당권 이전비용, P2P업체의 플랫폼 비용, 채무자 보상 등만 있으면 가능하므로 자기자본 소액투자도 가능하다.

대위변제 갭투자에 도전한 사람들

❖ 임의대위변제 성공 사례

여기서는 필자의 NPL 실전투자 심화반 제자의 임의대위변제 성공 사례를 소개하고자 한다. 필자가 제자의 성공 사례를 소개하는 이유는 부실채권 투자가 강의하는 교수나 전문가의 전유물이 아니라, 일반인들도 쉽게 접근할 수 있다는 자신감을 키워주기 위해서다.

본 내용은 2017년 5월 필자가 운영하는 네이버 '3천만원 3억만들기' 카페에서 제자가 작성해 올린 것을 본인의 동의하에 퍼온 것이다.

1차 후기

저는 지난주에 종강한 현재 시점 가장 최근 기수인 44기이자, 연간 회원입니다.

부동산 관련 지식은 전무했으며 아직도 일반인보다 부동산 상식이 부족하다고 자부(?)합니다. 즉, 열정과 추진력만 있다면 전문지식이 없어도 누구나 할 수 있다고 말하고 싶습니다. 물론, 원장님 강의를 들어보면 알겠지만, 돈 없어서 NPL을 못 산다는 사람에게는 "헛소리하지 마세요!"라고 감히 말씀드리고 싶습니다.

본 건은 '연간 회원'에게 추천해준 건 중 하나이며, 법인이 아닌 개인으로도(즉 누구나) 할 수 있는 '임의대위변제'로 진행한 것입니다. 위치는 익산이며, 우편을 통해 채무자와 연결된 건입니다. 실제 채무자 집에 가보면 우체통에 꽤 많은 임의대위변제 제안서가 와 있습니다(확률을 높이려면 뻔한 내용의 우편물을 보내서는 안되겠지요). 아래 편지가 제가 보낸 것 중 가장 뻔한 내용이고, 저 같은 경우 실제로는 훨씬 정성껏 보낸다는 정도만 알려드리겠습니다.

***님 아래 내용을 약속드립니다. 꼭 연락주세요.
맹세컨대 어려운 상황에 처한 사람을 이용한 추가 대출 등과 무관하며, ***님에게 불리해지거나 달라지는 것은 한 가지도 없고 지금보다 유리한 점만 생깁니다.
1. 채무를 대신 변제하고 제가 채권자가 되어 ***님이 현재 상황을 훨씬 수월하게 헤쳐 나갈 수 있도록 하겠습니다.
2. 근저당을 이전하는 것에 대한 '사례비' 조로 채권최고액의 1% 이상(채무 상환 상황에 따라 최고 3%까지 가능)을 생활비로 드리겠습니다.
 **단언컨대, 절대 은행(캐피탈)에서는 아무것도 해주지 않습니다.
3. 경매 진행되는 것은 동일하며 어떠한 추가 비용도 들지 않습니다.
 원하시면 (경매가 지연되도록 하는 방법 등으로) 동 부동산에서 최대한 길게 거주(소유)하실 수 있도록 방법을 만들겠습니다.

박** 배상

핵심은 남들과의 차별화와 추진력이라고 생각합니다. 저는 직접 찾아간 것 1건(친구 집 근처)에 우편물을 발송한 22건을 더해, 총 23번 도전하여 2건의 연락을 받았습니다.

첫 번째 채무자 연락: 실패건~잠재적 고객 확보건

2주 전쯤 한 채무자에게 전화가 왔습니다. 채무변제했을 때 금전적인 손해(경매예상가격<근저당가격)가 있음에도 불구하고 신불자가 되기 싫고 아직 젊어 채무변제한다고 하였습니다(경매 진행하라고 제가 설득할 수는 없지요).

두 번째 채무자 연락: 동건

4월 12일 오후 문자 하나가 왔습니다.

<안녕하세요. 우편물 보고 문자 보냅니다.>

내용상 채무자구나 알아채고 바로 전화했습니다. 사건번호를 받아보니 3순위 근저당까지 있는 물건이었습니다.

2017 타경	3 (임의)		매각기일 : 2017-10-30 10:00~ (월)		경매1계 063- -5161	
소재지	(54552) 전라북도 익산시 어양동			4호		
용도	아파트	채권자	양수인 박	감정가	244,000,000원	
대장용도	아파트	채무자	구	최저가	(70%) 170,800,000원	
대지권	83.3㎡ (25.2평)	소유자	구 外	보증금	(10%) 17,080,000원	
전용면적	136.5956㎡ (41.32평)	매각대상	토지/건물일괄매각	청구금액	39,872,936원	
사건접수	2017-03-08	배당종기일	2017-06-12	개시결정	2017-03-09	

당사자내역

채무자겸소유자	이	채권자	조
임차인	구	근저당권자	허
근저당권자	주식회사우리은행	근저당권자	저축은행주식회사(변경전:주식회사 ○축은행)
공유자	구		

건물 등기부내역 ● 건물열람일 : 2017-02-09   등기부등본열람

순위	접수일자	권리종류	권리자	권리금액	소멸여부	비고
갑2	2005-09-29	소유권	케이비부동산신탁		이전	신탁
갑3	2006-03-13	소유권	건설		이전	신탁재산의귀속
갑4	2006-03-13	소유권	김		이전	매매
갑10	2009-10-16	소유권	이		이전	임의경매로 인한 매각
갑12	2010-07-07	소유권(지분)	구 외 1명	(거래가) 173,000,000원	이전	매매
을5	2010-10-18	(근)저당	우리은행	145,200,000원	소멸기준	
을9	2012-02-07	(근)저당	저축은행	58,500,000원	소멸	
을10	2013-03-05	(근)저당	허	50,000,000원	소멸	
갑21	2017-01-31	강제경매(지분)	조	청구 : 53,000,000원	소멸	

실거래가 정보(● 최근 12개월중 최근 거래내역 10건입니다.) ● 매매   시세 실거래가 전월세

명칭(매매)	전용면적(㎡)	거래년월	계약일	해당층	거래금액
드림(-0)	136.6	2016.12	(11~20)	2	255,000,000 원
드림(-0)	136.6	2016.12	(11~20)	5	245,000,000 원
드림(-0)	136.6	2016.11	(21~31)	13	267,000,000 원

인근 경매물건현황   해당물건 경매사례   해당번지 경매사례   인근 진행물건   인근 매각물건

여기서 잠깐, 경매낙찰 예상가격 짚고 갑니다.

NPL에 대한 핵심을 깨달은 이후로 동기분들에게 종종 하던 말이 있습니다.

"사전에 경매낙찰 예상가격을 필요 이상으로 정확히 파악하려 하지 마라!"

동기분들 대부분이 임의대위변제를 시도하기 '전'에 '경매낙찰 예상가격'에 대한 오차를 최소화하고자 ① 등기부등본도 꼼꼼하게 보고 ② 임장 가서 실물 보고 ③ 부동산에 월세 전세도 파악하고 ④ kb 시세 등도 보고 기타 등등의 과정을 거쳐 '수시간'을 소비한 뒤 한 건의 임의대위변제 후보를 선정하는 것 같습니다. 그리고는 용기 내어 청심환 먹고 찾아가서 벨 누르고 대부분 못 만나거나 만나도 실익 없이 돌아오는 과정을 몇 번 반복하다 포기합니다. 그나마도 안(못) 하는 분들이 3분의 2 이상이라고 생각됩니다.

제가 도전한 23건 중 12건은 원장님이 추천해준 건으로… '권리 분석 전혀 안 했습니다.' 나머지 11건은 제가 선별한 건으로 모두 선별하는 데 2시간 이상 걸리지 않았습니다. (특정 지역 70~80건 정도 검색했으며… 선발되지 않은 60~70건은 1분 이상 시간을 할애하지 않았습니다.)

만약 사전에 한 건 한 건에 경매낙찰 예상가격을 최대한 정확히 산출하려는 '쓸데없는' 열정, 정성, 노력을 기울이고 싶은 분이 있다면 감히 "차라리 그 시간에 다른 사건들을 한 건이라도 더 봐라"라고 조언하고 싶습니다. (물론, 실제로 경매낙찰 예상가격을 산출해보는 경험을 통해 필요할 경우 어느 정도 이상 능숙하게 할 수 있는 경지에 오른 분에 한합니다.)

저는 임의대위변제할 만한 걸 찾을 때 딱 아래 내용만 봅니다.

1. 등기부등본상의 해당 물건 평수
2. 최근 거래가격
3. 근저당+(가)압류 총액

【 표 제 부 】		(전유부분의 건물의 표시)		
표시번호	접 수	건물번호	건 물 내 역	등기원인 및 기타사항
1	2005년8월4일	제2층 제204호	철근콘크리트조 136.5956m²	도면편철장제1책 283장

건물 등기부내역 · 건물열람일 : 2017-02-09　　　[등기부등본열람]

순위	접수일자	권리종류	권리자	권리금액	소멸여부	비고
갑2	2005-09-29	소유권	......최부동산신탁		이전	신탁
갑3	2006-03-13	소유권	건설		이전	신탁재산의귀속
갑4	2006-03-13	소유권	김		이전	매매
갑10	2009-10-16	소유권	이		이전	임의경매로 인한 매각
갑12	2010-07-07	소유권(지분)	구 외 1명	(거래가)173,800,000원	이전	매매
을5	2010-10-18	(근)저당	우리은행	145,200,000원	소멸기준	
을9	2012-02-07	(근)저당	저축은행	58,500,000원	소멸	
을10	2013-03-05	(근)저당	허	50,000,000원	소멸	
갑21	2017-01-31	강제경매(지분)	조	청구가 53,000,000원	소멸	

실거래가 정보(· 최근 12개월중 최근 거래내역 10건입니다.) ⊙ 매매　　[시세][실거래가][전월세]

명칭(매매)	전용면적(m²)	거래년월	계약일	해당층	거래금액
소드림(-0)	136.6	2016.12	(11~20)	2	255,000,000 원
소드림(-0)	136.6	2016.12	(11~20)	5	245,000,000 원
소드림(-0)	136.6	2016.11	(21~31)	13	267,000,000 원

　동 사건의 경우 최근 거래가가 2.5억 정도 되는데 낙찰가는 2.5억으로 잡고 근저당과 (가)압류 합이 3억을 육박하니 이건 일단 임의대위변제 가능합니다. (포인트는 실제 경매낙찰 예상가격은 보수적으로 잡으나 임의대위변제 후보 발굴할 때는 긍정적으로 잡습니다. '채무자 입장'에서 자기가 부동산에 매각할 수 있을 거라 믿는 가격보다 채무가 많아야 채무자가 부동산을 포기할 거고 그래야 우리가 임의대위변제할 수 있으니까!)

　딱 1분 만에 임의대위변제 가능성 있는 사건 하나 발굴입니다! 이렇게 대충 하다 나중에 낙찰이 너무 낮게 되서 손해 보면 어떡하냐고 반문할 사람이 있을 수도 있겠습니다. 감히 말씀드립니다.

　"채무자한테 도장 받아 온 다음, 분석하세요!"

　경매낙찰 예상가격부터 등기부등본, 대법원 서류 등을 보면서 팩트를 분석할 줄 알아야 합니다. 상당히 중요합니다. 분석할 줄 안다는 전제하에 드리는 말씀입니다.

　일단, 채무자를 만나게 될 상황이 되면 그때 그 사건에 대해 꼼꼼히 경매낙찰 예상가격과 각각의 케이스별 구체적인 플랜을 세워도 전혀 늦지 않습니다(물론 임의대위변제의 경우에 한해서). 왜 채무자 동의도 못 받은 물건에 힘을 뺍니까?

실제로 저는 대위변제한 현 시간까지 아파트 구경도 못 해봤고, 근처 부동산에 전화조차 안 해봤습니다. 딱 하나 찾아본 게 kb부동산 시세입니다. 제가 매입한 1순위 근저당 채권최고액은 1.452억이고, 전세가 최고액은 1.95억입니다. 거기서 권리 분석 끝납니다.

여담이지만 대위변제를 한 지금도 해당 아파트에 가보지 않았습니다. 물론, 불필요하다는 건 아니지만 이 정도 상황이면 실물이 중요하지 않다는 본질을 이해하고 일처리를 하자는 취지에서 드리는 말씀입니다. 은행지점장님은 1번 유찰돼도 2번째는 무조건 낙찰된다고 확신하더라고요. 저도 그 예상에서 크게 벗어나지 않으리라 믿습니다. 한 번 더 유찰되면 그때 가서 방어입찰해도 되고요.

내가 대위변제할 시점에 우리은행 청구금액과 연체이자만이 중요할 뿐, 어느 시점에 경매가 마감돼야 채무자와 내가 '아름다운 관계'로 마무리 지을 수 있는지만 생각하면 되겠습니다.

【 표 제 부 】	(전유부분의 건물의 표시)			
표시번호	접 수	건물번호	건 물 내 역	등기원인 및 기타사항
1	2005년8월4일	제2층 제204호	철근콘크리트조 136.5956㎡	도면편철장제1책 283장

[어양동] 미소드림(1단지)

| 머물 | 시세 | 단지정보 | 평면·배치도 | 금융상담 |

▸ 전체   ▸ 115.7/84.92㎡   ▸ 158.67/136.59㎡

면적별시세 (158.67/136.59 ㎡) | 총134세대/ 해당면적52세대, 방4개/욕실2개, 계단식

시세평산일   2017.04.14 (단위 만원)

구분	매매가			전세가			월세가	
	하위평균가	일반평균가	상위평균가	하위평균가	일반평균가	상위평균가	보증금	월세
금주시세	25,000	26,000	27,000	18,500	19,000	19,500	-	-
상위평균 시세최고가	27,000 (2017.04.10) 최고가 대비 현재시세 0%			19,500 (2017.04.10) 최고가 대비 현재시세 0%			-	
하위평균 시세최저가	25,000 (2017.04.10) 최저가 대비 현재시세 0%			18,500 (2017.04.10) 최저가 대비 현재시세 0%			-	

본론으로 돌아가서 이 경우, 2순위인 우리금융저축은행 건을 유동화회사가 론세일 매수 후 이를 이용하여 우리은행에 법정대위변제하러 간다고 사전 고지하였고, 우리은행 측에서 채무자에게 이를 알려줬습니다. 이후 대부업체에서 자기 근저당을 사러 온다고 하자 채무자가 겁을 먹고 제게 연락한 케이스입니다.

을5	2010-10-18	(근)저당	은행	145,200,000원	소멸기준	
을9	2012-02-07	(근)저당	저축은행	58,500,000원	소멸	
을10	2013-03-05	(근)저당	허.	50,000,000원	소멸	
갑21	2017-01-31	강제경매(지분)	조	청구 : 53,000,000원	소멸	

솔직히, 원래 2순위 근저당을 임의대위변제하려고 우편물을 보냈던 건데…. 뒷북이 온 거라 좀 짜증났습니다. 1순위 임의대위변제한다고 해도 2순위 대부업체가 이를 대위변제하겠다고 쫓아오면…. 일반인인 저는 혹시 모를 스트레스에 본전도 못 찾는 상황이 오는 건 아닌지…. 익산까지 가서 이런 애매한 건을 진행해야 하는지 의구심이 들었으나….

우리는 배우는 학생 아닙니까? 실리보다는 경험에 비중을 두고 일단 학원에 연락을 합니다.

나: "익산에서 어떤 분이 임의대위변제할지 모르겠는데 뭐뭐 챙겨 가야 하나요?"

막상 채무자가 만나자 하니 머릿속은 백지요, 가서 어리바리하지 않을까, 실수해서 다 된 밥에 코 빠뜨리지 않을까 걱정되더군요.

김과장님: "① 대위변제신청서와 ② 경매기록열람복사신청서+각각의 위임장 관련 ③ 인감증명서 받아오세요."

이런 조언을 듣고 일단 익산의 1순위 우리은행에서 만나기로 하고 출발…. 채무자 말로는 1순위 우리은행 지점장이 본인 친형의 친구니 은행문 닫을 시간에 와도 기다린다 하였건만…. 5시에 도착해보니 채무자님밖에 없더군요. 그나마 은행이 아닌 다른 곳에 계셔서 찾아가야 했습니다(채무자 말을 너무 믿지 말라는 전문가님의 조언이 있었습니다).

나: "저는 업자가 아니고 사실 배우고 있는 학생입니다. 하지만 제 뒤에는 대한민국에서 손가락 안에 드는 전문가들이 있기 때문에 다른 업체와 진행하는 것보다 못한 것은 절대 없을 겁니다. 업체가 아니라 채무자님께 남들보다 더 지원해드릴 수 있습니다."

저 같은 경우는 나이가 상대적으로 젊어서 학생이라고 설명하며 상대방에게 욕심 안 내고 최선을 다해 도와드리겠다고 접근했습니다. 하지만 나이가 있는 분에게는 오히려 이런 식의 접근이 독이 될 수 있으니 상대방이 마음 열게 도움이 될 만한 콘셉트를 연구해보는 것도 좋을 것 같습니다.

채무자: "전 돈도 좋지만 중학생인 자식들이 사춘기라 갑자기 집을 비워주게 되면 충격받을까 봐 걱정입니다. 지원금보다는 최대한 오래 거주하고 싶습니다."

나: "1순위 근저당권 연체이자가 10%에 그치고 2순위가 법정대위하면 못하게 막을 근거가 없기 때문에 생각처럼 좋은 조건도 아닙니다. 원하시는 대로 경매를 오래 끌게 되면 저의 '쩐주'께서 돈이 오래 묶이므로 채무자님께 실질적으로 드릴 금전 지원은 어려울 것 같습니다."

(나도 돈 있는 사람 아니고 쩐주는 따로 있다고 설명하는 게 협상에서 유리하다는 것이 본능적으로 느껴졌답니다. 이유 ①: 신건낙찰에 의한 빠른 경매종료 등의 변수에 대해 '나'는 채무자 편인데 '쩐주'가 하라니 어쩔 수 없다는 식의 활용. 이유 ②: 나는 채무자의 근저당에 돈을 투자해서 돈 버는 사람이라고 하는 것보다는 아무래도 채무자가 나를 친근하게 대할 것 같아서.)

채무자: "지원금 필요 없습니다. 최대한 오래 있게 해주시고 갑자기 쫓겨나지 않게, 누가 차압딱지 붙이러 들어오는 일만 없게 해주세요."

대화 중에 채무자가 가장 주안점을 두는 것을 파악합니다. 돈이 중요한 게 아니므로 지원금을 줄 이유가 없어졌습니다.

나: "그런데 우리은행은 1금융권이라 연체이자도 낮고 2순위가 법정대위변제한다고 위협할 텐데…. 혹시 3순위 근저당권자는 연락되나요?"

을5	2010-10-18	(근)저당	은행	145,200,000원	소멸기준	
을9	2012-02-07	(근)저당	덕흥은행	58,500,000원	소멸	
을10	2013-03-05	(근)저당	허	50,000,000원	소멸	
갑21	2017-01-31	강제경매(지분)	조	청구 : 53,000,000원	소멸	

결국 3순위 근저당권자를 설득하여 1순위(을5)와 3순위(을10) 근저당권을 같이 매입하기로 협의합니다.

3순위를 근저당 이전하려는 이유

① 2순위가 나의 1순위를 법정대위한다고 하면 나도 3순위로 너의 2순위를 법정대위하겠노라고 할 수 있다.
② 현재 강제경매지만 2순위가 임의경매도 넣어 놓은 상태라서 강제경매 채권자가 무잉여가 되어 경매가 기각된다 해도 2순위가 주도하게 될 것을 염려하여…. 필요에 따라 법정대위 변제하지 않는 조건으로 경매 속도를 내가 원하는 대로 조절하기 위함.
③ 물론 2순위 법정대위할 수 있으나 경매낙찰예상가격을 '초' 보수적(전세시세최고액인 1.95억으로 잡으면 원금 손실 구간의 가능성)으로 잡으면 손실 구간 있어 법정대위 보류 중임.
④ 만약 경매가 신건에서 유찰 안 되는 등의 변수로 생각보다 일찍 끝났을 때 3순위 근저당의 배당액이 발생(2016년 12월, 같은 층수 같은 평형의 거래가가 2.55억이었음).

여기서 경매낙찰 예상가격은 개인에 따라 다르겠지만, 3순위 근저당을 5천만 원 다 주고 사오는 사람은 없을 거라고 생각합니다. 이 케이스는 개인근저당이라 청구가격이 아닌 '협의가격'으로 매입했습니다. 아직 진행 중인 케이스이다 보니 매입가격을 밝히기는 곤란하지만 '아름다운 가격(?)'으로 이전했다는 것만 밝혀두겠습니다.

여기서 머리가 팍팍 돌아가는 분이라면 경매의 빠른 종료가 곧 저의 이윤 극대화라는 것을 예상하고 있을 것입니다. 하지만 나도 좋고 채무자도 좋은… 아름다운 관계를 위해서 이윤 극대화보다는 상호간 효용의 합이 극대화되는 점을 찾아가려 했습니다.

이 정도 계획을 세우고 나니 오후 7시가 되더군요. 배운 대로 하면 경매기록열람신청서와 대위변제신청서에 인감도장받고 인감증명서를 받아와야 하나… 서두르면 채무자가 불안해할 것 같고 '임의대위변제보다 더 중요한' 44기 총무님을 포함 동기 3분의 개업식이 진행되는 터라 아무런 서류 작업 없이 서울로 돌아왔습니다.

집에 가서 생각해보니 우리은행 통장에 막상 대위변제할 돈이 모자라다는 걸 깨달았습니다. 기업은행과 한국투자증권에 있는 돈을 우리은행으로 이체하려는데 1일 이체한도가 걸려서 다음 날 직접 기업은행과 한투를 가야 하는 불상사가 발생합니다. (기적적으로 익산 우리은행 옆이 기업은행이요, 건너편이 한투였네요.) 이 해프닝을 말하는 이유는 채무자를 만나기 전에 돈이 딜레이 없이 이체될 수 있도록 미리 준비해야겠다는 것을 알았기 때문입니다.

다음 날(4월 13일) 아침, 큰 딸의 3번째 생일상을 치르고 학원으로 가서 김과장님께 상담하고 온 내용을 토대로 제 생각대로 하면 되는지 물어보고 수많은 팁과 체크리스트를 만들어서 다시 익산으로 출발합니다.

아침에 딸 생일잔치에 오전에 김과장님께 문의드리고 익산에 가니 오후 3시가 되겠더라고요. 2순위 대부업체가 오늘이나 내일 우리은행에 와서 법정대위변제를 하겠다고 한 터라 마음이 급했습니다(법정대위하러 오면 채무자가 어떻게든 버티고 있기로 함). 출발하기 전에 채무자에게 아래 내용들을 준비해서 바로 임의대위변제할 수 있도록 조치해놓습니다. 아래 내용에 근거해서 법원 서류도 열람 복사해 놔달라고 요청합니다.

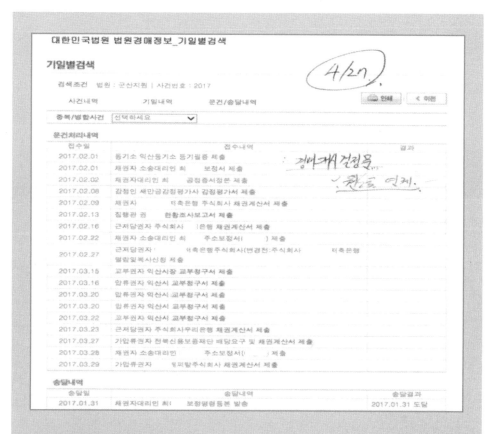

경매기록열람신청서 미작성

제 경우 변제액수도 소액이고 질권대출 나오는 것 기다릴 상황도 아니었기 때문에 경매기록 열람 서류는 급하지 않았습니다. 이미 원장님이 봤을 테니 솔직히 궁금하지도 않고…. 어차피 대위변제하고 나중에 안다고 상황 변하는 것도 아니니 패스~ 나중에 내가 채권자가 되면 경험상 한번 열람해봐야겠다고 생각만 해봅니다. (사실 채무자한테 아침에 법원 가서 준비해놓으라고 했으나 안 해놓음.)

대위변제 신청서 미작성

채무자랑 은행에서 만나기로 했으니까!

채무자에게 사전 준비 요청한 것들

1. 1순위 대위변제 관련 은행 요청 서류
   ① 가능하면 해당 근저당 관련 롱파일 전체 원본(또는 사본)
   ② 원인증서(여신거래약정서, 근저당권계약서 등)
   ③ 국세, 지방세 완납 증명서
   ④ 대위변제증서

2. 3순위 근저당 이전 관련
   ① 채권자 본인
   ② 채권자 인감+인감증명서

3. 법무사(채무자가 아는 분 있다길래 그분 부르기로 함)
   ① 3순위 근저당 이전 관련 서류 양식 준비
   ② 기타 필요한 양식 있다면 미리 준비 요청

4. 채무자
   ① 채무자 본인
   ② 채무자 인감+인감증명서

　익산에 도착해서 채무자에게 전화하니 우리은행이 아니었습니다(우리은행에 2
순위 대부업체가 와서 법정대위변제해버렸으면 어쩌려고…). 아무튼 채무자가 오는 동안
기업은행과 한투에 있는 돈을 우리은행에 모은 다음 우리은행에 들어갔는데….

1. 1순위 대위변제 관련 은행 요청 서류
   ① 가능하면 해당 근저당 관련 롱파일 전체 원본(또는 사본)
     → 은행에서 주고 싶어도 특별히 줄 게 없대요. (지점장 안다더니 그래서 그런가… 시골
     이라 그런가….) 못 준다면 할 말 있는데 없다고 하니 할 말이 없음.
   ② 원인증서(여신거래약정서, 근저당권계약서 등)
     → 법무사 오면 직접 준다면서 안 주는데…. 채무자 본인이 있는데 왜 그러세요. 결국,
     법무사에서 온 다음 받아감.
   ③ 국세, 지방세 완납증명서
     → 받은 적이 없대요. 여기서 또 할 말이 없음.
   ④ 대위변제증서

→ 대위변제 신청서랑 대위변제증서는 부지점장님이 직접 정성껏 만들어줘서 너무 감사했습니다. 그런데 대위변제신청서를 거기서 직접 만들고 가져가는 바람에 서류가 없네요. (이 말인즉, 채무자 위임해서 갈 때도 채무자 인감도장만 적당한 신청서 양식에 받아가서 은행 가서 직원과 함께 작성하면 될 듯합니다.)

2. 3순위 근저당 이전 관련
   ① 채권자 본인
      → 채무자님이 사전에 연락을 안 해놔서 채권자가 자기가 와야 했다는 사실을 내가 익산에 도착했을 때 인지함.
   ② 채권자 인감+인감증명서
      → 당연히 채권자는 인감도장도 안 가져오고 인감증명서도 준비 안 됐고, 사태 파악이 안 되어 있음.

3. 법무사(채무자 후배가 법무사라고 하셔서 그분 부르기로 함)
   → 채무자님이 사전에 연락했으나… 말 그대로 은행 오는 길에 한 듯. 그마저 법무사분 아니고 사무장님임. 이분은 선약 있어서 등장도 안 함.
   ① 3순위 근저당 이전 관련 서류 양식 준비
      → 당연히 못 해놓음.
   ② 기타 필요한 양식 있다면 미리 준비 요청
      → 해야 할 것도 못 해놓은 상태임.

44기에서 저랑 짧은 시간이나마 겪어본 분이라면 대충 알겠지만 저는 남들보다 간이 큰 편인데… 이건 정말이지 당혹스러웠습니다. 하지만 난 이미 어제도 익산 왕복에 오늘도 이미 익산에 왔는걸. 어차피 님은 갑, 나는 을이지요.

나: "채무자님, 3순위 채권자랑 법무사님 없어서 6시까지 등기 못 넣으면 내가 내일 또 와야 하잖아요."

채무자: "아, 제가 좀 바빠서요. 대신 제가 내일 오시면 밥 사드리면 되죠."

당장 일어나고 싶었지만, 이 건은 1순위가 다른 건에 비해 월등히 안전해 보이고… 3순위는 내 복이 아니면 어쩔 수 없겠다고 마음먹고 다시 집중해 봅니다. (물론, 상대적으로 소액건이라 어쨌든 리스크가 워낙 적으니까요….)

오늘의 핵심은 우리은행 근저당권 임의대위변제니까! 멘탈이 안 무너지게 정신줄 잡습니다.

'밥 되면 내가 먹고 죽 되면 2순위한테 법정대위한다…. 2순위 대부업체가 법정대위한다고 우리은행에 통보해서 시작된 일이 아닌가? 그래 죽이 되든 밥이 되든 내 손실은 구두창비용(기름값)에 법무사비용이다.'

이렇게 상황을 정리하고 나니 감자 두 자루 힘들게 이끌고 나와준 채무자님이 오히려 고맙습니다. 비록 도장 안 가져와서 경매기록열람신청서도 못 만들고, 사무장님은 보이지도 않으며, 3순위 채권자는 전화 연결도 잘 안 되는 상태지만, 나머지가 다 준비된다 한들 본인이 없었다면 상황이 더 나빠지지 않았겠습니까?

물론, 혼자서 판단한 건 아니고 원장님이 한 시간에 서너 번씩 전화주면서 계속 진행 상황 체크해줍니다. (제가 계속 전화하면 죄송했을 텐데 수시로 연락을 주니 너무 감사했습니다.)

어쨌든 부지점장님과 대위변제 진행을 합니다.

원금은 120,974,437원에 연체이자가 808,576원입니다. 총 121,783,013원을 이체합니다.

이때 이체는 계좌이체가 안 되고 통장이나 은행카드로 해야 한다고 합니다. 제가 준비한 돈이 든 계좌는 통장 없이 OTP카드만 가져갔었는데…. 부랴부랴 스마트폰을 이용해서 실물 은행 플라스틱카드가 있는 다른 계좌로 이체해서 카드를 이용해 이체했습니다. (상황상 대위변제하기 전에 변제할 은행 통장을 사전에 만들어 놓고 그 통장을 이용해서 대위변제하는 게 가장 무난할 것 같습니다.)

보시다시피 근저당 대출들은 나름 성실히 납부하고 있는 편이었는데, 강제경매를 시발점으로 위험한 상황에 놓이게 되어서 약간 마음이 안 좋았습니다.

　대위변제신청서는 은행에서 작성해서 바로 가져가서 없고, 대위변제증서 받았습니다. 원장님께 선불로 지급한 수업료의 반환권으로 보이네요.

대 위 변 제 증 서

대위변제자 : 박

변제금액 : 금일억이천일백칠십팔만삼천일십삼원정(₩121,783,013)

(단위:원)

채 권 종 류	원 금	이 자	경매신청비용	계	비 고
가계일반자금대출	120,974,437	808,576		121,783,013	
합 계	120,974,437	808,576		121,783,013	

㈜우리은행은 구승회의 채무에 대하여 채권원리금조로 2017.04.13일   으로부터 상기와 같이 변제 받았음을 증명합니다.

2017년 04월 13일

(주)우리은행 영등동지점

지배인 : 박
지배인울돈 장소: └○○○○
전북 익산시 무왕로   8)

귀중

대위변제증서를 발급받는 와중에 보니 채무자분이 전화받으러 나갔다 안 오고 있다는 것을 인지했습니다. (안 그래도 계속 왔다 갔다 전화통을 안 놓더라고요.) 전화해봤더니… 제가 돈 이체하는 것까지 보고 중요한 모임이 있어서 가고 있다고 하네요.

나: "지금 대위변제하는 것보다 중요한 모임인가요?"

채무자: "네, 정말 중요한 모임이라 죄송합니다. 나중에 법무사 만나면 나머지 하지요."

제가 서울에만 살다 보니 모든 일을 너무 조급하게 하려 하는 건가요? 집이 날아갈지도 모르는 순간에도 모임을 가는 채무자님의 멘탈에 경의를 표해봅니다.

어쨌든 대위변제증서와 어느 때고 법정대위변제해줄 2순위 대부업체가 있으니 등기만 해도 오늘 성공이다 싶은 마음에 얼굴도 못 본 법무사 사무장님에게 계속 전화합니다.

나: "사무장님 오셔야 은행에서 설정계약서와 대출거래약정서 그리고 근저당이전등기동의서(여튼 은행에서 근저당을 나에게로 이전하는 것에 대한 동의서) 준대요.

사무장: "아, 바쁜데요."

나: "제발, 저 익산 연속 2일 왔어요. 내일 또 와야 한다니요."

사무장: "아, 그 형님(채무자)은 왜 급하게 전화해서, 아무것도 준비 안 됐는데…."

다행히 사무장님은 제가 본 익산 시민 중에서 가장 책임감이 강한 사람이었습니다. 제가 익산에 도착한 지 3시간 반 만에 은행에 와주었습니다. 겨우겨우 은행에서 설정계약서와 대출거래약정서 등 모든 서류를 받아옵니다.

사무장님이 붙으니 한결 수월합니다. 제가 할 일을 위임해서 해준다는데 등본을 제가 준비를 안 해서 동사무소에 갑니다. (대위변제하러 갈 때 혹시 모르니 등본도 한 장 준비해가면 좋을 것 같아요.) 그러고는 법무사 사무실로 들어가 앉았습니다. 이미 시간이 지나 등기는 못 하는 상황…. 필요한 위임장과 3순위 근저당 이전 서류 만들어서 제 쪽 도장 찍어 준비해 놓습니다. 3순위 근저당권자는 다음 날 오전 사무장님과 만나서 근저당 이전 진행하기로 구두상 약속합니다. (하면 하고 말면 내 거가 아니라 생각하기로 함.)

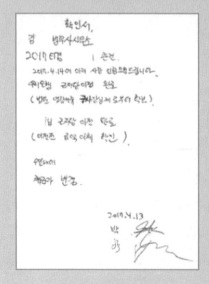

```
                위    임    장
   1. 1동의 건물의 표시
부    전라북도 익산시                          2동
동    [도로명주소]전라북도 익
산    전유부분의 건물의 표시
의       건물의 번호 : 제102동 제2ㅣ      [고유번호:2149        ?73]
표       구조 및 면적 : 철근콘크리트조      136.5956㎡
시       전유부분의 대지권의 표시
         토지의 표시 : 전라북도 익산시 어양동 414        대 8579㎡
         대지권의 종류 : 소유권
         대지권의 비율 : 8579분의 83.3

등기원인과 그 연월일    2017. 4. 13
등 기 의  목 적    근저당권이전
이전할 근저당권    2013년3월5일 접수 제10973호 순위 제10번으로 등기한 근저당권설정등기.
                단, 근저당권은 채권과 함께 이전함.

           위    임    인              수    임    인
                                      법무사 김    ㅣ
                                      익산시 인북로 3     층
                                           063)
                                      위 사람을 대리인으로
                                      정하고 위 부동산 등기
                                      신청 및 취하에 관한 모
                                      든 행위를 위임한다.
                                      또한 복대리인 선임권
                                      을 허락한다.

            박
          서울 강남구                    2017년    월   일
```

　　어차피 늦은 거 가능하면 3순위 오전에 진행하고 1, 3순위 동시에 등기 올리기로 했고, 이 와중에 원장님의 조언으로 사무장님에게 내일 일처리 해줄 것 확인증을 간략하게 써서 확인받아났습니다.

사무장님에게 정말 고마웠습니다. 낯선 외국 땅에서 동포를 만난 기분이었죠. 어쩌면 다음 날 내가 익산 안 와도 될지 모른다는 희망이 생겼습니다.

나: "사무장님, 정말 잘 좀 부탁드리겠습니다. 채무자님이 법원 열람 서류 안 해와도 어쩔 수 없으니 너무 스트레스 받지 말고 1순위 등기 넣어주면 됩니다. 3순위 채권자도 잘 안 풀리면 그냥 안 해도 됩니다. 내일 등기만 잘 넣어주세요."

사무장: "상대방분들이 협조하면 당연히 제가 책임지고 합니다. 걱정 말고 올라가세요. 그런데 가시다 볼일 있나 봐요? 차를 가져왔네요?"

나: "아니오, 집으로 바로 갑니다."

사무장: "아, 주소 보니 수서동 살던데 수서SRT 타고 익산 오면 65분 걸리는데, 차 가져와서 어디 갈 일 있는 줄 알았어요."

나: "…."

혹시나 해서 아침밥 먹는데 가족들한테 물었습니다(부모님 계신 본가에서 딸 생일잔치함).

나: "혹시 익산 SRT 가지 않을까?

가족: (무관심)

나: '그래, 당연히 익산행은 없을 거야.'

채무자님이 아무런 준비 없이 있는 것을 봤을 때도 사실 크게 동요하지 않았는데, 3시간 동안 운전대를 잡고 수서로 가는데… 수서SRT에서 걸어서 5분이면 우리 집이라고 생각하니 마음이 복잡하더군요.

다음 날(4월 14일) 아침.

법무사님이 모든 일을 처리할 수 있을 거라는 큰 기대 안 합니다. 이틀간 익산 왕복했더니 SRT 타도 가기가 싫습니다. 가도 바뀔 게 없다는 생각이 드는 단계입니다.

이미 나는 1순위 임의대위변제했고… 2순위 대부업체만 잘 피해 다니다가 너무 붙어 다니면 못 이기는 척 법정대위변제하면 된다고 생각해봅니다. 돈 욕심만 안 내면 오히려 법정대위변제 당해(?) 보는 것도 좋은 경험일지 모른다는 자기합리화 단계에 이르렀습니다. 막말로 3순위는 근저당 이전받으나 안 받으나 실익이 있을지 없을지 섣불리 판단할 수 있는 단계도 아닙니다. 그래, 3순위 이전은 하늘에 맡기기로 했습니다.

원래 아침 일찍 3순위 채권자(이하 3채권자)가 법무사 사무실에 오기로 했고, 오면 사무장님 감시 하에 제가 이전비를 송금하면 근저당 이전 서류에 도장찍고 인감증명서 주고 가는 걸로 했는데…. 아니나 다를까, 온다던 3채권자는 공장에 일할 사람이 모자라서 출근했다고 합니다. 여기서 어제 원장님의 조언으로 써 놓은 확인서의 위력이 발합니다.

사무장: "채무자님이 열람 서류 복사해오는 건 어쩔 수 없는 일이지만, 3채권자 근저당 이전은 제가 공장으로 찾아가면 되지 않겠습니까?"

나: "바쁘신데 죄송하고 감사합니다."

이렇게 해서 법무사 사무실에서 40~50분 정도 걸리는 3채권자님의 공장으로 사무장님이 갔습니다.

사무장: "저기 채권자님이 전화가 안 돼요. 공장이라 시끄러워서 안 받으시나…."

3채권자님은 사무장님의 전화를 10통 이상 안 받았다고 합니다. 이미 채무자님이 저에게 이별선고를 한 건지 전화도 안 받고 문자에 답이 없네요. 이유를 모르겠습니다. 우여곡절 끝에 오후에 3순위 근저당을 이전합니다.

사무장님이 채권자에게 송금하면서 법무사 비용도 같이 보내달라고 하더군요. 원장님은 가능하면 등기 접수증 받고 주면 제일 좋고, 아니면 등기 접수 직전에 주라고 했으나 이미 사무장님은 나에게 신뢰를 얻었으므로 바로 송금합니다. 극적으로 3순위 근저당권을 이전받고 이에 관한 인감증명서도 받습니다.

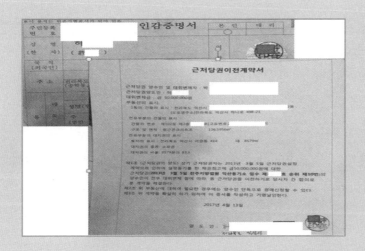

이렇게 1순위와 3순위 근저당을 동시에 등기이전 접수했고, 접수증을 받았습니다. 하나는 1순위, 하나는 3순위 접수증인데 접수번호가 다르긴 한데 저에겐 이미 의미 없습니다.

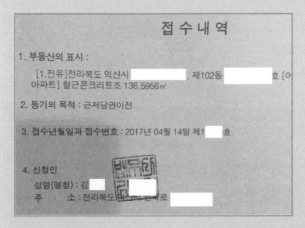

이제 다음 주 초반에 등기가 제 앞으로 바뀌게 되고, 그때부터는 또 어떤 상황이 벌어질지 기대되네요.

2순위 대부에서 과연 어떻게 나올지 궁금합니다. 사실 2순위에서 어떻게 연락 올라나 궁금해서 3순위를 다른 사람 이름으로 등기하려고 했습니다. 그런데 그건 2순위 대부업하는 분들에게 육체적, 정신적 상처가 될 수 있으므로 사전에 제가 1, 3순위를 다 가지고 있다는 것을 알려드리고자 하는 의도로 제 이름으로 동시 등기 접수했습니다.

이것으로 임의대위변제 1차 후기를 마칩니다. 아마 2순위에서 연락이 온다거나 제가 필요에 의해서 2순위에게 연락을 한다면 2차 후기가 나오게 될 것이고…. 따로 중간에 별일이 없으면 배당 이후 후기 작성하도록 하겠습니다.

임의대위변제 안 해보고 포기한 분들은 꼭 해보세요. 하다 보면 분명히 기회가 옵니다. 막막하다 귀찮다 안 될 거다 포기하면 절대 기회가 오지 않습니다.

2차 후기

원장님과 카페를 찾는 모든 분들 안녕하십니까?

지난번 익산 건 관련해서 법무사를 통해 등기서류가 넘어와서 간단하게 진행 과정 올립니다.

글쓰기 전에 법정대위변제 배당까지 받은 40기 선배님의 댓글 중에 원장님 댓글이 마음에 걸려 한 말씀 먼저 올리고 가겠습니다.

보아하니 수업을 들었는데도(듣는 중인데도) 불구하고 아직 대위변제를 안 해본 분들 중에 '초보가 가능할까?' '안정적으로 수익이 날까?' 의구심을 갖는 분들이 있는 것 같네요.

저는 아시다시피 44기 수강생이고요. 성원장님 NPL 6주 교육 이외에 아무런 부동산 교육을 받지 못한 생판 초보입니다. (제가 작년 봄부터 전세 살고 있는 전셋집에 전입신고를 지난주에 했습니다. 전입/확정일자가 왜 중요한지도 44기 수업 중에 처음 알게 되었고 그나마 제가 전입신고 안 했다는 것도 지난주에 알았지요.)

초보도 가능할까?

여기서 중요한 건 초보도 가능하다는 겁니다. 그리고 관심 가거나 가능성 있는 물건으로 보이면 '일단 채무자 연락처를 안 상태에서' 원장님께 문의하면 얼마든지 도와주시리라 믿습니다. (저도 대위변제해서 수익 날 만한 물건은 5분이면 하나 충분히 찾습니다. 채무자를 설득할 수 있는 최소한의 가능성이 있는 상태에서 원장님께 실제 수익이 날 물건인지 확인해보는 게 예의가 아닐까 생각합니다.)

제 앞 글 보면 알겠지만 저는 채무자에게 대위변제해주겠노라고 하여 설득한 것 이외에는 아무것도 하지 않았습니다. 채무자 설득하고 모든 진행 상황을 원장님과 공유하며 법무사님이랑 같이 다니면서 하면 된다고 확신합니다.

안정적으로 수익이 날까?

수업 중에 원장님께 항상 물어본 최악의 시나리오입니다. 익산 케이스 같은 경우 2016년 4분기에 2.4억에서 2.67억 사이에 실거래된 아파트 가격이 1순위 채권최고액인 1.452억 밑으로 낙찰될 가능성이 있습니다(3순위는 5천만 원 주고 샀을 리 만무하니 논외로 합니다).

부동산에 왕초보이지만 명색이 대한민국 아파트인데 이 정도면 무위험이라고 생각합니다. 뭐 1.452억 밑으로 간다면 제가 인수하면 된다고 생각하니까요.

안정성이 걱정된다면 1순위만 / 아파트만 / 수도권만 / 전세가격 이하의 채권최고액을 가진 근저당만 등등, 감당할 수 있을 만큼으로 취급하는 대위변제 대상을 한정지으면 될 것 같네요. 물론, 이렇게 좀 더 안전하게 갈수록 수익률은 줄게 되더라고요. (1금융권 2금융권 연체이자 차이만 생각해도…)

열심히 해봤는데도 안 된다면 같이 고민해드리겠습니다.

해보지 않고 안 될 것 같아서 미리 포기했다면, 어느 부분이 그러한지 같이 고민해드리겠습니다. 오히려 저는 다른 부분들에 걱정스러운 게 보이던데. 괜히 안 해본 분들 겁주는 것 같아서 여기에 논하지는 않겠습니다.

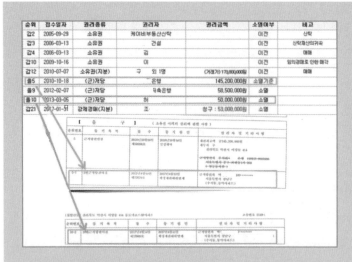

순위	접수일자	권리종류	권리자	권리금액	소멸여부	비고
갑2	2005-09-29	소유권	케이비부동산신탁		이전	신탁
갑3	2006-03-13	소유권	건설		이전	신탁재산의귀속
갑4	2006-03-13	소유권	김		이전	매매
갑10	2009-10-16	소유권	이		이전	임의경매로 인한 매각
갑12	2010-07-07	소유권(지분)	구 외 1명	(거래가) 173,800,000원	이전	매매
을5	2010-10-18	(근)저당	은행	145,200,000원	소멸기준	
을9	2012-02-07	(근)저당	국축은행	58,500,000원	소멸	
을10	2013-03-05	(근)저당	허	50,000,000원	소멸	
갑21	2017-01-뒤	강제경매(지분)	조	청구 : 53,000,000원	소멸	

1차 후기 정리하면, 1순위 3순위 근저당 이전받았음.

아파트 실거래가 봤을 때 1순위는 무위험하나 2순위도 나쁘지 않아 보임.

저의 보수적인 '경매낙찰 예상가격'은 3순위에 대해 다소 회의적이었으나 좋은 조건에 가져올 수 있었으므로 여러 용도로 쓰고자 3순위 가져옴.

뭐, 내용 설명은 1차에서 했으니 2차 후기는 실물 서류들이 어떻게 생겼나 보여드리는 수준일 것 같습니다.

등기완료통지서입니다. 1순위, 3순위 진행했으니 2개지요.

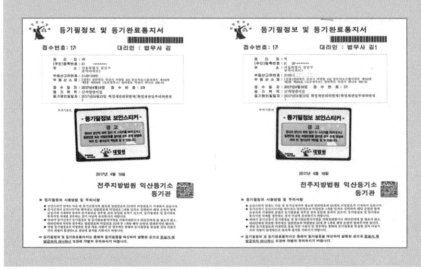

1순위 근저당이전계약서와 근저당권설정계약서

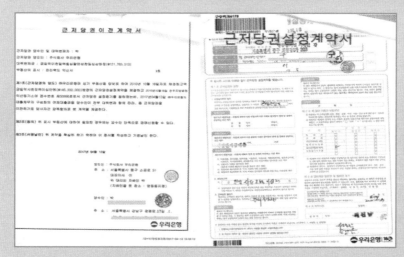

대위변제증서와 등기완료통지서

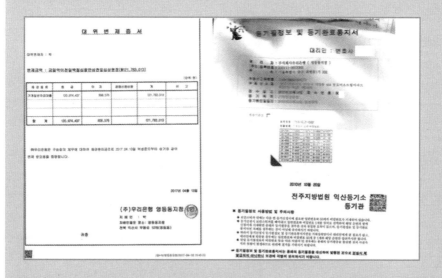

3순위 확약서와 근저당권이전계약서

은행 근저당 대위변제와 개인 근저당 대위변제에 차이가 있구나 정도 체크하면 될 것 같고요. 원장님의 도움 하에 법무사나 사무장이 같이 일을 봐주기 때문에 크게 불안하지 않습니다.

가장 중요한 지출 내역…. 비용이 과한 것 같다는 생각도 들지만 반대로 생각해보면 법무사에서 이 많은 아름다운 일들을 단돈 30만 원에 해줬네요. 실제 제일 이득 본 건 저라는 게 팩트 아니겠습니까?

채권할인 증지대 등이 들더군요.

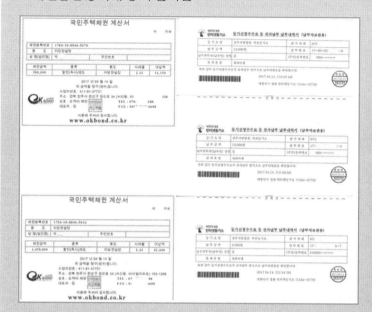

2차 후기는 서류 구경시켜 드리는 것 외에는 특별한 내용은 없네요.

제 생각에 3차 후기에서 아름다운 시나리오가 한 번 나올 것 같습니다. 너무 멀지 않은 미래에 3차 후기 올리도록 하겠습니다.

이어서 강남에듀 평생교육원 NPL 실전투자 심화반 대위변제 수업 중에 진행되었던 제자의 대위변제 성공 사례를 소개한다.

★ 절반의 성공 1

위치가 꽤 괜찮은 역세권 지역 조그마한 빌라에 1순위 근저당이 있고 2순위 저당권이 소액 있습니다. 또, 1순위 채권은행에서 경매를 신청하여 경매가 진행되고 있습니다.

청구금액과 채권최고한도액의 차이가 어느 정도 있어 채무자를 만나 채권이전동의서를 받고 임의대위변제를 하려다가 소액의 2순위자를 발견하였습니다.

그 2순위자를 설득하는 것이 더 쉽겠다는 생각이 들어 등기부에 나와 있는 주소를 가지고 2순위 저당권자를 만나러 갔습니다. 평일에는 시간이 안 되어 주일 낮에 갔는데 생각했던 대로 역시 집에는 아무도 없었습니다.

지하주차장에서 올라가는 현관 비밀번호를 모르는 관계로 인터폰을 해보니 아무도 없는지 아무리 눌러도 대꾸가 없었습니다. 아무리 기다려 봐도 아파트 현관에 들어가는 사람이 없어 경비실에 인터폰을 눌렀지만, 경비실에서도 순찰 중인지 인터폰을 받지 않아 차를 끌고 지상으로 다시 나왔습니다.

1층 현관에서 누가 나오거나 들어가는 사람이 있나 한참 기다리니 드디어 나오는 사람이 있었습니다. 일단 그 사람이 살고 있는 아파트 층까지는 들어가야 메모라도 해놓고 나오니까 기를 쓰고 들어가려고 했는데 드디어 현관문이 열린 것입니다. 사는 층에 올라가서 다시 한 번 초인종을 눌러봐도 응답이 없어 반신반의하는 심정으로 꼭 연락 달라는 메모를 남기고 돌아왔습니다.

서너 시간이나 지났을까 드디어 모르는 전화번호가 떴습니다. 기다리고 기다리던 2순위 채권자였습니다. 단순히 전화만 왔을 뿐인데 기분은 벌써 원하던 소원을 이룬 듯했습니다.

자초지종을 설명하고 채권을 매매하기를 원하니 이자와 원금을 주면 흔쾌히 이전해주겠노라고 했습니다. 2순위 채권금액을 전액 다 주고 사도 청구금액과 채권최고한도액에 차이가 있어 3,000~4,000만 원 정도의 수익이 가능할 것 같은데, 2순위 채권은 경매가 낙찰되면 전액 못 받을 가능성이 크다고 하면서 복불복이니 싸게 달라고 하였습니다. 그랬더니 그쪽에서 얼마나 싸기를 원하느냐 하면서 나한테 가격을 먼저 제시하라고 하더군요. 책에는 절대 먼저 가격 제시를 하지 말라고 하는데, 대안이 없는 관계로 원금의 절반 가격에 팔기를 원한다고 했더니 생각해보고 연락준다고 하였습니다.

될지 안 될지는 모르겠습니다. 그러나 원금을 전액 다 주면 이전해준다고 하였습니다. 법무사를 통하여 채권이전등기도 해야 하고 1순위자 대위변제도 해야 하고 절차가 남아 있지만 조금이라도 수익을 더 창출하기 위해 싸게 하려고 해서 그렇지, 일단 이전에 동의는 해놓은 상태라서 거의 성공이나 다름없습니다. 단순이 수익이 더 나느냐 아니면 덜 나느냐의 차이이지요.

결론은 막연히 두려워할 게 아니라 일단 부딪치니 길이 열린다는 것을 경험했다는 것입니다. 채권 이전이 다 되면 성공담 다시 올리겠습니다. 감사합니다.

★ 절반의 성공 2

역세권에 대지 10여 평 건평 17평 정도 되는 조그마한 빌라가 눈에 띄어 소액 투자가 가능하니 경험 삼아 해보자 하여 시도하였습니다.

선순위가 있고 소액의 2순위가 있어 2순위를 치고 들어가는 것이 좋을 것 같아 등기부에 나와 있는 주소지로 찾아가서 메모를 남기고 왔더니 연락이 왔습니다.

감정가격은 경매 예정 물건이라 아직 기재가 안 되어 있지만, 2억에서 2억 1천 정도는 감정이 잡혔을 것으로 예상했습니다. 경매가 진행된다면 낙찰 예상 가격은 여러 가지를 고려해서 1억 8천 정도이고, 채권 최고한도는 159,900,000원짜리 캐피탈 대출입니다. 원금은 119,923,000원, 청구액은 126,403,796원을 청구했습니다. 33,496,796원 정도의 갭이 있습니다.

질권대출이자를 1000여만 원으로 보면, 순이익은 2,000여만 원 정도로 예상됩니다. 700만 원 저당권을 450만 원에 샀으니 그곳에서는 250만 원 정도 수익이 있겠네요. 주변 시세나 인근 지역 낙찰 사례를 봐도 크게 손해 볼 것 같지는 않습니다.

메모를 남겨 놓고 왔더니 연락이 와서 자초지종을 설명하고 700만 원짜리 채권을 매매하라고 하였습니다. 그러니 얼마 줄 거냐고 묻더군요. 어차피 못 받을 확률이 많은데 300만 원만 받으라고 제시했습니다. 이틀을 기다렸는데도 연락이 없어 아쉬운 제가 먼저 연락을 했습니다. 450만 원을 요구하더라고요. 조금만 더 깎아주라고 아무리 설득해도 '빡빡한 모과'처럼 더 이상 대화가 진행되지 않았습니다. 부동산 업자들은 이런 사람을 '빠끔이'라고 합니다. 정말 '빠끔이'였습니다. 어쩔 수 없이 일단 주기로 한 금액을 다 주는 걸로 하고 전화로 잠정적인 합의를 하였습니다.

그 이후부터는 갑자기 마음이 바빠집니다. 현재 1순위 저당권자인 캐피탈 회사 홈페이지에 들어가 연락처를 보고 고객센터에 전화했습니다. 친절한 것 같지만 친절하지 않은 여자의 기계 안내 멘트가 들립니다. 몇 번을 눌러라, 몇 번을 눌러라, 안내원과 통화를 원할 시는 0번을 눌러라. 0번을 눌렀습니다. 여자분이 답합니다.

"무엇을 도와드릴까요?"

"여신관리부 좀 대주세요."

"우리 회사는 여신관리부라고는 없는데요."

"아니, 캐피탈 회사에 여신관리부가 없어요? 그럼 채권 추심하는 부서요."

"그런 부서도 없습니다."

"아니, 그럼 대출해서 돈을 안 갚을 경우 경매를 신청해서 채권을 회수하는데 그 회사는 그렇게 하지 않나요?"

아무리 설명하고 묻고 해도 내가 원하는 부서를 모르는 것 같았습니다.

한참을 망설이더니 다른 부서 전화번호를 알려주고 그쪽으로 연락을 해보라고 합니다. 그곳에 전화를 하니 역시 친절한 것 같지만 친절하지 않은 여자 목소리의 안내 멘트가 들립니다.

"개인회원은 1번, 기업회원은 2번." 그럼 난 아무 회원도 아닌데, 아무 회원도 아닌 사람이 물어볼 번호는 없습니다. 이리저리 왔다갔다하다 보니 이제 서서히 열이 나고 갑자기 더워졌습니다.

몇 번의 시도 끝에 어떻게 해서 여자분과 통화를 했는데, 역시 그분도 깡통인 것은 마찬가지입니다. 다시 고객센터로 연락을 해보래요. 이젠 서서히 뚜껑이 열리려고 합니다. 다시 고객센터로 연결을 해서 0번을 눌러 여자분과 실랑이를 합니다.

"이 회사는 대출해주는 캐피탈 회사인데 대출해간 사람이 이자나 원금을 안 내면 추심하는 그런 부서가 없나요?"

"아~송무팀이요?"

"네? 소무팀이 뭐예요?"

"아니, 송무팀이요."

"성무팀이?"

"송무팀."

여자분이 송무팀을 외쳐도 전혀 생각지도 못한 팀 이름이라서 나는 못 알아 먹었습니다. 그때는 그 여자도 저로 인해 뚜껑이 열렸겠지요.

"송무팀이 뭐예요?"

"소송하고 그러는 팀이요."

그럼 진즉 그렇게 알려주지. 아무튼 드디어 송무팀 담당자와 통화를 했습니다. '2순위 저당권을 사서 1순위 저당권을 대위변제하려고 한다'라고 하니 사건 번호를 물어봅니다. 다른 사람과 상의 후에 연락준다고 하더니 이후 연락이 왔습니다. 일단 2순위 저당권을 매입하고 등기 이후에 서류 떼서 가져오랍니다.

다시 질권대출회사에 전화를 합니다. 대다수가 개인은 안 해주려고 합니다. 작년에 법이 바뀌어서 개인은 해줄 수 없다고 하는 곳이 많습니다. 한 군데 저축은행에 전화를 했습니다. 그곳은 개인도 해주는데, 다만 이자가 7%대이고 한도도 85%까지 가능하다고 합니다.

이제 법무사에 전화를 합니다. 700만 원 저당권 이전비용이 얼마냐고 물으니 23만 원 정도 받는데 20만 원만 달라고 합니다. 2순위 700만 원 저당권자와 시간 약속을 하고 법무사 사무실에서 만나자고 하니까 본인이 부동산을 하는데 그 인근에 법무사가 많으니 자기 부동산 사무실로 오라고 하더군요.

도장과 초본을 떼어 가지고 만나러 갔습니다. 부동산에서 자주 거래하는 법무사가 왔습니다. 저를 보자마자 대뜸 한다는 소리가 "이전비용이 몇십만 원 들어가는데 그래도 하실래요?" 엄청나게 많이 들어가는 것처럼 말하더군요.

'아니, 이건 무슨 뚱딴지같은 소리야.'

20만 원 들어간다는 것을 다 확인하고 불렀는데…. 세상은 모르면 속는 것 같습니다.

아무튼 채권자 매도인에게 "이전비용이 20만 원밖에 안 하니까 매도금액을 안 깎아주는 대신 이전비용은 대신 내주시죠" 하니 그렇게 빡빡한 모과 같은 분이 그건 그렇게 하겠다네요. 비용을 내가 내는 것이 아니고 본인하고 거래하고 있는 부동산에서 내야 한다고 하니 두말 않고 서류만 챙겨갑니다.

23일 수업시간에 원장님께서 제가 진행한 물건에 대해 풀이를 해주셨습니다. 결론은 아주 잘했다고 귀한 상품까지 주네요. 칭찬을 여러 번 들었습니다. 박수도 두 번 받았습니다.

여신거래약정서와 저당권 계약서 등등 필요 서류를 받아왔느냐고 묻네요. 소액이라 그러는지 아무 생각 없이 이전 서류만 법무사에게 넘기고 왔다고 하니까 필요 서류가 없으면 배당을 못 받는다고 합니다. 매도인 신분이 확실하여 나중에라도 필요 서류를 요구하면 다 해주겠지만 원칙은 원칙인지라 제대로 하라고 일러주셨습니다.

만약 서류를 못 받은 경우라면 경찰서에 분실신고를 하여 분실확인서를 받아 제출하면 배당해준다는 팁을 주셨습니다. 기간을 오래 끌어야 하는데 경매 취하를 해놓고 나면 새로운 전입자가 생길지 모르니 주의하라는 얘기도 해주셨습니다.

지나고 보니까 사소한 실수도 있었습니다. 사소한 실수라고 말은 했지만, 몇 천만 원 왔다갔다하는 큰 금액을 사소한 실수로 인하여 손해 볼 수도 있었습니다. 대법원에 물건 송달내역서만 확인하여 세입자가 없는 것으로 파악했고, 전입자 열람은 하지 않았습니다. 만약 소액임차인이 전입한 상태였다면 3,400만 원이 우선변제됩니다. 낭패를 당하는 경우가 바로 이런 경우입니다.

경험 삼아 했는데 원장님은 초짜배기 원생이 물건 찾아 스스로 하는 모습을 보면서 기특하게 생각하신 것 같습니다. 원생들이 열심히 하여 돈 버는 모습을 보면 가르치는 원장님 입장에서 아주 보람을 느끼고 흐뭇하다는 것을 느꼈습니다.

결론은 2,000여만 원 투자하여 2,000여만 원 먹는 게임인데, 따져 보면 수익률이 작은 것이 아닙니다. 그러나 저 역시 사람인지라 간사하기 이를 데 없네요. 2억 투자하여 2억을 먹으면 크게 느꼈을 텐데 소액이라 조금 아쉬움은 있습니다.

그러나 이 귀한 경험을 자산 삼아 열심히 해보려고 합니다. 여러분들도 저를 통하여 '하면 된다'는 것을 간접 경험했으니 모두 열심히 노력하여 원하는 소정의 목표들 다 이루세요. 감사합니다.

★ 절반의 성공 3

700만 원짜리 저당권을 450만 원에 매입할 때 원체 소액이라 저당권양도계약서도 작성하지 않고 법무사 불러서 바로 필요 서류와 이전비용만 주고 끝냈습니다.

법원에 채권자 명의 변경신청을 하려고 하니 채권양도양수계약서가 필요하여 뒤늦게 매도인 다시 찾아가서 작성하고 공증 사무실에서 확정일자를 받았습니다. 아무리 소액이라도 정식으로 양도계약서를 쓰고 절차는 잘 따라 하는 것이 좋겠다는 생각이 들더군요.

채무자에게는 채권자가 변경되었다는 양도통지서를 내용증명으로 보냈습니다. 경매가 진행 중일 때는 이런저런 우편물을 받아봐야 뻔한 내용이기에 잘 안 보는 특징이 있습니다. 어차피 보내봐야 받지도 않을 거란 생각이 들지만 그래도 내용증명으로 보냈다는 근거 자료를 법원에 제출해야 하니 보냈는데, 한참을 지나 잊어 먹을 만하니 이제야 반송이 왔네요. 법원에 가서 "채권자 명의 변경을 하려고 합니다"라고 말하고 필요 양식을 달라고 하니까 그런 양식은 따로 없고 만들어 사용하면 된다고 친절하게 설명합니다.

임의대로 양식을 만들어 저당권 명의변경이 된 등기부등본과 채권양수도계약서, 그리고 채무자에게 발송하였던 채권양도통지서를 첨부하여 법원에 제출하면서 질권대출은행에 제출해야 하니 사건기록을 열람하고 복사해왔습니다.

며칠 후에 법원 사이트 물건 처리 내역에 제 이름으로 사건기록 열람하고 명의변경된 사실이 등재된 것을 확인했습니다.

이제는 날짜가 돈입니다. 최대한 빠른 시일 내에 1순위 대위변제를 해야 합니다.

1순위 저당권자인 캐피탈에 전화하여 대위변제를 하겠다고 했으니까 질권대출을 해줄 은행에 통화하고 필요하다고 한 서류를 준비하는 데 날짜가 며칠 지났습니다. 모든 서류를 준비하여 직접 방문해야 하는 줄 알았습니다. 서류 준비 완료됐다고 연락하니 스캔 떠서 이메일로 보내라고 하네요. 그럼 처음부터 그렇게 얘기를 하지. 스캔 떠서 압축하여 이메일로 보내고 연락을 했는데 며칠이 지나도 연락이 없습니다. "서류가 제대로 들어갔느냐? 가타부타 왜 연락이 없느냐"고 실랑이를 여러 번 했습니다. 내 것만 접수된 것이 아니고 수많은 일들을 하니까 내 것은 후순위라 연락을 빨리 못 한 것이지요. 그러나 내 입장은 날짜를 많이 끌었는데 이곳에서 안 되면 다른 곳에 서류 제출하고 또 기다려야 하니까 엄청 조급합니다.

마음이 급할 땐 날짜가 더 빨리 갑니다. 경험 없는 나는 은행에 서류를 접수하면 바로 가부간 결정이 나는 줄 알았는데 접수 이후에도 이런저런 심사하고 신용조회하는 데 많은 날짜가 소요됩니다. 또한 질권대출 받으려고 대기 중인 고객들이 많고, 길고 긴 추석 연휴 10일이 걸려서 본의 아니게 날짜가 많이 지나버렸습니다. 실컷 잘 놀고 나서 연휴가 긴 게 싫어졌습니다. 조금만 더 일찍 서두르고 빨리 진행했더라면 하는 후회가 드는데, 알게 모르게 초짜 표시를 낸 거지요.

NPL에서 후회는 결국 돈으로 연결된다는 것을 깨닫는 중요한 계기입니다. 일단 날짜가 지연되어 100만 원 넘게 손해 본 것도 같습니다. "에그! 아까버라."

드디어 19일 승인이 떨어져서 오늘 여의도에 있는 전북은행에서 질권대출 작성을 하고 왔습니다. 기한은 1년에 90% 대출 금리 5.9%인데 아파트는 좀 더 싼데 빌라라 조금 더 비싸다고 합니다. 모두 동일하지는 않고 신용등급에 따라 조금씩 다른데 다행히 저는 신용등급이 좋아서 낮은 편이라고 합니다. 비싸다고 할지라도 캐피탈에서 쓰는 것보다는 많이 싸니까 저로써는 감지덕지지요.

배당으로 인한 중도상환일 경우에는 수수료가 없는데 다른 이유로 중도상환을 할 경우 수수료는 1%라고 합니다. 저는 1년만 쓸 것이 아니라 변경 신청을 하여 1년 5개월 정도 쓸 거라고 하니까, 원래는 연기가 안 되는데 배당 이익을 늘리기 위한 연기는 가능하고 대신 미리 연락을 해야 한다고 합니다. 질권대출 전문 은행이라서 얘기가 잘 통해 좋습니다.

지난주 배웠던 강의 내용 중에 기간을 길게 끄는 방법으로 경매 취하를 하는 방법이 있었습니다. 취하 이후 전입자가 있으면 소액임차보증금 우선변제를 하기에 취하하고, 바로 경매 신청을 다시 해야 하는데 채무자와 채무유예합의서를 제출하면 그 기간만큼 경매 중지를 해준다는 것을 배웠습니다. 채무자는 그곳에서 오래 살게 해주니까 좋을 것이고, 나는 기간을 끌어서 좋으니까 서로 합의가 안 될 수 없을 거란 생각이 듭니다. 대위변제하는 것 등기가 나오면 채무자를 찾아가서 인사하고 미리 얘기하고 오려고 합니다.

별것도 아닌 것인데, 쓰다 보니 길어졌네요. 이 글을 읽는 모든 사람들 돈 많이 벌고 건강하시길 빕니다. 감사합니다.

❖ 법정대위변제 갭투자 실전 사례

'꿩 먹고 알 먹고'는 바로 이런 경우가 아닐까.

지금부터 필자의 일석이조 대위변제 투자 사례를 소개하겠다.

필자는 해당 물건의 후순위 근저당권을 매입한 뒤 배당투자 기법을 활용해 연체이자에 대한 이익을 확보했다. 그리고 후순위 근저당권부 채권으로 안전한 선순위 근저당권을 매입해 또 한 번 수익을 달성했다.

해당 물건은 필자가 NH저축은행의 1/4분기 공개경쟁입찰에서 낙찰받은 POOL 채권을 론세일 방식으로 매입한 것이다. 잠깐 옆길로 새자면 NPL 강의를 하는 교수 중에 필자처럼 국제입찰(공개경쟁입찰)에 직접 참여하는 경우는 아마 거의 없을 것이다. 필자는 금융회사의 POOL 입찰에 참여하고, 금융회사로부터 개별 수의계약으로 부실채권을 매입하는 업무를 적극적으로 진행함으로써, 투자 수익률을 높이고 있다.

다시 본론으로 돌아가자. 인근 부동산에 해당 물건에 대해 문의해본 결과, 매매가 3억 8천 5백만 원에 전세가 2억 8천만 원 정도로 시세가 형성되어 있었다. 경매예상 낙찰가격보다 채권최고액이 적어 안전할 뿐 아니라 배당투자로 큰 수익을 달성할 수 있는 손쉬운 물건이라 판단되었다.

또한 전입세대 열람을 해보니, 소유주가 직접 거주하여 소액임차인의 최우선 변제 위험성도 없는 물건이었다.

★법원경매서류(서울시 관악구 아파트)

소재지	서울특별시 관악구 신림동 1736, 대우신림2차푸르지오		12층		**2014**타경
물건종별	아파트	소유자	노 순 외 1명	사건접수일자	2014-12-26
사건명	임의경매	채무자	김 석	거시결정	2014-12-29
입찰방법	기일입찰	채권자	엔에이치저축은행	배당요구종기일	2015-03-23

접수	권리종류	권리자	채권금액	비고	소멸여부
2011.04.15	근저당	국민은행	240,000,000원	②	
2011.06.27	근저당	국민은행	72,000,000원		
2012.02.07	근저당	우리금융저축은행	65,000,000원		
2014.12.29	임의경매	엔에이치저축은행	청구금액: 51,615,059원	2①3223	
2014.12.29	임의경매	엔에이치저축은행		2014타경	

법원경매서류를 통해 물건에 대한 정보를 파악해보자.

1순위 근저당권 국민은행은 채권최고액이 312,000,000원이다.

2순위 근저당권 우리금융저축은행은 채권최고액이 65,000,000원이다.

필자는 2순위 우리금융저축은행 채권을 POOL 입찰에서 낙찰받은 후, 1순위 국민은행 채권에 대해 법정대위 변제를 진행해 수익을 극대화하려는 계획을 갖고 있었다.

① 2015년 2월 27일, 필자는 우리금융저축은행 근저당권부 채권을 이전받았다. 그 후 국민은행 여신관리부 직원과 통화하였으나 대위변제에 대해 부정적 입장을 보였다. 그러나 여기서 물러나서는 안 된다. 필자는 대위변제 신청 공문 발송 및 상담을 진행했다.

② 2015년 5월 26일, 국민은행의 선순위 채권 240,000,000원과 72,000,000원을

법정대위변제하는 데 성공했다.

필자는 이번 투자로 우리금융저축은행의 배당투자 수익을 올렸고, 국민은행의 채권최고액 312,000,000원을 278,200,235원으로 법정대위변제함으로써 33,799,765원의 차액을 추가로 확보했다.

대위변제증서가 어떻게 생겼는지 궁금할 독자들을 위해 증서 샘플을 첨부했으니, 눈에 익혀두기 바란다. 증서를 보면 채권 매입금액(원금+연체이자+비용)을 쉽게 확인할 수 있다.

대위변제증서

변제금액 금278,200,235원

변제자 성   명 : 주식회사 파인스
주민(법인)번호 : 110111-   3
주   소 : 서울 강남구 강남대로 96길 12. 302호(역삼동. 원당빌딩)

당행과 채무자   (주민등록번호   -2******)간에 체결한 대출거래약정서(대출일 2011.04.15, 2011.06.28)에 의거 당행이 채무자에게 가지는 채권을 아래 기재와 같이 2015년05월26일 귀사로 부터 변제 받았음을 증명합니다.

== 아 래 ==

(단위 : 원)

| 대출계좌번호 | 당초대출금 | 대위변제내역 | | | 채무자와의 관계 |
		원금	(연체)이자	비용	
7153-0901-027231	200,000,000	198,624,591	14,367,863	1,333,940	후순위 저당권자
7153-0901-027385	60,000,000	59,796,319	4,077,522		

2015.05.26.

채권자 : 국민은행 서울여신관리센터장(인)

(담당자   02-3   -9227)

주식회사 파인스   귀중

마지막으로 경매법원의 문건처리내역을 살펴보면서 투자 프로세스를 점검해보자.

① 2014년 12월 31일, NH저축은행(우리금융저축은행)의 임의경매개시결정등기필증이 법원에 제출되었다.

② 2015년 2월 27일, 필자는 NH저축은행(우리금융저축은행)에서 POOL 낙찰받은 후 근저당권부 채권을 이전하고, 2015년 4월 6일 법원에 채권자 변경 신청을 했다(채권자변경신고서는 직접방문이나 우편으로 접수 가능하다).

③ 2015년 6월 17일, 조은저축은행에서 채권 매입에 필요한 대출을 받았고, 조은저축은행은 근저당권부 질권 채권자로서 채권계산서를 경매법원에 제출했다.

④ 2015년 6월 23일, 필자는 연체이자를 최대한 확보하기 위해 법원에 보정기일연기신청서를 제출했다.

⑤ 2015년 6월 23일, 국민은행 근저당권부 채권을 법정대위변제한 후 법원에 채권자변경신청을 했다.

접수일	접수내역	
2014.12.31	등기소 서울중앙지방법원 등기국 등기필증 제출	①
2015.04.06	채권자 주식회사 파인스당사자표시변경신청 제출	②
2015.06.17	근저당권부질권자 주식회사 조은저축은행 채권계산서 제출	③
2015.06.23	채권자 엔에이치저축은행의 양수인 파인스보정기일연기신청서 제출	④
2015.06.23	근저당권자 주식회사 파스앤 당사자표시변경신청 제출	⑤
2015.07.15	배당요구권자 주식회사 파인스 당사자표시변경신청서 제출	

다음은 NPL 실전투자 심화반 40기의 대위변제 수업 내용을 바탕으로 1순위 근저당권을 대위변제하여 추가 수익을 달성한 경우다. 전북 익산시에서 서울 강남역 인근 강남에듀 평생교육원 수업에 참여한 김** 제자분의 성공 투자 사례를 소개한다.

2016 타경		배각기일 : 2017-01-23 10:00~ (월)		경매5계 063-450-5	
소재지	(54552) 전라북도 익산시 어양동 689 어양주공8단지			전주지방법원 군산지원	
용도	아파트	채권자	삼성생명보험	감정가	134,000,000원
대지권	47.42㎡ (14.34평)	채무자	한	최저가	(100%) 134,000,000원
전용면적	59.92㎡ (18.13평)	소유자	한	보증금	(10%) 13,400,000원
사건접수	2016-06-08	매각대상	토지/건물일괄매각	청구금액	90,102,206원
입찰방법	기일입찰	배당종기일	2016-08-29	개시결정	2016-06-09

기일현황

회차	매각기일	최저매각금액	결과
신건	2016-11-14	134,000,000원	변경
신건	2017-01-23	134,000,000원	매각
배세경/입찰16명/낙찰156,100,000원(116%)			
	2017-01-31	매각결정기일	허가
	2017-03-03	대금지급기한 납부(2017.03.03)	납부
배당종결된 사건입니다.			

구분	성립일자	권리종류	권리자	권리금액	상태	비고
갑1	2011-02-15	소유권	한	(거래가)125,000,000원		**법정 대위변제 가능**
을9	2014-09-11	(근)저당	삼성생명보험	110,400,000원	조멸기준	(주택) 소액배당 4500 이하 1500 (상가) 소액배당 3000 이하 1000
을13	2015-07-02	(근)저당	김후 순위 근저당권 : 24,000,000원		소멸	**손해당한 이익이 있는 자**
갑6	2015-11-11	가압류	대부	3,048,246원	소멸	
갑8	2015-11-18	가압류	롯데캐피탈	12,293,421원	소멸	
갑10	2016-04-11	가압류	대부	5,097,365원	소멸	**채무 과다 물건**
갑11	2016-05-12	가압류	대부	2,912,443원	소멸	
갑12	2016-06-09	임의경매	삼성생명보험	청구: 90,102,206원	소멸	

상기의 부실채권 물건은 전북 익산시에 소재하는 아파트 물건이다. 2015년 7월 2일 2순위 근저당권 채권최고액 24,000,000원으로, 삼성생명보험의 1순위 근저당권 채권최고액 110,400,000원을 대위해 2016년 6월 9일 경매를 신청했다.

전 체	51.74㎡	59.92㎡											(단위:만원)
	2016.07		2016.08		2016.09		2016.10		2016.11		2016.12	
계약일	거래금액(층)	계약일	거래금액(층)	계약일	거래금액(층)	계약일	거래금액(층)	계약일	거래금액(층)	계약일	거래금액(층)
21~31	14,800 (4)	11~20	14,450 (2)	11~20	14,500(15)	11~20	14,300 (3)	11~20	17,100 (7)	1~10	14,500 (3)
		21~31	13,900 (3)	21~30	15,000(12)	21~31	16,700 (9)			21~31	16,500(10)
			14,500 (1)								

2016년 7월 국토교통부 아파트 실거래가격을 확인해보니 148,000,000원으로 1, 2순위 채권최고액은 134,400,000원(1순위 110,400,000원+2순위 24,000,000원)이었다. 인근 지역의 아파트 평균 낙찰률을 감안할 때 안전한 물건으로, 제자의 2순위 근저당권은 경매낙찰을 기다려도 후순위 대출금액은 전액 배당받는 물건이었다. NPL 실전투자 심화반 수업을 받기 전까지는 경매 낙찰을 기다려 법원의 배당금을 수령하여 채권을 회수한다고 생각했던 것이다.

"원장님, 제가 지인의 소개로 대출해준 경매 진행 물건이 있는데 분석 좀 부탁합니다."

필자는 제자가 직접 관여된 물건이라는 말에 경매정보지를 분석해보았다. 1순위 삼성생명보험의 채권최고액 110,400,000원, 경매청구금액 90,102,206원으로 20,297,794원의 대위변제 갭투자 기법에 적합한 것을 발견하고, 수강생들과 함께 권리 분석 및 물건 가치 분석을 하였다.

■ 주민등록법 시행규칙 [별지 제15호 서식] 〈개정 2013.12.17〉

주민등록 전입세대 열람 신청서

※ 뒤쪽의 유의사항을 읽고 작성하여 주시기 바랍니다. (앞쪽)

접수번호		접수일자		처리기간	즉시
개인 신청인 (위임한 사람)	성명		(서명 또는 인)	주민등록번호	
	주소			전화번호	
위임받은 사람 (신청인)	성명			주민등록번호	
	주소			전화번호	
법인 신청인	기관명			사업자등록번호	
	대표자		(서명 또는 인)	대표전화번호	
	소재지				
	방문자 성명		주민등록번호	직위	전화번호
열람대상 물건 소재지:					
용도 및 목적: **경매참가**			증명자료: **대법원 경매정보**		

「주민등록법 시행규칙」 제14조제1항에 따라 주민등록 전입세대 열람을 신청합니다.

년   월   일

읍·면·동장 및 출장소장 귀하

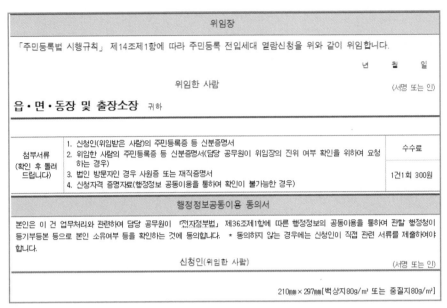

전입세대 열람 결과 소유자 한**, 전입세대열람내역 한**, 소유자 한** 소유
권 이전시점 2011년 2월 15일, 전입세대열람내역 한** 전입일자 2011년 2월 16
일, 1순위 삼성생명보험 근저당권 설정일 2014년 9월 11일 등이 적혀 있었다.
여기에 경매개시결정등기 2016년 6월 9일 등을 감안할 때 소액임차인의 최우
선 변제금은 없는 것으로 판단되었다.

아울러, 법원 경매 문건 송달 및 접수 내역을 확인해보니, 임차인의 흔적도 없
었다.

경매기록 열람 · 복사 / 출력 · 복제 신청서				의	부

신 청 인	성 명		전화 번호	
			담당사무원	
	자 격		소명자료	

신 청 구 분	☐ 열람	☐ 복사	☐ 출력	☐ 복제

사 용 용 도	

대 상 기 록	사건번호	사 건 명	재 판 부

복사/출력 · 복제할 부분	경매사건기록열람	(복사/출력	매)
		(복제용량	

복사/출력 방법	☐ 법원 복사기 ☐ 변호사단체 복사기 ☐ 신청인 복사설비 ☐ 필사

이와 같이 신청하고 신청인은 열람 · 복사 · 출력 · 복제에 관련된 준수사항을 엄수하며 열람 · 복사 / 출력 · 복제의 결과물을 통하여 알게 된   개인정보, 영업비밀 등을 개인정보 보호법 등 관계법령 상 정당한 용도 이외로 사용하는 경우 민사상, 형사상 모든 책임을 지겠습니다.

201 년   월   일

신청인   (인)

비 고 (재판장 지정사항 등)	
영 수 일 시	20 . . .:	영 수 인	
신청수수료	■ 500 원 ☐ 면제	(수 입 인 지 첩 부 란)	
복 사 비 용	원(매×50)		

위 임 장

대 리 인	성 명 :
	주민등록번호 :
	주 소 :

상기인을 대리인으로 정하고 본 사건의 열람 · 복사를 위임합니다.

위 위임인   (인)

첨부서류: 인감증명서 1부(최근 3개월 이내 발행)

자, 그럼 안전한 경매낙찰 예상가격과 소액임차인 없고 권리적 흠결이 없는 물건이니, 1순위 근저당권을 법정대위변제 진행하면 되는 물건이었다. 필자가 보기에는 너무 손쉬운 물건으로 보였지만, 처음 대위변제하는 제자는 모든 것이 낯설었던 모양이다.

필자는 제자들이 식사 대접이나 선물을 보내주는 것보다 개인의 투자 사례를 카페에 올려주는 것을 더욱 고맙게 생각한다. 다음 제자의 후기를 통하여 법정대위변제를 처음 접하는 사람도 '나도 할 수 있다'는 자신감을 키웠으면 한다. 또, 이를 통해 대위변제의 세부 절차를 공유하고자 한다.

지금 소개하는 사례는 작년에 지인의 소개로 2순위로 근저당을 해주고 돈을 빌려준 건입니다. 그런데 중간에 연락도 잘 안 되고 약정한 이자 지급도 안 돼서 개인적으로 스트레스를 받다가, 작년에 제가 임의경매를 진행했었는데 일부를 받고 취하해준 건이었습니다.

올해 들어서는 띄엄띄엄 조금씩 받다가 제 채권이 다 변제되지 않은 상황에서 3금융권 가압류가 4개나 걸리고, 1순위권자인 삼성생명 측에서 임의경매를 신청하였습니다.

만약 제가 NPL 수업을 듣지 않았다면 한 10개월 기다리다가 법원에 가서 2순위 근저당에 대한 배당이나 받았을 텐데요. 대위변제 수업을 듣고 며칠 안 돼서 이 소식을 듣고 법정대위변제를 하면 되겠구나 하는 것을 깨닫게 되었습니다!

조언을 구해보니 일단 전입세대열람원을 떼보라고 하시더군요. 경매 나온 것을 출력해 가서 전입세대를 열람! 채무자 혼자 사는 것을 확인했고요. 바로 삼성생명 측에 전화를 해서 해당 채권 담당자 연락처를 알아낸 다음 전화를 했더니, MG신용정보인가 하는 1금융권 채권관리업체였습니다(교수님 책에도 나와 있네요). 그쪽에서 대위변제요청서랑 신분증 사본, 인감을 보내달라고 하길래 당일 즉시 작성하여 등기로 보냈고요.

그다음에 할 일은 어떻게 보면 가장 중요하다 할 수 있는 질권대출 은행 찾기! 수월할 거라 예상했던 제 생각과는 달리 군산, 전주, 익산, 대전 등 2금융권 수십 군데에 문의해봤지만 근저당권부 질권대출이라고 하면 말뜻 이해도 못하는 곳이 태반이더군요.

　결국 윤과장님, 김대리님께 전화를 드려서 서울, 수도권 질권대출 은행들에 전화해봤는데, 지방 건이고 금액도 적어서 안 된다고 일언지하에 거절당하고, 저는 이틀간 거의 멘붕에 빠져 있었는데요.

　이때 걸려온 성시근 교수님의 전화! 교수님께서 저축은행 윗선을 통해 해결해준다고, 열심히 진행해보라고 말씀하셨습니다. 바로 **저축은행 ×××계장님한테 전화가 오더라고요. 아래와 같이 질권대출 서류를 안내받았고요. 여타 대출하고 서류는 비슷한 것 같았습니다.

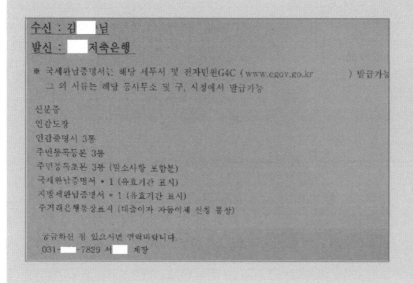

수업 중에 들었던 내용을 실제로 보게 된 순간입니다.

다시 하루가 지나서 오늘 등기부등본을 조회해봤는데, 이렇게 근저당권이 이전되어 있었습니다. 근저당권부질권 등기에 이자율까지 적혀 있군요.

순위번호	등 기 목 적	접 수	등 기 원 인	권 리 자 및 기 타 사 항
9	근저당권설정	2014년9월11일 제40036호	2014년9월11일 설정계약	채권최고액 금110,400,000원 채무자 한 전라북도 익산시 궁동로 109, 22동 60호(어양동, 어양주공8단지) 근저당권자 삼성생명보험주식회사 110111-0005969 서울특별시 중구 세종대로 55 (태평로2가)
9-1	9번근저당권이전	2016년7월19일 제31250호	2016년7월19일 확정채권대위변제	근저당권자 김 ......08-******* 전라북도 익산시 2호
9-2	9번근저당권부질권	2016년7월19일 제31260호	2016년7월19일 설정계약	채권액 금110,400,000원 변제기 2017년 7월 19일 이 자 연 7.5퍼센트

2016년 7월 19일부로 확정채권대위변제! 하나 더 배워갑니다.

순위번호	등 기 목 적	접 수	등 기 원 인	권 리 자 및 기 타 사 항
				이자지급시기 매월 19일 채무자 겸 : 전라북도 익산시 채권자 주식회사 국○은행 1 11-0008850 경기도 안양시 만안구 안양로 250 (안양동)
9-3	9번근저당권부질권	2016년9월8일 제39013호	2016년9월8일 설정계약	채권액 금110,400,000원 채무자 김 전라북도 익산시 채권자 캐피탈주식회사 170111-0092784 전라북도 전주시 덕진구 백제대로 566, 18층 (금암동)

　이렇게 근저당권 이전과 함께 질권대출까지, 교수님의 가르침과 도움 덕에 수월하게 진행할 수 있었습니다. 밑에 법무비용 및 제가 지불한 비용, 질권대출 금액 영수증 올려봅니다.

　영수증에는 865,012원인데 출장비가 비싸다고 징징대서 5만 원 깎았습니다. 지방이라서 질권대출 이율도 비싸고 이전비도 비싸네요. 어서 충청권, 전라권 에도 질권대출 취급하는 은행이 더욱더 늘어났으면 좋겠습니다. 은행 입장에서 생각해봐도 부동산 담보대출보다 아파트 1순위 질권대출이 훨씬 안전하고 고 수익일 텐데…. 듣기로는 질권대출해주면 충당금을 쌓아야 한다고 하더군요. 규정상 부실채권에 대한 대출이라서 그런지 모르겠습니다.

구분	금액	비고
인지대	35,000	
법무비용	810,012	김 법무사
합계	845,012	

대출금	80,000,000	
차액	79,154,988	

잔금	93,946,937	삼성생명 060 -18-919
본인준비금	14,791,949	
입금계좌:		저축은행 예금주: 김

최종적으로 정리를 해보자면

1순위 채권최고액 1억 1천 4십만 원

원금 약 8,800만 원

질권대출 8천만 원

연체이자 약 370만 원

경매비용 약 230만 원

근저당권 이전 및 법무사 비용 약 80만 원

1순위 근저당권 연체이자, 17%(1년에 1496만 원, 한 달에 약 124만 원)

1순위 근저당권부 질권대출이자, 7.5%(1년에 600만 원, 한 달 50만 원)

2순위 근저당권에서 발생하는 이자 연 24%(한 달에 8만 원 정도)

약 1년 후 경매낙찰 예상금액 1억 2천만~1억 2천 5백만

1년 더 지나서 1순위 채권최고액 다 채워도 안전할 것으로 판단됩니다.

2016타경××××. 이 숫자들은 아마 평생 잊지 못할 것 같습니다. 저의 첫 NPL 투자이고, 투자라는 것에 새롭게 눈뜨게 된 계기가 되었으니까요.

해당 사건 진행 과정입니다. 2017년 1월 23일 15,610만 원에 매각이 되고 3월 3일 대금지급기한 마지막 날에 대금완납을 했고요.

아래 송달내역을 보면, 2016년 8월 초에 삼성생명 1순위를 대위변제하며 저축은행에서 질권대출을 받았었습니다. 그런데 9월에 **캐피탈에서 더 높은 한도(질권대출 원금 8,500만 원, 원금의 97%)에 더 낮은 이율로 해준다는 것을 알게 돼서

중도상환수수료를 감수하고 질권대출기관을 JB우리캐피탈로 바꿨고요(질권대출 8,000만 원에 6.5% 이율 → 8,500만 원 대출에 5.6% 이율로 변경).

그 후 2016년 10월 25일에 기일연기신청서를 한 번 제출하여 시간을 연장했습니다. 한 번 더 연기할 수 있는 채권자로서의 권한이 있었지만, 채권최고액이 거의 다 찼고 2순위 근저당까지 액수가 꽤 크기 때문에 추가 연기는 하지 않았습니다.

접수일	접수내역	결과
2016.08.02	채권자 삼성생명보험 주식회사 양수인 김 채권자변경신고서 제출	
2016.08.02	근저당권부질권자 저축은행 권리신고 및 배당요구신청서 제출	
2016.08.22	교부권자 국민건강보험공단 익산지사 교부청구서 제출	
2016.08.25	승계인 김 재송달신청 제출	
2016.09.05	근저당권자 김 열람및복사신청 제출	
2016.09.27	근저당권부질권자 캐피탈 주식회사 기타권리신고 제출	
2016.09.27	근저당권부질권자 캐피탈 주식회사 우선배당합의서 제출	
2016.10.25	근저당권자 김 기일연기신청서 제출 ─── 경매기일 연기 신청	
2017.03.03	최고가매수신고인 매각대금완납증명	
2017.03.03	최고가매수신고인 등기촉탁공동신청 및 지정서 제출	
2017.03.03	최고가매수신고인 부동산소유권이전등기촉탁신청서 제출	

8~9개월간 이렇게 오랫동안 기다리며 질권이자를 내고 살았는데, 4월 12일 수요일이 배당기일이더군요. 바빠서 정신이 없었던 탓인지 머릿속에는 목요일로 알고 있었네요. 12일 수요일 오후 4시가 됐는데 갑자기 **캐피탈에서 전화가 온 겁니다. '정상적으로 배당 다 끝나서 질권대출 전액 상환되셨습니다', 이렇게요. 뜨아! 내일인 줄 알고 조마조마하고 있었는데… NPL 초보이자 오랫동안 기다렸던 저는 간 떨어지는 줄 알았습니다. 헐레벌떡 법원에 갔는데, 알고 보니 배당이의만 안 들어왔으면 되는 거고 지나서 아무 때나 가도 차이가 없더라고요.

민원실 갔다 경매계 갔다 한두 번, 그러니 은행에 제출하라고 출급명령서를 주더군요. 다음은 1순위에 대한 질권대출을 제외한 원금+이자고요.

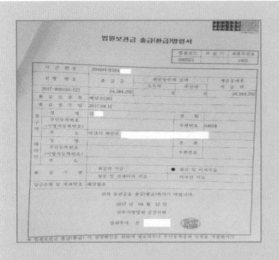

아래는 2016년도 삼성생명이 납입했던 경매예납비용입니다. 1순위를 승계하며 제가 이것까지 대위변제했으니 제가 받아야죠.

은행에 위 서류들을 제출하고 몇 분 후, 핸드폰 입출금 알람 어플에 연달아 '딩동딩동' 뜨더라고요. 너무 기분이 좋아서 스샷까지 찍었습니다.

오후 4:54 4월 12일 수요일

S알리미 　　　　　　　　오후 4:49
입금 24,000,000원 110-***-* 　9 2017.04.12
16:49:42

S알리미 　　　　　　　　오후 4:48
입금 2,719,265원 110-***-* 　2017.04.12 16:…

S알리미 　　　　　　　　오후 4:47
입금 15,708원 110-***-* 　2017.04.12 16:47:…

S알리미 　　　　　　　　오후 4:47
입금 24,384,292원 110-***-* 　2017.04.12 1.…

마지막으로 가장 중요한 투자 수익 정리입니다.

초기 대위변제 시
원금 87,911,120원-질권대출 85,000,000원=2,911,120원
연체이자 3,704,399원
경매비용 2,331,418원
근저당권 이전비 865,012원
질권 중도상환수수료 800,000원
매달 질권이자 400,000×8=3,200,000원
총 투자금 13,811,889원
1순위 배당금 24,384,292원-총 투자금
1순위 근저당 수익금 10,572,403원

투자금 대비 수익률이 76% 정도 나오네요. 기간이 짧다 보니 정확한 일수 계산을 하면 연수익률 100% 이상 초과 달성입니다. 캐피탈에서 원금의 97% 대출을 해주다 보니 수익률이 극대화된 것 같습니다. 2순위 근저당에서도 수익이 많이 났지만, 이건 대위변제와 상관없는 개인적인 건이므로 내역은 쓰지 않겠습니다.

이번 투자를 마무리지으면서 NPL이 답이다는 생각이 더더욱 확고해졌는데요. 아마 조만간 보따리 싸서 교수님 뵈러 상경해야 할 것 같습니다. 하하. 지금도 열심히 주경야독 중인 NPL 교육생분들 힘내시고요. 다들 좋은 수익 얻길 기원하며 이만 쓰겠습니다.

다시 한 번, 개인의 실전투자 성공 사례를 자세하게 공개한 김** 제자분에게 감사드리며, 평생 멘토로서의 역할을 다할 것을 다짐한다.

이처럼 필자는 고기를 잡아주는 것보다 스스로 잡는 방법을 강의하고 있다.

다음은 필자가 대위변제 갭투자 기법으로 투자했던 물건이다. 2015년 5월 26일 국민은행의 채권최고액 312,000,000원(1순위 240,000,000원+2순위 72,000,000원)과 경매비용 1,333,940원을 포함하여 278,200,235원에 법정대위변제를 했다.

[집합건물] 서울특별시 관악구 신림동 1736 대우신림2차푸르지오				고유번호 1 2007-001218
【 을 구 】		(소유권 이외의 권리에 관한 사항)		
순위번호	등 기 목 적	접 수	등 기 원 인	권 리 자 및 기 타 사 항
6	근저당권설정	2011년4월16일 제13963-1호	2011년4월16일 설정계약	채권최고액 금240,000,000원 채무자 노 서울특별시 관악구 신림동 467-18 근저당권자 주식회사국민은행 110111-2905921 서울특별시 중구 남대문로2가 9-1
6-2	6번근저당권이전	2015년5월26일 제145461호	2015년5월26일 확정채권대위변제	근저당권자 주식회사 110111-5 63 서울특별시 강남구 강남대로96길 12, 302호(역삼동, 원담빌딩)
6-3	6번근저당권부질권	2015년5월26일 제145462호	2015년5월26일 설정계약	채권액 금240,000,000원 변제기 2015년5월26일 이 자 연6.5프로 이자지급시기 매월26일 채무자 서울 강남구 강남대로 96길 12, 302호 (역삼동, 원담빌딩) 채권자 주식회사 저축은행 110111-4 312 서울특별시 중구 회계로 166(충무로2가, 신민빌딩)

갭투자 시에도 **저축은행으로부터 매입금액의 대부분인 258,000,000원을 근저당권부 질권대출로 충당하였다. 필자의 투자금액은 20,200,235원으로, 소액으로 투자가 가능했다. 근저당권부 질권대출 시에 질권은행의 우선배당동의서에 동의하였고, 아래의 배당표에서도 필자의 근저당권보다 우선하여 질권은행이 먼저 배당을 받았다.

서 울 중 앙 지 방 법 원
배 당 표

사 건 2014타경33223 부동산임의경매 2015타경2349(중복)

배당할 금액	금	403,642,009		
매 각 대 금	금	403,600,000		
명 지연이자 및	금	0		
절차비용				
세 전경매보증금	금	0		
매각대금이자	금	42,009		
항고보증금	금			
집 행 비 용	금	6,597,137		
실제배당할 금액	금	397,044,872		
매각부동산	1. 서울특별시 관악구 신림동 1736 대우신림2차푸르지오 103동 12층 1202호			
채 권 자	의 파산관재인 파 무(서울특별시관악구)	주식회사 -저축은행	국민은행의 양순인 주식회사 대우
채 원 금	130,710	258,000,000	258,420,910
권 이 자	0	320,727	67,364,463
금 비 용	0	0	0
액 계	130,710	258,320,727	325,785,373
배 당 순 위	1	1	2
이 유	압류권자(당해세)	지당권부질권자	근저당권자
채권최고액	0	377,000,000	98,217,329
배 당 액	130,710	258,320,727	98,217,329
잔 여 액	396,914,162	138,593,435	40,376,106
배 당 비 율	100 %		
공 탁 번 호 (공 탁 일)	금제 호		

경매 예납금 회수

질권대출은행 배당금

필자회사 배당금 1차

3-1

위의 배당표에서 보듯, 당해세는 근저당권의 우선변제권보다 최우선 변제 (130,710원)를 받은 사실을 확인할 수 있다.

부실채권 투자에서 경매 절차는 기본이고, 배당표 작성이 중요하다는 점을 기억해야 한다. 배당 순서는 물론이고, 선순위 채권 유무의 확인 절차는 은행 서류와 법원 서류를 분석하여 체크해야 한다.

채 권 자	이저축은행의 관리인	서울신용보증재단	주식회사 에스케
채 원 금	49,000,000	7,250,400	50,160,000
권 이 자	17,566,771	0	0
금 비 용	0	0	0
액 계	66,566,771	7,250,400	50,160,000
배 당 순 위	3	4	4
이 유	신청채권자근저당권자	가압류권자(서울서부지방법원 2015가단 1)	가압류권자(수원지방법원 안산지원 2014가단 1)
채권최고액	20,461,944	7,250,400	50,160,000
배 당 액	20,461,944	503,160	3,480,984
잔 여 액	19,914,162	19,411,002	15,930,018
배 당 비 율		6.94 %	6.94 %
공 탁 번 호 (공 탁 일)		금제 호	금제 호

필자회사 배당금 1차

채 권 자	의 파산관재인 파 (근로복지공단서울 강남지사)	의 파산관재인 파 (서울신용보증재단)	의 파산관재인 파 (주식회사 이티엑스)
채 원 금	4,532,080	10,875,600	75,240,000
권 이 자	497,730	0	0
금 비 용	0	0	0
액 계	5,029,810	10,875,600	75,240,000
배 당 순 위	5	5	5
이 유	가압류권자(서울남부지방법원 2015가단20)	가압류권자(서울서부지방법원 2015가단 1)	가압류권자(수원지방법원 안산지원 2014가단 1)
채권최고액	3,133,080	10,875,600	75,240,000
배 당 액	472,289	1,639,418	11,341,886
잔 여 액	15,457,729	13,818,311	2,476,425
배 당 비 율	15.07 %	15.07 %	15.07 %
공 탁 번 호 (공 탁 일)	금제 호	금제 호	금제 호

3-2

채권자	노동호의 파산관재인 박 석률 (주식회사 한국씨티 은행)				
채권금액 원 금	19,024,523		0		0
이 자	8,024,991		0		0
비 용	0		0		0
계	27,049,514		0		0
배 당 순 위	5				
이 유	가압류권자 (서울중앙지 방법원 2014카단 3)				
채 권 최 고 액	16,428,150		0		0
배 당 액	2,476,425		0		0
잔 여 액	0		0		0
배 당 비 율	15.07 %				
공 탁 번 호 (공 탁 일)	금제 호 (. .)	금제 호 (. .)		금제 호 (. .)	

2016. 5. 3.

사 법 보 좌 관   조

3-3

돈이 없어도 NPL 투자를 할 수 있다

누가 돈 많은 사람만 부실채권에 투자할 수 있다고 했는가?

아래는 근저당권부 질권대출을 통해 부실채권 매입자금을 100% 조달한 사례다. 이를 통해 임의대위변제 갭투자 기법에 대해 알아보자.

2017 타경		매각공고예상기간 : 2017-12 ~ 2018-03			담당계 : 경매13계 031-920-6325	
소재지	경기도 고양시 일산동구 식사동 187 위시티일산자이2단지					
물건종별	집합건물목록1건	채권자	농협은행		개시/공고	2017-07-25 / 2017-08-02
종국결과	미종국	채무자	재		배당종기	2017-10-23
경매구분	부동산임의경매	소유자	재		청구금액	441,579,676원
순위	접수일자	권리종류	권리자	권리금액	소멸여부	비고
갑1	2010-10-12	소유권	디에스디삼호		이전	보존
갑8	2015-08-13	소유권	재	(거래가) 631,723,892원	이전	매매
을3	2015-08-13	(근)저당	농협은행	513,600,000원	소멸기준	**1순위 근저당권**
을4	2015-08-13	(근)저당	건설	102,000,000원	소멸	
갑10	2016-06-15	가압류	카드	4,423,989원	소멸	
갑11	2016-07-14	가압류	축산업동조합	10,140,696원	소멸	
갑12	2016-08-04	가압류	캐피탈	20,453,738원	소멸	**채무과다**
갑13	2016-08-29	가압류	캐피탈	14,325,850원	소멸	
갑14	2017-04-27	가압류	캐피탈	4,867,920원	소멸	
갑15	2017-07-25	임의경매	농협은행	청구: 441,579,676원	소멸	**청구금액**

우선 임의대위변제 갭투자에서는 채무자의 변제 능력이 없는 물건을 선정하는 것이 중요하다. 즉, 일반 매매 시세보다 채무가 많아 도저히 해당 물건을 매각할 수 없는 경우이다.

본 임의경매 물건은 집합건물로서 양일초등학교 남서쪽 인근에 위치해 있다. 30층 건물의 6층에 위치하며 전용면적이 162.7㎡로서 해당 지역의 소득 수준에 비해 대형 평수라는 한계를 갖고 있다. 그러나 2010년 10월 12일 소유권 보존된 깨끗한 계단식 아파트이다.

전체	84.79㎡	84.88㎡	133.61㎡	134.99㎡	137.14㎡	162.71㎡	162.7			(단위 만원)

2016.01		2016.02		2016.03		2016.04		2017.02		2017.03	
계약일	거래금액(층)	계약일	거래금액(층)	계약일	거래금액(층)	계약일	거래금액(층)	계약일	거래금액(층)	계약일	거래금액(층)
		1~10	66,000(18)	21~31	63,500(26)			21~28	65,000(22)	21~31	60,000(10)

2016.07		2016.08		2016.09		2016.10		2017.08		2017.09	
계약일	거래금액(층)	계약일	거래금액(층)	계약일	거래금액(층)	계약일	거래금액(층)	계약일	거래금액(층)	계약일	거래금액(층)
11~20	65,500(29)	11~20	63,800(25)	1~10	65,700(11)	11~20	64,500 (5)				
			67,000(15)			21~31	66,200 (5)	1~10	66,700 (7)		

이 아파트는 2016년 10월 국토교통부 아파트 동일평형 실거래 사례에 의하면 5층이 66,200만 원, 2017년 8월 7층이 66,700만 원에 실거래 신고된 바 있다. 따라서 해당 물건은 1순위 근저당권 채권최고액 513,600,000원을 초과해 경매 낙찰 예상금액이 형성될 것으로 판단되며, 부실채권 임의대위변제 갭투자에 있어 안성맞춤인 NPL 투자 상품이다.

소재지	경기도 고양시 일산동구 식사동 187 위시티일산자이2단지				
용도	아파트	채권자	신한은행	감정가	695,000,000원
대지권	대지권미등기	채무자	김	최저가	(70%) 486,500,000원
전용면적	162.7081㎡ (49.22평)	소유자	김	보증금	(10%) 48,650,000원
사건접수	2016-02-15	매각대상	토지/건물일괄매각	청구금액	538,035,032원
입찰방법	기일입찰	배당종기일	2016-05-09	개시결정	2016-02-16

기일현황

회차	매각기일	최저매각금액	결과
신건	2016-05-25	695,000,000원	유찰
2차	2016-06-29	486,500,000원	매각
성	입찰5명/낙찰 575,700,000원 (83%) 2등 입찰가 : 569,000,000원		
	2016-07-06	매각결정기일	허가
	2016-08-12	대금지급기한 납부 (2016.08.08)	납부

또한, 해당 번지 경매 사례에 의하면 2016년 6월 29일 5명이 입찰하여 575,700,000원, 83%에 낙찰된 적이 있다. 결국, 경매낙찰 예상가격은 임의대위변제 갭투자 물건의 채권최고액을 초과한다는 점을 알 수 있다. 특히, 후순위 근저당권 **건설의 102,000,000원이 밑에 받치고 있어 더욱 안전하다.

【 을 구 】			(소유권 이외의 권리에 관한 사항)	
순위번호	등기목적	접 수	등기원인	권리자 및 기타사항
	근저당권 최고액: 513,600,000원	8월 13일 제14801호	2015년 8월 13일 설정계약	채권최고액 금513,600,000원 채무자 채 경기도 파주시 법원읍 술어홀로 근저당권자 농협은행주식회사 110- 685 서울특별시 중구 통일로-120(충정로1가)
3-2	3번근저당권이전 **대위변제 GAP투자일:2017년9월5일**	2017년9월5일	2017년9월5일 확정채권대위변제	근저당권자 박 81 *-******* 인천광역시 연수구 송도문화로28번길 , 283동 2107호 (송도동, 송도글로벌캠퍼스프리오)
3-3	3번근저당권부질권 **대위변제 GAP투자: 1순위 근저당권부 질권: 400,000,000원(안양저축은행)**	2017년9월5일 제108904호	2017년9월5일 설정계약	채권액 금513,600,000원 채무자 박 송도문화로28번길 , (송도동, 송도글로벌캠퍼스프리오) 채권자 주식회사안양저축은행 134111-0008850 경기도 안양시 만안구 안양로 250(안양동)
3-4	3번근저당권부질권 **대위변제 GAP투자: 2순위 근저당권부 질권: 48,000,000원(론포인트-P2P업체)**	2017년9월5일	2017년9월5일	채권액 금62,400,000원 채무자 박 화로28번길 28, 동 (송도동, 송도글로벌캠퍼스프리오) 채권자 주식회사론포인트소셜대부 110111-5 2 서울특별시 서초구 서초대로48길 108, 301호(서초동, 정일빌딩)
4	근저당권설정 **2순위 근저당권 최고액: 102,000,000원(**건설)**	2015년8월13일 제14802호	2015년8월13일 설정계약	채권최고액 금102,000,000원 채무자 채 경기도 파주시 법원읍 술어홀로 1139-60 근저당권자 건설주식회사 110111-C 94 서울특별시 종로구 종로 33(청진동)

상기의 등기사항전부증명서를 살펴보면 1순위 근저당권 채권최고액이 513,600,000원이다. 1금융권은 원금 대비 120%를 채권최고액으로 설정한다는 점을 감안하면 부실채권의 원금은 428,000,000원으로 연체이자를 14%로 산정한다.

본 부실채권은 월 연체이자가 약 5백만 원 발생한다. 임의경매 기일이 2017년 7월 25일이고, 배당요구종기일이 2017년 10월 23일로서 2017년 9월 25일 인천에 거주하는 개인 백**이 부실채권을 확정채권 대위변제로 매입했다.

개인이 안양저축은행에서 매입금액의 90%만큼 1순위 근저당권부 질권대출을 받고, 매입금액의 10%는 론포인트에서 2순위 근저당권부 질권대출을 받아서 해결했다. 이렇듯 종잣돈 없이 매입금액의 100%를 질권대출을 통해 해결하여 레버리지 효과를 극대화했다.

자, 그러면 부실채권 갭투자 기법을 통한 레버리지 효과를 알기 쉽게 파헤쳐 보자.

임의대위변제 갭투자 금액은 채권최고액 513,600,000원과 매입금액 448,000,000원(원금 428,000,000원+연체이자 20,000,000원)의 차액인 65,600,000원이다. 월 연체이자 금액이 5백만 원으로, 앞으로 13개월 경과하면 채권최고액까지 도달할 수 있다. 소유자 겸 채무자가 임의대위변제 갭투자에 협조하면 일반 경매 절차보다 수개월을 자기 집에서 더 살 수 있다는 장점이 있다. 본 내용은 실제 NPL 대위변제 갭투자 사례를 중심으로 구성하였고, 근저당권 이전비용, P2P업체의 플랫폼 비용, 채무자 보상은 계산하지 않았다.

첫째, 내 종잣돈으로 부실채권을 매입할 경우에는 투자금 대비 수익률이 약 14.6%(대위변제 갭투자 시 13개월 산정)이다.

채권최고액 513,600,000원

−대위변제 갭투자 448,000,000원

_____

= 예상 수익 금액 65,600,000원(투자금 대비 수익률 약 14.6%)

둘째, 내 종잣돈 소액과 금융기관의 근저당권부 질권대출을 활용한, 레버리지를 통한 대위변제 갭투자 시에는 수익률 53.5%의 높은 이익을 얻을 수 있다.

1순위 질권대출액 400,000,000원(대위변제금 90%, 질권이자 6%)
1순위 질권이자 26,000,000원(13개월 산정)

대위변제액 448,000,000원

−질권대출액 400,000,000원

+질권이자 26,000,000원

_____

= 투자금 74,000,000원

13개월 동안 약 74,000,000원의 투자금이 발생하나, 실제 매입 시 발생되는 투자금은 48,000,000원이며, 13개월간 질권이자를 매월 200만 원씩 분납한다.

채권최고액 513,600,000원
−투자금 74,000,000원
−질권대출액 400,000,000원

= 예상 수익 금액 39,600,000원(투자금 대비 수익률 약 53.5%)

셋째, 내 종잣돈을 초기에 거의 투자하지 않고 금융기관의 1순위 근저당권부 질권대출과 부동산 P2P투자전문회사 론포인트의 2순위 질권대출을 활용할 경우가 있다. 이렇게 레버리지를 통한 대위변제 갭투자에서는 100% 수익률로 매우 높은 이익을 얻을 수 있다.

1순위+2순위 질권(부동산P2P투자전문회사 론포인트)을 이용하여 채권매입투자 시(위와 동일한 조건)

1순위 질권대출액 400,000,000원(대위변제금 90%, 질권이자 6%)
1순위 질권이자 26,000,000원(13개월 산정)
2순위 질권대출액 48,000,000원(대위변제금 10%, 질권이자 13%)
2순위 질권이자 6,760,000원(13개월 산정)

대위변제액 448,000,000원

 −1순위 대출액 400,000,000원(1순위 질권이자 26,000,000원)
−2순위 대출액 48,000,000원(2순위 질권이자 6,760,000원)

= 투자금 32,760,000원

초기 투자금은 0원으로 13개월 동안 약 32,760,000원의 이자비용이 투자금으로 발생한다. 투자자는 13개월간 질권이자를 매월 252만 원씩 납부하고, 배당기일에 법원에서 투자금을 배당으로 손쉽게 회수하면 된다.

채권최고액 513,600,000원
-투자금 32,760,000원
-1질권대출 400,000,000원
-2질권대출 48,000,000원
_____
= 예상 수익 금액 32,840,000원(투자금 대비 수익률 약 100%)

　필자가 초기에 부실채권 시장에 진입할 때에는 부실채권 매입금액의 80% 정도의 질권대출, 근저당권부 질권이자가 10% 전후였으며, 투자자가 극소수였다. 이제는 부실채권시장이 점점 대중화되고 있다.

　이제는 종잣돈이 거의 없어도 부실채권에 투자할 수 있는 환경이 되었다. 바로 P2P업체를 활용하는 것이다.

　근저당권부 질권대출 금리가 상대적으로 저렴한 금융기관은 신협, 수협 등이고 그다음이 저축은행, 캐피탈 순이다. 근저당권부 질권대출이 가능한 금융기관은 마포신용협동조합(02-719-4964~5), 냉동냉장수협(02-2216-6211), SKY저축은행(02-3485-4100), 안양저축은행(031-463-7873), 융창저축은행(031-786-0001), 모아저축은행(032-430-3393), 대신저축은행, IBK저축은행, JB우리캐피탈(02-6910-2457) 등이다. 이처럼 많은 곳에서 질권대출 희망자들을 기다리고 있다. 아울러, 1순위로 매입금액의 90%를 대출받고, 나머지 10%를 2순위 질권대출을 통해 종잣돈 없이 NPL을 매입하고 싶다면 필자와도 친분이 깊은 론포인트를 추천한다. 필자의 독자라고 밝힌다면 좀 더 믿음이 가지 않을까?

 대표번호 02-716-5500

서울시 강남구 역삼로 25길 37, 3층(근도빌딩)

부실채권 매입금액의 90%는 금융기관에서 대출받고, 나머지 10%는 부동산 P2P투자전문회사 론포인트 같은 업체에서 대출받으면 투자 수익률을 높일 수 있다. 이제는 돈이 없어 투자 못한다는 말하는 사람이 없기를 바란다.

10장

NPL
수익률 극대화 기법

허위 소액임차인 척결로
수익률 극대화하기

NPL 투자가 상대적으로 높은 수익률을 가져온다는 사실은 앞에서 충분히 확인했을 것이다. 그렇다면 고수익이라는 정상에 오르는 여정에서 꼭 피해야 할 투자 함정은 없는 걸까? 필자가 수년간 NPL 투자를 하며 지켜본 바로, 투자자들이 가장 자주 만나고 가장 쉽게 빠지는 함정이 바로 소액임차인의 최우선변제금이다.

필자는 불확실한 대박물건보다는 손실 없는 투자를 선호하기에, 불확실성이 있는 채권 매입에는 소극적이지만, 수익률이 확실한 물건은 신속하게 결단하여 매입한다. 이것이 NPL 투자로 성공은 물론 장수하는 비결이 아닌가 한다.

소액임차인에 관해서는 단 한 번 실수에 몇 천만 원이 왔다갔다하기에 세밀하게 분석하고, 임차인의 허점이 있다면 독사처럼 단호하게 대처해야 한다고 말씀드린다. 산에 사는 독사도 기본적으로 먼저 건드리지 않으면 공격하지 않는다. 투자에 있어서도 마찬가지다. 순리에 따라 업무 처리가 된다면 독사처럼 머리를 처들 필요가 없다.

정당한 선순위임차인, 합법적인 후순위 소액임차인이라면 근저당권부 채권자보다 우선 배당금을 받아가는 것이 당연하다. 하지만 채무초과 상태의 허위 소액임차인, 무상거주 임차인 등 적법하지 않은 배당요구 신청인의 배당금은 단호하게 제외시켜야 한다. 이를 제때 처리하지 못하면 투자자의 수익을 갉아먹기 때문이다.

소액임차인의 최우선변제금이 얼마나 중요한지 지금부터 사례를 들어 설명하겠다.

본 물건은 필자가 매입한 아파트 12개로 POOL이 구성된 36억 원 상당의 근저당권부 채권 중 하나이다. 2017.12.19. OK저축은행의 386,400,000원 근저당권을 2019년 12월 19일 강남에듀평생교육원이 확정채권양도, 론세일 방식으로 매입했다.

당사는 333,000,000원(원금 322,000,000원+연체이자 7,000,000원+가지급금 4,000,000원) 근저당부채권을 연체이자를 할인해 매입하면서, 같은 날 281,000,000원의 우선배당동의서를 해당 경매법원에 제출하고 사랑상호저축은행에서 근저당권부 질권을 통해 대출받았다.

채권 매입 시기가 연말인 관계로 질권이자가 비교적 저렴한 수협, 신용협동조합은 대손충당금 부담으로 대출이 전면 중단되었고, 일부 저축은행도 대부업체 대출한도 대출에 소극적인 시점이었다. 결국 질권이자가 다소 높은 캐피탈 또는 저축은행의 근저당권부 질권대출을 사용했던 경우로, 근저당권부 질권 대출은행이 제한되는 시점이어서 불가피한 상황이었다. 보통 연말에는 대손충당금 부담으로 은행에서 대출을 꺼린다는 점을 알아둘 필요가 있다.

★법원경매서류(노원구 아파트)

2018타경 1368			서울북부지방법원, 매각기일:2019-10-10, 경매8계(02-910-3671)				
소재지	서울시 노원구 중계동 515-2 건영아파트 제104동 제 13층 1003호 (주소 및 일부 사실내용은 변경함)						
물건종별	아파트	감정가	405,000,000원	구분	입찰기일	최저매각가격	결과
대지권	60.6㎡(18.3평)	최저가	283,500,000원	1차	2019-05-09	405,000,000원	유찰
건물면적	107.6㎡(32.5평)	보증금	28,350,000원		2019-06-20	283,500,000원	변경
매각물건	토지건물일괄매각	소유자	조욱	2차	2019-10-10	283,500,000원	
개시결정	2018-12-06	채무자	아이비엠(주)	낙찰: 350,527,599원(86.55%),10명,진종권			
사건명	임의경매	채권자	강남에듀평생교육원	배당 종결 2019.11.27			

임차인	점유부분	전입/확정/배당		보증금/차임	대항력	비 고
정경신	주거용 전부	전 입 일: 2012.03.07		60,000,000원	있음	
		확 정 일: 2018.08.24				
		배당요구일: 2019.02.18				

구분	접수	권리종류	권리자	채권금액	내 용
1(갑5)	2017.03.30	소유권이전	조욱	매매	거래가격: 374,280,000원
2(을4)	2017.12.19	근저당	OK저축은행	386,400,000원	
3(갑6)	2017.12.27	가압류	서울금융	46,000,000원	2017카단 2023
4(을6)	2017.12.27	근저당	정경신	70,000,000원	
5(갑7)	2018.07.20	가압류	보증기금	85,000,000원	2018카단101368
6(을6)	2018.08.16	가처분	보증기금(정경신)	사해행위취소로 인한 근저당권말소등기 청구권	
7(갑8)	2018.08.30	가압류	중앙은행	16,641,904	2018카단 8188
8(을6)	2018.10.19	가처분	중앙은행(정경신)	사해행위취소로 인한 원상회복청구권	
9(갑9)	2018.12.06	임의경매	OK저축은행	청구금액:328,265,023원	
을4-1	2018.12.19	근저당권 이전	강남에듀평생교육원	OK저축은행에서 이전	

이제 본론으로 돌아와 소액임차인의 최우선변제금이 얼마나 중요한지 살펴보자. 본 채권의 매입을 위해 분석하는 시점에서는 채무자가 3개월 이상 연체하는 중이었고, 법원에 경매신청 접수 전이었다. NPL 매수 희망자가 주민센터에서 전입세대를 열람하는 것은 사실상 불가능하다는 의미다.

물론 채권 은행이라면 관련 증빙서류를 지참하고 해당 채권에 대한 전입세대 열람이 가능하지만, 보통 은행들은 협업하는 신용정보사에 의뢰하여 전입세대를 사전에 열람하는 경우가 많다. 그러니 채권을 매각하는 은행에 문의하는 것이 가장 좋은 방법이다.

본 건에 대해 매각 은행에 문의한 결과, 대출 당시에 근저당권보다 빠른 전입자가 존재하지만, 그들은 소유자 및 사위, 딸 등 가족이며, 소유자와 사위 명의의 무상임차확인서를 받았기에 소액임차인 문제는 없다는 증빙서류를 확인할 수 있었다.

★ 확약서 사례

확약서 [무상거주·비거주]

금융기관명: OK저축은행 귀하
소유자: 조욱
부동산 소재지: 서울시 노원구 중계동 515-2 건영아파트 제103동 제 13층 1003호

금반의 부동산을 담보로 조욱 씨가 귀사(행)으로부터 대출을 받음에 있어 아래 본인 및 본인의 세대원 전부는 위 부동산에 현재 거주하고(전입되어) 있으나, 소유자와는 임대차계약을 체결한 사실이 없음은 물론 일체의 임차보증금을 지급한 사실이 없으며, 이후 위 부동산 소유자와 임대차계약 체결 시 즉시 귀사(행)에 통지할 것을 확약하고 향후 채무자가 채무를 이행하지 않아 귀사(행)가 채권 회수를 위하여 본인에게 이주 요청 등 여하한 근저당건(경매)을 실행할 시, 위 부동산에 거주하고 있는 사유로 인하여 근저당권(경매) 실행을 방해하는 일체의 행위를 하지 않을 것을 확약하기에 본 확약서를 제출합니다.

본 부실채권의 경매절차 및 관리내용을 자세히 살펴보자.

2017.12.09. OK저축은행 대출(원금 322,000,000원, 채권최고액 386,400,000원)

2018.08.20. 채무자 아이비엠(주) 이자 연체 시작

2018.12.06. 부동산임의경매개시 결정

2018.12.19. 당사 OK저축은행 NPL 매입

2019.01.03. 집행관 부동산 현황조사보고서 제출

2019.01.03. 법원 임차인 정경신 임차인 통지서 발송

2019.02.18. 임차인 정경신 권리신고 및 배당요구 신청서(주택임대차) 제출

2019.04.16. 당사 법원서류 열람 및 복사 신청(배당요구 신청인 체크)

2019.04.23. 당사 임차인권리배제신청서 제출

2019.04.23. 당사 임차권석명준비명령서 제출

2019.04.16. 임차인 정경신 보정서 제출

2019.05.01. 당사 법원서류 열람 및 복사 신청(배당요구 신청인 보정서 체크)

2019.05.07. 당사 배당요구 신청인 정경신 경찰서 고소장 접수

2019.05.08. 당사 배당요구 신청인 정경신 임차권부존재 확인의 소장 접수

2019.06.14. 당사 매각기일연기신청서 제출

2019.09.09. 임차인 정경신 권리신고 및 배당요구신청 철회 제출

2019.09.11. 당사 현황조사 요청 및 매각물건명세서 정정 요청

2019.09.18. 임차인 정경신 권리신고 및 배당요구신청 철회서 제출

2019.09.19. 당사 매각물건명세서 임차인 권리신고철회 기입요청 제출

2019.09.26. 당사 조건부 고소 취하서 경찰서 제출

2019.11.06. 최고가매수신고인 매각대금완납증명, 소유권이전등기 촉탁

2019.11.19. 당사 채권계산서 제출

2019.11.27. 당사 배당금 수령(배당기일)

2019.11.29. 당사 배당요구 신청인 정경신 임차권부존재 확인의 소 취하

상기의 사건 진행 내역에서 보듯이, 무상임차인 확인서를 작성한 배당요구 신청인 정경신은 국민의 주거생활안정을 목적으로 시행되고 있는 주택임대차 소액임차인의 최우선변제권을 악용한 사례다. 당사가 적극적으로 대응하지 않았다면 34,000,000원이라는 최우선변제금이 허위 임차인 정경신에게 배당되는 최악의 상황이 발생할 뻔했다. 이제 왜 소액임차인의 최우선변제금이 중요한지 이해가 되었을 것이다.

참고로 담보권 기준시점이 2017년 12월 19일이고 지역이 서울이므로, 소액임차인의 최우선변제금 액수는 다음과 같은 기준이 적용되었다.

적용 기간	지역	임차인보증금 범위	보증금 중 일정액의 범위
2016.03.31 ~ 2018.09.18	서울특별시	1억 원 이하	3천 4백만 원

만약 배당요구 신청인 정경신을 방치했다면 세대분리를 통한 선순위임차인으로 둔갑했을 것이다. 그러면 낙찰가격이 현저히 하락할 뿐만 아니라, 소액임차인으로서 최우선변제금 34,000,000원도 배당되었을 것이다.

당사는 일부 특별한 경우를 제외하고는 경찰서에 고소까지는 하지 않는 것이

원칙이다. 그러나 필자가 최대한의 예의와 인내심을 발휘해 통화하는 와중에 배당요구신청인 정경신은 '법대로 하라'며 막무가내였다. 필자로서는 독사와 같은 결단을 하지 않을 수 없는 상황이었다.

★ 고소장

고 소 장

고 소 인   강남에듀평생교육원
          서울 강남구 강남대로96길 12, 302호 (역삼동, 원담빌딩)
          대표이사 성시경

피고소인   1. 조욱 (19**.**.**생, 010-xxxx-xxxxx)
          2. 정경신 (19**.**.**생, 010-xxxx-xxxxx)
          피고소인들의 주소 서울시 노원구 중계동 515-2 건영아파트 제104동
제 13층 1003호

고 소 취 지

상기 고소인은 피고소인들을 경매방해죄 및 사기죄 공동정범으로 고소하오니 처벌하여 주시기 바랍니다.

범 죄 사 실

1. 고소인과 피고소인들의 관계

고소인은 서울시 노원구 중계동 515-2 건영아파트 제104동 제 13층 1003호(이하 '이 사건 아파트'라 합니다)에 대한 최선순위 근저당권자이고, 피고소인 조욱은 이 사건 아파트의 소유자이자 근저당권설정자이며, 피고소인 정경신은 피고 조욱과 동거 중인 조욱의 사위이자, 조욱으로부터 이 사건 아파트를 임차하였다고 주장하는 자입니다.

2. 피고소인들의 범죄행위에 관하여

가. 이 사건 아파트에 관한 고소인의 최선순위 근저당권

(1) 피고소인 조욱은 2017. 2. 25. 매매를 원인으로 이 사건 아파트에 대한 소유권을 이전받아 같은 해 3. 30. 소유권이전등기를 마쳤습니다. 그 후 자신이 대표이사로 있던 고소외 아이비엠(이하 '아이비엠'이라 합니다)이 고소외 주식회사 OK저축은행(이하 'OK저축은행'이라 합니다)으로부터 대출받는 과정에서 이 사건 아파트를 담보로 제공하여 2017. 12. 19. 채무자를 '아이비엠'으로, 근저당권자를 'OK저축은행'으로, 채권최고액을 386,400,000원으로 하는 근저당권설정계약을 체결하고, 같은 날 근저당권설정등기를 마쳤습니다(증 제1호증 등기사항전부증명서 참조).

(2) OK저축은행은 아이비엠에 대한 위 근저당권부채권을 2018. 12. 19. 고소인에게 양도하고, 같은 날 확정채권양도를 원인으로 한 근저당권이전등기가 경료되어 현재 고소인이 이 사건 아파트에 관한 최선순위 근저당권자의 지위에 있습니다(증 제1호증 등기사항전부증명서 참조).

나. 피고소인 정경신의 허위 근저당권

(1) 피고소인 조욱은 사위인 피고소인 정경신과 공모하여 채권채무 관계가 없음에도 불구하고 허위로 2017. 12. 1.자 근저당권설정계약을 체결하고 이를 원인으로 하여 2017. 12. 27. 근저당권자를 정경신으로 하는 근저당권설정등기를 마쳤습니다(증 제1호증 등기사항전부증명서 참조).

(2) 피고소인 정경신은 피고소인 조욱의 사위이자 2012년경부터 이 사건 아파트에서 조욱과 동일한 세대를 이룬 동거인으로서 강제집행을 면탈하기 위하여 허위의 근저당권을 설정한 것이고, 채권자 고소외 보증기금과 중소은행으로부터 사해행위 취소 청구를 받아 2018. 8. 6.과 2018. 10. 19. 위 근저당권에 대해 각 처분금지가처분등기가 경료되기도 하였습니다(증 제1호증 등기사항전부증명서 참조).

다. 임의경매개시 및 피담보채권의 확정

한편, OK저축은행은 아이비엠이 기한의 만료에도 불구하고 채무상환을 지체하자 근저당권을 실행하기로 하고 서울지방법원 북부지원에 이 사건 아파트에 대하여 임의경매개시를 신청하여, 2018. 12. 6. 같은 법원 2018타경1368호로 임의경매개시결정을 받아 현재 경매절차가 진행 중입니다(증 제1호증 등기사항전부증명서 참조).

라. 피고소인 정경신의 허위 임차인 권리신고

(1) OK저축은행은 이 사건 아파트에 대한 근저당권을 설정하기 전에 고소외 K권원보험 주식회사(이하 '권원보험회사'라 합니다)의 '부동산 정당권용 권리보험'에 가입하여, 권원보험회사를 통해 이 사건 아파트에 대한 임차인 존재 여부 및 임대차관계를 확인하였는데 2017. 12. 11. 당시 이 사건 아파트에 주민등록된 자는 세대주인 피고소인 조욱과 그의 사위인 피고소인 정경신뿐만 아니라 고소외 위선자의 아들 위험군과 조욱의 며느리인 고소외 유시인이었습니다.(증 제2호증 주민등록등본 및 증 제3호증 전입세대열람내역 각 참조).

(2) 이에, 권원보험회사는 2017. 12. 14. 피고소인 정경신으로부터 "본인 및 본인의 세대원 전부는 이 사건 아파트에 관하여 임대차계약을 체결한 사실이 없음은 물론 일체의 임차보증금을 지급한 사실도 없다"라는 확약서를 제출받았으며(증 제4호증의 1 확약서 등 참조), 피고소인 조욱으로부터 "이 사건 아파트에 관하여 본인과 임대차계약에 의한 임차인이 없음을 확약하며, 만일 각서 제출일 이후 각서일 이전 일자로 체결한 전세계약이나 전세금을 수취 받은 사실이 발견될 시, 이는 각서 제출 이후에 일자를 소급하여 작성한 것으로 간주하여 이로 인한 모든 책임을 오직 본인이 부담한다"라는 각서를 제출하였습니다(증 제5호증의 1 각서 등 참조).

(3) 그에 따라 OK저축은행과 권원보험회사는 2017. 12. 19. 이 사건 아파트에 관한 OK저축은행의 저당권에 대한 권리보험계약을 체결하였고(증 제6호증 권리보험 확인서 참조), 곧이어 OK저축은행도 아이비엠에 대한 대출을 승인하고 같은 날 근저당권설정등기를 마친 것입니다.

(4) 그럼에도 불구하고, 피고소인 정경신은 2019. 2. 18. 이 사건 아파트에 관한 서울지방법원 북부지원 2018타경1368호 사건(이하 '본 경매사건'이라 합니다)에서 허위의 임대차계약서와 허위의 전입신고 서류를 작성하여 권리신고 및 배당요구신청서를 위 법원에 제출하였습니다[증 제7호증 경매사건검색(사건내역), 증 제8호증 현황조사서, 증 제9호증 경매사건검색(문건처리내역) 각 참조].

3. 경매방해죄와 사기죄를 구성하는지에 관하여

가. 피고소인들의 범행 공모

피고소인 조욱이 OK저축은행에 대한 대출금 채무를 변제하지 못하여 위 근저당권을 근거로 이 사건 아파트에 대한 경매절차(서울지방법원 북부지원 2018타경1368호)가 진행되자, 사실은 피고소인 정경신이 피고소인 조욱에게 임대차보증금을 지급하고 이 사건 아파트에 거주한 진실한 임차인이 아님에도 불구하고, 피고소인들은 허위의 임대차계약서와 허위의 전입신고 서류를 작성하고 이를 위 경매절차에 제출하여 소액임차인으로 우선변제권을 행사하기로 공모하였습니다.

나. 기망행위
피고소인들은 '피고소인 정경신이 피고소인 조욱으로부터 이 사건 아파트를 임차한다'
는 취지의 허위 임대차계약서를 작성하여 각 서명·날인하고, 2019. 2. 18. 그 정을
알지 못하는 서울지방법원 북부지원 민사집행과 직원에게 이 사건 아파트에 대한 임의
경매개시결정으로 인한 배당철차에서 소액임차인으로 임대차보증금의 우선 변제권을
주장하는 권리신고 및 배당요구 신청을 하였습니다.

다. 고소인의 재산상 손해 발생의 위험
위와 같은 허위의 권리신고 및 배당요구 신청이 받아들여질 경우, 경매법원의 담당 판
사님께서 피고소인들의 임대차계약 관계가 진실한 것으로 믿고 소액임차인인 피고소
인 정경신에게 우선 배당하게 될 위험이 크고, 그에 따라 고소인은 정경신이 배당받은
금원 상당의 재산상 손해를 입게 됩니다. 피고소인들의 기망행위로 인해 착오에 빠진
경매법원 판사로 하여금 배당표를 작성하게 함으로써 고소인에게 재산상 손해를 발생
하게 한 행위는 형법 제347조 제1항의 사기죄에 해당합니다.

라. 경매 방해
형법 제315조에서 규정하는 '경매방해죄'는 위계 또는 위력 기타 방법으로 경매의 공
정을 해하는 경우를 처벌함으로써 경매의 공정을 보호법익으로 하는 위태범으로서, 경
매의 공정을 해할 염려가 있는 이상 바로 성립하고 반드시 경매를 방해한 결과가 구체
적으로 발생하여야만 하는 것은 아닙니다. 판례도 "경매의 목적이 된 주택의 실질적 소
유자인 피고인이 전처 명의로 허위 임대차계약서를 작성하고 이를 첨부하여 경매법원
에 전처가 주택임대차보호법상 대항력 있는 주택임차인인 것처럼 권리신고를 하였다
면 대항력 있는 주택임차인의 외관을 갖추고 그 사실을 권리신고를 통하여 입찰참가
인에게 나타내어 그 보증금액만큼 입찰가를 저감시킴으로써 공정한 경매를 방해한 것
이므로, 형법 제315조의 위계의 방법에 의한 경매방해죄가 성립한다"라는 입장입니다
(판결 참조). 따라서 피고소인들은 공모하여 이 사건 아파트에 대한 임의경매사건의 공
정한 경매를 방해하였으므로, 경매방해죄로 처벌받아야 할 것입니다.

4. 결론
이상 살핀 바와 같이 피고소인들은 이 사건 아파트에 대한 매각대금을 고소인 등 다른

채권자보다 우선하여 배당받을 목적으로, 허위의 임차인 권리신고 및 배당요구 신청을 한 바, 이러한 피고소인들의 행위는 형법 제315조의 경매방해죄 및 형법 제347조 제1항에 해당한다 할 것입니다. 또한, 피고소인들은 공모하여 위와 같은 범행을 함께 저질렀으므로, 형법 제30조의 공동정범이라 할 것입니다. 따라서 피고소인들을 엄히 처벌하여 주시기 바랍니다. 끝.

증 거 자 료

고소인은 고소인의 진술 외에 제출할 증거가 있습니다(별지 참조).

*상기 내용은 일부 사실과 다르게 편집되었다. 자세한 내용은 'NPL실전투자심화반' 수업에서 자세하게 설명해드리니 참고하기 바란다.

매각물건명세서를 살펴보면, 배당요구 신청인 정경신은 전입일자가 2012.03.07.로서 말소기준등기 시점인 2017.12.19.보다 빠르다. 즉 매수 희망자들에게 선순위임차인으로 오해될 여지가 있다. 처음엔 동일 세대였으나 2018.08.17. 세대 분리를 실행했기 때문이다.

말소기준등기(2017.12.19.)보다 빠른 전입일자(2012.03.07.)로 대항력을 갖추었고, 확정일자(2018.08.24.) 지연으로 매수인에게 인수 금액이 발생할 수도 있는 상황이 된 것이다.

아무튼 당사의 적극적인 전방위 대처로 배당요구 신청인이었던 정경신은 스스로 허위임을 자백하고 본 경매사건에서 조용히 퇴장했다. 이 사건에서 결정적 역할을 한 것이 무상임차인확약서와 경찰서의 고소장이다.

당사는 2019.4.23. 임차인권리배제신청서 및 임차권석명준비명령서를 제출하여, 배당요구 신청인 정경신은 채무자의 사위이며 무상임차인으로 대출은행에 확약서를 제출한 사실을 매각물건명세서에 기재하도록 요청하였다. 그 결과 낙찰가격도 비교적 안정적으로 이루어졌고, 배당기일의 배당표에도 반영되었다.

★ 매각물건 명세서

서울북부지방법원 북부지원
매각물건 명세서

사건	2018타경 1368	매각물건번호	1	작성일자	2019.09.10	담임법관 (사법보좌관)	최문기
부동산 및 감정평가액 최저매각가격의 표시		별지기재 부동산과 같음		최선순위설정	2017.12.19 근저당권	배당요구종기	2019.02.28

부동산의 점유자와 점유의 권원, 점유할 수 있는 기간, 차임 또는 보증금에 관한 관계인의 진술 및 임차인이있는 경우 배당요구 여부와 그 일자, 전입신고일자 또는 사업자등록신청일자와 확정일자의 유무와 그 일자

점유자 성명	점유 부분	정보출처 구분	점유의 권원	임대차기간 (점유기간)	보증금	차임	전입 신고일자	확정일자	배당요구여부 (배당요구일자)
정경신		현황조사	주거 임차인				2012.3.7		
	전체	권리신고	주거 임차인	2018.4.19 ~2020.4.18	60,000,000		2012.3.27	2018.8.24	2019.2.18

〈비고〉

1. 정경신: 2019.09.09.자로 권리신고 및 배당요구 철회함.
2. 2019.4.23. 신청채권자로부터 임차인 정경신 2017.12.14. 작성한 확약서(무상거주, 비거주)가 제출됨.
3. 정경신은 소유자의 사위임.

※ 최선순위 설정일자보다 대항요건을 먼저 갖춘 주택 · 상가건물 임차인의 임차보증금은 매수인에게 인수되는 경우가 발생할 수 있고, 대항력과 우선 변제권이 있는 주택 · 상가건물 임차인이 배당요구를 하였으나 보증금 전액에 관하여 배당을 받지 아니한 경우에는 배당받지 못한 잔액이 매수인에게 인수되게 됨을 주의하시기 바랍니다.

※ 등기된 부동산에 관한 권리 또는 가처분으로서 매각으로 그 효력이 소멸되지 아니하는 것

해당사항 없음.

※ 매각에 따라 설정된 것으로 보는 지상권의 개요

해당사항 없음.

※ 비고란

★ 배당표

서울지방법원 북부법원 배당표			
사건 2018타경 1368 부동산 임의경매			
배당할 금액	금 350,593,543		
명세	매각대금	금 350,527,599	
	지연이자 및 절차비용	금 0	
	전 경매보증금	금 0	
	매각대금 이자	금 65,944	
	항고 보증금	금 0	
집행 비용	금 5,298,776		
실제 배당 금액	금 345,294,767		
매각 부동산	서울시 노원구 중계동 515-2 건영아파트 제 104동 제 13층 1003호		

채권자	정경신	사랑상호저축은행	강남에듀평생교육원 (변경전: OK저축은행)
채권금액 원 금	0	281,000,000	322,000,000
이 자	0	2,014,625	35,856,822
비 용	0	0	0
계	0	283,014,625	357,856,822
배당 순위	0	1	2
이유	소액임차인	근저당권부 질권자	신청 채권자(근저당권)
채권 최고액	0	386,400,000	74,842,198
배당액	0	283,014,625	62,280,142
잔여액	0	62,280,142	0
배당 비율	0	100%	83.22%
공탁 번호 (공탁일)	금제 호 (3,4 …)	금제 호 (…)	금제 호 (… .)

2019.11.27.사법보좌관 최문기

만약 배당요구 신청인 정경신이 소액임차인으로서 최우선변제금 34,000,000원을 받아갔다면 어떤 일이 벌어졌을까? 경매신청권자 강남에듀평생교육원이 받았던 금원 중에서 그만큼 손실이 발행했을 것이다.

이와 같이, 허위 임차인이 있는 NPL 함정 물건의 경우에는 적극방어 및 적극공격을 통해 최대한 수익을 발생시킬 수 있는 능력을 배양해야 한다.

앞에서도 밝혔지만, 경매법원은 채권자를 위해 허위 임차인을 규명해주지 않는다. 복잡한 일에 휘말리지 않으려는 것이다. 그냥 배당을 실시하고, 다툼이 있는 부분은 배당의의 소송에서 판결을 받아 처리하라고 미루는 것이 관례다. 내 재산은 내가 지켜야 한다는 것은 NPL 투자 세상에서도 변하지 않는 진리다.

일괄경매를 개별경매로 변경해
수익률 극대화하기

펜션과 전원주택이 많은 강원도 횡성에 1만 평의 토지가 있다고 가정해보자. 이를 한 사람에게 일괄매각하는 게 쉬울까, 아니면 전원주택 부지로 선호되는 150~250평 개별 필지 여러 개로 나눠서 파는 게 쉬울까? 상식적인 사람이라면 후자가 정답임을 쉽게 짐작할 수 있다.

토지 1만평에 입찰금액 56억 원, 지금부터 설명하려는 채권의 개요다. 여기서 토지 1만평은 49개의 필지로 이루어져 있다는 것이 포인트다. 매각은행은 49개의 개별 필지로 이루어진 이 물건을 일괄매각 방식으로, 즉 1개의 사건번호로 경매사건을 접수했다.

이렇게 일괄매각으로 경매절차가 진행되던 중, 필자가 확정채권 양도에 의한 근저당권이전 방식으로 NPL(부실채권)을 매입하게 되었다. 일단 경매낙찰가격을 올리는 것이 관건이었다. 그러면 덩치가 큰 이 물건을 누가 낙찰받을 것인지 점검해야 한다.

부동산개발업체, 건설업체, 풀 옵션 개발 및 운영업체, 헬스케어타운 개발업체, 타운하우스 개발업체, 은퇴 후 거주할 전원주택 건설업체, 전원풍의 풍요로운 생활을 꿈꾸는 개인, 은퇴 후 전원생활을 꿈꾸는 개인, 시세차익을 남기려는 투자자, 또는 토지 분양업체 등등이 될 것이다.

본 물건의 매각대상 토지는 대부분 기반시설이 정비되어서, 누구나 낙찰받은 후 건축이 가능하다는 건축과의 확인 결과를 바탕으로, 개발업체보다는 불특정 다수의 개인이 낙찰받을 확률이 높을 것이라는 결론에 도달했다.

결국 전체 토지를 일괄매각하는 것보다는 은퇴자들을 위한 전원주택지로 개별매각하는 것이 고가낙찰을 유도해 채권회수에 유리할 것이다. 하지만 앞에서도 밝혔듯이 이미 1개의 매각물건으로 일괄매각이 진행되고 있었다. 그렇다면 개별매각으로 변경하는 규정이 있는지 살펴봐야 한다. 수익률 극대화의 열정이 있는 곳엔 방법이 따르기 마련이니까.

민사집행법은 개별 부동산에 대해서 각각 감정평가를 하고 최저매각가격을 정하여 경매를 진행하는 개별매각을 원칙으로 하고 있다. 여러 개의 부동산을 대상으로 동시에 경매신청이 있는 경우, 각 부동산별로 최저매각가격을 정하여 경매를 실시한다.

이렇게 2개 이상의 부동산을 공동담보로 근저당권이 설정되었다면, 채권자는 일괄경매 또는 개별경매를 선택할 수 있다. 그런데 일괄경매의 경우, 1개 부동산의 매각대금으로 모든 채권자의 채권액과 강제집행비용을 변제하기에 충분하면 다른 부동산의 매각을 허가하지 아니한다. 또한 이럴 경우 채무자가 매각 대상물을 지정할 수도 있다.

일괄매각 물건을 개별매각으로 바꿔 수익을 창출할 생각을 했다면, 해당 경매목적물을 개별매각으로 변경해야 할 근거부터 찾아야 한다. 사례 물건의 경우, 다음과 같은 근거가 있을 것이다.

① 본 물건은 개별 부동산 49필지의 경계가 확실히 구분된다.
② 개별 필지별로 전기, 수도, 도로 등 기반시설이 마련되어 있다.
③ 이 사건 각각의 부동산들은 사회·경제적 이용 관계에 견련성이 전혀 없다.

④ 이 사건 부동산들은 대규모 개발사업의 진행을 기대할 수 없는 보전지역 내에 위치하고 있다.

이상은 민사집행법 제98조 일괄매각의 요건을 충족하지 못하는 근거에 해당된다. 그런데 이뿐만이 아니다.

⑤ 일괄매각으로 경매절차가 진행될 경우, 분할매각으로 진행할 때와 비교해 경제적으로 매우 큰 손실이 발생하는데, 이는 이 사건 부동산들의 이해관계인 모두에게 불이익하다.

⑥ 민사집행법은 개별매각을 원칙으로 하되 개별매각으로 인한 사회·경제적 손실을 방지하기 위한 예외적인 경우에 한하여 일괄매각을 허용하고 있다.

필자는 앞에서 밝힌 근거들을 들어, 개별매각 진행을 결정해달라는 공문을 경매법원에 접수했다. 그리고 필자의 뜻대로 이루어졌다.

공무원들은 일을 새롭게 만드는 것을 싫어한다는 것이 만고의 진리다. 하지만 법률적으로 정당한 원인이 있다면 해주지 않을 도리가 없다. 이렇게 법률적으로 접근하는 방법을 기본으로 하지만, 사람이 하는 결정이므로 기타 다양한 방법을 동원하는 것이 필요하다.

경매절차가 끝난 후에 살펴보니 대구, 부산, 서울, 광주, 제주 등 전국에서 입찰에 참가하였고, 심지어 일부 경매학원에서 단체로 입찰에 참가하는 진풍경도 연출되었다.

★법원경매서류(강원도 횡성군)

2017타경 5017		춘천지방법원 원주지원 매각각기일:2018-06-04, 경매2계(033-738-1121)						
소재지		강원도 횡성군 둔내면 자포곡리 1 외 49 필지 (주소 및 일부 내용은 편집)						
물건종별	대지	감정가	5,597,926,000원	구분	입찰기일	최저매각가격		결과
대지권	33,366㎡(10,093평)	최저가	5,597,926,000원	1차	2018-06-04	5,597,926,000		정지
건물면적		보증금	559,792,600원	개별분리 매각:		49개		
매각물건	토지 일괄매각	소유자	채순실					
개시결정	2017-03-15	채무자	조욱	1차 배당 종결 2018.12.28				
사건명	임의 경매	채권자	강남에듀평생교육원	2차 배당 종결 2019.03.15				

구분	접수	권리종류	권리자	채권금액	내 용
1(갑1)	2014.05.13	소유권	채순실	매매	거래가격: 374,280,000원
2(을20)	2016.07.14	근저당	OK신용협동조합	4,550,000,000원	
3(을21)	2016.07.14	지상권	OK신용협동조합		
4(을22)	2016.07.19	근저당	정경신	40,000,000원	유치권 신고자
5(갑2)	2016.07.19	가등기	코링코		매매 예약
6(을23)	2016.12.12	근저당	가족펀드	200,000,000원	
7(을24)	2017.02.24	근저당	강남빌딩 매입회사	520,000,000원	
9(갑3)	2017.03.17	임의경매	OK신용협동조합	청구금액: 3,500,000,000원	
을20-1	2017.05.31	근저당권 및 지상권이전	강남에듀 평생교육원	OK신용협동조합에서 이전	

본 물건은 채권최고액이 4,550,000,000원(원금 35억의 130%)으로, 49필지에 공동근저당권이 설정된 공동담보 물건이다. 참고로, 필자는 공동담보 NPL 물건을 선호한다. 여러 가지 NPL 투자기법을 활용하여 수익률을 극대화할 수 있기 때문이다. 2016.07.14. OK신협의 4,550,000,000원 근저당권을 2017.05.31. 강남에듀평생교육원이 확정채권양도, 론세일 방식으로 매입했다.

당사는 3,643,000,000원(원금 3,500,000,000원+연체이자 120,000,000원+가지급금 23,000,000원)의 근저당부채권을 매입하면서, 같은 날 3,200,000,000원의 우선배당동의서를 제출하고, 사랑상호저축은행에서 근저당권부질권을 통해 대출받았다.

대출 당시에는 본 물건이 수도권(서울·경기·인천) 토지가 아닌 지방의 개발부지이면서 대출금액이 고액인 점, 유치권 등 향후 문제가 발생할 수 있다는 점, 해당 지역의 투자심리가 냉각된 점 등으로 근저당권부 질권 대출이자가 저렴한 신협, 수협에서는 취급하기 벅찬 물건이었다.

결국 상대적으로 질권대출 금리가 높은 사랑상호저축은행에서 대출을 받아 잔금을 완납했다. 당시 사랑상호저축은행의 관계자 역시, 개발부지 대출의 과거 사례를 참고하면 유치권이 발생한 개연성이 있다고 우려를 표한 바 있다.

필자는 확신에 찬 어조로 '유치권 신고 들어오면 당사가 더 유리하다. 현재 경매기일을 지연시켜야만 수익률을 극대화하는데, 유치권부존재 소송을 하면서 경매기간을 연장할 수 있는 것이 장점'이라고 답했다. 물론 유치권 등 경매소송을 여러 차례 진행한 경험에 비추어 유치권이 성립하지 않는다는 것을 이해시킨 것은 물론이다.

주거용부동산과는 달리 개발부지는 여러 가지 위험요인들이 도사리고 있는 것이 사실이다. 본 물건의 매입 전 현장조사에서 진입도로의 접근성, 도로 소유권에 대한 파악, 오수 및 우수의 배관공사 여부, 전기와 수도의 개설 여부, 경계선의 구분, 유치권의 유무, 기존 건축허가 여부, 해당필지에 대한 과거 개발 스토리 파악, 토지 매입 예상자, 일반매매시세, 급매시세, 필지별 경매낙찰 예상가격 등 다양한 분석을 했음을 밝혀둔다.

★49필지 개요

소재지	강원도 횡성군 둔내면 자포곡리 1 외 49 필지 (주소는 타 지역으로 편집)							
지번	면적	평	용도지역	지목	개별공시지가	공시지가 총액	감정금액	평당가격
자포곡리 1	426	129	계획관리	대	57,400	24,452,400	104,370,000	809,917
자포곡리 2	408	123	계획관리	대	57,400	23,419,200	99,960,000	809,917
자포곡리 3	319	96	계획관리	대	57,400	18,310,600	78,155,000	809,917
자포곡리 4	374	113	계획관리	대	40,600	15,184,400	81,532,000	720,661
자포곡리 5	493	149	보전관리	대	40,600	20,015,800	107,474,000	720,661
자포곡리 6	591	179	보전관리	대	40,600	23,994,600	128,838,000	720,661
자포곡리 7	770	233	계획관리	대	55,700	42,889,000	188,650,000	809,917
자포곡리 8	635	192	계획관리	대	55,700	35,369,500	155,575,000	809,917
자포곡리 9	598	181	계획관리	대	55,700	33,308,600	146,510,000	809,917
자포곡리 10	563	170	계획관리	대	51,900	29,219,700	133,994,000	786,777
자포곡리 11	549	166	보전관리	대	40,600	22,289,400	119,682,000	720,661
자포곡리 12	528	160	보전관리	대	40,600	21,436,800	115,104,000	720,661
자포곡리 13	537	162	계획관리	대	51,500	27,655,500	117,066,000	720,661
자포곡리 14	551	167	계획관리	대	40,600	22,370,600	120,118,000	720,661
자포곡리 15	531	161	계획관리	대	50,900	27,027,900	124,254,000	773,554
자포곡리 16	480	145	계획관리	대	57,400	27,552,000	117,600,000	809,917
자포곡리 17	480	145	계획관리	대	57,400	27,552,000	117,600,000	809,917

자포곡리 18	480	145	계획관리	대	57,400	27,552,000	117,600,000	809,917
자포곡리 19	436	132	계획관리	대	57,400	25,026,400	106,820,000	809,917
자포곡리 20	469	142	계획관리	대	57,400	26,920,600	114,905,000	809,917
자포곡리 21	501	152	계획관리	대	55,700	27,905,700	122,745,000	809,917
자포곡리 22	474	143	계획관리	대	55,700	26,401,800	116,130,000	809,917
자포곡리 23	459	139	계획관리	대	57,400	26,346,600	112,455,000	809,917
자포곡리 24	559	169	계획관리	대	57,400	32,086,600	136,955,000	809,917
자포곡리 25	588	178	계획관리	대	57,400	33,751,200	144,060,000	809,917
자포곡리 26	625	189	계획관리	대	57,400	35,875,000	153,125,000	809,917
자포곡리 27	479	145	계획관리	대	57,400	27,494,600	123,103,000	849,587
자포곡리 28	299	90	계획관리	대	57,400	17,162,600	76,843,000	849,587
자포곡리 29	397	120	계획관리	대	57,400	22,787,800	97,265,000	809,917
자포곡리 30	390	118	계획관리	대	57,400	22,386,000	95,550,000	809,917
자포곡리 31	499	151	계획관리	대	55,700	27,794,300	128,243,000	849,587
자포곡리 32	477	144	계획관리	대	55,700	26,568,900	122,589,000	849,587
자포곡리 33	455	138	계획관리	대	55,700	25,343,500	111,475,000	809,917
자포곡리 34	406	123	계획관리	대	55,700	22,614,200	99,470,000	809,917
자포곡리 35	415	126	계획관리	대	55,400	22,991,000	101,675,000	809,917
자포곡리 36	415	126	계획관리	대	55,700	23,115,500	101,675,000	809,917
자포곡리 37	415	126	계획관리	대	55,700	23,115,500	101,675,000	809,917
자포곡리 38	440	133	계획관리	대	49,400	21,736,000	102,960,000	773,554
자포곡리 39	393	119	보전관리	대	39,400	15,484,200	85,674,000	720,661
자포곡리 40	512	155	보전관리	대	39,400	20,172,800	111,616,000	720,661
자포곡리 41	680	206	보전관리	대	37,500	25,500,000	148,240,000	720,661
자포곡리 42	741	224	계획관리	목장용지	13,700	10,151,700	51,129,000	228,099
자포곡리 43	560	169	계획관리	목장용지	13,700	7,672,000	38,640,000	228,099
자포곡리 44	1778	538	계획관리	목장용지	6,440	11,450,320	129,794,000	241,322
자포곡리 45	3376	1021	계획관리	목장용지	7,450	25,151,200	209,312,000	204,959
자포곡리 46	2894	875	계획관리	목장용지	7,040	20,373,760	150,488,000	171,901
자포곡리 47	2982	902	계획관리	목장용지	13,700	40,853,400	205,758,000	228,099

자포곡리 48	463	140	계획관리	유지	16,000	7,408,000	11,575,000	82,645
자포곡리 49	476	144	계획관리	유지	16,000	7,616,000	11,900,000	82,645
33,366 ㎡		10,093평			1,178,857,180원		5,597,926,000원	

본 사례와 같이 덩치가 큰 일괄경매의 경우, 자금 여유가 없는 개인이 입찰로 참여하기는 어렵다. 또한 절차에서도 고가낙찰을 장담하기 어려운 상황이었다. 경매절차가 진행되는 동안 예상했던 유치권자로부터 25억 원의 유치권신고서가 접수되기도 했다.

개인정보보호법 등으로 인해, 이후 진행된 당사의 유치권부존재 소송의 승소 과정을 자세히 설명하기는 어렵다. NPL 실전투자반 강의 시간에 상세하게 설명하기로 하고, 본 장에서는 일괄경매를 개별경매로 변경한 내용을 중심으로 기술하고자 한다.

★매각물건명세서(강원도 횡성군)

춘천지방법원 원주지원 매각물건 명세서						
사건	2017타경 5017	매각물건번호	1	작성일자	2019.09.10	담임법관 (사법보좌관)	최문기
부동산 및 감정평가액 최저매각가격의 표시	별지기재부동산과 같음		최선순위 설정	2016.7.14. 근저당권	배당요구 종기	2019.08.27

부동산의 점유자와 점유의 권원, 점유할 수 있는 기간, 차임 또는 보증금에 관한 관계인의 진술 및 임차인이 있는 경우 배당요구 여부와 그 일자, 전입신고일자 또는 사업자등록신청일자와 확정일자의 유무와 그 일자

점유자 성명	점유 부분	정보출처 구분	점유의 권원	임대차기간 (점유기간)	보증금	차임	전입 신고 일자	확정 일자	배당요구여부 (배당요구일자)

조사된 임차내역 없음.

〈비고〉

※ 최선순위 설정일자보다 대항요건을 먼저 갖춘 주택 · 상가건물 임차인의 임차보증금은 매수인에게 인수되는 경우가 발생할 수 있고, 대항력과 우선 변제권이 있는 주택 · 상가건물 임차인이 배당요구를 하였으나 보증금 전액에 관하여 배당을 받지 아니한 경우에는 배당받지 못한 잔액이 매수인에게 인수되게 됨을 주의하시기 바랍니다.

※ 등기된 부동산에 관한 권리 또는 가처분으로서 매각으로 그 효력이 소멸되지 아니하는 것

해당사항 없음.

※ 매각에 따라 설정된 것으로 보는 지상권의 개요

본 건 지상에 소재하는 분묘를 위한 분묘기지권 성립 여지 있음.

※ 비고란

1. 이동 용이한 철제 컨테이너 3동 소재(매각 제외)
2. 이 사건 전체토지에 대하여 정경신으로부터 금 2,500,000,000원의 공사채권에 관한 2017.5.19.자 유치권 신고 있으나. 수원지방법원 성남지원 2018가합 1388호 유치권부존재확인소송에서 2018.09.14. 원고 승 판결이 선고됨.
3. 일부 지상에 분묘 1기가 소재하는 것으로 조사되었으나, 인접토지와 경계가 불분명하여 인접 토지에 소재하는 분묘 일부가 본 건 토지에 침범할 여지가 있는 것으로 조사됨.

본 NPL의 경매절차 및 관리내용을 순차적으로 살펴보자.

2016.07.14. OK신협 대출(원금: 3,500,000,000원, 채권최고액: 4,550,000,000원)

2016.11.14. 채무자 조욱 이자 연체 시작

2017.03.17. 부동산 임의경매개시결정(일괄경매, 10,093평 사건번호 1개)

2017.05.08. 집행관 현황조사보고서 제출

2017.05.17. OK신협 열람 및 복사 신청

2017.05.19. 유치권자 정경신 유치권 신고서 제출

2017.05.31. 당사 OK신협 NPL 매입

2017.07.14. 소유자 채순실 재평가요청서 제출

2017.11.03. 승계인 강남에듀평생교육원 매각절차정지신청서 제출

2018.02.20. 승계인 강남에듀평생교육원 유치권부존재 소 제기

2018.04.11. 승계인 강남에듀평생교육원 분할매각신청서 제출

2018.09.04. 승계인 강남에듀평생교육원 매각기일연기신청서 제출

2018.09.14. 승계인 강남에듀평생교육원 유치권부존재 소송 승소

2018.09.20. 승계인 강남에듀평생교육원 속행신청서 제출

2018.10.29. 일부필지 개별 물건번호 매각

2018.10.30. 유치권자 정경신 유치권부존재 소송 패소에 따른 제소

2018.11.28. 최고가매수신고인 매각대금완납증명

2018.12.03. 일부토지 매각

2018.12.04. 승계인 강남에듀평생교육원 일부취하, 이시배당신청서 제출

2019.12.28. 당사 1차 매각 일부필지 배당금 수령(배당기일), 이시배당

2019.03.15. 당사 2차 매각 일부필지 배당금 수령(배당기일)

2019.06.31. 유치권자 정경신 유치권부존재 소송 2심 패소(당사 일부 승)

사건 진행내역에서 보듯이 49필지를 일괄매각에서 개별매각으로 변경함으로써, 전국의 개인 입찰 참가자들에게 다양한 필지에 입찰할 기회를 제공했으며 전원주택지로서 고가낙찰로 이어지는 결과를 얻었다. 또한 2,500,000원의 유치권부존재 소송에서 승소했으며 2번의 이시배당(동시배당의 반대개념), 일부 경매물건 취하 등 새로운 경험을 할 수 있었다. NPL 매입과 관리(일괄경매로 전환, 유치권소송)를 통해 높은 수익률을 달성한 사례였다.

필자는 이후 NPL 강의에서 유치권, 일괄매각 등을 처리하는 방법을 실전사례를 통해 전하고 있다. 향후 NPL 투자 및 경매 진행절차에서 유사한 사건이 발생할 수 있으므로, 필자와 담당 변호사가 작성한 분할매각신청서를 일부 편집해 뒤에 실었다. 개별매각 전환 기법이 독자들의 수익률 극대화에 도움이 되기를 기대한다.

분할매각 신청서

사　　건　2017타경5017　　부동산 임의경매
채 권 자　OK신협
소 유 자　채순실1
채 무 자　조욱
승 계 인　강남에듀평생교육원

위 사건에 관하여 채권자의 승계인은 다음과 같은 사유로 이 사건 부동산들을 분할매
각하여 주시기를 신청합니다.

다 음

1. 신청인의 지위

신청인은 이 사건 부동산들에 대한 담보권 실행을 위해 경매를 신청한 채권자 OK신협
의 승계인으로서 본 경매사건의 이해관계인입니다(첨부서류 1. 등기사항전부증명서).
채권자 OK신협은 2016. 7. 14. 이 사건 부동산들에 관한 춘천지방법원 접수 제79588
호 공동근저당권설정 등기를 경료하였고, 채권자 OK신협이 이 사건 부동산들에 대한
위 공동근저당권 실행을 위한 경매를 신청함에 따라 춘천지방법원은 2017. 3. 15. 이
사건 임의경매개시결정을 하였습니다.
신청인은 이 사건 임의경매개시결정이 이루어진 후인 2017. 5. 31. 채권자 OK신협으
로부터 위 공동근저당권의 피담보채권 및 공동근저당권을 양수하고, 같은 날 춘천지방
법원 2017. 5. 31. 접수 제56643호로 위 공동근저당권이전등기를 경료하였습니다.

2. 분할매각신청에 관하여

가. 기존 채권자 OK신협의 일괄매각 신청
신청인은, 기존 채권자 OK신협이 이 사건 경매를 진행하면서 이 사건 부동산들에 대한
일괄매각을 신청한 것으로 알고 있습니다.
그러나 이하에서 말씀드리는 바와 같이 단순히 채권자의 신청이 있었다는 사유만으로
는 이 사건 부동산들에 대한 일괄매각의 요건을 충족하지 못한 것으로 사료되오니, 이

를 참작하시어 이 사건 부동산들에 대한 분할매각 결정을 하여 주시기를 요망합니다.

나. 관련법령

> 민사집행법
>
> 제98조(일괄매각결정) ①법원은 여러 개의 부동산의 위치·형태·이용관계 등을 고려하여 이를 일괄매수하게 하는 것이 알맞다고 인정하는 경우에는 직권으로 또는 이해관계인의 신청에 따라 일괄매각하도록 결정할 수 있다.

민사집행법 제98조 제1항은 부동산 경매 절차에서 '분할매각 내지 일괄매각'방법 선택에 관한 법원의 재량적 판단 권한을 인정하고 있고, 제268조는 담보권 실행을 위한 경매절차에서 제98조를 준용하고 있습니다. 그러나 대법원은 위 민사집행법 제98조, 제268조에 따른 법원의 분할매각 내지 일괄매각에 관한 재량권 행사에 일정한 한계를 설정하고 있습니다.

다. 관련 법리
1) 민사집행법 제98조의 취지 및 일괄매각의 제한
민사소송법 제615조의2에서 일괄경매의 요건으로 수개의 부동산의 상호간 이용관계에 있어서 견련성을 요구하고 있는 것은 일괄경매 여부를 전적으로 집행법원의 재량에 맡기게 되면 당사자나 사회적 관점에서 일괄경매가 불필요한 경우에도 경매절차의 간이화를 위하여 안이하게 일괄경매의 방법이 채택될 우려가 있고, 불필요하게 일괄경매를 하게 되면 최저경매가격이 지나치게 높아지게 되어 오히려 매수희망자를 감소시키는 결과가 될 수 있기 때문이라고 할 것입니다.
집행법원은 그 재량에 의하여 수개의 항공기를 일괄하여 동일인에게 매수시키는 것이 상당하다고 인정하는 것만으로는 민사소송법 제615조의2를 적용하여 수개의 항공기에 대한 일괄경매를 할 수는 없고, 그러한 수개의 항공기 상호간의 이용관계에 있어서 견련성이 있어야 하는 것이며, 항공기 상호간의 이용관계에 있어서 견련성은 집행법원이 일괄경매의 상당성을 판단하는 경우에 있어서 요건의 예시가 아니고, 일괄경매의 상당성을 판단하는 유일한 기준이 되는 것입니다. 따라서 상호간의 이용관계에서 견련성이 없는 수개의 항공기의 경우에는 가사 일괄경매를 함으로써 보다 높은 가액으로 또는 보다 신속하게 매각할 수 있을 가능성이 있다고 하더라도 그것만으로는 일괄하여 경매하는 것은 허용되지 아니하고, 이러한 법리는 일괄경매에 갈음하는 일괄입찰에서도 마찬가지라 할 것입니다.

2) 일괄매각을 하여야 하는 경우
경매목적부동산이 2개 이상 있는 경우에 그것이 동일한 담보제공자에 귀속되는 한에 있어서는 분할경매로 할 것인지 또는 일괄경매로 할 것인지는 집행법원의 재량에 의하여 결정할 성질의 것이라고 할 것이지만, 그와 같은 집행법원의 자유재량에 제한이 없는 것은 아닙니다.

토지와 그 지상건물이 동시에 매각되거나 토지와 건물이 하나의 기업시설을 구성하고 있는 경우 및 2필지 이상의 토지를 매각함에 있어서 분할매각에 의하여 일부 토지만 매각되면 나머지 토지가 맹지가 되어 값이 현저히 하락하게 될 경우와 같이 분할경매를 하는 것보다 일괄경매를 하는 것이 현저히 고가로 매각할 수 있다고 인정되는 경우 등 여러 개의 부동산의 위치, 형태, 이용관계 등을 고려하여 이를 일괄매수하게 하는 것이 알맞다고 인정되는 경우에는, 집행법원으로서는 일괄경매가 부당하다거나 일괄경매를 할 수 없다고 볼 사유가 없는 한 일괄경매의 방법에 의하여 경매절차를 진행하는 것이 타당할 것입니다. 그런데 이것을 개별 부동산별로 분할경매하는 것은 재량권의 범위를 넘는 행위라고 할 수 있습니다.

라. 이 사건 경매절차에서 분할매각의 필요성

앞서 살핀 관련법령 및 관련 법리에 의하면, 집행법원은 ① 토지와 그 지상건물을 동시에 매각하는 경우 ② 토지와 건물이 하나의 기업시설을 구성하고 있는 경우 ③ 토지의 분할매각으로 맹지가 발생하는 경우 등 일괄경매를 통해 현저히 고가로 매각할 수 있는 사정이 있을 때에는 일괄매각을 하여야 하는 반면, '매각부동산 상호간의 이용관계에 견련성이 없는 경우' 일괄매각을 할 수 없고 분할매각을 하여야 합니다.

1) 이 사건 부동산들은 일괄매각할 이유가 없음
이 사건 부동산들은 강원도 횡성군 둔내면 자포곡리 1 외 49필지로서 위 필지들의 지상에는 이동 가능한 컨테이너 1개 외에 별도의 건물이 존재하지 않고, 위 필지들이 사회·경제적으로 단일한 목적에 제공되고 있지도 아니합니다.
또한, 이 사건 경매절차에서 작성된 주식회사 감정평가법인의 감정평가서에 첨부된 이 사건 부동산들의 사진, 지적 및 건물 개황도에 의하면, 이 사건 부동산들은 개별 필지가 담장 등으로 그 구획이 구별되어 있을 뿐만 아니라 각 필지로 연결되는 도로가 구비되어 있어 분할매각으로 인하여 맹지가 발생할 염려 또한 전혀 없습니다(감정평가서 중 지적 및 건물개황도 참조).

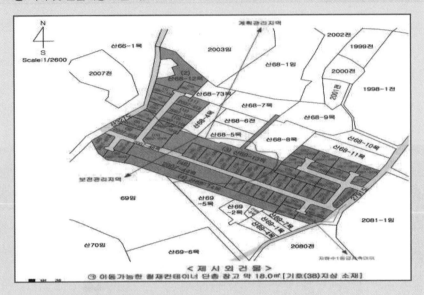

2) 이 사건 부동산들 사이에는 이용관계에 견련성이 전혀 없습니다.

이 사건 부동산들이 모두 계획관리지역 내지 보전관리지역으로 지정되어 있으나 이는 일정 축산물 사육, 생태환경 보전에 대한 제한에 불과하고, 이 부동산들을 단일한 개발사업에 제공하기 위한 것이 아닙니다.

오히려 이 사건 부동산들은 개별 필지 별로 주택 신축 및 분양 사업 추진을 하기 위해 분필 절차 및 구획 구별 공사를 마친 곳으로서 이 사건 부동산들 상호간 이용관계의 견련성이 전혀 인정되지 않습니다.

3) 이 사건 경매절차에서 분할매각의 효율성

일괄매각은 분할매각으로 인하여 발생할 수 있는 사회적 낭비를 방지하고, 집행절차에서의 경제적 효용성을 높임으로써 강제집행에 따른 채권자와 채무자의 불이익 최소화를 목적으로 합니다.

이 사건 부동산들은 보전관리지역, 경관보전지구에 위치하고 있어 대규모 개발사업 진행이 불가능하고, 이 사건 부동산들에 대한 일괄매수 희망자가 나타날 것을 기대하기 어렵습니다. 오히려 49필지에 달하는 이 사건 부동산에 대하여 법원이 일괄매각 결정을 하게 되면 최저매각가격이 지나치게 높아지게 되어 매수희망자를 감소시키는 결과를 초래하게 될 것이 명백합니다.

일괄매각의 필요성이 전혀 없는 이 사건 부동산들에 대한 분할매각을 통하여 매수 희망자의 입찰가능성을 높이고, 이 사건 부동산들에 대한 유찰을 방지하는 것이 이 사건 경매의 절차적 · 경제적 효용성을 제고할 수 있는 방법이라고 사료됩니다.

4) 일괄매각에 의할 경우의 문제점

이 사건 경매절차에서 작성된 감정평가서 역시 이 사건 부동산들의 분할매각을 전제로 개별 필지별 감정평가액을 산정하였을 뿐, 일괄매각에 따른 가격상승 요인은 전혀 고려하지 않았습니다. 그럼에도 불구하고 이 사건 부동산들의 최저매각가격은 위 개별 필지별 감정평가액의 합산액 기준으로 산정되었을 뿐이어서 이 사건 경매절차가 일괄매각의 방법으로 진행될 경우 향후 최저매각가격의 적법성 또한 문제될 것으로 사료됩니다.

또한 매수희망자들은 49개 필지에 대한 관련 권리관계를 모두 파악하여야 하는 부담을 안게 될 뿐만 아니라, 매각 후 배당절차에 있어서도 불필요한 낭비가 초래될 것이 자명합니다.

마. 이해관계인들의 동의

신청인을 비롯한 이해관계인들은 이 사건 부동산들에 대한 경매절차가 일괄매각의 방법으로 진행될 경우, 분할매각에 의할 때와 비교하여 절차적 · 경제적으로 매우 큰 손실이 발생할 것을 우려하고 있고, 다른 이해관계인들 역시 이 사건 부동산들을 분할매각할 것에 동의하고 있습니다. (첨부서류2. 분할매각동의서)

3. 결어

① 경매목적물인 개별 부동산 49필지의 경계가 확실히 구별되고, 개별 필지별로 전기 · 수도 · 도로 등 기반시설이 마련되어 있다는 점,

② 이 사건 부동산들이 사회, 경제적 이용관계에 견련성이 전혀 없다는 점,

③ 이 사건 부동산들이 대규모 개발사업의 진행을 기대할 수 없는 보전지역 내에 위치하고 있다는 점

이상과 같은 내용을 고려할 때 이 사건 부동산들은 민사집행법 제98조 일괄매각의 요건을 충족하지 못하고 있습니다. 또한

① 일괄매각으로 경매절차가 진행될 경우 분할매각에 의할 때와 비교하여 경제적으로 매우 큰 손실이 발생하고, 이는 이 사건 부동산들의 소유자, 채무자, 채권자를 비롯한 이해관계인 모두에게 불이익하다는 점,

② 민사집행법이 분할매각을 원칙적인 방법으로 하되 분할매각으로 인한 사회, 경제적 손실을 방지하기 위한 예외적인 경우에 한하여 일괄매각을 허용하고 있는 점

위와 같은 점을 고려하시어 이 사건 부동산들에 대한 경매를 분할매각의 방법으로 진행하는 결정을 해주시길 부탁드립니다.

첨부서류
1. 등기사항전부증명서
2. 분할매각 동의서

위 승계인 강남에듀평생교육원

2018. 3. .

춘천지방법원 경매2계 귀중

2018년 4월 30일 이전 대출채권의
대위변제로 수익률 극대화하기

그동안 배당투자 기법을 활용하던 NPL 개인 투자자들이 심각한 고민에 휩싸였다. 연체가산율을 3%로 제한하는 '고시' 때문이다.

반면 경매입찰을 통한 유입투자 기법을 이용하는 투자자라면 큰 영향이 없을 것이다. 과거와 같이 '입찰이행계약' 또는 '사후정산 입찰참가이행 및 채권일부 양수도 계약'을 통해 투자하면 되고, 오히려 유동화회사의 NPL 매입가격 하락에 따른 투자자의 저가매입으로 호재를 누릴 수도 있으니까 말이다.

그래서 여기서는 배당투자기법을 활용하던 투자자 중심으로 설명하려고 한다.

[2018년 4월 30일 금융위원회 고시 개정]
연체이율 = 대출이율 + 연체가산율 3%

금융위원회는 취약 차주를 보호한다는 명분으로 2018.04.30. 이후 금융기관의 연체가산율을 3%로 제한한다고 고시했다. 이에 따라 2018.04.30. 이후 금융기관의 대출에

서, 채무자와 약정한 여신거래약정서에 법정 최고지연배상금율은 연 24% 이내에서 연체가산율 3%(최초 대출이율+연체가산율 3%)를 적용한다. 아울러 대부업법 시행령 개정으로, 대부업체도 2019.06.25.부터 연체가산율을 3%로 제한한다.

참고로 2018.04.30. 이전 대출채권은 금융기관별로 연체가산율 적용에 차이가 있었다. 제1금융권은 17%~21%(기업은행은 12%이므로 매입채권에 신중한 접근이 필요), 신용협동조합 및 새마을금고는 22%, 상호저축은행은 24%의 연체 최고금리로 대부분의 여신거래약정서를 작성했다.

금융위원회의 고시에 따라 연체이자율이 3%로 제한된다는 것은 대위변제 투자의 수익률에 직접적인 영향을 미치므로, 아래와 같은 내용을 확인하고 채권을 매입해야 한다.

① 경매 신청권자가 경매 신청 시, 연체이자율은 최고 몇 %를 적용했는가?
② 경매법원의 배당금 산정 시 기준이 되는 경매개시결정문에는 연체이자율을 몇 %로 결정했는가?
③ 최초 대출약정 당시의 여신거래약정서에는 연체이자율이 몇 %까지 가능한가?
④ 2018.04.30. 이후에 기존 대출의 연장을 위하여 계약을 갱신했는가?

금융위원회 고시를 통해 일률적으로 연체이자율을 3%로 낮추라고 하는 것은 자유시장 경제를 표방하는 국가에서 금융회사의 자율성을 과도하게 침해할 우려가 있다는 목소리가 나오고 있다. 법률에 근거한 '계약 자유의 원칙'에 따라 당사자 간에 약정을 체결한 점, '소급입법의 금지'에 따라 '고시' 이전 대출채권에 대하여 재산권 행사를 침해한다는 점 등의 법률 위반 가능성이 제기되어 금융위원회에서도 정확한 답변을 피하는 것 같다. 아마 대법원 판례가 나오는 그날까지 혼돈의 시간이 계속될 것으로 보인다.

하지만 상식적인 선에서 판단을 해보건대, 2018.4.30. 이전 채권에 대해서 개정된 연체가산율을 적용하는 것은 무리라고 봐야 한다. 다만 2018.4.30. 이후 신규 대부계약을 체결 또는 갱신하거나 연장하는 부분부터 새로운 연체이자율을 적용하는 것이 타당하리라고 본다.

여기서 개인 투자자와 개인 대위변제 투자자들을 위한 출구전략 몇 가지를 소개한다.

① 2018.04.30. 이전 채권 매입에 주력할 것.
② 후순위 근저당권 채권 매입에도 적극 참여할 것.
③ 금융기관 채권의 할인 매입이 가능한 대부업체를 설립할 것.
④ 금융감독원에 등록한 대부업체와 연대하여 투자할 것.

아시다시피 필자는 대부업체를 운영하고 있다. 연체가산율 3% 제한에 따라 기존보다 재미가 적어진 것은 사실이지만, 매입가격을 낮추어 진행하고 있기에 수익률에 대한 것은 예전과 큰 차이가 없다. 이전에는 양질의 NPL이라면 원금, 연체이자 등 100% 금액에 매입하는 경우도 심심찮았지만, 현재는 연체이자 할인은 기본이고 원금도 할인하여 매입을 진행하고 있다. NPL 투자시장도 환경에 맞게 진화하고 있는 것이다.

독자들의 이해를 돕기 위해 필자가 최근에 매입한 **신협의 대출거래약정서를 기본으로 도표를 작성해보았다. 2013년 10월 30일 최초 대출이 이루어졌다는 점을 눈여겨봐야 한다.

원금: 80,000,000원 / 대출 개시일: 2013.10.30. / 대출이자: 연 5.761%(변동금리)				
금융기관	연체기간별 연체이자율			연체이자율 상환
**신협	1개월 이하	3개월 이하	3개월 초과	22% (최고지연이자)
	11.761%(정상 5.761%+ 연체가산율 6%)	15.761%(정상 5.761%+ 연체가산율 10%)	17.761%(정상 5.761%+ 연체가산율 12%)	

최초 대출은 **신협의 이자율 변동 상품으로 정상이자율이 5.761%였다. 연체 발생 시, 1개월 이하이면 원금 8천만 원에 대한 연체이자율은 11.761%(정상 5.761%+가산 6%), 30일 초과 90일 이내이면 15.761%(정상 5.761%+가산 10%), 90일 초과 시에는 변제기일까지 17.761%(정상 5.761+가산 12%)를 차등 적용했다.

하지만 2018년 기간별 차등 연체이자율 대신, 연체가산율 3%를 일률적으로 적용한다고 고시함에 따라, 은행들은 자의반 타의반으로 정책에 따르고 있는 것으로 보인다. 만약 이 대출채권을 경매로 진행한다면 연체이율을 22%로 신청할 수 있을 것이다. 이렇게 경매 신청하는 금융기관의 결정에 따라 차별적으로 진행되고 있다.

> ◆ 청구채권의 표시: 금 80,000,000원
> 위 금원 중 원금 80,000,000원에 대하여 2019년 11월 26일부터 완제일까지 연22%의 비율에 의한 금원
> ◆ 경매할 부동산의 표시: 별지목록기재와 같음.
> ◆ 신청취지
> '채권자가 채무자들에 대하여 가지는 위 채권의 변제에 충당하기 위하여 별지목록기재 부동산에 대하여 임의경매개시 결정을 한다'라는 재판을 구합니다.

그런데 이 대출이 2018년 4월 30일 이후에 이루어졌다면 어떻게 될까?

원금: 80,000,000원 / 대출 개시일: 2018.05.08. / 대출이자: 연 6.305%(변동금리)				
금융기관	연체기간별 연체이자율			연체이자율 상환
	1개월 이하	3개월 이하	3개월 초과	24%
**신협	9.305%(정상 6.305%+ 연체가산율 3%)	9.305%(정상 6.305%+ 연체가산율 3%)	9.305%(정상 6.305%+ 연체가산율 3%)	(최고지연이자)

2018.05.08. 최초 대출 당시, 이자율 변동 대출상품으로 정상이자율은 6.305%다. 연체이자율은 연체기간과 상관없이 일률적으로 9.305%(정상 6.305%+가산율 3%)가 적용된다. 2018년 4월 30일 이전이라면 17.761%의 수익이 발생했을 텐데, 그 이후라서 9.305%로 축소되었다는 의미다.

개인이 NPL 대위변제 기법으로 투자할 때는 2018.04.30. 이전의 대출채권에 주력해야 한다. 그 이후의 대출채권이라면 연체가산율 제한에 따라 투자수익률의 감소가 예상되므로 신중하게 접근해야 한다. 특히 후순위 채권자(대부업체 또는 캐피탈의 근저당권)들이 설정되어 있다면, 배당이의 소송을 제기할 수도 있으므로 피하는 것이 상책이다.

향후 글로벌 경기 하락과 국내경제 침체로 기업의 도산, 근로자의 실직 등이 이어지고, 금융기관의 부실채권은 계속 증가할 것이라 예측된다. 대부업법 개정으로 그동안 과열되었던 NPL 시장도 냉각기에 접어들고 참여자가 급감할 것이다. 결국 수요와 공급의 원칙에 따라 NPL 물건의 매각 가격도 급격히 하락할 것이다. NPL 물건의 가격 하락장이 시작되면 당연히 저가 매수의 기회가 생긴다.

이 책을 읽는 독자 여러분께 당부하건대 절대 실망하거나 포기할 필요가 없다. 그동안 누리던 수익률이 축소되었을 뿐이지 손실이 발생하는 것이 아니기 때문이다. 열심히 공부하고 기다리다 보면, 시장이 회복되든 정책이 바뀌든 분명 기회가 찾아오게 되어 있다.

후순위 근저당권 매입으로
수익률 극대화하기

연체가산율 3% 제한은 NPL 투자에 있어 위협적인 상황임에 틀림이 없다. 대부업체의 경우라면, NPL 투자시장의 침체로 근저당권부 채권 종류에 관계없이 할인 매입이 가능하므로 수익 달성에는 문제가 없다. 하지만 대위변제 기법 위주로 했던 개인 투자자들이라면 투자 마인드가 상당히 위축될 것이다.

개인 투자자라면 그동안 안정적이라는 이유로 선호했던 1순위 근저당권부 채권에 대한 관심을 2순위, 3순위 채권으로 전환할 필요가 있다. 그래도 1순위 근저당권 대위변제를 고집하겠다는 분은 채무자로부터 '연체이자율에 대한 최초의 약정서를 적용한다'는 동의서를 미리 받아두는 것이 좋다.

1순위 근저당권을 갖고 있는 대부분의 금융기관들은 채무자의 연체 발생 시, 2018.04.30. 이후부터는 금융위원회가 '고시'한 연체가산율 3% 원칙을 준수할 것이다. 시중은행이 금융위원회에 반기를 들기는 어렵지 않겠는가.

★법원경매서류(춘천시 온의동)

강남부동산(주)		춘천지방법원, 매각기일: 미정, 경매2계(033-259-9705)						
소재지		강원도 춘천시 방송길 70, 105동 38층 3808호(온의동, 롯데캐슬스카이클래스)						
물건종별	아파트(50평형)	감정가	536,700,000원	구분	입찰기일		최저매각가격	결과
대지권	125.7㎡(38평)	최저가						
건물면적	40.3㎡(12.2평)	보증금						
매각물건	토지건물일괄매각	소유자	조욱		(주소 및 일부 내용 변경함)			
개시결정	2019-11-01	채무자	조욱	낙찰:				
사건명	임의 경매	채권자	강남부동산(주)	배당 종결				

임차인	점유부분	전입/확정/배당	보증금/차임	대항력	비 고
최**		2019.10.04			
황**		2019.10.04			

구분	접수	권리종류	권리자	채권금액	내 용
1(갑3)	2016-02-15	소유권	조욱	매매	소유권 이전
2(을3)	2016-02-15	근저당	국민은행	322,800,000	
3(을4)	2016-10-14	근저당	OK캐피탈	104,400,000	
4(갑32)	2018-08-01	근저당	정경신	300,000,000	
5(갑4)	2018-09-04	가압류	채순실	300,000,000	2019 카단 3178
6(갑5)	2019-06-25	가압류	신한캐피탈	33,492,045	2019 카단 1388
7(갑6)	2019-07-29	가압류	신한캐피탈	31,750,833	2019 카단 10534
8(갑7)	2019-08-05	가압류	국민카드	9,343,394	2019 카단 588
9(갑8)	2019-11-04	임의경매	OK캐피탈	81,496,540	
10(갑9)	2019-11-19	가압류	대우카드	43,028,507	
(갑10)	2019-11-28	임의경매	국민은행		
을4-1	2019-12-31	근저당권 이전	강남에듀평생교육원	확정채권 양도	OK캐피탈에서 이전

필자의 견해로는 2018년 4월 30일 이전이든 이후이든 연체이율 18%~22%를 적용하기는 어려우며, 금융위원회의 고시(대출금리 5%+연체가산이율 3%)에 따라 8%~12% 정도를 적용할 것으로 예상된다.

그렇다면 이는 경매 현장에서 어떤 의미를 가질까? 1순위 근저당권으로는 배당기일에 채권최고액까지 채권금액이 충족되지 못하여, 2순위 또는 3순위까지 배당금이 지급될 확률이 매우 높아졌다는 것이다.

필자가 최근에 공개입찰 시장에서 POOL 매입했던 채권 중에 2순위 근저당권부 채권이 있다. 사례를 통해 후순위 근저당권 투자에 대해 자세히 알아보자.

OK캐피탈의 104,400,000원 2순위 근저당권부 채권(춘천시 온의동)을 2019.12.31. 강남에듀평생교육원이 확정채권양도, 론세일 방식으로 할인하여 매입했다. 당시 여러 종류의 근저당권부 채권이 POOL 공개매각 방식으로 나왔는데, 여러 업체가 입찰했으나 필자가 낙찰 받아 매입 관리하고 있는 채권이다.

해당 물건을 입찰할 때의 상황을 살펴보면 1순위 국민은행의 322,800,000원 채권최고액이 설정되어 있었고, 여러 건의 근저당과 가압류가 등기사항증명서에 등재되어 있었다. 해당 목적물의 매매가격은 580,000,000원, 1·2순위 근저당권을 합하면 427,200,000원이므로 안정적인 채권이라 평가되었다.

2순위 채권이기에 당연히 연체이자를 할인하여 매입했고, 매입금액의 90%를 근저당권부 질권대출을 받아 매입 잔금을 완납했다.

매입잔금 납부 후 민법 481조(변제자의 법정대위변제), '변제할 정당한 이익이 있는 자는 변제로 당연히 채권자를 대위한다'는 규정에 따라 1순위 국민은행을 법정대위하기 위해 공문접수 및 담당자와의 전화통화를 진행했다.

채권의 개요를 정리하자면 채권최고액이 104,400,000원, 원금은 78,300,000원, 가지급금은 4,195,426원, 연체이자는 4,721,240원으로 합계 87,216,666원 (2019.11.30. 기준)이다. 채권최고액과의 차액이 21,378,760원(가지급금 별도) 발생하므로 NPL 갭투자가 가능한 상황이었다.

담당자 말로는 '국민은행'에서 연합자산관리 'US제10차유동화전문유한회사'로 근저당권이 양도되었고, 유동화법률의 특례규정에 따라 근저당권 이전등기는 안 했다고 한다. 법정대위변제 일정이 특정되면 채권금액을 다시 통보받기로 했다.

하지만, 당사의 법정 대위변제 계획에 브레이크가 걸렸다.

1순위 국민은행 근저당권의 원금이 269,000,000원, 연체이율이 5.98%였던 것이다. 국민은행 대출채권에 대한 1개월 연체이자가 1,340,000원, 1년이면 16,080,000원이다. 즉 2020.01.13. 채권행사권리금액은 278,952,390원(원금 269,000,000원+가지급금 1,288,710원+연체이자 8,663,680원)으로 예상된다.

아직도 채권최고액 322,800,000원에 45,136,320원이 부족한 상황이다.

매입 당시 근저당권부 질권대출 251,000,000원에 대한 질권대출 이율 4.5%를 기준으로 계산하면 1개월 질권 이자가 941,000원이다. 즉 매월 순수익은 399,000원(1,340,000원-941,000원), 1년 순수익은 4,788,000원이다.

실투자금을 약 40,800,000원으로 계산하면, 투자대비 수익률은 연 8% 수준밖에 되지 않는다.

법정대위변제를 할까 말까? 고민이 아닐 수 없었다.

투자수익률이 8%라면 다른 NPL 물건에 투자하는 것이 더 효율적이기 때문이다. 1순위 금융기관의 연체가산율을 3%로 제한하는 것이 1순위 근저당권 매입자에게는 분명 불리하지만, 이를 다시 생각해보면 2순위·3순위 근저당권에 투자할 기회가 생기는 것이기도 하다. 후순위 근저당권을 대폭 할인해 매입한다면 수익률이 확대될 것이다.

개인 NPL 투자자라면 3순위 근저당권(3억)을 가진 정경신에게 NPL(부실채권)을 할인 매입함으로써 수익률을 극대화할 수 있는 물건이다. 개인 근저당권을 개인이 매입 하는 것까지 법으로 금지하지는 않기 때문이다. 개인근저당권 또는 법인 근저당권의 매입은 NPL 투자 시장의 새로운 틈새시장이자 블루오션이다.

05

후순위 개인 근저당권 할인 매입으로
수익률 극대화하기

흔히 근저당권이라고 하면 금융기관을 떠올린다. 하지만 개인의 근저당권 또는 법인 근저당권도 존재한다. 개인 근저당권은 대부분 후순위 채권이 많지만 잘 찾아보면 1순위나 2순위 근저당권도 있다. 개인 채권도 개인의 사정에 따라 양도하는 경우가 얼마든지 있을 수 있다. 그렇다면 개인 근저당권을 매입하려면 무엇부터 해야 할까?

일단 팔 사람의 의사를 타진해야 한다. 이때 직접 맞부딪칠 수도 있고 그럴 용기가 없다면 간접적인 방법을 쓸 수도 있다. 간접적 방법이란 우편이나 소포 발송 등을 의미한다. 해당 목적부동산의 등기사항증명서에 개인의 주소지가 기재되어 있으니 주소를 알아내는 것은 쉬운 일이다.

그런데 상상해보자. 개인 근저당권자가 '귀하의 근저당권 매입을 원하니 이 번호로 연락해주기 바란다'라는 우편물을 받았다면 어떻게 할까? 구겨서 쓰레기통으로 던질 게 뻔하다.

가장 좋은 방법은 직접 방문해 채권 매입 협상을 하는 것이다. 필자의 경험으로 보아 직접 부딪치는 것보다 좋은 방법은 없다.

개인 근저당권 역시 유료사이트에서 경매개시결정등기로 물건을 검색하면 된다. 법원서류 열람에 필요한 위임장도 받고, 법원 경매서류도 열람하여 집행관의 현황조사서, 감정평가서, 선순위 채권, 조세채권, 임금채권, 건강보험 등 4대보험 채권신고내역, 임차인의 신고내역, 기타 자료를 검색하는 것이 기본으로 해야 할 일이다.

주민센터에서 전입세대 열람하는 것도 필수 코스다. 경매기입등기를 기준으로 임차인이 전입되어 있다면, 소액임차인의 최우선변제금도 공제하고, 선순위 채권도 공제하고, 경매낙찰 예상가격을 기준으로 예상배당표를 작성해야만 비로소 정확한 매입가격을 산정할 수 있다.

물론 배당요구 종기가 지나지 않아 불확실성이 있다면, 선순위 채권에서 발생할 금액만큼 매입금액에서 공제하고 잔금을 지급한다는 특약을 넣을 수도 있다. 수익률 달성을 위한 레버리지효과를 잊으면 수익률이 낮아진다는 점을 명심해야 한다.

자, 여기까지 준비가 되었다면 근저당권부 질권은행에서 대출가능금액과 질권이자 등을 협상해야 한다. 여기서 중요한 포인트 하나! 금융기관의 채권과는 달리 개인근저당권이나 채권 매입에 있어서 가장 중요한 것이 '채권의 진정성'이다.

원금 100,000,000원, 채권최고액 130,000,000원의 개인 채권이 있다고 가정해보자. 1억 원의 진성성을 확인해야 사기 피해를 방지할 수 있다. 채무자가 중간에 20,000,000원을 변제했다면, 배당기일에 채무자의 배당이의소송 제기로 낭패를 볼 수 있기 때문이다.

개인채권의 진정성을 확인할 방법으로는 채무자로부터 직접 '채무확인서'를 받고, 채권자가 채무자에게 자금을 이체해준 통장사본도 확인할 필요가 있다. 이러한 자료는 근저당권부 질권대출을 받을 때 근저당권부 질권대출 은행이 요구하기도 한다.

채권자에게는 차용증서 또는 근저당권 설정계약서, 근저당권 등기필증, 여신거래약정서 등 대출 시 필요한 원인 서류를 확인해야 한다. 이들 서류 역시 질권 은행이 요구하는 것이다.

만약 해당 목적부동산에 임차인이 있다면 해야 할 일이 늘어난다.

즉 '임대차계약서 또는 임대차보증확인서'를 받은 후, 현재 거주하고 있는 임차인을 만나 '신분증 확인 및 복사'와 임차보증금이 맞다는 '사실확인서'에 자필 서명을 받아야 배당기일에 곤란함을 피할 수 있다.

개인근저당권 또는 법인 근저당권 채권이 좋은 이유는 대출금리가 높고, 연체가산율 제한을 피할 수 있으며, 연체이자율을 법정최고이율인 24%까지 받을 수 있기 때문이다. 이제는 금융기관 채권에서 주의를 돌려, 개인 근저당권부 채권에도 관심을 가질 필요가 있다. 때때로 고수익을 달성할 수 있는 보석들이 있기 때문이다.

★법원경매서류(서울 광진구)

2016타경 3388			서울동부지방법원, 매각기일:2016-10.16, 경매2계(02-2204-2406)				
소재지	서울특별시 광진구 광장동 372-1 1동 제3층 제303호				(주소 및 일부 사실내용은 변경함)		
물건종별	다세대(빌라)	감정가	560,000,000원	구분	입찰기일	최저매각가격	결과
대지권	115.16㎡(34.8평)	최저가	448,000,000원	1차	2016-09-05	560,000,000언	유찰
건물면적	136.5㎡(41.3평)	보증금	44,800,000원	2차	2016-10-16	448,000,000원	낙찰
매각물건	토지건물일괄매각	소유자	조욱	낙찰: 549,999,999원(98.2%),12명,문석열			
개시결정	2016-04-29	채무자	조욱				
사건명	임의 경매	채권자	강남에듀평생교육원	배당 종결 2016.12.16			

임차인	점유부분	전입/확정/배당	보증금/차임	대항력	비 고
		조사된 임차내역 없음			

구분	접수	권리종류	권리자	채권금액	내 용
1(갑2)	2001.10.04	소유권이전(매매)	조욱		
2(을3)	2006.12.27	근저당	OK신협	327,600,000원	
3(을4)	2009.04.16	근저당	홍길동	90,000,000원	
4(갑32)	2015.11.05	가압류	근로복지공단	146,078,860원	2015 카단 3176
5(갑34)	2016.03.21	압류	양주시		
6(갑35)	2016.04.11	가압류	손수래	4,860,070원	2016 카단 1368
7(갑36)	2016.04.29	임의경매	OK신협	327,600,000원	2016 카단 3388
8(갑37)	2016.05.11	압류	국민건강보험		
9(갑41)	2016.07.19	압류	성동세무서		
을4-1	2016.06.24	근저당권 이전	강남에듀평생교육원		OK신협에서 이전

지금부터 필자가 경험한 개인 근저당권 투자 사례를 소개해보겠다.

결론부터 얘기하자면, 은행의 1순위 근저당권을 매입한 필자가 2순위 개인 근저당권을 매입한 동작 빠른 투자자에게 한 방 먹인 사례라 하겠다.

OK신협의 327,600,000원 1순위 근저당권을 2016.06.24. 강남에듀평생교육원이 확정채권양도, 론세일 방식으로 매입했다.

344,700,000원(원금 252,000,000원+연체이자 88,000,000원+가지급금 4,700,000원)의 근저당부채권을 연체이자를 대폭 할인해 매입하면서, 같은 날 우선배당동의서를 제출하고 사랑상호저축은행에서 근저당권부 질권을 통해 274,000,000원을 대출받았다. 이때 OK신협의 연체이자율은 22%를 적용하고 있었다.

NPL 매입을 위해 물건분석을 할 당시에 이미 연체이자 등 채권최고액(327,600,000원)을 초과한 채권(344,700,000원)이었으므로, 연체이율은 매입 결정에 큰 영향을 미치지 않았다. 이미 채권최고액을 초과했고, 후순위 채권자들로 인해 잉여금배당도 받지 못하기 때문이다.

본 사례에서 채권최고액과 경매신청채권금액이 똑같은 상황이 벌어진 이유 중 하나는 소유자 겸 채무자 조욱이 자가에서 오래도록 거주할 목적, 타 채무 증가를 방지하고 동결 또는 탕감할 목적, 기타 목적 등으로 개인회생을 신청하여 경매절차를 지연시켰기 때문이다.

매입 시점에서 선순위 임차인은 없었다. 단 선순위 임금채권이 있었는데, 근로복지공단의 가압류 금액인 146,078,860원보다 적은 116,078,860원으로 파악되었다. 선순위 조세채권도 미미하여 안전한 채권으로 판단했다. 매입

(2016.06.24.)부터 배당(2016.12.16.)까지 5.7개월 소요되어 투자기간 대비 75% 의 수익률을 올렸다.

물론, 근저당권부 채권 매입 전에 확인이 필요한 은행서류, 법원경매서류 등 을 확인해야 한다. 채권 매입 전에 사례를 통하여 확인하는 자세한 방법은 기회 가 되면 설명을 할 것을 기약하며, 본 채권의 경매절차 및 관리내용을 순차적으 로 살펴보자.

2006.12.27. OK신협 대출(원금: 252,000,000원, 채권최고액: 327,600,000원)

2014.08.16. 채무자 조욱 이자 연체 시작

2014.10.21. 채무자 조욱 개인회생 개시결정

2015.07.28. 채무자 조욱 개인회생 절차종결

2016.04.29. 부동산 임의경매개시결정등기

2016.05.11. 집행관 현황조사보고서 제출

2016.06.24. 당사 NPL 매입(양도전: OK신협)

2016.07.06. 2순위 근저당권자 홍길동 채권계산서 제출

2016.08.11. 당사 경매속행신청 및 일괄매각 요청서 제출

2016.08.30. 2순위 근저당권자 홍길동 열람 및 복사 신청

2016.09.19. 2순위 근저당권자 홍길동 양수인 K옥션 권리신고서 제출

2016.11.28. 최고가매수신고인 매각대금완납 증명

2016.12.16. 배당기일에 1·2순위 채권자 배당

★ 배당표

서울동부지방법원 배당표 사건 2016타경 3388 부동산 임의경매			
배당할 금액 || 금 550,027,326		

명세	매각대금	금 549,999,999		
	지연이자 및 절차비용	금 0		
	전 경매보증금	금 0		
	매각대금 이자	금 27,327		
	항고 보증금	금 0		

집행 비용		금 5,477,239		
실제 배당 금액		금 544,550,087		
매각 부동산		별지 기재와 같음		

채권자		근로복지공단	사랑상호저축은행	강남에듀평생교육원 (변경전: OK신협)
채권금액	원 금	116,078,860	274,000,000	252,000,000
	이 자	0	823,497	129,562,520
	비 용	0	0	0
	계	116,078,860	274,823,497	381,562,520
배당 순위		1	2	3
이유		가압류권자(임금)	근저당권부질권자	신청채권자(근저당권)
채권 최고액		146,078,860	327,600,000	52,776,503
배당액		116,078,860	274,823,497	52,776,503
잔여액		428,471,227	153,647,730	100,871,227
배당 비율		100%	100%	100%
공탁 번호 (공탁일)		금제 호 (....)	금제 호 (...)	금제 호 (....)

채권자		K옥션 (변경전: 홍길동)	경기도 양주시	서울시 광진구
채권금액	원 금	90,000,000	3,127,910	8,988,080
	이 자	0	619,110	1,585,740
	비 용	0	0	0
	계	90,000,000	3,747,020	10,573,820
배당 순위		4	5	5
이유		근저당권자	압류권자(조세)	교부권자(조세)
채권 최고액		90,000,000	0	0
배당액		90,000,000	3,747,020	7,107,302
잔여액		10,871,227	7,124,207	16,905
배당 비율		100%	100%	67.22%
공탁 번호 (공탁일)		금제 호 (. . . .)	금제 호 (. . .)	금제 호 (. . . .)

채권자		울산시 울주군		
채권금액	원 금	24,420		
	이 자	730		
	비 용	0		
	계	25,150		
배당 순위		5		
이유		압류권자(조세)		
채권 최고액		0		
배당액		16,905		
잔여액		0		
배당 비율		67.22%		
공탁 번호 (공탁일)		금제 호 (. . . .)	금제 호 (. . .)	금제 호 (. . . .)

2016.12.16.
사법보좌관 최문기

당사가 1순위 근저당권부 채권(327,600,000원)에 투자할 동안, 홍길동의 2순위 개인 근저당권부 채권(90,000,000원)이 선순위 근저당권, 임금채권 등을 이유로 원금 할인하여 5백만 원에 거래되었다고 가정해보자. 매입한 투자자는 얼마의 수익을 달성했을까?

솔직히 말해, 필자는 배당기일에 배당표를 보고 깜짝 놀랐다. 1순위 근저당권을 매입한 필자보다, 2순위 개인 근저당권을 매입한 다른 투자자가 매우 큰 수익을 달성한 것을 목격했기 때문이다. 배당표를 보면 2순위 홍길동 개인 근저당권을 매입한 투자자는 5,000,000원(물론 예상 금액이다)을 투자해 85,000,000원의 수익을 올린 셈이다.

"아이고, 배 아파라!"란 소리가 절로 나왔다.

개인 투자자라면 후순위 개인 근저당권, 법인 근저당권 등 대부업법 적용에서 비교적 자유로운 NPL에 관심을 가지라고 필자가 역설하는 이유다.

05

지분 NPL 투자로
수익률 극대화하기

경매·공매에서 타 지분권자의 지분은 절대반지와 같은 마법을 행사한다.

그렇다면 부동산에 있어 지분이 발생하기 위한 전제조건은 무엇일까? 바로 '공동소유'다. 지분이 경매로 나오는 가장 흔한 경우가 상속 또는 부부 공동명의 부동산이니 말이다.

공동명의 중 1인이 채무 또는 담보제공자일 때, 상속 이후 지분권자 중에서 1인이 채무 또는 담보제공자일 때, 공동투자에 따른 이해관계인의 불협화음이 있을 때에 지분이 발생한다.

부동산 지분투자의 핵심은 '공유자 우선매수권 행사'에 따른 매수신고 기법을 활용하는 것이다. 경매·공매에서 '공유자 우선매수'의 기회를 1회에 한하여 확보하는 것으로, 동일 목적부동산의 공유자로서 소유권을 나누어 갖고 있는 것이 전제조건이다. 관련 법령을 살펴보자.

민사집행법 제140조 [공유자의 우선매수권]

① 공유자는 매각기일까지 제113조에 따른 보증을 제공하고, 최고가매수신고가격과 같은 가격으로 채무자의 지분을 우선매수하겠다는 신고를 할 수 있다.

② 제1항의 경우에 법원은 최고가매수신고가 있더라도 그 공유자에게 매각을 허가하여야 한다.

③여러 사람의 공유자가 우선매수하겠다는 신고를 하고 제2항의 절차를 마친 때에는 특별한 협의가 없으면 공유지분의 비율에 따라 채무자의 지분을 매수하게 한다.

④제1항의 규정에 따라 공유자가 우선매수신고를 한 경우에는 최고가매수신고인을 제114조의 차 순위 매수신고인으로 본다.

● 민사집행법 제113조 [매수신청의 보증]
매수신청인은 대법원 규칙이 정하는 바에 따라 집행법원이 정하는 금액과 방법에 맞는 보증을 집행관에게 제공하여야 한다.

물론 지분을 나눠가진 공유자끼리 소통과 대화를 통해 원만한 합의를 이룰 수도 있다. 하지만 현실적으로는 의견 통일이 어렵고 다양한 관리상 문제가 발생한다.

이때 하나의 부동산에서 지분을 나눠 가진 투자자는 다음에 제시하는 9개의 전략 중 하나를 구사할 수 있다.

① 내 것을 사라.
경매·공매 매수 후, 타 지분권자에게 보유 지분을 고가에 매각한다.

② 네 것을 팔아라.
경매·공매 매수 후, 타 지분권자의 보유 지분을 저가에 매입한다.

③ 함께 팔자.

공유 지분권자와 공동매각 후, 공유 지분 비율에 따라 배분한다.

④ 함께 임차하고 함께 팔자.

공유 지분권자와 공동으로 임대차 계약을 하고, 향후 공동매각 후 지분 비율에 따라 배분한다.

⑤ 돈이 없다면?

공유지분권자 공동으로 담보를 제공하여 대출을 받음과 동시에 대출금을 활용해 타 공유지분권자에게 매각하거나 타 공유지분권자의 지분을 매입한다.

⑥ 배 째라.

특정 부동산은 현물 분할할 수 없으니, 공유물 분할청구소송으로 현금 청산을 위한 일괄경매를 진행한다.

⑦ 무단 사용 중이라면.

타 공유권자에게 부당이득반환 청구권 등을 행사하여 임료 수익을 창출한다.

⑧ 공유자 우선매수권 행사

공유자우선매수권 행사로 타 공유지분권자의 소유권을 경매·공매 절차에서 우선 매수하여 취득한다.

⑨ 보상이 가능하다면

공익사업지의 편입, 재건축, 재개발 지역은 현금 청산금으로 수익을 창출한다.

관련 법령에 따르면, 법원경매에서 공유자우선매수의 기회는 단 1회에 한정된다. 여러 번의 공유자우선매수 기회를 갖기 위해서는 소유자를 여러 명으로 분리하여 매수하는 것이 숨겨진 비법이다. 이와 관련해서는 다음 기회에 상세하게 설명할 예정이다.

NPL 투자의 다양한 방법 중에서, 지분 물건으로 수익률을 높이는 방법을 실제 사례를 통해 소개하려고 한다. 지분 투자 역시, 유입투자 기법과 배당투자 기법을 활용할 수 있다.

❖유입투자 기법

경매·공매절차에서 가장 좋은 유입투자기법으로는 경매낙찰 전에 경매의 매각대상부동산에 포함되지 않는 타 공유자의 지분 일부 또는 전체를 저가에 매입하는 것이다.

타 공유자의 지분을 매입할 수만 있다면, 마치 절대반지를 가진 것처럼 매각기일에 제3자의 낙찰가격으로 공유자 우선매수권을 행사할 수 있기 때문이다.

이때 단독 명의로 매입하기보다는 복수의 명의로 매입하는 것도 좋은 방법이다. 경매 매각 전 공유자 우선매수신고를 할 때, 다수의 명의자 이름으로 차례차례 신청할 수 있기 때문이다. 예비 입찰자들의 기회를 박탈함으로써 저가 매입의 기회로 활용할 수 있다.

또 하나의 비법이 있다. 국세징수법에 의한 공매 진행시에 낙찰을 받아서, 동일한 부동산의 타 지분권자 지분이 경매진행 될 때에 공유자우선매수권 행사를 통해 타 지분권자의 지분을 매입하는 방법이다. 반대로 경매로 낙찰받아서, 공매에서 공유자우선매수권을 행사할 수도 있다.

이 책에서는 경매보다는 NPL로 접근하는 방법을 알아보자.

1개의 부동산에 2인 이상의 소유권이 있고, 그중 특정 지분권자만이 채무자이거나 담보를 제공한 사실이 있는 근저당권이 설정된 부동산 경매물건이 종종 있다.

다양한 방법 중에서 지분 NPL을 론세일(확정채권양도) 방식 또는 대위변제 방식으로 매입하고, 근저당권부 질권대출을 활용해 자금을 조달하는 방법이 가장 일반적이다.

★법원경매서류(경기도 안성시)

2020 타경 888			평택지방법원 경매5계(031-650-3154)				
소재지	경기도 안성시 대덕면 내리 759			(주소 및 일부 사실내용은 변경함)			
물건종별	농지	감정가	560,000,000원	구분	입찰기일	최저매각가격	결과
대지권	991.7/8407㎡(300평)	최저가		1차			
건물면적		보증금		2차			
매각물건	토지건물일괄매각	소유자	조욱				
개시결정	2016-04-29	채무자	정경신	낙찰:			
사건명	임의 경매	채권자	강남에듀평생교육원	배당 종결			

기호(1)

임차인	점유부분	전입/확정/배당	보증금/차임	대항력	비 고
		조사된 임차내역 없음			

구분	접수	권리종류	권리자	채권금액	내 용
1(갑2)	1989.09.28	소유권일부이전	진종권		
2(갑6)	1989.09.28	소유권일부이전	조욱		991.74 /8407
3(갑30)	2005.07.20	협의분할의한상속	위선자		330.58/8407
4(을9)	2013.10.29	갑6번 근저당	OK신협	52,000,000원	채무자:정경신
3(갑32)	2014.02.19	소유권일부이전	차선옥	임의경매로매각	330.28/8407
갑 6-1	2019.12.27	근저당권 이전	강남에듀평생교육원	52,000,000원	OK신협에서 이전
7(갑34)	2019.12.17	압류	국세(화성)		
7(갑35)	2020.01.22	임의경매	강남에듀평생교육원		

개인 투자자라면, 채무자의 동의를 받아 지분 NPL을 매입하는 임의대위변제 방법이 있다. 또한 임차인을 활용해 선순위 지분 NPL을 법정대위변제하는 방법, 후순위 개인근저당권을 매입해 선순위 지분 근저당권을 법정대위하는 방법 등을 구사할 수 있다.

지금부터 필자의 지분 NPL 투자 사례를 소개하겠다.

해당 목적부동산은 2,043.7평에 소유자가 13명인 공동지분 물건이다. 필자가 매입한 것은 그중 300평의 지분으로, 소유자 및 담보제공자는 조욱, 채무자는 정경신이다.

소유자와 채무자가 별개의 물건으로, 지방에 위치한 OK신협(52,000,000원)으로부터 원금 40,000,000원에 연체이자를 할인받고 필자가 매입한 지분 NPL(부실채권)이다.

OK신협의 1순위 지분 근저당권(채권최고액 52,000,000원, 지분권자 조욱, 채무자 정경신)을 2019.12.27. 강남에듀평생교육원이 확정채권양도, 론세일 방식으로 매입했다.

물론 매입 전에 은행대출서류 등 세부사항들을 확인하여 선순위채권 유무를 점검하였고, 현장조사를 통해 매매가격, 경매낙찰예상가격 등을 분석한 후 안전하다고 판단하는 과정을 거쳤다.

지분 근저당권의 원금은 40,000,000원, 연체이자는 3,000,000원으로 총 43,000,000원의 지분 NPL 물건을 연체이자를 할인해 원금에 매입했다. 당시 경매는 접수되지 않은 상태로, 도표에서 보듯이 필자가 매입 후 경매개시결정을 신청했다.

본 지분 NPL은 소유자와 채무자가 동일인이 아니기 때문에 잉여금배당 신청이 불가능하다는 한계를 갖고 있다. 이럴 경우 향후 지분 NPL 투자전략을 어떻게 짜야 할까?

1단계로는 경매기일을 연기한 후 배당채권으로 채권최고액 범위 내에서 배당받는 방법이다. 2단계로는 채권최고액 범위 내에서 경매낙찰을 받고, 상계신청으로 잔금납부를 대체한 후 소유권이전등기를 하는 것이다.

지금의 경우라면, 경매낙찰 및 소유권 지분 등기 후에는 다음의 4가지 전략 중에서 하나를 선택하면 된다.

① 내 것을 사라.

② 네 것을 팔아라.

③ 함께 팔자.

④ 배 째라.

상황을 종합적으로 판단해보건대, ④ 전략에 가까운 물건이다. 특정부동산은 현물 분할할 수 없으니, 공유물 분할청구 소송으로 현금 청산을 위한 일괄경매 진행이 예상된다. 물론 13명의 지분권자들로 인하여 공유물 분할청구 소송으로 현금 청산하는 과정이 매우 번거로울 것은 예상해야 한다.

필자는 보통 규모가 있는 근저당권 위주로 채권을 매입한다. 본 소액채권을 매입한 것은 직원 교육과 신규 거래처 개설이란 목적이 있었기 때문이다. 상기의 지분 NPL 투자처럼, 지분권자가 많은 채권보다는 2~3명의 소수로 구성된 것이 지분 NPL 투자에 적합하다.

❖ 배당투자 기법

지분 NPL 근저당권을 저렴하게 매입해, 해당물건의 경매 배당금에서 배당받으면 되므로 간단한 투자법이다. 중요한 것은 경매낙찰 예상가격, 예상배당표를 통해 채권회수 예정가격을 정확하게 산출해야 한다는 것이다.

필자는 OK새마을금고에서 여러 종류의 부동산에 설정된 근저당권부 채권을 POOL 수의계약 방식으로 매입해서 매입관리, 배당까지 안전하게 처리한 적이 있는데, 그중 지분 NPL 투자 사례가 있어 여기에 소개해보겠다.

결론을 먼저 말하자면, 본 NPL 물건에서 필자는 2번의 배당금을 받았다.

1차 배당금은 캠코의 정경신 1/4지분 공매 매각대금에서 일부 배당금을 수령하였고, 2차 배당금은 3/4지분 경매 매각대금에서 나머지 잔여채권에 대한 배당금을 수령하였다.

본 NPL은 1순위 OK새마을금고의 39,000,000원 근저당권으로서 2016.09.30. 강남에듀평생교육원이 확정채권양도, 론세일 방식으로 매입했다.

원금 30,000,000원, 가지급금 2,500,000원, 연체이자 1,600,000원 등으로 총 34,100,000원, 연체이율 18%로 안전한 채권이었기에 할인 없이 100% 금액으로 매입했다.

2018년 대부업법 개정 전이었으므로 연체가산율이 18%로 풍부한 연체금액이 적용되던 시기였기에 채권 할인 없이 원금과 가지급금, 연제이자 등 전체금액으로 매입한 채권이었다. 당시는 양호한 채권의 경우 할인 없이 매입이 이루어졌다.

★법원경매서류(성북구 정릉동)

2016타경 12810 (1)		서울북부지방법원, 매각기일:2018.05.14 경매5계(02-910-3675)					
소재지	서울시 성북구 정릉동 266-128 다세대 3층 302호, (주소 및 일부 내용 변경함)						
물건종별	다세대	감정가	120,000,000원	구분	입찰기일	최저매각가격	결과
대지권	20.04㎡(6.1평)	최저가	76,800,000원	1차	2017-12-18	120,000,000원	
건물면적	32.25㎡(9.8평)	보증금	7,680,000원		2018-01-22	96,000,000원	
매각물건	토지건물일괄매각	소유자	조욱	2차	2018-05-14	76,800,000원	
개시결정	2016-09-30	채무자	정경신	낙찰:78,360,000원, 공유자우선매수권행사			
사건명	임의 경매	채권자	강남에듀평생교육원	입찰2명, 지분공매 낙찰자 우선매수권행사			

임차인	점유부분	전입/확정/배당	보증금/차임	대항력	비 고
이**	주거용전부	전입일: 2014.03.03	100,000,000원	없음	
		확정일:2014.01.28			
		배당요구일:2016.10.13			

구분	접수	권리종류	권리자	채권금액	내 용
1(갑1)	2008.03.13	소유권이전	조욱 외 3명		(매매)
2(을2)	2010.12.09	근저당(전체)	OK새마을금고	39,000,000원	
3(갑2)	2014.07.16	가압류	국민은행	55,176,289원	2/4지분 가압류
4(갑32)	2014.09.30	가압류	중앙농협	50,000,000원	1/4지분 가압류
5(갑9)	2016.08.10	가압류	성동세무소 국세		1/4지분(정경신) 가압류
5(갑4)	2016.09.30	임의경매	OK새마을금고	73,690,380원	임의경매
을2-1	2016.09.30	근저당권 이전	강남에듀평생교육원		OK새마을금고에서 이전
6(갑5)	2016.11.15	2/4지분 가압류	서울시		캠코 공매 진행
7(갑14)	2017.06.26	1/4지분 이전	문석열		정경신 지분 공매 낙찰
8(갑16)	2017.07.18	3/4지분 가처분	문석열		조욱 지분 부동산처분금지가처분
9(갑18)	2018.05.21	지분 이전	문석열		공유자우선매수권 행사로 소유권 취득

하지만 개정 이후에는, 원금 또는 연체이자 할인이 없으면 아무도 매입하겠다고 나서지 않는다. 금융기관들이 NPL을 할인 없이 매각하겠다고 배짱부리던 것은 그야말로 옛말이 되었다.

본 목적부동산은 경매와 공매절차가 동시에 진행된 물건이다.
공매진행물건인 1/4이 우선 매각되었고, 1/4 공매낙찰 매수인은 경매절차 진행 중이던 3/4지분을 공유자우선매수권 행사를 통해 소유권을 취득했다.

이 사례처럼 캠코(한국자산관리공사) 공매절차에서 먼저 공유지분을 낙찰받고, 타 공유지분권자의 경매진행 절차에서 우선매수권을 행사하는 전략이 있다. 그 반대로 지분경매에서 먼저 공유지분을 낙찰받아 타 지분권자의 지분 소유권을 취득한 후, 차후에 진행될 수도 있는 경매 또는 공매에서 우선매수권 행사를 하는 전략을 수립해도 좋다.

공유지분을 활용한 투자에서도 해법은 비슷하다.
① 내 것을 사라.
② 네 것을 팔아라.
③ 함께 팔자.

위의 3가지 전략은 채무금액이 매매가격보다 적은 경우에만 성립될 가능성이 높다. 현 물건처럼 임차인보증금, 가압류, 가처분 등으로 일반매매가보다 소유자의 채무금액이 큰 경우에는 어떤 전략을 써야 할까? 다음의 2가지다.
④ 배 째라.
⑤ 공유자우선매수권 행사

경매가 진행되는 경우라면 ⑤의 방법을 통해 저렴하게 목적부동산을 매입할 수 있다.

앞에서 밝혔듯이 물건은 공유 지분권자가 4인으로, 그중 1인의 소유권이 캠코의 공매에 의해서 매각되었다.

★지분 공매 후 타 지분 가처분 사례

순위번호	등 기 목 적	접 수	등 기 원 인	권 리 자 및 기 타 사 항
11	1번 지분압류	2016년11월15일 제99568호	2016년11월15일 압류(세무2과-25237)	권리자 서울특별시성동구
13	1번 지분압류	2016년12월7일 제106430호	2016년12월7일 압류(세무1과(세외)-178 24)	권리자 서울특별시성동구
14	1번 지분전부이전	2017년6월26일 제 780호	2017년6월19일 공매	공유자 지분 4분의 1 우 ㅇ 07-******* 서울특별시 용산구101동201호 (이촌동,한강대우아파트)
15	6번압류, 9번압류, 10번임의경매개시결정, 12번압류 등기말소		2017년6월19일 공매	2017년6월26일 등기
16	1번 지분가처분	2017년7월18일 제5 4호	2017년7월18일 서울북부지방법원의 가처분결정(2017카단33	피보전권리 공유물분할청구권 채권자 ㅇ 6ㅇ 07-******* 금지사항 매매, 증여, 전세권, 저당권, 임차권의 설정 기타일체의 처분행위 금지

공유지분 NPL 투자는 간단하게 배당투자 기법으로 수익을 창출할 수 있다. 유입투자 기법을 쓴다면, 공유지분 NPL(부실채권)을 할인매입한 투자자와 일반 경매입찰자가 동등한 입장에서 입찰에 참가하게 된다. 그렇다면 둘 중 누가 유리할까?

각 부동산에 따라 차이는 있지만 상가, 공장, 빌딩, 토지 등에서는 지분 NPL을 할인매입한 투자자가 유리할 수 있다. 주거용부동산의 경우, 지분 NPL 투자자는 채권금액 범위와 채권최고액 범위에서 일반 경매입찰자와 경쟁해야 하기에 낙찰 받을 가능성은 반반이다.

NPL 투자자가 경매에서 낙찰받게 되면 일부상계 조건부(근저당권부 질권 대출받은 물건)로 대금납부를 활용할 수 있기에 보다 유리한 부분이 있다.

또한 지분 NPL 할인 투자자의 매입채권이 잉여금배당에 해당된다면 일반 경매입찰자보다 유리한 입장에서 낙찰받을 수도 있다. 다만 잉여금은 소유자와 채무자가 동일한 물건에 한하여 배당받을 수 있다는 사실을 명심하자.

지분투자의 다양한 방법 중 하나는 협상력을 발휘해 최초 지분 일부(최대한 적은 지분)를 일반시세 또는 일반시세보다 더 주고 매입하는 것이다. 그 후 공유자우선매수권 행사, 타 지분권자를 대상으로 부당이득반환 청구권행사 등을 통해 수익을 창출할 수 있다.

필자의 'NPL 실전투자반' 제자들은 변호사, 법무사, 공인중개사, 은행원, 일반투자자, 경매 고수, 경매초보자, NPL초보자 등 다양한 직업과 실력을 가지고 있고 서울은 물론 제주, 부산, 통영, 광주, 대전 등 전국 각지에서 아름다운 동행을 함께하고 있다. 다음에 소개할 것이 경매·공매 지분투자 사례인데, 현재 부천에서 중개업을 하면서 직접경매투자, 경매컨설팅 등 현장에서 활발하게 뛰고 있는 지분경매의 고수, 부동산공인중개사 제자의 질문으로 시작해보겠다.

> 박사님, 안녕하세요.
> 작년에 5개 낙찰받았습니다.
> 그중에 지분으로 낙찰받은 사건에 대하여 질문 드립니다.
> 사건번호는 2019 타경3388입니다.
> 반은 공매로, 반은 경매로 매각되었습니다.
> 세입자가 공매 때 배당요구하여 배당받았습니다.
> 그런데 제가 낙찰받은 경매에도 배당요구를 하였습니다.
> 그런데 소액임차인의 최우선변제금 배당요구는 2번이 불가능하지 않나요?
> 매매가격은 160,000,000원, 전세금은 120,000,000원, 이사 비용은…(후략)

★법원경매서류(경기도 부천시)

2019 타경3388				인천지방법원 부천지원 경매8계 (031-320-1138)			
소재지	경기도 부천시 신흥로 86번길 12, 쌍용 비동 4층 401호 (주소 및 일부 사실내용은 변경함)						
물건종별	다세대	감정가	77,500,000원	구분	입찰기일	최저매각가격	결과
대지권	12.38㎡(3.7평)	최저가	54,250,000원	1차	2019-11-14	77,500,000	유찰
건물면적	31.9㎡(9.7평)	보증금	5,430,000원	2차	2019-12-19	54,250,000	
매각물건	토지지분매각	소유자	조욱				
개시결정	2019-04-30	채무자	정경신	낙찰:54,359,800원, 1명, 진종권			
사건명	임의 경매	채권자	원광신협	배당기일: 2020-02-20			

임차인	점유부분	전입/확정/배당		보증금/차임	대항력	비 고
김정수	401호 전체	전입일	2010.11.19	60,000,000원	없음	
		확정일	2010.11.19			
		배당요구일	2019.05.24			

구분	접수	권리종류	권리자	채권금액	내 용
1(갑3)	2009.10.16	소유권 이전	조욱, 정경신	각각 1/2	거래가액:150,000,000원
2(을3)	2009.10.16	전체 근저당	원광신용협동조합	137,000,000원	
을3-1	2011.05.04	전체 근저당	원광신용협동조합	104,000,000원	일부 변제로 감액
4(을3)	2018.06.19	갑3번 가압류	부천세무서	52,000,000원	정경신 지분가압류(1/2)
4-1	2019.04.10	공매공고(정경신)	자산관리공사	정경신 지분	2018-08368-011
5(갑5)	2019.04.30	임의경매	원광신용협동조합	51,200,000원	
7(갑7)	2019.09.26	지분일부이전	문석열	공매낙찰	정경신 지분 이전
		임의경매변경	조욱 지분경매	정경신 지분 말소 후 조욱만 지분 경매	
	2020.01.19	지분일부이전	진종권	54,349,800원	조욱 지분 1/2 이전

해당 물건은 부천대학교 북측에 위치하며, 주위는 공동주택과 단독주택이 혼재한 주택지다. 해당 물건까지 차량 출입이 가능하고, 대중교통 여건은 보통 수준이다. 5층짜리 건물 중 4층에 위치해 있으며 건평 63.87㎡(19.3평), 대지는 24.8㎡(7.5평)으로 방 3개, 거실, 주방, 화장실로 구성되어 있다. 현재 전세 가격은 120,000,000원, 예상 매매가격은 160,000,000원이다.

우선 부동산 등기사항증명서를 살펴보자.

2009.10.16. 매매로 인한 소유권 취득(조욱, 정경신 각1/2), 거래가액: 150,000,000원

2009.10.16. 원광신용협동조합 근저당권 설정(전체): 137,000,000원(채무자: 정경신)

2011.05.04. 원광신용협동조합 근저당권 감액설정: 104,000,000원(채무자: 정경신)

2018.06.19. 정경신 지분(1/2) 가압류, 부천세무서

2019.04.10. 정경신 지분 공매공고, 자산관리공사

2019.04.30. 임의경매개시등기(전체 물건), 채권자 원광신용협동조합

2019.09.26. 공매대금 납부로 인한 정경신 지분이 매수인 문석열에게 이전

정경신 지분 공매매각으로 인해 조욱 지분에 한하여 경매 변경

2020.01.19. 경매대금납부로 인해 조욱 지분(1/2)이 매수인 진종권에게 이전

해당 경매물건을 권리분석 해보자.

말소기준등기는 2009.10.16. 원광신용협동조합의 근저당권(전체지분 근저당)으로, 경매절차에서 후순위 임차인 김정수는 전입일자 2010.11.19. 확정일자 2010.11.19. 배당요구일자 2019.05.24.로 인도명령의 대상자다.

매매시세는 160,000,000원, 전세보증금은 120,000,000원으로 지분경매 또는 공매 매수자(투자자) 입장에서는 일반 경매물건보다 저가에 매입할 수 있고, 보다 큰 수익을 창출할 수 있다. 다만 재산권 행사의 제한, 타 공유자와의 관계 성립, 임차권 행사 등은 풀어야 할 숙제다.

본 물건(건물 19.3평, 대지 7.5평) 중에서 정경신 소유의 1/2지분에 대한 세금 체납이 발생했고, 그로 인해 가압류 및 국세징수법에 의한 압류재산 매각을 위한 지분공매가 진행되었다. 본 물건은 공매·경매가 동시에 진행되었으나, 경매보다 집행절차 속도가 빠른 공매에서 감정가격 80,000,000원의 65.3%인 51,200,000원에 문석열에게 낙찰되었다.

필자는 경매와 공매의 가장 큰 차이점은 점유자 또는 임차인에 대한 명도에 있다고 본다. 경매는 민사집행법에 의한 인도명령제도가 있어 비교적 편하게 인도명령으로 점유권을 행사할 수 있다. 하지만 공매의 경우, 국세징수법에는 인도명령제도가 없어 인도소송으로 점유자 또는 임차인을 명도해야 하는 어려움이 있다.

캠코 공매에서는 경쟁입찰을 통해 문석열이 전세가격 120,000,000원의 절반도 안 되는 51,200,000원에 낙찰받았다. 한편 경매 입찰에서는 54,400,000원에 낙찰되었기에 공매가 경매보다 저렴하게 매입할 수 있음이 입증되었다.

그렇다면 왜 매수자의 입장에서는 경매보다 공매가 유리할까?

경매 입찰자(투자자)는 입찰기일에 경매법원에 직접 방문하여 입찰해야 하므로 번거로운 면이 있다. 특히 직장인이라면 하루 휴가를 내어야 가능하다. 하지만 공매 입찰자(투자자)는 3일 동안 언제 어디서나 인터넷 입찰을 하면 된다. 또한 공매는 경매에 비해 입찰률(경쟁률)이 현저히 낮다.

물론 매각 대상 물건의 다양성과 양이라는 측면에서는 공매가 경매를 따라올 수 없다는 게 문제다.

★공매재산명세서(경기도 부천시)

압류재산 공매재산 명세

처 분 청	부천세무서		관 리 번 호	2018-07360-011
공매공고일	2019-04-10		배분요구의 종기	2019-05-13
압류재산의 표시	경기도 부천시 심곡동 448-8 삼용아동 제5동 제501호 건물 지분 31.935 ㎡ 대 지분 12.3789 ㎡			
매각예정가격/입찰기간/개찰일자/매각결정기일			온비드 입찰정보 참조	
공 매 보 증 금			매각예정가격의 100분의 10	

■ 점유관계   [조사일시 : 2019-04-02   /정보출처 : 현황조사서 및 감정평가서]

점유관계	성 명	계약일자	전입일자 (사업자등록신청일자)	확정일자	보증금(원)	차임(원)	임차부분
전입세대주	김	미상	2012-01-20	미상	60000000	미상	미상

공매재산의 현황 이용현황(감정평가서)	공동주택

■ 배분요구 및 채권신고 현황

번호	권리관계	성 명	압류/설정 (등기)일자	설정금액(원)	배분요구채권액(원)	배분요구일
1	임차인	김		0	60,000,000	2019-03-11
2	근저당권	원광신용협동조합	2005-10-16	104,000,000	73,224,122	2019-03-13
3	교부청구	국민건강보험공단 수원동 부지사		0	102,308,640	2019-05-07
4	교부청구	강화군청		0	391,220	2019-03-21
5	교부청구	팔달구청		0	614,700	2019-05-01
6	주소지세무서	수안세무서		0	92,603,350	2019-03-05
7	물건지지방자 치단체	부천시청		0	1,727,110	
8	위임기관	부천세무서	2018-06-19	0	504,720,980	2019-02-19

* 채권신고 및 배분요구현황은 배분요구서를 기준으로 작성하였으며 신고된 채권액은 변동될 수 있습니다.
* 배분요구채권액 중 체납액(위임기관·압류·교부청구)은 담보채권자와 우선순위를 비교하는 법정기일을 표시하지 않으므로 입찰 전 별도로 확인하셔야 합니다.

■ 공매재산에 대하여 등기된 권리 또는 가처분으로서 매각으로 그 효력을 잃지 아니하는 것

■ 매각에 따라 설정된 것으로 보게 되는 지상권의 개요

■ 기타 유의 사항

2019. 05. 24

한국자산관리공사 인천지역본부

상기의 공매물건을 권리분석 해보자. 경매와 동일하게 말소기준등기는 2009.10.16. 원광신용협동조합의 근저당권이다. 후순위 임차인 김정수는 전입일자 2010.11.19. 확정일자 2010.11.19. 배분요구일자 2019.05.24.로서 공매 매수인에게 임차보증금이 인수되지는 않는다. 다만 공매절차에는 인도명령이 없기에 순위와 상관없이 명도소송 대상자다.

단 김정수는 배분요구의 종기 2019.05.13. 이전에 배분요구를 하였기에 매각대금에서 최우선변제금을 배분받을 권리를 갖는다.

여기서 공매 낙찰자가 소유자로서 점유권을 행사하려면 어떻게 해야 할까? 합의 명도 시에는 바로 점유권을 행사할 수 있지만, 별도의 명도비용(이사비용)을 임차인에게 지급해야 한다. 아니면 명도소송의 승소 판결 후 강제집행을 진행해야 한다. 국세징수법에는 인도명령제도가 없기 때문이다.

공매물건에는 3명이 입찰에 참여했고 최종 매각금액은 51,200,000원이었다. 나머지 2명의 입찰액은 각각 48,800,000원, 48,500,000원이었다. 경매와는 달리, 공매입찰자의 공매보증금은 매각예정금액(입찰가격)의 100분의 10을 인터넷 계좌이체 또는 계좌 송금해야 한다.

배분현황을 예상해보자.
매각금액 51,200,000원에서 다음의 순서로 배분될 것이다. 참고로 경매에서는 '배당'이라 하고, 공매에서는 '배분'이란 단어를 사용한다.
① 공매집행비용
② 소액임차인의 최우선변제금 20,000,000원
③ 당해세
④ 원광신협의 근저당권에 기한 채권 등

★경매물건 정보 및 매각물건명세서(경기도 부천시)

새 주 소	경기도 부천시 신흥로86번길 12, 창용 동 4층 401호						
물건종별	다세대(빌라)	감 정 가	77,500,000원	**구분**	**입찰기일**	**최저매각가격**	**결과**
대 지 권	12.38㎡(3.745평)	최 저 가	(70%) 54,250,000원	1차	2019-11-14	77,500,000원	유찰
건물면적	31.94㎡(9.662평)	보 증 금	(10%) 5,430,000원	2차	2019-12-19	**54,250,000원**	
매각물건	토지및건물 지분 매각	소 유 자	외 1명	낙찰 : 54,359,800원 (70.14%)			
개시결정	2019-04-30	채 무 자		(입찰1명,낙찰:)			
사 건 명	임의경매	채 권 자	원광신협	매각결정기일 : 2019.12.26 - 매각허가결정			
				대금지급기한 : 2020.01.31			
				대금납부 2020.01.29 / 배당기일 2020.02.20			

인천지방법원 부천지원   매각물건명세서

사 건	2019타경 부동산임의경매	매각 물건번호	1	작성 일자	2019.10.01	담임법관 (사법보좌관)	요일	
부동산 및 감정평가액 최저매각가격의 표시	별지기재와 같음	최선순위 설정	2009.10.16.근저당권			배당요구종기	2019.07.22	

부동산의 점유자와 점유의 권원, 점유할 수 있는 기간, 차임 또는 보증금에 관한 관계인의 진술 및 임차인이 있는 경우 배당요구 여부와 그 일자, 전입신고일자 또는 사업자등록신청일자와 확정일자의 유무와 그 일자

점유자 성 명	점유 부분	정보출처 구 분	점유의 권 원	임대차기간 (점유기간)	보증금	차 임	전입신고 일자, 사업자등록 신청일자	확정일자	배당 요구여부 (배당요구일자)
김	501호 전체	권리신고	주거 임차인	2018.11.19.-2 020.11.18	60,000,000		2010.11.19	2010.11.19	2019.05.24

〈비고〉
김 :현황조사임차인 김 -의 자녀임

※ 최선순위 설정일자보다 대항요건을 먼저 갖춘 주택·상가건물 임차인의 임차보증금은 매수인에게 인수되는 경우가 발생 할 수 있고, 대항력과 우선변제권이 있는 주택·상가건물 임차인이 배당요구를 하였으나 보증금 전액에 관하여 배당을 받지 아니한 경우에는 배당받지 못한 잔액이 매수인에게 인수되게 됨을 주의하시기 바랍니다.

등기된 부동산에 관한 권리 또는 가처분으로 매각으로 그 효력이 소멸되지 아니하는 것

매각에 따라 설정된 것으로 보는 지상권의 개요

비고란

공유지분의 매각임

구분	접수	권리종류	권리자	채권금액	내 용
1(갑3)	2009.10.16	소유권 이전	조욱, 정경신	각각 1/2	거래가액:150,000,000원
2(을3)	2009.10.16	전체 근저당	원광신용협동조합	137,000,000원	일부 변제로 감액
을3-1	2011.05.04	전체 근저당	원광신용협동조합	104,000,000원	정경신 지분가압류(1/2)
4(을3)	2018.06.19	갑3번 가압류	부천세무서	52,000,000원	2018-08368-011
4-1	2019.04.10	공매공고(정경신)	자산관리공사	정경신 지분	
5(갑5)	2019.04.30	임의경매	원광신용협동조합	51,200,000원	
7(갑7)	2019.09.26	지분일부이전	문석열	공매낙찰	정경신 지분 이전
		임의경매변경	조욱 지분경매	정경신 지분 말소 후 조욱만 지분 경매	
	2020.01.19	지분일부이전	진종권	54,349,800원	조욱지분 1/2 이전

한편 임차인 김정수(전입: 2012.01.20.)는 근저당권 설정일(2009.10.16.)보다 후순위로서, 보증금 60,000,000원 중에서 소액임차인의 최우선변제금 20,000,000원을 최우선으로 배분받는다. 후순위 임차인은 보증금 중 40,000,000원을 배분받지 못하기에 명도를 최대한 지연시키려 할 것이다. 공매 매수인의 입장에서는 2019.09.26. 매각잔금을 납부한 후 명도소송을 진행해야 하기에 답답한 부분이 있을 것이다.

하지만 해당물건의 부동산등기사항증명서를 분석하면, 공매와 경매가 병행된다는 사실을 알 수 있다. 경매에서는 지분 소유권자로서 '공유자우선매수권'을 행사해 나머지 1/2지분을 낙찰받을 수 있다.

해당물건은 2019.09.26. 매수자 문석열이 공매 매각잔금을 납부함으로써 1/2지분은 정경신에서 문석열로 소유권이 이전되고, 남은 조욱의 1/2지분만 경매가 진행되고 있었다.

지분경매의 1차 매각기일은 2019.11.14. 최저매각가격은 77,500,000원이다. 따라서 입찰보증금은 7,750,000원이다. 예상했던 대로 공매 낙찰가격보다 높다. 이럴 때는 경매입찰을 보류하고 유찰되기를 기다리는 게 상식이다. 다세대 지분경매에서 1차에 낙찰받는 정신 나간 사람은 없을 테니 말이다.

지분경매의 2차 매각기일이 2019.12.19.로 정해졌다. 최저매각가격은 54,250,000원, 입찰보증금은 5,425,000원이다. 공매로 낙찰된 가격(51,200,000원)과 얼추 비슷하다. 이제는 공매로 지분매입한 투자자가 공유자우선매수권 행사를 위해 경매법원에 나타날 수 있을 것이다.

지분 공유자라면 입찰기일 전에 절대반지인 '공유자우선매수권 행사'를 신고

하여 예비 입찰자들의 기를 꺾어놓을지 말지 고민될 것이다. 또는 아무도 입찰하지 않으면 내가 매수하면 그만이라고 생각할 수도 있다.

입찰 당일에 지켜보다가 유찰되면 그냥 집에 가고, 최고가 매수신고인이 있으면 절대반지를 들고 "공유자우선매수권 행사요"를 외칠 수도 있다.

그렇다면 '공유자우선매수권'은 언제 행사할 수 있을까?

매각기일(입찰기일) 전에 경매법원에 사전 신고를 할 수 있다. 또는 입찰이 이루어진 후 입찰법정에서 신고할 수도 있다. 단, 입찰법정에서 집행관이 최고가 매수신고인을 '고지'하기 전까지만 가능하다. 집행관의 고지 이후, 즉 매각결정이 된 이후에는 공유자우선매수권 행사를 할 수 없다. 여기서 '고지'란 집행관이 최고가매수신고인의 이름과 입찰가격을 호명하는 것을 말한다.

결과를 먼저 밝히자면, 사전에 공매로 정경신의 1/2지분을 매수한 문석열은 법정에 나타나지 않았고, 필자의 제자(진종권)가 낙찰을 받았다.

문석열은 왜 공유자우선매수신고 행사를 하지 않았을까? '설마 2차에 들어오겠어?'라고 자만할 걸까? 아니면 공매로 낙찰받은 후 대출을 받지 않고 자기자본으로 대금을 납입했기에 자금이 떨어졌을까? 아니면 직장인으로서 자리를 비우지 못할 피치 못할 사정이 있었던 걸까?

아무튼 열심히 활동하는 필자의 제자가 단독 입찰해 조욱의 1/2지분을 낙찰받는 데 성공한 지분투자 물건이다.

법원 경매서류를 다시 살펴보자.

공매의 문석열과 경매의 진종권이 사이좋게 해당물건의 지분을 1/2씩 나눠가졌다. 앞으로 이들은 어떤 행보를 할까?

동일한 지분권자이지만, 해당물건의 주도권은 진종권에게 있다.

해당 다세대의 점유자 겸 임차인 김정수를 인도하기에는 국세징수법보다 민사집행법이 간단하기 때문이다. 앞에서 밝혔듯이, 경매에서는 대항력 없는 후순위 임차인을 대상으로 한 인도명령제도가 존재한다.

현직 공인중개사로서 경매 경험이 많은 경매낙찰자 진종권은 잔금납부하기 전에 임차인을 만나 명도를 시도할 것이다.

"세입자님, 죄송하지만 제가 이 집을 낙찰 받았습니다. 혹시, 이전에 공매로 낙찰받은 분은 만나보셨나요? 혹시 연락처를 아시는지요? 이사에 협조해주시면 이사 비용으로 2백만 원 정도는 생각하고 있습니다."

진종권이 제시한 이사비용은 당연히 문석열과 진종권이 절반씩 부담하게 될 것이다.

임차인 김정수는 보증금 60,000,000원 중에서 공매 배분으로 최우선변제금 20,000,000원만 배분받고 나머지 40,000,000원을 받지 못하는 딱한 처지이지만, 협상에 응하지 않으면 인도명령을 통한 강제집행이 가능하다는 사실을 잘 알 것이다.

또한 임차인이 최우선변제금을 받기 위해서는 매수인의 인감이 날인된 명도확인서와 인감증명서가 필요하다. 최악의 경우에는 경매·공매 낙찰자가 임차인의 배분금 20,000,000원에 대해 다세대 사용에 대한 부당이득금 반환 청구의 소를 제기하고, 가압류를 걸어서 강제집행비용, 무상사용한 임대비용 등을 청구할 가능성도 있다.

여기서 만약 여러분이 경매낙찰자 진종권이라면, 다음의 지분투자 9가지 전략 중에서 어떤 것을 선택할 것 같은가?

① 내 것을 사라
② 네 것을 팔아라
③ 함께 팔자
④ 함께 임차하고 함께 팔자
⑤ 돈이 없다면
⑥ 배 째라
⑦ 무단 사용한다면
⑧ 공유자 우선매수권 행사
⑨ 보상을 받는 대상이라면

정답은 ④이다. 함께 임차하고 함께 파는 게 이익이다.

지분권자가 공동으로 임대차계약을 하고, 양도세 중과기간을 경과한 2년 이후에 공동매각을 해서 지분 비율에 따라 배분하면 된다.

경매낙찰자 진종권은 부동산공인중개사이므로, 해당물건에 임차인을 소개하거나 매매할 때 타 공유지분권자에 대한 중개수수료까지 받을 수 있으니 그야말로 '꿩 먹고 알 먹고, 도랑 치고 가재 잡는' 일석이조의 투자인 셈이다.

지금까지 경매와 공매가 함께 진행되는 지분투자에 대해 설명했다. 참고로 공매와 경매의 차이에 대해 도표로 만들어 놓았으니 참고하기 바란다.

구분		공매(압류재산)	경매
개념		부동산 등을 처분할 때 모든 조건을 공개하고 일반경쟁 입찰을 통해 최고가 입찰자를 결정하는 제도	법원에서 공개 경쟁입찰을 통하여 최고가 매수인을 결정하는 제도
공통점	매각방법	공개 입찰	
	입찰 방법	공개 경쟁 입찰	
	명도 책임	매수자	
	공유자 우선매수권 청구	가능	
	배당요구종기	첫 매각기일 이전 지정	
	농지취득자격증	필요(소유권이전등기 촉탁 전)	필요(매각허가 결정 전)
차이점	입찰 방법	온비드 인터넷 입찰(3일간)	법원경매법정 방문입찰 1회
	입찰보증금	입찰가격의 10%	최저매각금액의 10%
	유찰시 감가율	최초매각예정가격의 10%씩 체감하여 50%까지 진행	이전 최저매각금액의 20~30%씩 체감
	임대차/권리	압류재산 공매재산명세	매각물건 명세서
	대금납부방법	① 일시불 ② 3천만 원 미만: 7일 이내 ③ 3천만 원 이상: 30일 이내	일시불(단, 재경매 기일 3일 전까지 대금 납부 시 유효)
	임차인인도명령	불가(명도소송)	가능(인도명령)

　　그 동안 경매에만 집중했다면, 캠코 공매에도 관심을 가질 것을 조언한다. 공매를 하기 전에 기본으로 알아야 할 압류재산, 수탁재산, 국유재산, 유입재산 등의 개념을 간단히 정리해보았다. (출처: 자산관리공사 온비드)

◆ 압류재산
국세징수법 및 지방세법 등에 의거 국세, 지방세 및 각종공과금 등의 체납으로 세무서 또는 지방자치단체 등이 체납자의 재산을 압류한 후 체납세금을 징수하기 위해 캠코에 매각을 의뢰한 재산. 온비드를 통한 인터넷 공매로 매수할 수 있다.

◆ 수탁재산
금융기관이나 기업체가 소유하고 있는 비업무용 자산을 캠코에 매각 위임한 부동산. 또는 일시적 1세대 2주택자와 비사업용으로 전환 예정인 토지 소유자가 양도소득세의 비과세 또는 중과 제외 혜택을 받기 위해 캠코에 매각 위임한 재산. 온비드를 통한 인터넷 공매로 매수할 수 있다.

◆ 압류재산
국세징수법 및 지방세법 등에 의거 국세, 지방세 및 각종공과금 등의 체납으로 세무서 또는 지방자치단체 등이 체납자의 재산을 압류한 후 체납세금을 징수하기 위해 캠코에 매각을 의뢰한 재산. 온비드를 통한 인터넷 공매로 매수할 수 있다.

◆ 수탁재산
금융기관이나 기업체가 소유하고 있는 비업무용 자산을 캠코에 매각 위임한 부동산. 또는 일시적 1세대 2주택자와 비사업용으로 전환 예정인 토지 소유자가 양도소득세의 비과세 또는 중과 제외 혜택을 받기 위해 캠코에 매각 위임한 재산. 온비드를 통한 인터넷 공매로 매수할 수 있다.

◆ 국유재산
국유 일반재산은 국유재산 중 행정재산(공용재산, 공공용재산, 기업용 재산, 보존용 재산)을 제외한 모든 재산을 말하며, 대부 및 매각이 가능한 재산이다. 국유 일반재산의 대부는 민법상의 임대차와 유사하며, 공고를 통한 일반경쟁이나 제한·지명경쟁 또는 수의계약 방법을 통해 대부계약을 체결할 수 있다.

◆ 유입재산
금융회사 등으로부터 인수한 부실채권의 담보물건을 공사가 경매절차에서 취득한 재산. 온비드를 통한 인터넷 공매로 매수할 수 있다.

지금까지 NPL 지분투자 기법에 대해 설명했다. 차후에는 법정지상권, 유치권 NPL투자, 공동담보 물건을 활용해 예상보다 높은 수익을 창출하는 기법을 공개할 예정이다. 앞에서 살펴보았듯이, 지분투자는 결코 특별한 투자법이라 할 수 없다. 조금만 공부한다면, 초보자들이 건드리지 못할 어려운 투자도 아니다. 일반 경매보다 지분 물건 자체가 제한적이라는 것과 타 지분권자에 대한 협상과 분쟁해결 등이 문제일 뿐이다.

 2020년 10월 말 대부금융업 동록 현황에 따르면 NPL 채권을 자유롭게 매입할 수 있는 매입채권 추심업은 정부의 규제로 감소 추세가 지속될 것으로 예상된다. 채권추심업체는 2019년 10월 말 942개에서 2020년 10월 말엔 774개로 168개가 감소하였다(출처: 한국대부금융협회 소비자금융 동향. 2020년 11월 2일). NPL 시장의 수요와 공급 법칙에 따라 금감원에 등록된 채권추심업체가 줄어들면, 보다 저렴하게 NPL 채권을 매입할 기회가 된다. 이제 살아남는 자만의 승자 독식 시대가 도래할 수 있다.

 필자는 부동산학 박사로서 대학교 학부과정에서는 부동산학 개론, 부동산 투자론, 부동산 정책론, 부동산 중개론, 경매실무와 전략 등을 오랜 기간 강의하였고, 건국대학교 부동산대학원, 중앙대학교, 단국대학교 등 여러 곳의 최고경영자과정에서 특강을 하고 있다. 국민은행 등 금융기관의 여신관리 직원들을 대상으로 한국금융연수원 등에서도 강의를 진행하고 있다.

 필자는 덕망 있는 학자라기보다는, 이윤 창출을 목적으로 활동하는 사업가에 가깝다. 노래도 잘 못하고, 춤도 출 줄 모른다. 잘하는 것이 별로 없는 평범한 사람이다. 다만, 부동산을 사랑하는 사람으로서 부동산 관련 강의와 사업하는 것이 즐겁고, 집중할 수 있는 일이어서 이 일을 즐기고 있을 뿐이다.
 이제 외부강의는 최대한 자제하고, 그동안 다양한 NPL 실전투자 경험을 바탕으로 필자가 운영하는 '강남에듀평생교육원'에서 강의에 집중하려고 한다. 근저당권부 채권 투자 역시 힘이 있는 한 계속할 것이다.

 필자는 경매, 공매, NPL 분야를 모두 강의할 수 있을 뿐 아니라, 부동산 정책 등 다양한 강의도 가능하다. 실무적으로도 경매, 공매, NPL, 갭투자, 토지 개발, 건축 등 다양한 경험을 쌓아왔지만, 아직도 더 공부해야 할 것이 많다고 믿는다.

필자가 근저당권부 채권(NPL) 분야에서 다른 분들보다 조금 앞선 것이 있다면, 다양한 실전투자사례를 경험했고, NPL 강의를 비롯한 다양한 교육 경험이 있으며, 앞으로도 여전히 수익 창출이 가능한 매력적인 NPL(부실채권) 투자를 계속할 생각이기 때문이라 생각한다.

마지막으로 독자들에게 꼭 해주고 싶은 말이 있다.

세상에는 절대 없는 것 3가지가 있다.

첫째, 공짜 점심은 없다.

둘째, 인생에 정답은 없다.

셋째, 세상에 비밀은 없다.

돈 버는 것에도 정답이 없다.

NPL투자, 경매, 공매, 갭투자, 재개발·재건축투자, 일반매매, 급매, ···, 뭐든 여러분이 가장 잘하는 것을 선택하면 된다. 다만 필자는 그동안 경험을 바탕으로 가장 수익을 창출하기 좋은 것을 고르라면 1초도 망설이지 않고 NPL(부실채권)을 고를 것이다.

필자는 스스로 부족한 부분을 채우기 위해 자기개발에 최선을 다하면서, 언제나 부동산과 함께 있을 것이다. 부동산에 관심 있는 분들과 아름다운 동행과 실천을 함께하고 싶다. 이 책을 읽고 계신 모든 분들이 꿈을 이루시길 기원한다.

*책의 내용과 관련해 문의사항이 있는 분은 네이버 카페「3천만원 3억만들기」의 질의응답 코너를 이용하기 바란다.

론세일 투자 채권 양수도 계약서

이 계약은 다음 당사자들 사이에 2012년 06월 13일 체결 되었으며, 양도인이 양도대상채권을 양수인에게 양도함에 있어 다음과 같이 계약을 체결한다.

전 문

주식회사 행복은행(이하 "양도인"이라 한다)은 기준일 현재 [붙임]1. 대상채권 총괄명세표에 기재된 차주(이하, "채무자"라 한다)에 대하여 대출 채권을 보유하고 있다.

이에 양도인은 위 채권과 이자채권, 지연손해금 채권 기타 부수되는 일체의 채권 및 보증인에 대한 보증채권, 위 채권을 담보하기 위한 저당권 등 담보권 일체, 신탁계약상의 우선수익권(이하 "채권 등"이라 한다)을 강남에듀평생교육원(이하 "양수인"이라 함)에게 양도하기로 하고, 양수인은 제4조의 대금을 양도인에게 지급하기로 하고, 당사자들은 아래와 같은 내용으로 채권 등의 양도. 양수에 관해 합의한다.

본 문

제 1 조 (기준일) "기준일"이라 함은 본 계약의 양도대상 채권 등의 자료 작성 기준일로서, 계약자료 및 전산자료의 작성, 본 계약에 의하여 양도, 양수할 채권 등(이하 "대상채권"이하 한다)을 확정하는 기준일을 말하고 이는 본 계약 체결일인 2012년 06월 13일로 한다.

제 2 조 (대상채권) 양도인과 양수인이 양도, 양수할 대상 채권은 기준일 현재 채권 원리금(연체이자포함) 전액을 기준으로 하며 [붙임]1. 대상채권 총괄명세표에 따른다.

제 3 조 (대상채권의 적격)

① 대상채권이 기준일 현재 적법, 유효하게 존속하며 무효 취소, 해제 등의 사유가 없을 것

② 대상채권이 기준일 현재 제3자에게 질권, 기타 담보권의 목적이 되어 있거나 상계적상에 있지 아니하며, 대상채권의 양도를 제한하는 특약이나 법적인 제한이 존재하지 아니할 것.

③ 대상채권이 제3자에 의한 압류, 가압류, 가처분등과 강제집행 또는 체납처분의 대상이 되지 아니하였을 것

④ 대상채권에 관하여 양도인과 채무자 또는 제3자 사이에 소송등 법적 분쟁이 없을 것

제 4 조 (대금 및 지급방법)

① 제2조 양도대상 채권의 매매대금은 금이억구천일백만원정(₩291,000,000)으로 한다.

② 양수인은 양도대상 채권의 매매대금의 10%인 금이천구백일십만원정
(₩29,100,000)을 계약금으로 본 계약일에, 잔금금이억육천일백구십만원정
(₩261,900,000)은 2012년 06월 28일까지 각각 아래 계좌로 입금한다. 단, 계
약금 및 잔금은 주식회사 행복은행에 개설된 양도인 "갑"의 명의의 예금계
좌(계좌번호 313-3015-3369)에 입금한다.

③ 양수인이 양도인에게 본조 제2항의 금원을 모두 지급함과 동시에 대상채
권은 양수인에게 귀속한다.

제 5 조 (계약의 해제 등) 양수인이 본 계약 제4조에서 정한 잔금지급기일 후
10일 이내에 매매대금전액을 현금으로 양도인에게 지급하지 않은 경우 양도인
은 양수인에 대한 최고 없이 본 계약을 해제할 수 있고, 양도인이 양수인으로부
터 지급받은 계약금은 위약벌로서 양도인에게 귀속된다. 본 조항은 양도인의
양수인에 대한 손해배상청구에 영향을 미치지 아니한다.

제 6 조 (잔금지급 전 대상채권의 상환 시 처리) 양도인이 본 계약 체결 후부
터 제4조 제2항에서 정한 매매대금 전액을 양수인으로부터 지급받기 전까지 채
무자(연대보증인, 물상보증인 포함)의 변제의사에 따라 대출채권액의 전부 혹은 일
부를 상환 받은 경우 해당 대상채권 부분에 관한 양수도 계약은 자동으로 해제
되고, 양도인은 양수인으로부터 이미 지급받은 계약금 중 해당 대상채권액의
비율에 해당하는 계약금을 즉시 반환하도록 하며, 양수인은 대상채권 양수도
계약의 일부 또는 전부 해제에 관하여 이의를 제기하지 아니한다.

제 7 조 (원인서류 등의 교부)

① 양도인은 매매대금을 전부 수령함과 동시에 양도인이 보유하고 있는 본건
양도대상 채권과 관련된 원인서류의 원본을 양수인에게 교부한다.

② 거래종결일(잔금지급일) 이후에 양도대상 채권과 관련하여 양도인이 추가로 확보한 서류(압류등 법적조치 관련 서류 등 포함)도 입수 즉시 양수인에게 고지하고 인계하여야 한다.

③ 위 제1항에 규정된 서류가 교부되었음을 증명하기 위하여, 양도인은 양수인에게 교부하는 서류의 명세를 기재한 목록 2부를 작성하여 기명 날인 한 후 양수인에게 교부하고, 양수인은 양도인으로부터 교부 받은 서류가 위목록과 일치하는지의 여부를 확인하여 위 목록 2부에 기명날인 후 그 중 1부를 양도인에게 반환한다.

제 8 조 (담보권의 이전 및 채권양도에 관한 대항요건 구비 절차)

① 양도인 "갑"은 본 계약서상의 이전과 관련하여 본 계약 제4조에서 정하고 있는 양수대금을 전액 수령 받은 당일 양수인 "을"에게 즉시 저당권 이전의 부기등기가 경료될 수 있도록 협조한다. 단, 부기등기 지체로 인한 책임은 양수인 "을"이 부담한다.

② 제4조 제 2항에 따른 잔금지급과 동시에, 양도인은 양도대상 채권에 대한 확정일자부 내용증명에 의한 채권양도통지를 채무자에게 발송하여야 하며, 양수인 "을" 역시 채권 양수인으로서 채권양도 받은 사실을 채무자에게 통지하여야 한다. 다만, 본문의 채권양도통지는 양수인에게 위임할 수 있고, 이 경우 본문의 채권양도통지서를 양수인에게 교부함으로써 채권양도통지 권한 위임에 갈음한다.

③ 양도인 "갑"은 본 계약 제4조에서 정하고 있는 양수대금을 전액 수령 받은 후 지체 없이, 수탁자로부터 수익권 양도에 관한 동의를 받고, 채무자에게 수익권 양도에 관한 확정일자부 양도통지를 발송하여 양수인 "을"이 신탁원부의 수익자로 변경될 수 있도록 협조하여야 한다. 다만, 본문의 수익권 양도통지는 양수인에게 위임할 수 있고, 이 경우 본문의 수익권양도통지

서를 양수인에게 교부함으로써 수익권 양도통지 권한 위임에 갈음한다.

④ 제2항 및 제3항의 양도 통지가 채무자에게 송달이 되지 않을 경우 등 양도
통지가 적법하게 도달되기까지 양도인은 양수인에 대하여 양도통지서 추
가 작성 등 채권양도 및 우선수익권양도의 대항력 구비에 적극 협력하여
야 한다.

⑤ 근저당권 이전, 채권양도 통지 및 신탁계약상 우선수익자 지위 변경에 따
른 비용은 양수인 "을"이 부담한다.

제 9 조 (관리책임의 귀속)

① 양도인은 이 계약 체결 이후부터 본 계약 제7조 제 1항에 따른 원인서류 교
부일 까지 본건 채권의 추심, 책임재산의 보전, 강제집행을 비롯한 소송행
위 등 본건 채권의 보전, 관리 행위를 종전 양도인의 대출규정 및 관행에 따
라 성실히 수행하여야 한다.

② 양수인이 본 계약 제7조 제 1항에 따라 본건 채권의 원인서류 등을 실제로
교부 받은 때로부터 양도대상 채권의 보전, 관리와 관련된 모든 책임과 권
리, 의무는 양수인에게 귀속된다.

제 10 조 (양도인의 진술 및 보장)

양도인은 다음 각 호의 사항을 진술 및 보장한다.

1. 양도인은 양도대상 채권 등에 대한 적법하고 유효한 권리를 가지고 있으
며, 본 계약의 내용에 따라 양수인에게 대상채권을 양도할 권한과 능력이
있다.

2. 양도인은 본건 채권의 양도와 관련하여 필요한 내부 수권절차, 기타 필요
한 모든 절차를 마쳤다.

3. 본 계약에 의하여 양도되는 채권은 제3조의 적격을 갖춘 자산이다.

4. 양도인은 기준일 이후 양도대상 채권의 가치를 감소시키는 대출계약의 변경이나, 기타 처분행위를 하지 아니할 것이다.

5. 본 계약에 따른 대상채권의 양도에 의하여 양수인에게 완전, 유효한 권리가 이전되며, 제8조의 담보권의 이전 및 양도절차로 양수인이 양도대상 채권을 양수하는데 더 이상의 조건성취가 필요하거나 기타 제한이 존재하지 아니한다.

6. 양도인은 본 계약 체결을 위하여 금융기관으로서 신의성실의 원칙에 따라 양수인에게 필요한 모든 정보를 진실하게 제공 하였으며, 중대한 사실을 숨기거나 누락하지 아니하였고, 본 계약 체결 후 본건 계약과 관련하여 양수인이 요청하는 정보를 양도인이 보관 또는 인지하고 있는 범위 및 법률이 허용하는 범위 내에서 적극 제공할 것이다.

제 11 조 (양수인의 진술 및 보장)

양수인은 다음 각 호의 사항을 진술 및 보장한다.

1. 양수인은 그 설립의 근거되는 법률에 따라 적법하게 설립되어 유효하게 존속하는 법인이다. 양수인은 이 계약을 체결하고 이 계약상의 의무를 이행할 수 있는 모든 권능과 권한을 보유하고 있다.

2. 양수인은 본건 채권의 양수와 관련하여 필요한 내부 수권절차 기타 필요한 모든 절차를 마쳤다.

3. 이 계약에 따라 발생하는 양수인의 의무는 법적으로 유효하고, 강제이행 청구의 대상이 될 수 있으며, 양수인에 의한 이 계약의 체결 및 이행이 양수인에게 적용되는 법령, 양수인이 제3자와 체결한 계약(양수인이 법인인 경우), 양수인의 정관에 위반되지 아니한다.

4. 양수인은 본인 자신의 계산으로 타인을 대리하지 않고 본건채권을 매수한다.

제 12 조 (준거법 및 분쟁해결)

① 이 계약 및 이 계약으로부터 발생하는 양 당사자의 모든 권리와 의무는 대한민국법률의 적용을 받으며 그에 따라 그 내용이 해석된다.

② 이 계약의 해석 또는 적용과 관련하여 양 당사자 사이에 법적 분쟁이 발생하는 경우에는 수원지방법원 안양지원을 제1심 관할법원으로 한다.

제 13 조 (하자담보책임)

양도되는 대출채권 및 담보물건의 적법성, 유효성과 채무자의 재무상태, 지급능력, 담보상태 등이 양도인의 판단에 의존하지 않고, 채권 양수인의 독자적 결정에 의한 것이며, 양도인은 이에 대하여 의견진술을 하거나 보증한 바가 없다.

제 14 조 (양도, 양수 효력 발생일)

대상 채권의 양도, 양수는 본 계약의 체결일로부터 그 효력을 발생하고, 양수대금(잔금지급시) 정산 완료시 양수인에게 귀속 확정되어 양도인·양수인의 모든 사후정산을 종료한다.

제 15 조 (기타)

① 본 건 채권 매매와 관련하여, 이 계약은 양 당사자 사이의 완전한 합의를 구성하며, 본 건 채권의 매매와 관련하여 이 계약의 체결 이전에 행하여 진 양 당사자 사이의 구두 또는 서면에 의한 일체의 합의는 그 효력을 상실한다.

② 이 계약은 양 당사자의 서면 합의에 의하여만 수정될 수 있다.

③ 양도인 및 양수인은 본건 계약과 관련하여 얻은 자료 및 정보는 비밀을 유지 하여야 하며, 이 계약과 다른 목적 및 용도로 사용할 수 없다.

[특약사항]

양도인은 이 양수대금 수령과 동시에 근저당권 이전 및 채무자를 비롯한 이해관계인(보증인, 담보제공자)에게 채권양도통지서 및 신탁계약상의 우선수익권 양도통지서를 발송함으로써 본 계약상의 모든 의무를 이행한 것으로 본다. 그 이후부터는 양수인이 본 계약과 관련한 모든 법적 책임 및 위험을 부담한다. 본 계약 체결을 증명하고 이를 엄수하기 위하여 본 계약서를 2부 작성하여 "갑" 과 "을"이 서명 또는 기명, 날인한 후 각각 1부씩 보관 한다.

붙임	1. 대상채권 총괄 명세표 1부
	2. 각 채권별 근저당권 설정계약서 각 1부
	3. 각 인감증명서 각 1부
	4. 각 법인등기부등본 각 1부

2012년 06월 15일

["갑"채권양도인]	["을"채권양수인]
성 명 : ㈜ 행복은행	성 명 : 강남에듀평생교육원
주소 : 서울시 강남구 삼성동 136-8	주 소 : 서울시 강남구 역삼동 818-2 원담빌딩
대표이사 : 이 **	원 장 : 성**
전화번호 : 02) 525-7788	전화번호 : 02-525-6388
팩스번호 : 02) 525-7789	팩스번호 : 02-566-4985

1. 대상채권 총괄 명세표 1부

채권명세					연체이율	매각가격
채무자	원금	이자	가지급금	합계	22.7%	300백만원
홍길동	3억원	47백만원	3백만원	350백만원		

채무인수 투자 계약서

한빛제오차유동화전문 유한회사(주소:서울시 강남구 삼성동 136-2 한빛빌딩 5층, 이하 "갑"이라고 한다)와 성 춘향(주소:서울시 강남구 대치동 138 은마아파트 103동1003호, 이하 "을"이라고 한다)은 다음과 같은 조건으로 계약(이하 "본건 계약"이라고 한다)을 체결한다.

제 1 조 (용어의 정의)

① "채무인수대상채권"이라 함은 갑이 채무자에 대하여 가지는 별지목록(1)에 기재된 채권의 원금과 그 이자 및 연체이자를 말한다.

② "채무자"라 함은 채무인수대상채권의 채무자 "홍길동"을 말한다.

③ "담보권"이라 함은 채무인수대상채권을 담보하기 위하여 홍길동 소유의 별지 목록(1)에 기재된 담보권을 말한다.

④ "채무인수대상채권 및 담보권 관련서류"라 함은 여신거래약정서, 근저당설정계약서 등 채무인수대상채권 및 담보권의 발생과 관련된 서류를 말한다.

⑤ "채무인수금액"이라 함은 민사집행법 제143조 제1항의 규정(특별한 지급방법)에 의하여 확정된 금액, 즉 을이 본건 경매절차에 있어서 위 규정에 의하여 매각대금의 지급에 갈음한 금액을 말한다.

제 2 조 (합의 내용)

① 을은 수원지방법원 안양지원 2012타경 1368호 부동산 임의경매 절차(이하 "본건 경매절차"라고 한다)에서 향후 지정될 6회차 매각기일에 입찰대금을 금 일억삼천오백만원(금135,000,000원)으로 정하여 참가하기로 한다(만약 매각기일이 변경 될 경우 차회 매각기일에 위 조건으로 참가한다).

② 을은 채무인수대상채권의 채무인수인이 되어 채무자가 부담하고 있는 채무에 대한 다음의 조건에 따라 갑에게 채무이행의 책임을 부담한다.

가. 약정지급액 : 금 오천만원(금50,000,000원)

나. 지급시기

    a. 을은 갑에게 본건 계약금 금팔백육십구만칠천오백원(금8,697,500원) 중 일부금 금오백만원(금5,000,000원)은 계약당일 지급하고, 금 삼백육십구만칠천오백원(금3,697,500원)은 향후 지정될 6회차 매각기일에 입찰 대금의 보증금으로 지급하기로 한다.

    b. 을은 본건 경매절차의 배당기일로부터 10일이내에 금 오천만원(금50,000,000원)에서 계약금중 일부인 계약당일에 지급한 금오백만원(금5,000,000원) 및 갑이 본건 경매절차의 배당기일에서 갑보다 선순위 금액을 공제하고 실제현금으로 배당 받는 금액(선순위 금액이 입찰보증금보다 많을 경우 을이 납부한 금액)을 차감한 금액을 갑에게 지급하기로 한다.

③ 갑은 을이 민사집행법 제143조 제1항의 규정(특별한 지급방법)에 의하여 매각대금을 납부할 수 있도록 을에게 "채무인수에 관한 승낙서"를 교부하기로 하고, 을은 경매법원의 허.부결정에 대하여 갑에게 책임을 묻지 않으며, 을은 본건 경매사건의 매각대금을 민사집행법 제143조 제1항의 규정(특별한 지급방법) 또는 경매법원에서 허가하지 않을 경우 법원에서 허가한 납부방법에 따라 대금을 납부하기로 하고, 대금납부조건으로 채무인수가 받

아들여지지 않아 현금으로 납부된 경우, 갑은 약정지급액 금오천만원(금 50,000,000원)을 초과하는 배당금에 대하여는 배당기일 3영업일 이내에 을에게 반환한다.

④ 갑은 제2항에서 정한 약정지급액 전액 수령 시 을에게 담보권 해지에 필요한 서류를 교부하기로 하며, 이 경우 담보권의 해지 등에 관련하여 발생되는 모든 책임 및 비용은 을이 부담한다.

⑤ 을은 갑에게 제2항에서 정한 약정지급액 전부를 여하한 유보 없이 상계 기타 이와 유사한 것에 의하지 아니하고 현금으로 지급하고, 을이 갑에게 본 건 계약에 의한 의무를 모두 이행하는 때에 본 건 계약에 기한 거래는 종결되는 것으로 한다.

⑥ 을은 본건 경매절차의 소유권이전촉탁일로부터 5일 내에 근저당권 변경 (채무자 변경)등기를 경료하여야 하며, 갑의 요청 시 위 변경등기에 필요한 서류 일체를 교부하며, 이 경우 변경등기 등에 관련하여 발생되는 모든 책임 및 비용은 을이 부담한다.

⑦ 을은 본건 경매절차에서 차순위 입찰자가 채무인수액 금오천만원(금 50,000,000원)을 초과하여 입찰 시 5차 최저입찰금액 금 오천칠백팔십삼만 삼천원(금57,833,000원)의 범위 내에서 채무인수액과의 차액을 갑에게 보전하여야 한다.

⑧ 을은 본건 경매절차의 소유권이전촉탁일에 있어서 본건 계약상 담보권에 대하여 말소촉탁을 하여서는 아니된다.

제 3 조 (제3자 낙찰)

을이 본건 경매 절차에서 입찰금액을 금일억삼천오백만원(금135,000,000원)으로 정하여 참가하였으나 제3자가 위 금액 이상으로 입찰에 참가하여 최고가매수신고인이 된 경우 갑은 본건 계약을 해지하고 기 수령한 금오백만원(금5,000,000원)을

을에게 반환하기로 한다(위 금원에 관하여 받는 날로부터 이자는 지급하지 아니한다).

제 4 조 (지연손해금 및 경매신청)

① 을이 제2조 제2항 나. b.에서 정한 대금지급을 지연하는 경우에는 그 대금에 대하여 배당기일에서 3개월이 경과한 날로부터 실제 납부기일 까지 연 19%의 비율에 의한 지연손해금을 가산하여 납부하도록 하되, 그 잔금납부기한은 약정납부일로부터 14일을 초과하지 못한다.

② 을이 제2항 및 제3항에서 정한 납부일(제1항에서 정한 14일 또는 제2항에서 정한 1개월)을 초과할 경우 갑은 을에게 별도의 통보 없이 채무인수금액 및 이에 대하여 배당기일로부터 연19%의 비율에 의한 지연손해금을 청구금액으로 정하여 경매신청도 할 수 있고, 이러한 경우 을이 본건 계약체결 시 갑에게 지급된 금오백만원(금5,000,000원) 및 갑이 본건 경매 절차의 배당기일에서 갑보다 선순위 금액을 공제하고 실제 현금으로 배당 받는 선순위 금액이 입찰보증금보다 많을 경우 을이 납부한 금액을 전액 갑에게 위약금으로 귀속하며, 을은 갑에게 위 금원의 반환을 요구하지 못한다.

제 5 조 (계약 해제)

① 다음 각 호의 경우 갑은 본건 계약을 해제할 수 있고, 이러한 사유로 본건 계약을 해제한 경우 을이 본건 계약체결 시 갑에게 지급한 금오백만원(금5,000,000원)은 전액 갑에게 위약금으로 귀속하며, 을은 갑에게 위 금원의 반환을 요구하지 못한다.

a. 을이 제2조 제1항에서 정한 본건 경매 절차의 입찰에 참가하지 않을 경우.

b. 을이 위 입찰에 참가하였으나 입찰금액을 금일억삼천오백만원(금135,000,000원) 미만으로 기재한 경우

c. 본건 경매 절차에서 갑보다 선순위 금액이 입찰보증금보다 많음에도 불구하

고 을이 이를 납부하지 않은 경우.

　　d. 을이 경매법원에서 허가한 납부방법에 따라 대금을 납부하지 않아, 재경매가

　　　 진행되어 제3자에게 낙찰되어 본건 경매사건이 종결되는 경우.

　② 상기 제1항의 사유로 갑이 본건 계약을 해제한 경우, 본건 경매절차의 입찰

　　보증금에 대하여 는 배당재원으로 귀속되며, 을은 갑에게 배상 또는 반환

　　을 요구하지 못한다.

제 6 조 (면 책)

을은 본건 계약 체결과 동시에 채무인수대상채권 및 담보권의 해지 및 보유

와 관련하여 갑에게 발생하는 모든 조치, 소송, 채무, 청구, 약정, 손해 또는 기타

청구로부터 갑을 영구하게 면책시킨다.

제 7 조 (비용의 부담)

각 당사자는 본건 계약의 협상을 위하여 지출한 변호사 보수 기타 일체의 비

용은 각자 부담한다. 그 외에 을은 채무인수대상채권 및 담보권의 행사에 소요

된 변호사보수 기타 일체의 비용, 갑으로부터 채무인수 받은 어떠한 경우에도

을은 갑에 대하여 그 비용의 부담 또는 상환을 청구하지 못한다.

제 8 조 (계약 당사자의 변경 등)

　① 을은 갑의 사전 서면 동의를 얻어 본건 계약에 의한 을의 권리와 의무를 제

　　3자에게 양도할 수 있다. 다만 이 경우에 그 계약 당사자 변경과 관련하여

　　지출되는 모든 비용은 을이 부담하며, 제3자로의 계약 당사자 변경으로 인

　　해 갑에게 발생하는 모든 불이익은 을의 책임으로 한다.

　② 제1항의 규정에 따라 을의 지위를 승계하는 자(아래에서 "계약인수인"이라고 한

　　다)가 다수인 경우에 채무인수대상채권 및 담보권의 해지 등은 을과 계약

인수인이 상호 합의하여 갑에게 요청하는 방법으로 이루어진다.

제 9 조 (관리책임의 귀속)

본건 계약과 관련하여 발생하는 분쟁에 관한 소송의 제1심 관할 법원을 갑의 본점 소재지 관할법원인 서울중앙지방법원으로 한다.

본건 계약의 체결을 증명하기 위하여 당사자들은 계약서 2통을 작성한다.

2012년 8월 3일

갑	한빛제오차유동화전문 유한회사
	서울시 강남구 삼성동 136-2 한빛빌딩 5층,
	대표이사 홍 길 동 (인)
을	성 춘 향 (인)
	서울시 강남구 대치동 138 은마아파트 103동1003호
	전화번호: 010-9000-0233
붙임	1. 채무인수대상채권 1부
	2. 담보권의 표시 및 부동산의 표시 1부
	3. 각 인감증명서 각 1부
	4. 각 법인등기부등본 각 1부

1. 채무인수대상채권
(단위: 원)

대출과목	대출일자	대출잔액	비 고
가계일반대출	2005.08.03	100,000,000	이자별도
가계일반자금대출	2006.07.07	35,000,000	이자별도
가지 급금	2011.07.09	1,500,000	이자별도
가지 급금	2011.07.09	525,766	이자별도
합 계		137,025,766	
상기대출 원금잔액은 2012.08.3.현재 잔액이며, 미수이자는 별도로 가산됨			

사후정산 입찰참가이행 및
채권일부 양수도 계약서

행복제오차유동화전문유한회사(소재지: 서울특별시 강남구 역삼동 369 (대박빌딩 7
층,이하 "양도인"이라고 한다)와 성춘향(주소: 경상남도 창녕군 대지면 모산리 1 맥산주택 1층,
이하 "양수인"이라고 한다)은 다음과 같은 조건으로 입찰참가이행 및 채권일부 양수
도 계약(이하 "본건 계약"이라고 한다)을 체결한다.

제1조 (계약의 목적)

양수인은 양도인에게 본건 계약으로 약정 금사억구천오백만원(₩495,000,000)
을 지급하도록 하고 이의 지급방법과 절차를 정함을 목적으로 한다.

제2조 (용어의 정의)

① "양도대상채권"이라 함은 양도인이 채무자에 대하여 가지는 총채권 중
　일부금으로 별지목록에 기재된 채권의 원금과 그 이자 및 연체 이자를 말
　한다.
② "채무자"라 함은 양도대상채권의 채무자인 "홍길동"을 말한다.
③ "담보권"이라 함은 양도대상채권을 담보하기 위하여 상기 채무에 담보로
　제공된 담보권 중 일부금으로 별지 목록에 기재된 담보권을 말한다.

④ "양도대상채권 및 담보권 관련서류"라 함은 여신거래약정서, 근저당설정 계약서, 지상권설정계약서 등 양도대상채권 및 담보권의 발생과 관련된 서류를 말한다.

⑤ "본건 경매사건"이라 함은 의정부지원 2013타경1368호 부동산 임의경매 사건을 말한다.

⑥ "집행비용"이라 함은 본건 경매사건의 법원 배당표상의 경매비용을 말한다.

⑦ "선순위금액"이라 함은 본건 경매사건 배당일 현재 배당표에서 양도인의 배당에 우선하여 타 채권자에게 배당이 확정된 금액과 배당이의에 의하여 소송 결과 이전까지 양도인의 배당금 중 일부 또는 전부가 법원에 공탁되는 금액을 말한다.

⑧ "차순위차액보전금액"이라 함은 본건 경매사건의 매각기일에 차순위 제3 자가 입찰신고한 매수가격이 채권일부양도대금보다 높을 경우에 발생하는 금액의 차액을 말한다.

제3조 (계약금 및 대금지급의 방법)

① 채권 일부 양도 대금의 계약금 금삼천삼백만원(₩33,000,000)은 계약시 지급하되 계약금은 양도인이 지정한 은행계좌 및 지정방식으로 지급하기로 하며, 잔금 금사억육천이백만원(₩462,000,000)은 본건 경매사건의 배당금으로 회수하기로 한다. (채권일부 양도 대금의 계약금을 입찰이행보증금으로 사용 후 배당 시 전액 수령예정) (창녕성씨새마을금고/계좌번호:001-136689-03-012/예금주명:행복제오차유동화전문유한회사)

구분	금액	일자	비고
계약금	금삼천삼백만원 (₩33,000,000)	계약일자	계약금 입찰보증금으로 대체
잔 금	제4조의 1	배당일자	①집행비용 양도인 부담 ②선순위 금액 양도인 부담

제4조의1 (계약의 이행방법 – 채권 일부 양수도)

① 양도인은 계약금 수령 후 제4조의 2에 의하여 양수인이 본건 경매사건에서 최고가매수인이 되고 매각대금을 완납한 경우, 양도인이 보유한 2순위 근저당권 금이억오천만원(₩250,000,000)중 금육천만원(₩60,000,000)을 양수인에게 별지 목록 채권과 함께 양도하기로 한다.

   * 양도인은 배당 금액에서 금육천만원(₩60,000,000)을 배당기일로부터 7영업일 이내에 양수인에게 지급하기로 한다.

   [집행비용(양도인 부담), 선순위(당해세, 임금채권, 소액임차인 등) 양도인 부담]

   [지급금액(₩60,000,000)=입찰참가금액(₩555,000,000)-약정금액(₩495,000,000)]

② 위 채권 및 근저당권 관련 원인서류는 양도인이 보관하도록 하며, 필요한 경우 양수인에게 교부할 수 있다.

제4조의2 (계약의 이행방법 – 경매입찰참가)

① 양수인은 본 계약 체결 이후 본건 경매사건의 3회차 매각기일에 금오억오천오백만원(₩555,000,000)으로 경매 입찰에 참가하기로 하며, 최고가 매수 신고인이 된 경우 영수증 사본을 양도인에게 교부하도록 한다.

② 양도인은 양수인이 본건 경매사건에서 낙찰을 받고 매각대금을 완납한 경우, 양도인이 보유한 2순위 근저당권 금삼억삼천만원(₩330,000,000)중 금육천만원(₩60,000,000)을 양수인에게 별지 목록 채권과 함께 양도하기로 한다.

③ 본건 경매사건과 관련하여 발생한 전입찰보증금 및 항고보증금 등 각종 몰취보증금(이자포함)은 어떠한 경우에도 본 계약과 별도로 양도인의 채권에 충당하기로 한다.

제5조 (승인 및 관리포기)

① 양수인은 자신이 직접 채무자, 담보권, 양도대상채권, 담보권 및 본건 경매

사건 관련 서류에 대하여 실사를 한 후 본 계약을 체결한다.

② 본 계약은 계약체결일을 기준일로 하여 선순위 채권을 포함한 채권내역 및 근저당권 설정내역은 별지와 같음을 확인하며, 경매기일 전까지 변동내역이 발생할 경우 양도인은 이를 양수인에게 통보하도록 한다.

③ 본 계약 조항과 상치되는 여하한 것에도 불구하고, 양도인은 채무자의 재무 상태 및 변제 자력 또는 양도대상채권 및 담보권과 관련된 조건, 양도가능성, 집행가능성, 완전함, 대항요건, 양도대상채권 및 담보권 관련 문서의 정확성 및 그 양도가능성을 포함하여 양도대상채권에 대한 여하한 진술 및 보장도 하지 아니한다.

④ 양수인은 양도인이 현재의 형식과 상태대로 양도대상채권 및 담보권을 양도함을 확인한다.

⑤ 양도인은 양도대상채권 및 담보권의 양도와 관련하여 조치 및 어떠한 보증 또는 담보 책임을 지지 아니한다.

⑥ 양수인은 본건 경매사건의 해당 목적물에 대하여 충분한 현장실사 및 행정조사를 하였으며, 현재 및 장래에 발생할 수 있는 행정적 제한, 폐기물, 분실, 파손, 작동여부, 유치권, 점유변동 등에 대하여 어떠한 이의를 제기하지 않고 현황대로 계약하기로 한다.

⑦ 양수인은 경매사건의 배당절차에서 배당이의 소송이 발생할 수도 있음을 인지하며, 이러한 경우 양도인에게 명도를 포함한 어떠한 책임도 묻지 아니한다.

⑧ 본 계약체결 이후로는 양도인은 직접 경매입찰에 참가하거나, 제3자와 계약을 체결하지 않도록 한다.

제6조 (계약의 해제, 근저당권 회복)

① 가. 양수인의 입찰금액이상으로 제3자에게 매각되는 경우

나. 법원의 낙찰 불허가등으로 당사자의 과실 없이 경매절차에 장애가 발생하였으나 양도인과 양수인이 이를 수용하기로 합의한 경우

단, 위의 경우에 양도인은 양수인으로부터 받은 계약금을 반환함으로써 본 계약은 해지된다.

② 경매절차에 의한 대금납부기한까지 경매 매각대금을 납부하지 못한 경우.

③ 양수인이 제4조의2에 의하여 입찰에 참여하지 않은 경우.

위 ②항 및 ③항에 의하여 이 계약이 해지되는 경우, 양수인이 이미 지급한 계약금은 위약금 및 손해배상금으로 양도인에게 귀속되며, ②항의 경우 입찰보증금은 경매절차에 의한 배당재원에 포함된다.

단, 양도인의 동의가 있는 경우 대금납부기한 이후부터 재경매기일 7일 전까지 양수인이 대금을 납부하면 본 계약은 유효하며, 해당 경매사건의 지연이자에 대하여는 양도인에게 지연손해금으로 잔금에 추가하여 수령하도록 한다.

제7조 (양도인의 면책)

양수인은 본건 계약 체결과 관련하여 양도인에게 발생하는 모든 조치, 소송, 채무, 청구, 약정, 손해 또는 기타 청구로부터 양도인을 영구하게 면책시킨다.

제8조 (비용의 부담)

각 당사자는 본건 계약의 협상을 위하여 지출한 변호사 보수 기타 일체의 비용을 각자 부담한다. 그 외에 양수인은 양도대상채권 및 담보권의 실사에 소요된 변호사 보수 기타 일체의 비용, 양도대상채권 및 담보권을 양도인으로부터 이전받는 것과 관련된 모든 비용 일체를 부담하여, 어떠한 경우에도 양수인은

양도인에 대하여 그 비용의 부담 또는 상환을 청구하지 못한다.

제9조 (관할 법원)

본건 계약과 관련하여 발생하는 분쟁에 관한 소송의 제1심 관할 법원을 서울중앙지방법원으로 정한다.

본건 계약의 체결을 증명하기 위하여 당사자들은 계약서 2통을 작성한다.

위 계약 내용에 대해 설명을 들었으며, 내용을 충분히 숙지하고 이해한다.	(인)

#특약사항 제4조의 1, 2항 관련하여 경매입찰 참가금액 부분에 대해서 증액하여도 반환금액에 대해서 변동 없이 금육 천만원(₩60,000,000)으로 한다.

2013년 0월 0일

양도인 행복제오차유동화전문유한회사

서울특별시 강남구 역삼동 369-1 7층 (대박빌딩)

대표이사 이 기 호 (인)

양수인 경상남도 창녕군 대지면 모산리 1 맥산주택 1층

성 춘 향 (인)

유입조건부 사후정산 투자
채권 양수도 계약서

보람에프앤아이제3차유동화전문 유한회사(이하 "양도인"이라고 한다)와 홍길동(주소 : 서울시 송파구 문정동 휘밀리아파트 13동 1004호), 이하 "양수인"이라고 한다)은 다음과 같은 조건으로 채권 양수도계약(이하 "본건 계약"이라고 한다)을 체결한다.

제1조 (용어의 정의)

① "양도대상채권"이라 함은 양도인이 채무자에 대하여 가지는 별지 목록(1)에 기재된 채권의 원금과 그 이자 및 연체이자를 말한다.

② "채무자"라 함은 양도대상채권의 채무자인 성춘향을 말한다.

③ "담보권"이라 함은 양도대상채권을 담보하기 위하여 채무자 소유의 별지 목록(2)에 기재된 담보권을 말한다.

④ "양도대상채권 및 담보권 관련 서류"라 함은 여신거래약정서(어음거래약정서, 지급보증거래약정서, 상업어음할인), 근저당설정계약서(지상권설정계약서) 등 양도대상채권 및 담보권의 발생과 관련된 서류를 말한다.

⑤ "매매기준일"은 매매계약의 효력이 발행하는 날을 의미하며, 2013년 7월 15일로 한다.

⑥ "계약일"은 2013년 7월 15일로 한다.

⑦ "잔금지급일"은 특약사항 기재된 본건 경매사건의 배당일로부터 10영업일을 의미한다.

⑧ "회수금"은 양도대상채권과 관련하여, 매매기준일(당일 불포함) 이후 잔금지급일(당일 포함)까지의 기간 중에 양도인이 회수한 금액의 총액을 의미한다.

제2조 (채권의 양수도)

① 양도인은 양도대금을 지급받는 것을 대가로 계약일 현재 존재하는 양도대상채권 및 담보권과 이에 부수하는 모든 권리, 권한, 이자와 이익을 양수인에게 매도하고, 이전하고, 전달하며, 양수인은 이를 양도인으로부터 매수하고, 취득하고, 인수한다. 또한, 양수인은 양도대상채권 및 담보권과 관련된 모든 의무를 부담하며 양도대상채권 및 담보권의 모든 조건들을 따를 것에 동의한다. 양도대상채권에 대한 양수인의 모든 권리, 자격 및 이익은 잔금지급과 동시에 매매기준일에 효력이 발생한다.

② 양수인이 본건 계약의 체결 후 양도대상 채권 및 담보권의 양도에 대한 대금(이하 "양도 대금"이라 한다) 전부를 양도인에게 지급하는 경우에 양도인은 지체 없이 양도대상채권 및 담보권 관련 서류의 원본을 양수인에게 교부하며, 양도대상채권 및 담보권의 양도 사실을 채무자에게 지체 없이 내용증명 우편이나 기타 확정일자 있는 증서에 의하여 통지한다.

③ 본 계약의 양도인이 매매기준일까지 추심한 모든 금원은 양도인에게 귀속되고, 잔금지급일 전 양도인이 채무자로부터 수령한 회수금은 양수인에게 귀속한다.

④ 양수인이 양도인에게 양도 대금 전부를 여하한 유보 없이 상계 기타 이와 유사한 것에 의하지 아니하고 지급하고, 양도인이 양수인에게 본 계약에 의한 의무를 이행하는 때에 본건 계약에 기한 거래는 종결되는 것을 한다.

제3조 (양도대금, 대금지급기일의 연장)

① 양도 대금은 총 금이억삼천오백만원(₩250,000,000)으로 한다.

② 계약금은 금이천삼백오십만원(₩25,000,000)으로 한다.

③ 잔금은 금이억이천오백만원(₩225,000,000)으로 하며 제1조 ⑦항에서 정한 잔금지급일까지 지급하도록 한다.

④ 양수인은 위 잔금기한을 연장하고자 하는 경우에는 기한 전에 양도인에게 잔금납부 기한 연장을 요청하여 양도인의 승인을 얻어야 한다. 이 경우 양수인은 납부기한 익일부터 연장 기한일까지 잔금에 대하여 연 19% 연체이율에 의하여 계산된 지연 이자를 선 납부하여야 한다.

⑤ 양수인은 양도 대금을 양도인이 지정하는 은행 계좌(보람은행 1035-802-178368)에 현금 입금하거나 양도인이 별도로 지정하는 방식을 지급한다.

제4조 (회수금의 정산)

① 양도인이 채권회수를 위하여 지출한 법적 절차 비용은 양수인이 부담한다 (경매신청비용 포함).

② 양도인은 잔금지급일에 양수인에게 양도대금 미지급금 및 법적 절차비용을 회수금과 함께 정산한 후 정산금을 지급한다.

제5조 (승인 및 권리포기)

① 양수인은 자신이 직접 채무자, 양도대상채권, 담보권 양도대상채권 및 담보권 관련 서류에 대하여 실사를 한 후 본 계약을 체결한다.

② 본 계약조항과 상치되는 여하한 것에도 불구하고, 양도인은 채무자의 재무 상태 및 변제 자력 또는 양도대상채권 및 담보권과 관련된 조건, 양도가능성, 집행가능성, 완전함, 대항요건, 양도대상채권 및 담보권과 관련 문서의 정확성 및 그 양도가능성을 포함하여 양도대상채권에 대한 여하한 진

술 및 보장도 하지 아니한다.

③ 양수인은 양도인이 현재의 형식과 상태대로 양도대상채권 및 담보권을 양도함을 확인한다.

④ 양도인은 양도대상채권 및 담보권의 양도와 관련하여 어떠한 보증 또는 담보책임을 지지 아니한다.

제6조 (양도인의 면책)

양수인은 본건 계약 체결과 동시에 양도대상채권 및 담보권의 양수 및 보유와 관련하여 양도인에게 발생하는 모든 조치, 소송, 채무, 청구, 약정, 손해 또는 기타 청구로부터 양도인을 영구하게 면책시킨다.

제7조 (제3자 낙찰 등)

양수인이 본건 경매절차에서 최저입찰대금을 금400,000,000원 이상으로 정하여 입찰에 참가하였으나 제3자가 위 금액 이상으로 입찰에 참가하여 최고가매수인이 된 경우 및 채무자의 채무변제 등으로 경매절차가 취소된 경우, 양도인은 계약을 해제할 수 있다. 이 경우 양수인이 계약체결 시 양도인들에게 지급한 금 25,000,000원은 10영업일 이내에 양수인에게 반환하여야 한다. 단, 양도인이 위 금원을 수령한 날로부터 반환하는 날까지의 이자는 지급하지 아니한다.

제8조 (계약의 해제 및 손해배상의 예정)

① 다음 각 호의 경우 양도인은 계약을 해제할 수 있다.

1. 양수인이 양도대금의 지급을 지체하는 경우

2. 양수인이 본 계약에서 약정한 본건 경매절차의 입찰에 참가하지 아니한 경우

3. 양수인이 본 계약에서 약정한 본건 경매절차의 입찰에 참가하였으나 입찰대금을 금 400,000,000원 미만으로 기재한 경우

② 전항 각 호의 사유로 양도인이 계약을 해제하는 경우 양도인은 양수인에 대한 별도의 통지 없이 본건 계약을 해제할 수 있다.

③ 제①항의 사유로 계약을 해제하는 경우 양수인이 계약체결 시 양도인에게 지급한 금25,000,000원, 양수인이 본건 경매법원에 납부한 입찰보증금은 위약금으로서 전액 양도인에게 귀속되며 양수인은 위 금원의 반한을 청구할 수 없다.

④ 잔금지급일 이후에는 여하한 사유로 계약의 해제 및 환매를 청구할 수 없다.

제9조 (비용의 부담)

각 당사자는 본건 계약의 협상을 위하여 지출한 변호사 보수 기타 일체의 비용을 각자 부담한다. 그 외에 양수인은 양도대상채권 및 담보권의 실사에 소요된 변호사보수 기타 일체의 비용, 양도대상채권 및 담보권을 양도인으로부터 이전 받는 것과 관련된 모든 비용 일체를 부담하며, 어떠한 경우에도 양수인은 양도인에 대하여 그 비용의 부담 또는 상환을 청구하지 못한다.

제10조 (계약 당사자 변경 등)

① 양수인은 양도인의 사전 서면 동의를 얻어 본건 계약에 의한 양수인의 권리와 의무를 제3자에게 양도할 수 있다. 다만 이 경우에 그 계약 당사자 변경과 관련하여 지출되는 모든 비용은 양수인이 부담하며, 제3자로의 계약 당사자 변경으로 인해 양도인에게 발생하는 모든 불이익은 양수인의 책임으로 한다.

② 제1항의 규정에 따라 양수인의 지위를 승계하는 자(아래에서 "계약 인수인"이라고 한다)가 다수인 경우에 양도대상채권 및 담보권의 양도는 양수인과 계약 인수인이 상호 합의하여 양도인에게 요청하는 방법으로 이루어진다.

제11조 (관할 법원)

본건 계약과 관련하여 발생하는 분쟁에 관한 소송의 제1심 관할 법원을 서울 지방법원으로 정한다.

#특약사항

1. 양수인은 수원지방법원 20**타경 50**호 부동산임의경매 절차("본건 경매절차"라함)에서 제4차 매각기일 (20**년*월*일) 입찰금액을 금400,000,000원 이상으로 하여 입찰에 참가하여야 한다(만일 매각기일이 변경될 경우 차회 매각기일에 참여하기로 한다).

2. 양수인은 수원지방법원 20**타경 50**호 부동산임의경매사건에 대하여 충분히 인지하고 계약하는 것으로 임차인, 유치권 기타 경매관련 모든 사항을 책임진다.

3. 선순위 세금 존재 시 양수인이 부담하며, 경매비용은 양수인이 부담한다.

4. 매각허가결정 이후 채무자나 소유자에 의하여 즉시 항고가 있는 경우, 양도인이 대처 한다.

5. 본건 경매절차에서 제3자(양수인 지정 입찰참가자 제외)가 신고한 입찰가격이 금이억오천만원 (₩250,000,000)보다 높을 경우 "양수인"은 금이억칠천만원(₩270,000,000)을 한도로 금이억오천만원 (₩250,000,000)과의 차액을 잔금지급일에 "양도인"에게 추가 지급한다. -차액보전조항-

---

본 계약의 양 당사자는 계약서의 내용을 충분히 숙지하고 이에 합의하였으며, 본 계약의 체결을 증명하기 위하여 당사자들은 계약서 2통을 작성한다.

20**년 **월 **일

양도인 보람에프앤아이제3차유동화전문유한회사(100003-0134567)
서울시 강남구 강남대로96길 12, 302호(역삼동, 원담빌딩)
이사 김철수 (인)

양수인 홍길동 (인)
서울특별시 송파구 문정동 150 휘밀리아파트 103-1004

배당조건부 사후정산 투자 채권 양수도 계약서

다모아자산관리 주식회사(이하 "양도인"이라고 한다)와 홍길동(이하 "양수인"이라고 한다)는(은) 다음과 같은 조건으로 채권양수도계약(이하 "본건 계약"이라고 한다)을 체결한다.

제1조 (용어의 정의)

① "양도대상채권"이라 함은 양도인이 채무자에 대하여 가지는 별지 목록(1)에 기재된 채권의 원금과 그 이자 및 연체 이자 중 본건 경매사건의 배당기일에 실제 배당받을 금원을 말한다.

② "채무자"라 함은 양도대상채권의 채무자인 김**을(를) 말한다.

③ "담보권"이라 함은 양도대상채권을 담보하기 위하여 채무자 소유의 별지 목록(2)에 기재된 담보권을 말한다.

④ "양도대상채권 및 담보권 관련 서류"라 함은 여신거래약정서(어음거래약정서, 지급보증거래약정서, 상업어음할인), 근저당권설정계약서(지상권설정계약서) 등 양도대상 채권 및 담보권의 발생과 관련된 서류를 말한다.

⑤ "매매기준일"은 매매계약의 효력이 발생하는 날을 의미하며, 2014년 6월 10일로 한다.

⑥ "배당금정산기한"은 본건 경매사건의 배당일로부터 7영업일로 한다.

⑦ "경매절차"는 서울남부지방법원 201*타경****호 부동산임의경매 사건을 의미한다.

제2조 (채권의 양수도)

① 양도인은 양도대금을 지급받는 것을 대가로 계약일 현재 존재하는 양도대상채권 및 담보권과 이에 부수하는 모든 권리와 권한을 양수인에게 매도·이전 전달하며, 양수인은 이를 양도인으로부터 매수·취득·인수한다. 또한, 양수인은 양도대상채권 및 담보권과 관련된 모든 의무를 부담하며 양도대상채권 및 담보권의 모든 조건을 따를 것에 동의한다. 양도대상채권에 대한 양수인의 모든 권리, 의무 및 자격은 위 제1조 5항의 매매기준일에 그 효력이 발생한다.

② 양수인이 양도인에게 양도대금 전부를 여하한 유보 없이 지급하고, 양도인이 양수인에게 본 계약에 의한 의무를 이행하는 때에 본건 계약에 기한 거래는 종결되는 것으로 한다.

제3조 (양도대금)

① 양도 대금은 총 금 삼천이백오십만원(32,500,000원)으로 한다.

② 양수인은 계약금 및 잔대금의 일부로 금 육백오십만원(6,500,000원)을 계약시 지급한다.

제4조 (양도대금의 정산)

양도인은 양수인에게 양도대금 미지급금과 회수금을 정산한 후 정산금을 위 제1조 제6항에서 지정한 기일에 지급(또는 정산)한다.

제5조 (승인 및 권리포기)

① 양수인은 양도대상채권 및 담보권의 관련 내용과 서울남부지방법원 201*
타경****호 부동산임의경매 사건에 대하여 충분히 인지하고 본 계약을 체
결한다.

② 양도인은 채무자의 재무상태와 변제자력 또는 양도대상채권 및 담보권과
관련한 사항(양도가능성, 집행가능성, 대항요건, 매각관련자료의 정확성 또는 완전성
등)에 대하여 어떠한 진술 및 보장도 하지 아니한다.

③ 양수인은 양도인이 양도대상채권 및 담보권을 현 상태 그대로 양도하였음
을 확인한다.

제6조 (양도인의 면책)

양수인은 본건 계약 체결과 동시에 양도대상 채권 및 담보권과 관련한 모든
조치, 소송, 채무, 청구, 약정, 손해 또는 기타 청구로부터 양도인을 영구하게 면
책시키고, 양도인에 대하여 책임을 지우지 아니한다.

제7조 (계약의 해제)

① 양도인은 다음 각 호의 경우 양수인에 대한 별도의 통지 없이 본건 계약을
해제할 수 있다.

1. 양수인이 양도대금의 지급을 지체하는 경우
2. 채무자의 일방적인 변제 또는 해당물건의 소멸(취하, 취소, 기각) 등으로 경매
   절차가 취소되거나 환매 조치로 인해 본건 계약을 이행할 수 없는 경우

② 제1항 제1호의 사유로 계약을 해제하는 경우 양수인이 계약체결시 양도인
에게 지급한 계약금은 위약금으로서 전액 양도인에게 귀속되며 양수인은
위 금원의 반환을 청구할 수 없다.

③ 제1항 제1호의 사유에도 불구하고 양수인이 기한연장 요청에 따라 계약을

해제하지 아니하는 경우 양수인은 사유발생일 다음 날부터 연장기한일까지의 잔금에 대하여 연19% 연체이율로 계산한 지연이자를 우선 지급하여야 한다.

④ 제1항 제2호의 사유로 계약을 해제하는 경우 양도인은 양수인이 계약체결 시 지급한 금 육백오십만원(6,500,000원)을 양수인에게 반환하여야 한다. 단, 양도인이 위 금원을 수령한 날로부터 반환하는 날까지의 이자는 지급하지 아니한다.

제8조 (비용의 부담)

각 당사자는 본건 계약의 협상을 위하여 지출한 변호사보수 기타 일체의 비용을 각자 부담한다. 그 외에 양수인은 양도대상채권 및 담보권의 실사에 소요된 변호사 보수 기타 일체의 비용, 양도대상채권 및 담보권을 양도인으로부터 이전 받는 것과 관련된 모든 비용 일체를 부담하며, 어떠한 경우에도 양수인은 양도인에 대하여 그 비용의 부담 또는 상환을 청구하지 못한다.

제9조 (계약 당사자 변경 등)

① 양수인은 양도인의 사전 서면 동의를 얻어 본건 계약에 의한 양수인의 권리와 의무를 제3자에게 양도할 수 있다. 다만 이 경우에 그 계약 당사자 변경과 관련하여 지출되는 모든 비용은 양수인이 부담하며, 제3자로의 계약 당사자 변경으로 인해 양도인에게 발생하는 모든 불이익은 양수인의 책임으로 한다.

② 제1항의 규정에 따라 양수인의 지위를 승계하는 자(이하 "계약인수인"이라고 한다)가 다수인 경우에 양도대상채권 및 담보권의 양도는 양수인과 계약인수인이 상호 합의하여 양도인에게 요청하는 방법으로 이루어진다.

제10조 (관할 법원)

본건 계약과 관련하여 발생하는 분쟁에 관한 소송의 제1심 관할 법원을 서울중앙지방법원으로 정한다.

제11조 (비밀유지 등)

본 약정 또는 이와 관련하여 작성된 서류의 내용을 제3자에게 공개하거나 제3자에게 정보를 제공할 수 없으며 배당수익을 위한 사후정산 이외의 목적으로 사용할 수 없다.

> #특약사항
> 1. 본건 계약은 위 경매 사건의 배당수익을 위한 사후정산 조건부계약으로서, 질권대출에 따른 이자는 제1조 제5항의 매매기준일부터 양수인이 부담하며, 계약일 이후에 지급된 경매관련 가지급비용 및 (만일 대위등기가 필요한 경우에는) 대위등기 비용을 포함하여 경매진행 관련 일체의 비용은 양수인이 부담하기로 한다.(단, 기 지급된 가지급금은 양도인의 권리임)
> 2. 본 계약 내용과 특약사항 내용이 다른 경우에는 특약사항 내용을 우선 적용하도록 한다.

본 계약의 양 당사자는 계약서의 내용을 충분히 숙지하고 이에 합의하였으며, 본 계약의 체결을 증명하기 위하여 당사자들은 계약서 2통을 작성하여 보관한다.

201*년 10월 10일

양도인 다모아자산관리 주식회사(110111–*******)
　　　　서울 강남구 강남대로93길 12, 302호(역삼동)
　　　　대표이사 이기호

양수인 홍길동(88****-xxxxxxx)
　　　　서울 서초구 강남대로 1004길